戰國諸子評述輯證

林志鵬 著

復旦大學出版社

序

　　20世紀80年代初在北京拜識周祖謨先生，之後有一段時間每星期赴北大聆聽其講《六書音均表》。得先生青睞，曾數次邀至其家，師母還特地買雞款待。飯後爲余季豫前輩所遺存之書揮塵整飭，先生遂爲我講述丈人淵博之學問和嚴謹的治學態度。謂其胸羅萬卷，指顧無誤，凡著書撰文，欲引某書，隨手取鄴架之書引録，録完即插架復原，曾不少留，故几案潔凈嚴整，非若後輩橫豎羅陳如獺祭然①。當時聞之，肅然悚然。退而重讀《四庫提要辨證序》，自謂"每讀一書，未嘗不小心以玩其辭意，平情以察其是非，至於搜集證據，推勘事實，雖細如牛毛，密若秋荼，所不敢忽，必權輿審慎，而後筆之於書"②，可印證先生所説，而於疏淺矇昧如我，誠如醍醐灌頂，受益匪淺。時先生正整理其《古書通例》一書，並述及該書曾作爲講章，惜未全部寫完。如卷四"辨附益"一篇僅撰成《古書不皆手著》一節，然其《論學雜著》中有《太史公書亡篇考》一文，可互相參證。1985年，《古書通例》由上海古籍出版社出版，亟購置閱讀，幾至愛不釋卷。三十年過去，已難記籀讀遍數。《通例》原名《古籍校讀法》，係著者20世紀30年代在北京各大學講授之講義③。其書體例與同時孫德謙、胡樸安、陳鐘凡之書頗有不同，直抉古書體式與成書過程、流傳情形，與其《目録學發微》互爲表裏。追溯20世紀20年代起，古史辨思潮席捲學界，當時持異見反對者不乏，除《古史辨》收入者

---

① 季豫先生此種治學特點，陳垣先生在《余嘉錫論學雜著序》中亦有提及，唯我當時並無此書，未能得讀。80年代中期，筆者始在上海淮海路舊書店用兩元錢買到由盧灣區工人文化宫散出的《雜著》。
② 余嘉錫《四庫提要辨證·序録》，中華書局1980年版，第52頁。
③ 周祖謨先生《古書通例》前言説此書"一名古籍校讀法"，而陳垣先生在《余嘉錫論學雜著序》謂其在輔仁大學"曾講過'目録學'、'古籍校讀法'、'世説新語研究'等課程，並編寫過講義，前二種都有排印"。周先生所謂"古籍校讀法"，應是講義的名稱，亦即課程名稱。

外,若梁園東在《東方雜志》上刊發《古史辨的史學方法商榷》長文,措辭甚爲激烈。然當一種思潮翻捲成高潮時,此種聲音顯得微弱無力,幾至無人聽聞。與此同時,季豫前輩對古書雖極具慧眼與獨見,却不卑不亢,將所見所識著於《通例》,傳之後人。學術需要爭論,是非越辨越明,此事之理且理之常,故曾蓄疑其何以不著文匡正學術時流,迨再讀《辨證序》,云:"紀氏之爲《提要》也難,而余之爲辨證也易。何者?無期限之促迫,無考成之顧忌故也。且紀氏於其所未讀,不能置之不言,而余則惟吾之所趨避。譬之射然,紀氏控弦引滿,下雲中之飛鳥,余則樹之鵠而後放矢耳。易地以處,紀氏必優於作《辨證》,而余之不能爲《提要》決也。"①如此平心靜氣,如此坦然客觀,如此謙虛中庸,雖非針對古史辨思潮而發,却使我爽然有所醒悟:思潮時流最終須由歷史來沖刷沉澱,唇槍舌劍,雖有益於學術,致傷和氣,終有損於友情。前輩對學術諦義之認識與人生處世之把握,曾强烈地震撼過我,並一直在胸中縈迴纏繞,以致數十年來目耕筆耘,只求推證其是而不敢放言人非。《通例》雖戔薄小册,而在寒齋數萬册書中,一直被視爲一本人格與學術水乳交融的巨著。

《通例》之例,統括四部,而敘諸子之成書、流傳,尤具精彩。方其撰著之時,簡牘出土不多,以無驗證,故舉世或少所關注,及經典、諸子簡牘層出頻現,余氏先見之明和切合先秦古籍之價值,始爲世人稱道。梳理辨僞歷史,戰國諸子之命運最爲奇特。鄭良樹曾取《鶡冠子》《列子》《鬼谷子》《孫子》《吴子》《尉繚子》《商子》《公孫龍子》《孔叢子》《文中子》《慎子》等十一種子書,舉宋濂《諸子辨》、胡應麟《四部正訛》和姚際恒《古今僞書考》所考,感嘆宋濂辨其爲真者,至姚際恒則除《孫子》外全部成爲僞書②。及顧實《重考古今僞書考》,又將姚書判僞者翻案爲真。顧氏博學,固非强詞作對之論。後黄雲眉著《古今僞書考補證》,廣徵各家論説,又多從姚書所判。張心澂繼黄氏纂《僞書通考》,徵引更廣,而

---

① 余嘉錫《四庫提要辨證·序録》,中華書局1980年版,第52頁。
② 參見鄭良樹《古籍辨僞學》第七章"示例",臺灣學生書局1986年版,第167頁。又鄭著《諸子著作年代考》亦轉録此表,北京圖書館出版社2001年版,第2頁。鄭所舉《文中子》非戰國諸子,不在所説之例。

仍趨嚮於僞。即使增益《文子》《鶡子》《關尹子》《子華子》《亢倉子》《晏子春秋》《尹文子》《太公》等書計之，其考辨趨僞仍成一種不可逆轉之傾向。70年代以後，竹簡接踵出土面世，銀雀山簡有《晏子春秋》《尉繚子》《太公》和失傳已久的《齊孫子》，八角廊漢墓竹簡有《文子》《太公》，慈利簡有《管子》《寧越子》，上博簡有題材近於《晏子春秋》所收篇章之佚文，至於《老子》，有馬王堆帛書甲乙本、郭店簡甲乙丙三種、北大完本，《老子》之出於戰國中期以前，已無可爭議。諸子簡牘之面世，足以引起我們對諸子辨僞方法之反思。

辨僞始於漢唐，向、歆父子辨僞理路，融鑄於《七略》，反映在《漢志》；子玄、子厚辨僞論說，見之於《史通》，著之於《柳集》，三劉一柳所辨乃漢唐人之思維視角。迨胡應麟撰《四部正訛》，總結爲八條，所謂"覈之七略以觀其源，覈之群志以觀其緒，覈之並世之言以觀其稱，覈之異世之言以觀其述，覈之文以觀其體，覈之事以觀其時，覈之撰者以觀其託，覈之傳者以觀其人"①。胡適在《中國哲學史大綱》劃定從史事、文字、文體、思想、旁證五方面，來審定古書真僞②。梁啓超先著《中國歷史研究法》，立鑑別僞書公例十二條③，旋於《古書真僞及其年代》中更張其事，從傳授統緒和文義内容兩大系上考察辨別，前者分爲八條，後者分爲五條，各條下又分細目，總十三條三十二種方法④，乍看已極爲周詳縝密。其得失學者多有專論，僅舉史志一條略作申述。

胡氏第一、二兩條，與梁氏從傳授統緒之第一至第四條同，皆從《七略》和歷代史志著録上考察，《七略》、史志未著録已成爲僞書標志性印記。《通例》已指出，《七略》《漢志》不著録之書有三：民間有而秘府未收和前漢末葉人著作未入中秘者，皆不校録，國家法制類書亦不在校讎之列⑤。兹再從二劉校書時間、數量和政事推證補充。劉歆繼劉向校勘六略典籍在綏和元年（前8），二年（前7）成帝崩，哀帝即位，發生建立古文經事，旋於建平元年（前6）出守河内。五年後，哀帝崩，王莽拜大

---
① 胡應麟《少室山房筆叢·四部正訛下》，中華書局上海編輯所1958年版，第423頁。
② 胡適《中國哲學史大綱》第一章《導言》，上海古籍出版社1997年版，第14—15頁。
③ 梁啓超《中國歷史研究法》第五章，上海古籍出版社1998年版，第91—94頁。
④ 梁啓超《古書真僞及其年代》，中華書局1957年版，第44—65頁。
⑤ 余嘉錫《古書通例》，上海古籍出版社1985年版，第4頁。

司馬,立平帝,歆回朝,拜右曹大中大夫,遷中壘校尉。自後議昏禮,立明堂辟雍,作《鍾律書》,著《三統曆》,不聞有繼續校書事。是校書因政事和劉歆外任而告終止,中秘之書必未全部校完,故《漢志》所列並非中秘之全部。《漢志》著録萬三千二百六十九卷①,此據向、歆所校之書而略有增删。姚振宗《漢書藝文志拾補》補三十四種八十五家三百一十七部②,除却可商可議者,已足見劉歆未完成校書大業而《漢志》非漢代中秘全部。漢世如此,後世亦莫不如此。以此校論古書真僞,則未入史志者盡爲僞書矣。

綜觀梁氏所定辨僞條例,可以"輕率簡單"四字概括。儘管當時已有異見,然循此而考辨古書者比肩接踵,大批古書被打入冷宮。推比鄭良樹"時代愈晚,所辨認出來的僞書愈多"一語,可以説:辨僞方法愈密,條例愈多,法門愈大,則被劃歸爲僞的書亦愈多。然返觀《通例》所描述的戰國諸子成書過程,很多前人因疑惑而判僞的古書矛盾多可得到消解。《辨附益》僅成"古書不皆手著"一節,其總結孫星衍、嚴可均、孫詒讓之説,融入自己心得,表爲五點:一、編書之人記其生平行事附入本書,如後人文集附列傳、行狀、碑志之類也。二、古書既多後人所編定,故於其最有關係之議論,並載同時人之辯駁,以著其學之興廢、説之行否。三、古書中所載之文詞對答,或由記者附著其始末,使讀者知事之究竟。四、古書之中有記載古事、古言者,此或其人平日所誦説,弟子熟聞而筆記之,或是讀書時之劄記,後人録之以爲書也。五、諸子之中,有門人附記之語,即後世之題跋也。因此,讀古人之書,應熟悉古時體式。余氏云:"後人不能深察著述變遷之迹,而好執當時之例以議古人,於是考辨論説,不勝其紛紛矣。"③七八十年後,吾人猶能從其輕歎中聞到論辯之硝煙,而想見一位道風飄逸的高人形象。

簡牘正層出而不窮,就已出諸子竹簡而言,地下戰國諸子之面紗已

---

① 此據《漢書·藝文志》末著録之數,具體篇卷數各書記載有異,參見顧實《漢書藝文志講疏》,上海古籍出版社1987年版,第252—253頁。
② 姚振宗《漢書藝文志拾補》,清華大學出版社2011年版,第185頁。
③ 余嘉錫《古書通例》,上海古籍出版社1985年版,第124頁。

掀開一角。諸子之真僞固當辨別，思想亦應探索，語言猶可作爲憑據，所須警示者，是應站在已有研究之上作更高更深之研究，而非作低層次的重復勞動。吾人受思潮影響，一談考據辨僞，即想到閻若璩、姚際恒、崔述等，此數人固博於學，勇於辨者，然猶當研讀孫星衍、嚴可均、章學誠、孫詒讓等博學淵通而深知古書體式者之言論。退而論之，至少應熟玩《通例》，在把握先秦諸子體式、編集流傳前提下，作有益而非無謂之研究。就筆者淺見，若能把握先秦諸子體式，就時下出土有限的諸子簡牘，我們對先秦諸多子學著作之真僞、思想、語言可以作有益的探索却尚難作出正確的判斷。因爲戰國百子争鳴，各家思想互相滲透，弟子門孫遞相增益，一家一子著作已極爲複雜。地下出土原無篇名的斷簡殘章，偶有一詞半句與某家某子或同或異，焉知其非弟子後裔摭拾他家他子言論作或正或反之論辯，焉知非隨意旁注而爲他人鈔入正文之衍文，焉知非簡牘散亂之後誤將它簡錯入，必欲作刻舟求劍式的遐想與比附，難免郢書燕説或南轅北轍。故與其作一些無關痛癢甚或是盲人摸象、徒滋紛擾之文字，不如規規矩矩做一些基礎工作，比如林志鵬教授這本《戰國諸子評述輯證》。

　　本書從書名看，內容包含兩部分。前者是諸子評述資料輯校，後者是相關研究。諸子研究之前提是資料，秦漢資料流傳久遠必有訛誤，亟須校正。有了校正無誤確實可信的資料，方能切實有效地進行研究，此或是作者安排之用心。本書所謂戰國諸子，殆指今已亡佚的諸子。前人於亡佚諸子之佚文多所關注，如馬國翰、洪頤煊、嚴可均、黃以周、阮廷焯等都曾輯校，尤以阮氏《先秦諸子考佚》爲賅備。作者轉換視角，詳人所略，專輯秦漢文獻中對亡佚諸子之述評，於三國魏晉南北朝文獻之重要者間亦刺取一二。所輯有子思、禽滑釐、宋鈃、尹文、彭蒙、田駢、慎到、關尹、陳仲、魏牟、惠施十一人。其與阮氏所輯相同者有子思、慎子，佚文、評述互爲表裏，論者正可互相參觀。欲真切瞭解戰國諸子，其途徑莫若匯集戰國秦漢之人對其之認識與評價，捨此而憑一己之私，自我作解，無疑如六經注我，畢竟去六經有間，安能望其還我諸子也哉？憶昔劉申叔摘錄魏晉南北朝史書文集中語，略加詮釋，成《中國中古文學史》一書，最足闡發六朝人對文學、對作者之認識評價。字雖不滿六萬，而精煉獨到，至今傳誦。志鵬兄輯諸子評述，是否有取於劉意，我不敢必。觀其下編匯集作者近年論文八篇,中如《宋鈃年世約數考》《〈文子〉依托尹文考》《慎子三論》《銀雀山漢簡〈奇正〉與〈尹文子〉〈文子〉關係析論》等,皆係以評述爲基礎,參酌前哲時賢論著,獨抒己見之文。是人同此心,心同此理,固不必借鑒相謀也。評述之輯校,作者已引之用之,我更信此書出版,後之研究十一子乃至其他諸子者,無不欲展卷此書而使諸家評述一目了然,諸子學之研究亦將由此而更進一層。

　　志鵬兄在臺大接謦欬於許進雄和周鳳五教授,負笈武大,師從徐少華教授,北上入北大,又親炙李零教授,真可謂出入名師,學兼南北。他生性篤實,沉默寡語,辦事認真,言而有信,此可從其交友爲學撰文見之。更兼待人真誠,心細如髪,是則未必人人皆知。曾記2006年去武漢大學參加簡帛會議,正值其在武大攻博。當我剛報到下榻,他已敲門,我一開門,但見他手提大包礦泉水,頓感疑惑,即詢何意。他説武漢水硬,不好喝,喝礦泉水吧。真誠一舉,貼心一言,對我這上山下鄉在農村時渴了把頭湊在水龍頭下喝生水的人來説,着實一怔,隨即感到一股清流滋潤心田。前年他回臺灣,請其好友陳穎昌鎸刻一方"九萬里風鵬正舉"朱文印章送我。我二十歲前後曾自習篆刻,農場回滬後有志於學而捐棄一切愛好,現在即使壯夫願爲,也已老眼昏花,只能偶爾翻閱印譜欣賞把玩。易安之詞,在農場熟誦過幾十首,對這位婉約詞人偶爾豪放且一放輒千古傳誦的名句,尤其喜愛。只是在塵世紛擾的榆枋齋裏蹉跎久了的我,不免別有一番滋味,當然我很感謝志鵬、穎昌兄的一番勉勵美意。去年我靈感一閃,做了一個創意,將此印章用水印印入我做的一張榆枋齋書籤上,寓意在書齋裏日對古人,思接千載,風鵬一舉,精騖八極。既是解嘲,更是寫實,也是對二位學兄的答謝。

　　志鵬兄的博士論文是《戰國楚竹書〈彭祖〉及相關文獻研究》,後改爲《宋鈃學派遺著考論》,由臺灣萬卷樓出版。此書已於2018年由復旦大學出版社再版。《考論》一書,已畫定了他耕耘範圍,奠定了他在傳世和出土文獻相結合的子學領域之基礎。《考論》對戰國大思想家宋鈃學説和時勢有深刻的研討闡發,依時下快出成果、勇於創論的學術風氣推想,他完全可以將子思、禽滑釐依次撰寫成文,乃忽而花大力氣去輯録、校勘亡佚諸子之評述,即此盤桓頓挫之舉措,使我領悟到他蓄勢振翅之姿態與用心。因爲無獨有偶而不得不提的是,他贈書上的題字總是方方正正,一筆不苟,任你從東南西北推都推不倒,與我深所尊敬、在近代音韻學上卓有建樹的甯忌浮教授之題字如出一轍,恰恰季豫前輩寫字也端正不苟①,又一次印證了字如其人、文如其人、學如其人的俗諺。承他不棄,要我爲本書寫點文字作爲嚆引。自愧於子學素少研究,唯以其爲學爲人之志趣與我頗相近似,遂將聞之於周先生的今典和自己閱讀《通例》《辨證》的心得寫出,與志鵬兄共勉。

虞萬里
癸巳除夕至甲午正月初二於榆枋齋

---

① 陳垣先生《余嘉錫論學雜著序》說,他看到過季豫前輩"手錄各家批校本《書目答問》",用四五種顔色的墨,密密麻麻,寫滿了書頭,每個字都是一筆一畫,端端正正"。中華書局1962年版,第3頁。周祖謨、余淑宜《余嘉錫先生傳略》亦云其"楷法工整,一筆不苟",謂其"終日手不釋卷,一部書要讀好多遍,又强於記憶,意有所見,就分別用五色筆書寫在書眉和行間,密行細字,蠅頭小楷,不別作札記"。見《余嘉錫文史論集》,嶽麓書社1997年版,第667頁。

目次

序 ································· 虞萬里 1
導論 ································· 1
  一、前言 ································· 1
  二、漢代學者建構的先秦子學框架及其侷限 ······· 3
  三、《莊子·天下》所展示的戰國學術史脉絡 ········· 9
  四、《荀子·非十二子》所提供的綫索 ············· 28

上編　評述資料輯校

凡例 ································· 35
壹·子思卷 ······························ 37
  1.1　郭店楚墓竹書《魯穆公問子思》 ············ 37
  2.1　《孟子·公孫丑下》 ······················ 37
  2.2　《孟子·離婁下》 ························ 38
  2.3　《孟子·萬章下》 ························ 38
  2.4　《孟子·萬章下》 ························ 38
  2.5　《孟子·萬章下》 ························ 39
  2.6　《孟子·告子下》 ························ 40
  3.1　《荀子·非十二子》 ······················ 40
  3.2　《荀子·解蔽》 ·························· 41
  4.1　《韓非子·難三》 ························ 42
  4.2　《韓非子·顯學》 ························ 43
  5.1　《尸子》佚文 ···························· 44
  6.1　《呂氏春秋·審應》 ······················ 44
  7.1　《禮記·檀弓上》 ························ 45
  7.2　《禮記·檀弓上》 ························ 45

7.3	《禮記·檀弓上》……………………………………	45
7.4	《禮記·檀弓上》……………………………………	46
7.5	《禮記·檀弓上》……………………………………	46
7.6	《禮記·檀弓下》……………………………………	46
7.7	《禮記·檀弓下》……………………………………	46
8.1	《説苑·建本》………………………………………	47
8.2	《説苑·立節》………………………………………	47
8.3	《説苑·雜言》………………………………………	47
9.1	《列女傳·母儀·鄒孟軻母》………………………	48
10.1	《孔叢子·記問》……………………………………	48
10.2	《孔叢子·記問》……………………………………	49
10.3	《孔叢子·記問》……………………………………	49
10.4	《孔叢子·記問》……………………………………	49
10.5	《孔叢子·雜訓》……………………………………	49
10.6	《孔叢子·雜訓》……………………………………	50
10.7	《孔叢子·雜訓》……………………………………	50
10.8	《孔叢子·雜訓》……………………………………	50
10.9	《孔叢子·雜訓》……………………………………	51
10.10	《孔叢子·雜訓》……………………………………	51
10.11	《孔叢子·雜訓》……………………………………	51
10.12	《孔叢子·雜訓》……………………………………	52
10.13	《孔叢子·雜訓》……………………………………	52
10.14	《孔叢子·雜訓》……………………………………	52
10.15	《孔叢子·居衛》……………………………………	53
10.16	《孔叢子·居衛》……………………………………	53
10.17	《孔叢子·居衛》……………………………………	54
10.18	《孔叢子·居衛》……………………………………	54
10.19	《孔叢子·居衛》……………………………………	54
10.20	《孔叢子·居衛》……………………………………	54
10.21	《孔叢子·居衛》……………………………………	55
10.22	《孔叢子·居衛》……………………………………	55

10.23	《孔叢子·居衛》 ……	55
10.24	《孔叢子·居衛》 ……	56
10.25	《孔叢子·巡守》 ……	57
10.26	《孔叢子·公儀》 ……	58
10.27	《孔叢子·公儀》 ……	58
10.28	《孔叢子·公儀》 ……	59
10.29	《孔叢子·公儀》 ……	59
10.30	《孔叢子·公儀》 ……	59
10.31	《孔叢子·公儀》 ……	60
10.32	《孔叢子·公儀》 ……	60
10.33	《孔叢子·公儀》 ……	60
10.34	《孔叢子·公儀》 ……	60
10.35	《孔叢子·抗志》 ……	60
10.36	《孔叢子·抗志》 ……	61
10.37	《孔叢子·抗志》 ……	61
10.38	《孔叢子·抗志》 ……	62
10.39	《孔叢子·抗志》 ……	62
10.40	《孔叢子·抗志》 ……	62
10.41	《孔叢子·抗志》 ……	63
10.42	《孔叢子·抗志》 ……	63
10.43	《孔叢子·抗志》 ……	63
10.44	《孔叢子·抗志》 ……	64
10.45	《孔叢子·抗志》 ……	64
10.46	《孔叢子·抗志》 ……	65
10.47	《孔叢子·抗志》 ……	65
10.48	《孔叢子·抗志》 ……	65
10.49	《孔叢子·抗志》 ……	65
10.50	《孔叢子·抗志》 ……	66
10.51	《孔叢子·抗志》 ……	66
10.52	《孔叢子·抗志》 ……	66
10.53	《孔叢子·抗志》 ……	67

11.1　《史記‧孔子世家》⋯⋯⋯⋯⋯⋯⋯⋯⋯⋯⋯⋯⋯⋯　67
11.2　《史記‧孟子荀卿列傳》⋯⋯⋯⋯⋯⋯⋯⋯⋯⋯⋯　68
12.1　《鹽鐵論‧貧富》⋯⋯⋯⋯⋯⋯⋯⋯⋯⋯⋯⋯⋯　68
12.2　《鹽鐵論‧相刺》⋯⋯⋯⋯⋯⋯⋯⋯⋯⋯⋯⋯⋯　68
13.1　《法言‧君子》⋯⋯⋯⋯⋯⋯⋯⋯⋯⋯⋯⋯⋯⋯　69
14.1　《論衡‧非韓》⋯⋯⋯⋯⋯⋯⋯⋯⋯⋯⋯⋯⋯⋯　69
15.1　《漢書‧古今人表》上中仁人⋯⋯⋯⋯⋯⋯⋯⋯⋯　70
15.2　《漢書‧藝文志‧諸子略》儒家⋯⋯⋯⋯⋯⋯⋯⋯　70
15.3　《漢書‧藝文志‧諸子略》儒家⋯⋯⋯⋯⋯⋯⋯⋯　70
16.1　《風俗通義‧窮通》⋯⋯⋯⋯⋯⋯⋯⋯⋯⋯⋯⋯　70
17.1　《中論‧修本》⋯⋯⋯⋯⋯⋯⋯⋯⋯⋯⋯⋯⋯⋯　70
17.2　《中論‧貴驗》⋯⋯⋯⋯⋯⋯⋯⋯⋯⋯⋯⋯⋯⋯　71
18.1　《高士傳‧公儀潛》⋯⋯⋯⋯⋯⋯⋯⋯⋯⋯⋯⋯　71
19.1　《金樓子‧立言上》⋯⋯⋯⋯⋯⋯⋯⋯⋯⋯⋯⋯　72
19.2　《金樓子‧立言下》⋯⋯⋯⋯⋯⋯⋯⋯⋯⋯⋯⋯　72
20.1　《文心雕龍‧練字》⋯⋯⋯⋯⋯⋯⋯⋯⋯⋯⋯⋯　72

貳‧禽滑釐卷⋯⋯⋯⋯⋯⋯⋯⋯⋯⋯⋯⋯⋯⋯⋯⋯⋯　73

1.1　《墨子‧所染》⋯⋯⋯⋯⋯⋯⋯⋯⋯⋯⋯⋯⋯⋯　73
1.2　《墨子‧耕柱》⋯⋯⋯⋯⋯⋯⋯⋯⋯⋯⋯⋯⋯⋯　73
1.3　《墨子‧公輸》⋯⋯⋯⋯⋯⋯⋯⋯⋯⋯⋯⋯⋯⋯　74
1.4　《墨子‧備城門》⋯⋯⋯⋯⋯⋯⋯⋯⋯⋯⋯⋯⋯　75
1.5　《墨子‧備高臨》⋯⋯⋯⋯⋯⋯⋯⋯⋯⋯⋯⋯⋯　76
1.6　《墨子‧備梯》⋯⋯⋯⋯⋯⋯⋯⋯⋯⋯⋯⋯⋯⋯　77
1.7　《墨子‧備穴》⋯⋯⋯⋯⋯⋯⋯⋯⋯⋯⋯⋯⋯⋯　78
1.8　《墨子‧備蛾傅》⋯⋯⋯⋯⋯⋯⋯⋯⋯⋯⋯⋯⋯　78
1.9　《墨子‧襍守》⋯⋯⋯⋯⋯⋯⋯⋯⋯⋯⋯⋯⋯⋯　79
1.10　《墨子》佚文⋯⋯⋯⋯⋯⋯⋯⋯⋯⋯⋯⋯⋯⋯　80
1.11　《墨子》佚文⋯⋯⋯⋯⋯⋯⋯⋯⋯⋯⋯⋯⋯⋯　80
2.1　《莊子‧天下》⋯⋯⋯⋯⋯⋯⋯⋯⋯⋯⋯⋯⋯⋯　80
3.1　《呂氏春秋‧當染》⋯⋯⋯⋯⋯⋯⋯⋯⋯⋯⋯⋯　82
3.2　《呂氏春秋‧尊師》⋯⋯⋯⋯⋯⋯⋯⋯⋯⋯⋯⋯　83

4.1 《説苑・反質》	83
5.1 《列子・湯問》	84
5.2 《列子・楊朱》	85
6.1 《史記・儒林列傳》	86
7.1 《漢書・古今人表》中上	86
7.2 《漢書・儒林傳》	86

叁・宋鈃卷 …………………………………… 87

1.1 《孟子・告子下》	87
2.1 《莊子・逍遥游》	87
2.2 《莊子・徐无鬼》	88
2.3 《莊子・天下》	89
3.1 《荀子・非十二子》	91
3.2 《荀子・天論》	92
3.3 《荀子・正論》	92
3.4 《荀子・解蔽》	95
3.5 《荀子・正名》	95
4.1 《韓非子・外儲説左上》	98
4.2 《韓非子・顯學》	99
5.1 《尹文子》卷下	100
6.1 《尸子・廣澤》	100
7.1 《韓詩外傳》卷四	101
8.1 《漢書・藝文志・諸子略》小説家	101

肆・尹文卷 …………………………………… 102

1.1 《莊子・天下》	102
2.1 《尹文子》佚文	102
3.1 《公孫龍子・跡府》	103
4.1 《韓非子・内儲説上》	104
5.1 《吕氏春秋・正名》	104
6.1 《説苑・君道》	106
7.1 《孔叢子・居衛》	106
7.2 《孔叢子・公孫龍》	107

8.1 《列子·黄帝》…………………………………… 108
　　8.2 《列子·周穆王》………………………………… 109
　　9.1 《漢書·古今人表》中上………………………… 109
　　9.2 《漢書·藝文志·諸子略》名家………………… 109
　　10.1 《弘明集·正誣論》……………………………… 110
　　11.1 《文心雕龍·諸子》……………………………… 111
伍·彭蒙卷 …………………………………………………… 112
　　1.1 《莊子·天下》…………………………………… 112
　　2.1 《尹文子》卷上…………………………………… 114
　　2.2 《尹文子》卷下…………………………………… 115
陸·田駢卷 …………………………………………………… 116
　　1.1 《莊子·天下》…………………………………… 116
　　2.1 《荀子·非十二子》……………………………… 116
　　3.1 《韓非子·外儲説左上》………………………… 117
　　4.1 《慎子》佚文……………………………………… 117
　　5.1 《尹文子》卷上…………………………………… 117
　　5.2 《尹文子》卷下…………………………………… 117
　　5.3 《尹文子》卷下…………………………………… 118
　　6.1 《尸子·廣澤》…………………………………… 118
　　7.1 《戰國策·齊策四》……………………………… 118
　　8.1 《呂氏春秋·用衆》……………………………… 119
　　8.2 《呂氏春秋·不二》……………………………… 119
　　8.3 《呂氏春秋·執一》……………………………… 120
　　8.4 《呂氏春秋·士容》……………………………… 120
　　9.1 《韓詩外傳》卷四………………………………… 121
　　10.1 《淮南子·道應》………………………………… 121
　　10.2 《淮南子·人間》………………………………… 122
　　11.1 《史記·田敬仲完世家》………………………… 122
　　11.2 《史記·孟子荀卿列傳》………………………… 122
　　12.1 《鹽鐵論·論儒》………………………………… 123
　　13.1 《七略》佚文……………………………………… 123

  14.1 《漢書·古今人表》中中 …………………………… 123
  14.2 《漢書·藝文志·諸子略》道家 …………………… 123
柒·慎到卷 ……………………………………………………… 124
  1.1 上海博物館藏戰國楚竹書《慎子曰恭儉》………… 124
  2.1 《孟子·告子下》……………………………………… 124
  3.1 《莊子·天下》………………………………………… 125
  4.1 《荀子·脩身》………………………………………… 125
  4.2 《荀子·非十二子》…………………………………… 126
  4.3 《荀子·儒效》………………………………………… 126
  4.4 《荀子·天論》………………………………………… 127
  4.5 《荀子·解蔽》………………………………………… 127
  4.6 《荀子·成相》………………………………………… 127
  5.1 《韓非子·外儲説左上》……………………………… 127
  5.2 《韓非子·難勢》……………………………………… 128
  6.1 《吕氏春秋·慎勢》…………………………………… 132
  7.1 《戰國策·楚策二》…………………………………… 133
  8.1 《韓詩外傳》卷四 …………………………………… 135
  9.1 《淮南子·道應》……………………………………… 135
  10.1 《史記·田敬仲完世家》…………………………… 136
  10.2 《史記·孟子荀卿列傳》…………………………… 136
  11.1 《鹽鐵論·論儒》…………………………………… 136
  12.1 《論衡·龍虚》……………………………………… 136
  13.1 《漢書·古今人表》中下 …………………………… 137
  13.2 《漢書·藝文志·諸子略》法家 …………………… 137
  14.1 《風俗通義·姓氏》………………………………… 137
捌·關尹卷 ……………………………………………………… 138
  1.1 《莊子·達生》………………………………………… 138
  1.2 《莊子·天下》………………………………………… 139
  2.1 《吕氏春秋·審己》…………………………………… 140
  2.2 《吕氏春秋·不二》…………………………………… 140
  3.1 《列子·黄帝》………………………………………… 141

3.2 《列子·仲尼》……………………………… 142
　　3.3 《列子·力命》……………………………… 142
　　3.4 《列子·楊朱》……………………………… 142
　　3.5 《列子·説符》……………………………… 143
　　3.6 《列子·説符》……………………………… 143
　　4.1 《史記·老子韓非列傳》…………………… 144
　　5.1 《漢書·藝文志·諸子略》道家…………… 144
　　6.1 《列仙傳》卷上……………………………… 144

玖·陳仲卷 …………………………………………… 146
　　1.1 《孟子·滕文公下》………………………… 146
　　2.1 《荀子·不苟》……………………………… 147
　　2.2 《荀子·非十二子》………………………… 148
　　3.1 《韓非子·外儲説左上》…………………… 148
　　4.1 《戰國策·齊策四》………………………… 149
　　5.1 《説苑·尊賢》……………………………… 150
　　6.1 《新序·雜事三》…………………………… 150
　　7.1 《列女傳·賢明·楚於陵妻》……………… 150
　　8.1 《淮南子·氾論》…………………………… 151
　　9.1 《史記·魯仲連鄒陽列傳》………………… 151
　　10.1 《論衡·刺孟》……………………………… 152
　　10.2 《論衡·商蟲》……………………………… 153
　　11.1 《漢書·古今人表》中下…………………… 154
　　11.2 《漢書·賈鄒枚路傳》……………………… 154
　　12.1 《風俗通義·姓氏》………………………… 154
　　13.1 《中論·貴言》……………………………… 154
　　14.1 《高士傳·陳仲子》………………………… 155
　　15.1 《水經注·濟水》…………………………… 155

拾·魏牟卷 …………………………………………… 156
　　1.1 《莊子·秋水》……………………………… 156
　　1.2 《莊子·讓王》……………………………… 157
　　2.1 《荀子·非十二子》………………………… 158

2.2	《荀子・性惡》	158
3.1	《韓非子・外儲説左上》	159
4.1	《吕氏春秋・審爲》	159
5.1	《戰國策・趙策三》	160
5.2	《戰國策・趙策三》	160
6.1	《説苑・敬慎》	161
7.1	《韓詩外傳》卷四	161
8.1	《淮南子・道應》	161
9.1	《漢書・古今人表》中下	162
9.2	《漢書・藝文志・諸子略》道家	162
10.1	《新論》佚文	162
11.1	《列子・仲尼》	162

拾壹・惠施卷　165

1.1	《莊子・逍遥游》	165
1.2	《莊子・逍遥游》	165
1.3	《莊子・齊物論》	166
1.4	《莊子・齊物論》	166
1.5	《莊子・德充符》	166
1.6	《莊子・秋水》	167
1.7	《莊子・秋水》	167
1.8	《莊子・至樂》	167
1.9	《莊子・徐无鬼》	168
1.10	《莊子・徐无鬼》	168
1.11	《莊子・則陽》	168
1.12	《莊子・外物》	169
1.13	《莊子・寓言》	170
1.14	《莊子・天下》	170
1.15	《莊子》佚文	173
1.16	《莊子》佚文	173
2.1	《荀子・修身》	174
2.2	《荀子・不苟》	174

2.3 《荀子·非十二子》…………………………………… 174
2.4 《荀子·儒效》……………………………………… 175
2.5 《荀子·解蔽》……………………………………… 175
2.6 《荀子·成相》……………………………………… 175
3.1 《韓非子·説林上》………………………………… 175
3.2 《韓非子·説林上》………………………………… 176
3.3 《韓非子·説林下》………………………………… 176
3.4 《韓非子·説林下》………………………………… 177
3.5 《韓非子·内儲説上》……………………………… 177
3.6 《韓非子·外儲説左上》…………………………… 177
3.7 《韓非子·外儲説左上》…………………………… 178
4.1 《戰國策·楚策三》………………………………… 178
4.2 《戰國策·楚策三》………………………………… 179
4.3 《戰國策·趙策三》………………………………… 179
4.4 《戰國策·魏策一》………………………………… 179
4.5 《戰國策·魏策二》………………………………… 180
4.6 《戰國策·魏策二》………………………………… 181
4.7 《戰國策·魏策二》………………………………… 181
4.8 《戰國策·魏策二》………………………………… 182
4.9 《戰國策·魏策二》………………………………… 182
5.1 《吕氏春秋·聽言》………………………………… 182
5.2 《吕氏春秋·諭大》………………………………… 183
5.3 《吕氏春秋·淫辭》………………………………… 184
5.4 《吕氏春秋·不屈》………………………………… 184
5.5 《吕氏春秋·不屈》………………………………… 185
5.6 《吕氏春秋·不屈》………………………………… 186
5.7 《吕氏春秋·應言》………………………………… 187
5.8 《吕氏春秋·開春》………………………………… 187
5.9 《吕氏春秋·愛類》………………………………… 188
6.1 《韓詩外傳》卷三…………………………………… 188
6.2 《韓詩外傳》卷四…………………………………… 189

7.1 《説苑・善説》 ……………………………………… 189
7.2 《説苑・談叢》 ……………………………………… 189
7.3 《説苑・雜言》 ……………………………………… 189
8.1 《淮南子・齊俗》 …………………………………… 190
8.2 《淮南子・道應》 …………………………………… 190
8.3 《淮南子・脩務》 …………………………………… 190
9.1 《漢書・古今人表》中下 …………………………… 190
9.2 《漢書・藝文志・諸子略》名家 …………………… 191
10.1 《風俗通義・十反》 ………………………………… 191
11.1 《江表傳》佚文 ……………………………………… 191

下編 相關文獻考證

壹・《禮記・檀弓》"出母"考
——并論"孔氏三世出妻"疑案 …………………… 195
一、説"先君子" ……………………………………… 195
二、"出母"諸家説述評 ……………………………… 196
三、"出母"覆議 ……………………………………… 199
四、"孔氏三世出妻"辨 ……………………………… 201
五、結語 ……………………………………………… 205

貳・宋鈃年世約數考 …………………………………… 206

叁・《文子》依託尹文考 ……………………………… 210
一、《文子》公案述略 ……………………………… 210
二、"文子"假説成立的前提 ………………………… 213
三、尹文有"文子"之稱 ……………………………… 213
四、尹文爲戰國時期服膺老子道論的思想家 ……… 215
五、《文子》"平王"泛指"德能平治天下"之王 …… 216
六、從《文子》的思想内涵論該書所託爲尹文 …… 217
七、説尹文子即後世道教所託之"通玄真人" …… 220
八、餘論 ……………………………………………… 222

肆・銀雀山漢簡《奇正》與《尹文子》、《文子》關係析論 …… 223
　一、前言 …………………………………………………… 223
　二、文本分析：《奇正》與《文子・上禮》、《淮南子・
　　　兵略》 ……………………………………………… 224
　三、思想内涵分析：《奇正》與《尹文子》 …………… 228
　四、竹書《奇正》著作時代及學派歸屬蠡測 …………… 230
伍・戰國楚竹書《慎子曰恭儉》重編新釋 ………………… 232
　一、竹書的編連問題 ……………………………………… 232
　二、《慎子曰恭儉》重編釋文 …………………………… 235
　三、校釋 …………………………………………………… 235
陸・慎子三論 ………………………………………………… 243
　一、慎到的年世及"三慎子"問題辨析 ………………… 243
　二、論慎到之思想淵源 …………………………………… 249
　三、楚竹書《慎子曰恭儉》"去囿"試論 ……………… 251
柒・今本《於陵子》校讀 …………………………………… 253
　一、舊題劉向《於陵子敘錄》 …………………………… 253
　二、《於陵子》 …………………………………………… 253
捌・《於陵子》成書時代平議 ……………………………… 262

附錄一　《莊子・天下》校讀 ……………………………… 265
附錄二　《荀子・非十二子》評諸家一節校讀 …………… 272
附錄三　《論六家要旨》校讀 ……………………………… 274
參考文獻 ……………………………………………………… 278
後記 …………………………………………………………… 294

導　　論

一、前言

　　從20世紀70年代迄今，戰國秦漢時代的簡帛古書大量出土①，爲研究中國早期的典籍及思想增添了珍貴的原始材料，而這些出土文獻正逐步地改變我們對於先秦學術史的認識，學者或以此爲"重寫學術史"之契機②，或稱之爲"文獻革命"③，而這一趨勢正方興未艾④。

　　簡帛材料對於學術史研究的主要意義在於：這些佚籍或早期的傳本，爲我們提供認識文本及學術流變的切面，研究者可從中理出頭緒、分出層次，進而重新理解古代的學術遺產⑤、復原思想史的連續性⑥。

---

① 此處"簡帛古書"一詞援用李零先生的定義，參考《簡帛古書與學術源流》（北京：三聯書店，2008年1月修訂本），第51—53頁。
② 見李學勤《重寫學術史》（石家莊：河北教育出版社，2002年1月）一書的《後記》及《關於學術史》，第200—202頁、第440—441頁。關於簡帛古書是否可以"改寫"或"重寫"學術史，參考曹峰《出土文獻可以改寫思想史嗎》，《文史哲》2007年第5期，第38—51頁。
③ 羅浩（Harold D. Roth）著、邢文等譯：《原道：〈內業〉與道家神秘主義基礎》（北京：學苑出版社，2009年1月），第1—3頁。
④ 李零先生在前揭書中認爲這個時期可別爲兩個階段：70年代至90年代，主要出土西漢時期的簡帛文獻，以馬王堆的發現爲標志；90年代以後則是戰國楚簡的豐收期，以郭店楚簡及上博簡爲標志。除了李先生所提及的材料外，近年清華大學及北京大學相繼購得大批戰國及秦漢竹書，材料已陸續發表，又將引發新一波的學術風潮。
⑤ 參考李零《簡帛古書與學術源流》一書的結語（其標題即"古代學術遺產的重新理解"），第462—467頁。
⑥ 葛兆光指出："歷史是一面被打破過的鏡子，碎在地上成了千百片的鏡子，每一塊鏡片在每一個撿起它的人面前都映射着一面天空。……歷史學家的責任就是在這些支離破碎的圖景中去想象。"又説："思想史只能盡可能地從文獻、遺物、圖像、著述中去理解，盡可能地從符合情理處去推測，在最接近古人處重建一個尋找《思想史》連續性的思路。"見《中國思想史第一卷・七世紀前中國的知識、思想與信仰世界》（上海：復旦大學出版社，1998年4月），第54—55頁。

李零先生曾説：簡帛古書的最重要意義"並不是發現了多少以前從未見過的怪字，也不是找到幾個罕見的古本……其挑戰主要還是來自虛的方面，即我們對古書體例，對文本的演變，對古代思想的多樣性和複雜性，以及其他許多帶有規律性的問題，借材料的更新，可以换一下眼光"①。以先秦儒、道兩家的研究而言，前人論先秦儒家，孔子之後就是孟、荀，這樣的"道統"是過度簡單化的結果，中間缺失的環節包括孔門七十子及其再傳弟子（包括子思）；道家的研究更是如此，先秦可信的材料剩下《老子》及《莊子》，二者中間的演變及當時道家各派的研究，基本上都呈現停滯的狀態（這與近代以來疑古思潮興盛，多數道家著作被判爲"僞書"不無關係）。近年來因郭店、上博簡相繼刊布，加上學者對於馬王堆黄老帛書深入的研究，基本上改善了這個情況②。

目前學界熱衷於出土諸子佚籍的研究，部分學者注意到傳世文獻如《管子》《吕氏春秋》《説苑》等仍有許多尚待發掘、整理的材料。而過去受疑古思潮影響被斥爲僞托的諸子書，如《尹文子》《鶡冠子》《文子》等，也得到研究者相應的重視。在儒家方面，李啓謙等人編有《孔子弟子資料彙編》③，將出土及傳世文獻中孔門七十子的相關材料匯爲一册，便於後人探討"孔、孟"之間的學術流變。受其啓發，筆者着手輯録散見古書的諸子評述資料，尤其是作品亡佚，而前人關注較少者，如陳仲、魏牟、田駢、惠施等，希望能有助於拓展戰國學術史研究的視野。

本書内容由兩部分組成：上編爲戰國諸子評述資料的輯録，所收資料包括子思、禽滑釐、宋鈃、尹文、彭蒙、田駢、慎到、關尹、陳仲、魏牟、惠施等十一家。除了從早期文獻中抽繹出各家的評述資料外，對於原文的疑難字句及訛誤、脱衍等現象，也參考前人的研究成果，加以校釋；下編收録八篇考證文章，皆與上編所涉諸子有關，包括對於《禮記·檀弓》所記子思家世、宋鈃年世約數、《文子》依托尹文立説、慎到之學術淵

---

① 李零：《簡帛古書與學術源流》（修訂本），第462—463頁。
② 李學勤先生曾提醒研究者要多留意"孔、孟之間"與"老、莊之間"的學術史脉絡，並舉儒家子思學派的研究和郭店竹書《太一生水》及上博竹書《恒先》爲例，説明出土文獻對於思想史研究的積極作用。見《孔孟之間與老莊之間》，《文物中的古文明》（北京：商務印書館，2008年10月），第400—407頁。
③ 李啓謙、王式倫：《孔子弟子資料彙編》（濟南：山東友誼出版社，1991年4月）。

源及《於陵子》成書時代等問題的辨析,並針對相關出土文獻如上博竹書《慎子曰恭儉》、銀雀山漢簡《奇正》等,作了一些梳理的工作。

在進入正文之前,有必要對歷來學者所習用的戰國學術史框架作一點討論。

二、漢代學者建構的先秦子學框架及其侷限

西漢司馬談《六家要指》提出"六家"作爲理解先秦學術的架構,他說:"《易大傳》:'天下一致而百慮,同歸而殊途。'夫陰陽、儒、墨、名、法、道德,此務爲治者也,直所從言之異路,有省有不省耳。"①司馬談將六家皆視爲"務爲治者",表明他心目中的"道術"即是"治術"②,也即"君人南面之術"③。六家依李零先生説,可以别爲兩類:一類是儒、墨、道,李先生統稱爲"學",其邏輯及年代順序是"儒一、墨二、道三"。儒、墨依託六藝,但彼此對立,爲戰國前期顯學。道家非儒非墨,"因陰陽之大順,采儒、墨之善,撮名法之要",不主一術,超脱於儒、墨之爭,其大行其勢始於戰國中晚期。另一類是名、法、陰陽,他統稱爲"術"(即數術、技術之術)。名家、法家依託刑名法術,陰陽家則依託數術、方技④。

如同部分學者所指出的,司馬談所論六家主要着眼於"學術宗旨",似不涉及具體的子家及其師承⑤,但這篇文章被收入《史記》卷末的《太史公自序》,司馬遷述此文乃其父因"愍學者之不達其意而師悖"而作,又提到司馬談曾"習道論於黄子",然則《六家要指》並非虛指不同的思想

---

① 司馬遷:《史記》(北京:中華書局點校本,1982年11月2版),册十,第3288—3289頁。
② 按,前引《論六家要指》中"途"、"路"二字可視爲"道"的近義代换。
③ 語見《漢書・藝文志・諸子略》道家小序。應當注意的是,"道術即治術"的觀念源於先秦,何炳棣先生曾指出:"道術"初見於《墨子・尚賢上》,其所謂道術没有形上意義,而是現實功利的"君人南面之術"。《莊子・天下》首段所論的"道術"乃"内聖外王之道",其内涵基本上也與《墨子》一致。見《從〈莊子・天下〉篇首解析先秦思想中的基本關懷》,《"中研院"歷史語言研究所集刊》第78本第1分(2007年3月),第4—6頁、第12—13頁、第18—21頁。
④ 參考李零:《蘭台萬卷:讀〈漢書・藝文志〉》(北京:三聯書店,2011年1月),第121頁;《簡帛古書與學術源流》(修訂本),第313—315頁。
⑤ 參考李鋭:《"六家"、"九流十家"與"百家"》,《新出簡帛的學術探索》(北京:北京師範大學出版社,2010年4月),第73—74頁;羅浩:《原道:〈内業〉與道家神秘主義基礎》,第155—158頁。

趨向，其分類仍有考鏡學術源流的意義。這點我們從《史記》中有關先秦諸子的篇章亦可看出端倪，如《仲尼弟子列傳》講孔門七十子，是第一代儒家的學案；《老子韓非列傳》講道家老聃、關尹、莊子及與之相關的法家學者申不害、韓非（司馬遷謂申、韓"本於黃老"）；《孟子荀卿列傳》主述七十子之後的儒家大師孟、荀，由於二子的學術經歷與稷下學宫有關，故附說淳于髡、田駢、慎到、鄒衍等稷下先生。由此可見，司馬遷在《史記》的編纂過程中已使用類似"六家"的概念作爲學派歸類的依據。

成、哀之際，劉向、歆父子領校中秘圖書，於諸子部分亦援用上述分類，並增縱橫、雜、農、小說四家，班固《漢書·藝文志·諸子略》承之。《漢志》"九流十家"的分類針對圖書，與上述司馬談"六家"着眼於治術，關注的焦點不同。縱橫是外交權術，農家所言爲農業技術，二者皆"術"，但非統治者所親務，故司馬談略而不論。至於雜及小說是不能歸入上述八家者，屬於圖書目錄中不好分類的書。"雜家"之"雜"有二義：一是雜糅，如《漢志》雜家目中《尉繚》《尸子》《東方朔》之屬，蓋多方采獲，不主一家者；二是集纂之意（雜、集二字古通），如《吕覽》、《淮南》書等皆是。此外，亦有別裁而入於雜家者，如《五子胥》《吴子》《公孫尼》等，分別在兵技巧、兵權謀、儒家已著録，但《漢志》將其中與兵、儒家言不類者另歸雜家。至於"小說"外於"九流"，其稱本有貶義（與"六藝經說"相對而言），所收爲淺薄不中義理及依託過甚之書，班志斥爲"街談巷語、道聽塗說者之所造也"①。

漢代學者的"六家""九流十家"提供了可供歸類的框架，基本上爲後代研治先秦子學者所從，但近人胡適、任繼愈認爲"六家""九流"爲漢人所創，不能反映先秦實況，反對以"六家"之概念來描述諸子。任氏更明言"先秦哲學無'六家'"②。李鋭先生也指出：《漢志》"九

---

① 關於《漢志》小說家成立的背景，參考袁行霈：《〈漢書·藝文志〉小說家考辨》，《文史》第7輯（1979年12月），第186—189頁；拙著《宋鈃學派遺著考論》（上海：復旦大學出版社，2008年1月），第84—87頁。

② 胡適：《中國哲學史大綱》臺北版自記，《胡適學術文集·中國哲學史》（北京：中華書局，1991年12月），第5—6頁；任繼愈：《先秦哲學無六家——讀〈六家要旨〉》，《中國哲學史論》（上海：上海人民出版社，1981年6月），第433頁。西方學者亦有響應此說者，見蘇德愷（Kidder Smith）：《司馬談所創造的"六家"概念》，《中國文化》第7期（1993年1月），第134—135頁。

流"之說本爲圖書分類所設,並不適合作爲思想史的參照架構。他呼籲學者"跳出'九流'這個虛幻的歷史構建",主張以"百家"來取代"六家"①。李零先生對於破除六家的看法曾提出適切的批評,他說:

> 這個分類雖出自司馬談,但不是爲漢代學術分類,而是爲戰國學術分類。分類是針對先秦古書。我們要知道,漢初,去古未遠,講學術,還是古典爲主,今學爲輔。司馬遷的《史記》是大歷史,不是斷代史,框架是古代框架。……六家,儒、墨是先秦固有的説法,陰陽、道、法、名也是存在差異的四大類。②

李先生在另文中討論《漢志》總序,又指出:

> 班志不僅是目錄,也是學術史。研究學術,要從目錄入手,這是中國傳統。此序是個濃縮的學術史。講述順序,是先孔子,再七十子,再戰國諸子(這是先秦學術史),然後講秦的禁書,然後講漢代的開禁,然後講漢代的搜書和校書(這是秦漢學術史)。後面,六略大序,各類小序,分門別類,各講各的源流,也是學術史。③

許多學者認爲,除"儒、墨"外,其餘諸家之稱皆非先秦所有,這個説法也值得商榷。李鋭雖然反對"六家"或"九流"的架構,但他指出:《尹文子》卷上"〔以〕大道治者④,則名、法、儒、墨自廢;以名、法、儒、墨治者,則不得離道"。已有道、名、法、儒、墨五家的稱號,其說疑爲司馬談所本⑤。前人多斥今本《尹文子》爲魏晉人僞作,但李學勤、胡家聰、王曉波等諸位先生都指出:今本雖經後人潤飾,但其思想內涵與文獻所述

---

① 李鋭:《"六家"、"九流十家"與"百家"》《九流:從創建的目錄到虛幻的歷史事實》,兩文載《新出簡帛的學術探索》,第 65—77 頁、第 327—343 頁。
② 李零:《先秦諸子的思想地圖——讀錢穆〈先秦諸子繫年〉》,《何枝可依:待兔軒讀書記》(北京:三聯書店,2009 年 11 月),第 81—82 頁。
③ 李零:《蘭臺萬卷:讀〈漢書·藝文志〉》,第 2 頁。
④ 今本此句脱"以"字,據王啓湘《尹文子校詮》(臺北:世界書局,1978 年 3 月再版)補。
⑤ 李鋭:《"六家"、"九流十家"與"百家"》,《新出簡帛的學術探索》,第 75 頁。

尹文學説相合，當爲可信的先秦古書①。值得注意的是，《尹文子》將《老子》道論奉爲正宗，標舉"道"作爲己派之稱，而與名、法、儒、墨區別②，意味着"道家"已成爲一個具有獨特思想宗旨的學派③。

以《尹文子》與《六家要指》所述家數相較，前者無陰陽家而後者有，《莊子·天下》評述諸子，亦不及鄒衍，這應當不是偶然的巧合。合理的推論是：《莊子·天下》及《尹文子》評騭諸子的篇章可能作於鄒衍學説大行其世之前，二者撰作時代不晚於戰國末。

用《漢書·藝文志》的框架來研究先秦學術史，不可諱言地有許多侷限和問題，例如：

1.《漢志》將諸子、數術、方技、兵書分立，容易造成一種印象，即諸子之"學"與數術、方技、兵家之"術"無關，割裂了諸子思想産生的技術背景，這對探討各派源流及學説内涵産生一定的負面影響。後代的四部分類法將數術、方技、兵法併入子部，有其合理性。近年來，李澤厚、何炳棣二位先生先後探究《老子》之學與《孫子》之關係④，李零先生論"黄老"也注重數術、方技的影響⑤，在一定程度上突破了"學"、"術"隔閡的傳統觀點。

---

① 李學勤：《〈管子·心術〉等篇的再考察》，《古文獻叢論》（上海：上海遠東出版社，1996年11月），第190—191頁；胡家聰：《稷下爭鳴與黄老新學》（北京：中國社會科學出版社，1998年9月），第260—263頁；王曉波：《自道以至名，自名以至法——尹文子的哲學與思想研究》，《臺大哲學評論》第30期（2005年10月），第5—15頁。

② 今本《尹文子》卷上引《老子》第62章"道者，萬物之奥，善人之寶，不善人之所寶"。並闡釋云："是道治者，謂之善人；藉名、法、儒、墨者，謂之不善人。善人之與不善人，名分日離，不待審察而得也。"

③ 關於"道家"賴以成立的學術宗旨或方法，羅浩認爲是以《管子·内業》爲代表的"神秘主義的内修實踐"。鵬按，羅氏側重數術、方技對於道家學説形成的影響，思路獨具一格，惟他認定《内業》爲道家的開山之作，《老》《莊》皆在其後，對於道家譜系的排列有些問題，故其説仍值得商榷。羅説見《原道：〈内業〉與道家神秘主義基礎》，第159—178頁。關於《内業》的性質、成書時代，參看拙著《宋鈃學派遺著考論》，第267—296頁。

④ 李澤厚：《孫、老、韓合説》，《新版中國古代思想史論》（天津：天津社會科學出版社，2008年5月），第65—86頁；何炳棣：《中國思想史上一項基本性的翻案：〈老子〉辯證思想源於〈孫子兵法〉的論證》，《有關〈孫子〉〈老子〉的三篇考證》（臺北："中研院"近代史研究所，2002年8月），第1—35頁。

⑤ 李零：《説"黄老"》《道家與"帛書"》，兩文收入《李零自選集》（桂林：廣西師範大學出版社，1998年2月），第278—298頁。

2. "儒"、"墨"二家是有組織及師承淵源的團體,可稱之爲嚴格意義的"學派",但"陰陽"、"名"、"法"、"道"等則僅由共同的學術宗旨或方法所維繫,同派學者之間未必有師承關係。分類標準的參差,是造成學者反對"六家"框架的主要原因①,而這一點對於後四家的研究也產生了一些干擾,如《漢志》道家著錄《文子》九篇,下云"老子弟子",後人遂對"文子"的身份產生種種推測,但我們要問:"文子"與老子究竟是嚴格意義的師徒關係,還是私淑或再傳?是否只是因爲《文子》書中援引《老子》爲説,後人因其尊老,遂謂文子爲"老子弟子"? 筆者認爲後者可能更爲近實②。誠如羅浩所指出的:道家或許没有社會組織或明確的師承,但"這並不意味着道家人士缺乏與衆不同的原則和方法,或者没有一批使其得以傳承的文本"③。對戰國中晚期的道家學者而言,這得以傳承的經書即是《老子》④。後世的道徒也意識到自家没有清楚的師承,於是在道家轉化爲道教的"造神"過程中,逐步形成了以老子爲教主,莊、列、庚桑、文子爲"四大弟子"的譜系⑤。

3. 《漢志》對於部分子書的歸類有可議之處,如儒家著錄《晏子》八篇,但晏嬰既非儒家學者,此書內容也未必與儒家有密切關係,故後人或視之爲墨家(如柳宗元),或改入史部傳記類(如《四庫全書》)。又如

---

① 見羅浩:《原道:〈內業〉與道家神秘主義基礎》,第156—160頁;李鋭:《"六家""九流十家"與"百家"》,《新出簡帛的學術探索》,第72—83頁。
② 參考本書下編《〈文子〉依託尹文考》。
③ 羅浩:《原道:〈內業〉與道家神秘主義基礎》,第160頁。
④ 筆者認爲戰國時期的道家學者(包括由道家轉入名、法者)對於《老子》學説的繼承與發展,體現於對"道術"之闡釋。各派莫不試圖回答老子所提出的"道"是什麽? 如宋鈃以"心術"説"道";慎到、尹文以"法術"、"形名之術"論"道";田駢、莊周則回歸老子道論之本旨,主張取消一切對立、分别,倡齊物之説;齊地的道家學者又以"精氣"論道,將醫家理論與《老子》學説結合。
⑤ 東漢王充《論衡·自然》説:"以孔子爲君,顏淵爲臣,尚不能譴告,況以老子爲君,文子爲臣乎! 老子、文子,似天地者也。"與《漢志》所言文子爲"老子弟子"合。其後,葛洪《抱朴子·至理》云:"昔庚桑胼胝,文子鼇顔,勤苦彌久,及受大訣,諒有以也。"已將庚桑子與文子並稱,同書《釋滯》又説:"至於文子、莊子、關令尹喜之徒,其屬文筆,雖祖述黃老,憲章玄虛,但演其大旨,永無至言。"至唐代,道教興盛,文子被皇室封爲"通玄真人",與莊、列、庚桑子並列,其書則改稱《通玄真經》。

《管子》一書，班志入道家，其後《隋志》改列爲法家之首。鵬按，《晏子》列爲儒家，乃因班志自注："孔子稱善與人交"，《史記·孔子世家》亦載"孔子之所嚴事"者六，晏嬰爲其一，其人既爲儒家宗師孔子所稱道，故列爲儒家之首①。若以同樣的標準來看，管仲亦曾爲孔子所稱（見《論語·憲問》），且《史記》將管、晏合傳，稱引管仲"上服度而六親固"、"四維不張，國乃滅亡"之語，皆合於儒家之説。循《晏子》之例，《管子》未嘗不可入儒家，惟《漢志》《隋志》或歸道，或歸法，乃就《管子》書論，皆各得一端。竊以爲《管》、《晏》二書皆齊國學者推尊前賢之作②，本爲雜纂，其思想不主一派，宜入雜家，若必欲歸入儒、道、墨、法，不免進退失據。

4. 劉氏父子及班固的分類存有漢人尊經崇儒的價值取向，此觀班志先六藝而後諸子、措儒爲諸家之首自明③。這種意識形態的影響是隱性的，卻最具滲透力。李零先生就直言："《漢志》的排序，是反映漢代的意識形態。這種意識形態對中國學術影響至爲深遠。中國辨僞學，尊經貶子，尊儒子貶諸子，尊文學貶方術，根子在這裏。"④

《漢志》的分類，即使有種種缺失，卻也不必全然廢棄。李零先生認爲：分類必定會有例外或特例，不能因此不要分類，"一人一家，一書一家，等於没家。這是白馬非馬之辨，同樣不可取。"⑤圖書的分類不周

---

① 李零：《蘭臺萬卷：讀〈漢書·藝文志〉》，第73頁。
② 孫星衍《晏子春秋序》："《晏子》文最古質，疑出於齊之《春秋》，即《墨子·明鬼》篇所引。嬰死，其賓客哀之，集其行事成書。"鵬按，所謂"齊之《春秋》"即"國語"一類文獻。近年發表的上海博物館藏戰國竹書《景公瘧》提及晏嬰言行，可與今本《晏子春秋》比對，即當時作爲貴族之教材或游士資談的"語"類文獻。至於《管子》一書，顧頡剛認爲"是一部稷下叢書"，馮友蘭認爲是"稷下學術中心的一部論文總集"，白奚更明言："《管子》是齊宣王、閔王時齊稷下學宮一批佚名的齊地土著學者依託管仲編創作而成。"參考白奚《稷下學研究——中國古代的思想自由與百家争鳴》（北京：三聯書店，1998年9月），第218—221頁（顧、馮二氏説亦見其書引錄）。
③ 揚雄《法言·君子》以"諸子"之稱乃"其知異於孔子"者，而孟子之説不異，故非諸子，亦爲漢人崇儒的觀點。
④ 李零：《蘭臺萬卷：讀〈漢書·藝文志〉》，第4—5頁。關於中國辨僞學的"道統"立場，可參考李零：《兩種懷疑——從孔子之死想起的》，《何枝可依：待兔軒讀書記》，第75—77頁。
⑤ 李零：《重歸古典——兼說馮、胡異同》，《人往低處走——〈老子〉天下第一》（北京：三聯書店，2008年3月），第10頁。

密,可以調整或用互著之法彌補;類目運用在學術源流及思想學說的描述,除了可以細分支派①,也可使用類似"道法家"的權宜稱呼,並輔以說明②。至於上述第一點和第四點,也有兩帖藥方對治:一是"去除尊儒的有色眼鏡",將孔子及其弟子從漢人素王、聖門的祭壇請下來,與諸子等而齊觀,還原其歷史面貌。二是"跳出六家看六家",留心諸子共同的知識背景和思想資源,即李零先生所說:"光讀子書,等於身在廬山之中,反而不識廬山面目",需要"跳出諸子看諸子,即不但要參看六藝(讀儒、墨書最重要),挹經注子;而且要讀數術、方技和兵書(對讀道家最重要),拿它們當解讀線索"③。

除了思想内涵、源流的梳理外,研究學術史,還需以時代繫年及地理分區作為兩大輔助手段(這是另一種"跳出六家看六家"),即錢穆所言:"分家而尋,不如別世而觀;尋宗爲說,不如分區爲論。"④"別世而觀"的目的除了給諸子編年排序外,也在考察同一時代的政治、文化氛圍對於諸子學說的影響;"分區爲論"不僅注重人文地理及自然環境對諸子思想的型塑作用,並在探究身處某一區域的學者,對於該地的學術傳統,究竟是繼承、改造,抑或是決裂、創新?"別世而觀"已有錢氏《先秦諸子繫年》垂爲典範;"分區爲論"則傅斯年、嚴耕望及李零等皆有專文傳世⑤。

三、《莊子·天下》所展示的戰國學術史脉絡

如果説《漢志》"九流"之説,爲戰國學術史的研究提供了一個可以

---

① 此法韓非已用,即《顯學》所謂"儒分爲八,墨離爲三"。
② "道法家"一詞的内涵,參考裘錫圭:《馬王堆〈老子〉甲乙本卷前後佚書與"道法家"——兼論〈心術上〉〈白心〉爲慎到田駢學派作品》,《文史叢稿》(上海:上海遠東出版社,1996年10月),第60—67頁。應當指出的是,在裘先生之前已有學者用"道法家"指稱黃老刑名之學,如1934年王斯睿《慎子校正·序》提到"慎子之學,源於黃老,歸於刑名"。又指出:明慎懋賞本《慎子》"不盡道法家言,且有與慎到之學相背馳者,疑爲後人附益"。
③ 李零:《簡帛古書與學術源流》(修訂本),第313頁。
④ 見錢穆:《先秦諸子繫年》(臺北,東大圖書公司,1999年6月3版),"自序"第23頁。
⑤ 傅斯年:《戰國子家敘論·論戰國諸子之地方性》,《民族與古代中國史》(石家莊:河北教育出版社,2002年8月),第204—212頁(附錄二);嚴耕望:《戰國學術地理與人才分布》,《嚴耕望史學論文選集》(臺北:聯經出版社,1991年5月),第33—69頁;李零:《先秦諸子的思想地圖——讀錢穆〈先秦諸子繫年〉》,《何枝可依:待兔軒讀書記》,第78—111頁。

遵循的框架,那麼《莊子·天下》就是一個堅固的支點,可以作爲鑑別其他史料的標準①,也爲我們展示了"百家爭鳴"的背景及脈絡。《天下》篇針對先秦道術的發展作系統的敘述,平實地分析各派學說的內涵及優劣之處,其將思想家兩兩並舉,初步具有學派劃分的意義。

《莊子·天下》首章述古之道術,蓋視當時天下各派學術同源異流,彰顯諸子之學興起的共同背景。本段一開始說"聖有所生,王有所成,皆原於一",其後標舉"聖人"②、"君子",並以"百官"之術與"養民"之道並舉,說明作者心目中的古之道術兼內聖外王而言,且上與天合("以天爲宗"),而下散在器數以適於人生日用,故云"其運無乎不在"③。接着講到諸子共通的三大知識來源:"舊法"、"世傳之史"及"六藝"④,並由"其數散於天下"引出"百家之學",批評他們"判天地之美,析萬物之理,察(殺)古人之全⑤",使"内聖外王之道闇而不明"。最後,作者悲哀地認爲百家之分"往而不反,必不合焉","道術將爲天下裂"。

前人多以此段專論儒家,郭沫若認爲是"把儒術列爲内聖外王之道的總要"⑥,嚴靈峰則推論全篇"獨對儒家未做否定的批判,這很可能是

---

① 馮友蘭説:"凡是研究歷史,無論哪一段,總得有幾個大家都認爲是可靠的史料作爲支點,以它爲標準,鑑别别的史料。不然,研究就無法進行。《天下》篇就是這樣的一個支點。"見《中國哲學史新編》第二册(北京:人民出版社,1984年2版),第110頁。
② 此處"聖人"已涵蓋《天下》前文所謂"神人"、"至人"、"真人",參考顧實:《莊子天下篇講疏》(臺北:臺灣商務印書館,1980年12月2版),第8—9頁。
③ 參考梁啓超:《莊子天下篇釋義》,《梁啓超全集》(北京:北京出版社,1999年7月),册八,第4676頁。
④ 舊法、世傳之史及六藝對於東周貴族士人而言,是最重要的三塊知識結構。《國語·楚語上》記載申叔時提到的太子教材爲"教之《春秋》,而爲之聳善而抑惡焉,以戒勸其心;教之世,而爲之昭明德而廢幽昏焉,以休懼其動;教之《詩》,而爲之導廣顯德,以耀明其志;教之《禮》,使知上下之則;教之《樂》,以疏其穢而鎮其浮;教之令,使訪物官;教之語,使明其德,而知先王之務用明德於民也;教之故志,使知廢興者而戒懼焉;教之訓典,使知族類,行比義焉"。其中詩、禮、樂、春秋屬於六藝;"令",韋昭説是"先王之官法、時令",屬於舊法;世(先王之世系)、語(前代治國之善語)、故志(前世成敗之書)、訓典(以五帝之書爲主)則屬於世傳之史。
⑤ 按,"察"疑讀爲"殺",訓爲散。
⑥ 郭沫若:《十批判書·莊子的批判》,《郭沫若全集·歷史編》第二卷(北京:人民出版社,1982年9月),第190頁。

儒家後學評論各派的作品"①。鵬按,此段所論乃以六藝爲諸子的共同學術資源,而"鄒魯之士、搢紳先生多能明之",指的是這些學問尚爲鄒魯一帶儒士、官宦所通曉,未有強調儒家爲"内聖外王之道的總要"的意圖②。且《天下》全篇以道家學術源流爲主要綫索(詳下文),故略儒家子思、孟軻而不言,不能因此指爲儒家學者所作。《天下》具體評述的諸子共有六組,以下分述之。

1. 墨翟、禽滑釐

《天下》所述墨子學説有"非樂"、"節用"、"泛愛兼利"、"非鬥"等,與現存《墨子》基本相符。勞思光指出:"墨子學説的第一主脉爲功利主義,由功利之觀念而生非樂、非攻之説。對於社會秩序的建立,墨子持權威主義觀點,由此乃生天志、尚同之説。此兩條主脉則匯於兼愛説。"③其説簡明可從。

儒家"以六藝爲法"(《六家要指》),自視爲傳統學術的繼承者,墨家的知識背景與之類似,但其觀點則從平民百姓出發④,對於孔子所倡文、武、周公之道,墨子認爲煩擾奢靡而害事,故"背周道而用夏政"⑤,改奉夏禹爲大聖⑥。墨家關注的視角由貴族轉向百姓,象徵着學術典

---

① 嚴靈峰:《莊子天下篇的作者問題》,《無求備齋老列莊三子集成補編》(臺北:成文出版社,1982年),册五十六,第9頁。按,嚴氏在其文中主張《天下》爲荀子所作。
② 何炳棣先生已指出此點,見《從〈莊子・天下〉篇首解析先秦思想中的基本關懷》,《"中研院"歷史語言研究所集刊》第78本第1分,第14—18頁。
③ 勞思光:《新編中國思想史》(臺北,三民書局,1993年10月增訂7版),册一,第291頁。
④ 馮友蘭云:"墨乃古代刑法之一,刑徒乃奴役之流(説本錢穆)。蓋墨子節用、短喪、非樂等見解皆趨於極端,與當時大夫君子之行事相反,其生活最苦,又與勞工同。故從其學者,當時稱之謂墨者,意謂此乃刑徒奴役之流耳。……墨子反貴族而因是貴族所依之周制。故其學説,多係周制之反面,蓋對於周制之反動也。"其論墨家與刑徒之關係雖未必然,但墨作爲儒的對立面,確實代表了貴族之外的平民觀點。馮氏説墨者乃"刑徒奴役之流",李澤厚則主張墨學是"小生産勞動者的思想典型",二者合而觀之則是,不必過於拘泥。馮説見《中國哲學史》(北京:三聯書店,2009年10月),上册,第97頁;李説見《墨家初探本》,《新版中國古代思想史論》,第46—56頁。
⑤ 《淮南子・要略》:"孔子脩成康之道,述周公之訓,以教七十子,使服其衣冠,脩其篇籍,故儒者之學生焉。""墨子學儒者之業,受孔子之術,以爲其禮煩擾而不説,厚葬靡財而貧民,久服傷生而害事,故背周道而用夏政。"
⑥ 《天下》引墨子盛稱夏禹之言,謂"禹,大聖也,而形勞天下也如此"。

範的轉移,錢穆曾説"道啓於墨"①,何炳棣也指出道術之分裂始自墨子,乃是因爲"孔子及其累世弟子對傳統文化及制度惟有讚揚及累進理想化,而墨子及墨者卻對傳統禮樂制度種種不平等及奢靡部分極力攻擊"。以致"背離聖王之教之'純'、'全'完整性"②。

從思想的發生順序來説,儒一、墨二、道三,道家意在調和儒、墨之争,亦有取於墨。老子之"少施寡欲"、以兵爲"不祥之器",皆與墨子説合,而戰國中晚期宗老之道家學者,多有尚儉、義兵(或寢兵)之主張,此可視爲墨學之間接影響。再就功利主義言,墨子認爲凡能使人民安居樂業、國家富庶之事,皆爲有用,餘則爲無益,故提倡節儉、反對奢侈。道家"有爲"一派學者受其啓發③,對於國家之治術不再如儒家强調因循舊制及外在的儀節,轉而與三晉法術之説結合,遂演化出稷下道法家及黄老之學。從這個角度來看,《天下》的作者敘述道家學術之興而從墨子講起,有其深意。

在敘述墨翟學説之後,《天下》提及墨學分裂的局面:"相里勤之弟子、五(伍)侯之徒、南方之墨者苦獲、已(紀)齒、鄧陵子之屬,俱誦墨經,而倍譎不同,相謂别墨。以堅白同異之辯相訾,以觭(奇)偶不仵(伍)之辭相應。以巨子爲聖人,皆愿爲之尸,冀得爲其後世,至今不决。"④此處所謂"墨經"乃泛稱墨子書,不必如部分學者指爲今本《墨子》卷一《親士》、《修身》等七篇或《經上》、《經下》二篇。而"相謂别墨"則爲各派之間互指對方爲異端之情況,非有"别墨"一派。其下説墨子後學"以堅白同異之辯相訾,以觭(奇)偶不仵(伍)之辭相應",即當時各派針對名實問題相互辯論詰難的情況。墨家有嚴密組織,奉"鉅子"爲學派首領,見於《吕覽》者有居於秦的腹䵍(《去私》)、居於楚的孟勝及宋人田襄子(二者見《上德》)。

此章將禽滑釐與墨子合論,卻未述其具體主張,蓋以二子師弟相傳,其學略同,故不分説。《漢志》著録亦不及禽子,使人疑心禽滑釐徒

---

① 錢穆:《先秦諸子繫年·自序》,第23頁。
② 何炳棣:《從〈莊子·天下〉篇首解析先秦思想中的基本關懷》,《"中研院"歷史語言研究所集刊》第78本第1分,第18頁。
③ 李零先生將先秦道家分爲"有爲"、"無爲"兩派,詳下。
④ 引文參考本書上編禽滑釐卷2.1。

以守城技術著稱,未有著作傳世。但今本《墨子》第五十二篇《備城門》以下至《襍守》等十一篇,託言禽滑釐以明守城之法①,清人已懷疑諸篇與禽滑釐一派有關②。考《漢志》兵技巧家數統計"十三家,百九十九篇"下,班氏自注:"省《墨子》重。"頗疑《七略》兵技巧原收有禽子之書,而漢世流傳的《墨子》亦有諸篇,班氏嫌其重複著錄而省。

前人對於《漢志》將《墨子》置於墨家之末,與它家著錄體例不同,頗有疑辭。顧實云:"《漢書·藝文志》墨家獨以《墨子》七十一篇,殿諸家之後,必爲墨家集大成之書,而歸之《墨子》者。故《尚同》《尚賢》等各有三篇,文字大同小異,明皆三家之異本。"③《墨子》既爲墨派之總集,內容雜有墨翟及後學如禽滑釐、相里勤、鄧陵子等人的著作,其性質蓋與《諸子略》所錄各家末之《道家言》、《雜陰陽》、《法家言》類,故班志置諸最後。

2. 宋鈃、尹文

宋、尹二家與彭蒙、田駢、慎到皆稷下學者④,此五子與戰國中期道家學說的發展有密切關係。班志將《田子》《慎子》《尹文子》《宋子》四書分別歸入道、法、名、小說家,但這些學者的理論基礎都是《老子》之學,可以用道家學術發展的綫索將之貫串。《莊子·天下》所評論的稷下五子中,宋鈃年世較先,彭蒙稍後,田駢、慎到、尹文三子同輩,時代較後。上述諸子的年世約數爲:

宋鈃　公元前382年至前305年(從顧實說⑤)
彭蒙　公元前370年至前310年(以下從錢穆說⑥)

---

① 見本書上編禽滑釐卷1.4至1.9。
② 《四庫全書總目提要》:"第五十二篇以下,皆兵家言,其文古奧,或不可句讀,與全書爲不類,疑因五十一篇言公輸般九攻、墨子九拒之事,其徒因採摭其術,附記其末。觀其稱弟子禽滑釐等三百人已持守圍之器在宋城上,是能傳其術之徵矣。"孫詒讓《墨子閒詁》:"自此至《襍守》凡二十篇(據孫氏所考,今本亡佚九篇),皆禽滑釐所受守城之法也。"
③ 顧實:《莊子天下篇講疏》,第37頁。
④ 見《尹文子》卷下"田子讀書"章、《史記·田敬仲完世家》、《孟子荀卿列傳》、《漢書·藝文志》顏師古《注》引劉向。
⑤ 顧實:《莊子天下篇講疏》,第128頁。關於宋鈃的年世問題,參考本書下編《宋鈃年世約數考》。
⑥ 錢穆:《先秦諸子繫年》,第618頁。

田駢　公元前350年至前275年
慎到　公元前350年至前275年
尹文　公元前350年至前285年

以下依《天下》所言順序,先述宋鈃、尹文之學。成玄英在《莊子·天下》疏中有一説法值得留意,他説:宋、尹"咸師於黔"①,李零先生指出:《漢志》道家著錄《黔婁子》一書,注云:"齊隱士,守道不詘,威王下之。"應即此"黔"②。鵬按,《列女傳·賢明》記黔婁妻死,曾子往弔之③,其妻稱其"甘天下之淡味,安天下之卑位,不戚戚於貧賤,不忻忻於富貴"。《高士傳》又記載魯恭公、齊王(蓋即威王)先後欲聘黔婁子爲卿相,皆爲其回絶。從其行事來看,黔婁子屬道家隱逸一派(其書佚,馬國翰有輯本),宋、尹師之,則其學本有濃厚的道家色彩。

《漢志》小説家著錄《宋子》十八篇,注云:"孫卿道宋子,其言黄老意。"錢穆認爲:"若宋子,宗墨氏之風,設教稷下,其殆黄老道德之開先耶!"他在文中詳舉《天下》及《荀子》等書所述宋子思想,參證《老子》相關文句,以明班固稱宋子學説有"黄老意"之由。他指出,《荀子·正論》"子宋子曰:人之情欲寡,而皆以己之情爲欲多,是過也"。即《老子》所謂"少施寡欲"④;《荀子·天論》"宋子有見於少,無見於多"。即《老子》"少則得,多則惑";《荀子·正論》:"子宋子曰:明見侮之不辱,使人不鬥。"此《老子》所謂"勇於不敢"、"柔弱處上"、"大白若辱"。即如《莊子·天下》所謂"禁攻寢兵,救世之戰",錢穆認爲雖表現出墨徒之精神,但《老子》也説:"雖有甲兵,無所陳之。"⑤

宋鈃受墨家影響之處除了表現在"禁攻寢兵"的主張外,還反映在

---

① 見郭慶藩:《莊子集釋》,《諸子集成》(北京:中華書局,1954年12月),册三,第468頁。錢穆《先秦諸子繫年·尹文考》因主張宋、尹爲墨徒,遂改成《疏》此文"黔"爲"墨",恐非。
② 李零:《出土發現與古書年代的再認識》,《李零自選集》,第46頁,註5。
③ 錢穆《先秦諸子繫年·諸子擷逸》指出,黔婁子亡時,曾申亦已早死,《列女傳》所記殆不可信。鵬按,據《漢志》自注,黔婁子爲齊威王時人,威王在位時代爲公元前356—前320年,與曾參(前505—前436年)、曾申(前475—前405年,據錢氏《繫年》)皆不相及。
④ 鵬按,宋鈃主張"寡欲"亦可能受子思學説的浸染。子思有寡欲養志之論,見《孔叢子·居衛》(收入本書子思卷10.17)。
⑤ 錢穆:《宋鈃考》,《先秦諸子繫年》,第375—376頁。

其尚儉及功利精神。《莊子·天下》謂宋鈃"其爲人太多,其自爲太少;曰:'請(情)欲固置〈寡〉,五升之飯足矣!'先生恐不得飽,弟子雖飢,不忘天下,日夜不休。曰:'我必得活哉!'"①此即宋、墨共通的尚儉及救世精神,而其寡欲之説又兼受老之影響。《孟子·告子下》載宋子聞秦、楚構兵,欲至二國游説,遇孟子於石丘,孟子問他:"説之將何如?"宋鈃説:"我將言其不利也。"可見其説頗有功利色彩,近於墨家,是故《荀子·非十二子》將墨翟、宋鈃並舉,認爲二子"大儉約而僈差等,曾不足以容辨異、縣君臣"。

《莊子·天下》謂宋鈃"語心之容,命之曰心之行","心之行"即"心術"。宋子主張"心術"、"白心",重視"心"爲宋鈃學派的思想特徵,其説疑受儒家子思一派影響。據龐樸、周鳳五二位先生的研究,郭店楚竹書《五行》②、《性自命出》乃是子思學派的著作③。《五行》開篇説仁、義、禮、智、聖"型於内謂之德之行"④,"型於内"指道德意識在心中内化,産生如型範般的作用⑤。楊儒賓且指出:"'五行'的'行'字指涉的不是外在的行爲,而是内在心性一種真實流動的狀態,其涵意與《莊子·天下》篇所云'語心之容,命之曰心之行'的'心之行'相當。"⑥《性自命出》第14至15簡則明言:"凡道,心術爲主。道四術,唯人道爲可道也。"⑦

《韓非子·顯學》以漆雕開、宋鈃對舉,將宋子的思想特色歸納爲"寬"、"恕"。儒家重恕,《論語·里仁》:"夫子之道,忠、恕而已矣。"《管子·七法》云:"實也、誠也、厚也、施也、度也、恕也,謂之心術。"以"恕"

---

① 引文參考本書上編宋鈃卷2.3。
② 馬王堆漢墓帛書亦有《五行》,前有經,後有解。
③ 龐樸:《竹帛〈五行〉篇與思孟"五行"説》、《思孟五行新考》,二文收入《竹帛〈五行〉篇校注及研究》(臺北:萬卷樓圖書公司,2000年6月),第97—104頁、第133—143頁;周鳳五:《郭店竹簡的形式特徵及其分類意義》,《郭店楚簡國際學術研討會論文集》(武漢:湖北人民出版社,2000年5月),第54頁。
④ 荆門市博物館:《郭店楚墓竹簡》(北京:文物出版社,1998年5月),第31頁(圖版)、第149頁(釋文)。
⑤ 關於此句的解釋參考周鳳五先生:《郭店竹簡文字補釋》,《古墓新知——紀念郭店楚簡出土十周年論文專輯》(香港:國際炎黄文化出版社,2003年11月),第64—65頁。
⑥ 楊儒賓:《儒家身體觀》(臺北:"中研院"文哲所,2003年1月修訂2版),第62頁。
⑦ 荆門市博物館:《郭店楚墓竹簡》,第62頁(圖版)、第179頁(釋文)。諸"術"字原作"述",此從整理者説讀。簡文"道四術"指下文"詩、書、禮、樂",《禮記·王制》亦以四者爲"四術"。

爲心術之内涵,其説疑與宋鈃有關。綜合來看,宋鈃一派蓋以道家老學爲根柢而兼融儒、墨①。

《莊子·天下》將尹文與宋鈃合論,關於二子的思想的異同,白奚及筆者已有專文辨析②。尹文的著作在《漢志》中雖歸入名家,但其學説仍以道家老學爲基礎。今本《尹文子》開篇便説"大道無形,稱器有名",標舉"大道"爲宗,故下文説"〔以〕大道治者,則名、法、儒、墨自廢"。書中並屢引《老子》爲説。此外,尹文一派也吸收儒家尚禮樂及正名的思想,如《尹文子》上卷論正名引孔子"必也正名"之語,又謂"禮樂獨行,則私欲寢廢"。下卷更説:"仁、義、禮、樂、名、法、刑、賞,凡此八者,五帝三王治世之術也。"將儒家思想與形名法術融合爲一。《四庫提要》嘗稱尹文之學"出入於黄、老、申、韓之間。周氏《涉筆》謂其'自道以至名,自名以至法'。蓋得其真"③。尹文之學上承宋鈃,發揮《老子》道論,同有"別囿"、"見侮不鬥"、"寢兵"之説④,並融入名、法之學,形成以"大道"調和百家,以名、法治國的黄老道家體系。

尹文與宋鈃同游稷下⑤,二子關係在師友之間。又據《列子·黄帝》,尹文學術又受列子沾溉。該篇記載"尹生"向列禦寇學履虛乘風之術,此生在列子面前自稱"章戴"。沈欽韓認爲此尹生即尹文⑥,然則尹文本名"章戴","文"乃其字,名、字正相應。錢穆在《列禦寇考》指出⑦:"禦寇實有其人,鄭爲魏滅,而韓徙於鄭,史疾在韓習聞其説⑧。蓋亦上承儒家正名之緒,一變而開道法刑名之端者。《爾雅疏》引《尸子》云:'列子貴虛',蓋其道因名責實,無爲而治,如史疾所言是也⑨。"列子之

---

① 參考拙著《宋鈃學派遺著考論》,第231—234頁。
② 白奚:《"宋尹學派"質疑》,《先秦哲學沈思録》(北京:中國社會科學出版社,2007年12月),第207—222頁;拙著《宋鈃學派遺著考論》,第275—280頁。
③ 紀昀:《四庫全書總目提要》(石家莊:河北人民出版社,2000年3月),册三,第303頁。
④ 見《尹文子》及《公孫龍子·跡府》(後者收入本書上編尹文卷3.1)。
⑤ 見《漢書·藝文志》"《尹文子》"顔師古《注》引劉向。
⑥ 引自錢穆:《尹文考》,《先秦諸子繫年》,第379頁。
⑦ 錢穆:《列禦寇考》,《先秦諸子繫年》,第176—177頁。
⑧ 鵬按,《戰國策·韓策》載史疾爲韓使楚,楚王問其方術,史疾説:"治列子禦寇之言",又云其言"貴正"。
⑨ 按,即《韓策》史疾所謂:"任官置吏,必曰廉潔勝任",則其國自治。

"貴正"、"貴虛",強調形名及因任自然,皆見尹文學説之端緒。《黄帝》雖爲後人增飾之言,但其所説尹文與列子之關係,當有部分事實之根據。

3. 彭蒙、田駢、慎到

《莊子·天下》將彭蒙、田駢及慎到合論,稱他們"公而不黨,易(夷)而無私。决(缺)然無主,趣物而不兩。不顧於慮,不謀於知,於物無擇,與之俱往"①。彭蒙之書,《漢志》無著録,其説僅見於《天下》稱引及《尹文子》中論定分及聖法之治兩段文字。彭蒙因任自然及去私棄己之説,蓋本《老子》。他認爲"古之道人,至於莫之是、莫之非而已矣"②,故倡不言之教③。《尹文子》卷下載:

> 田子讀書,曰:"堯時太平。"宋子曰:"聖人之治以致此乎?"彭蒙在側,越次答曰:"聖法之治以至(致)此,非聖人之治也。"宋子曰:"聖人與聖法,何以異?"彭蒙曰:"子之亂名甚矣!聖人者,自己出也;聖法者,自理出也。理出于己,己非理也;己能出理,理非己也。故聖人之治,獨治者也;聖法之治,則無不治矣。此萬物之利,唯聖人能該之。"宋子猶惑,質于田子。田子曰:"蒙之言然。"

這則故事很生動地表現出宋鈃與彭、田二子在政治主張上的不同。宋鈃遵循儒、道舊説,贊成"聖人"之治,彭蒙則主張"聖法"之治,並以"理"作爲法之根源,此爲二家根本之差異。戰國中期彭蒙、田駢援法入道,以"聖法之治"代替傳統的"聖人之治",並以"理"代"道"作爲治術之根源,可視爲繼墨攻儒之後,"道術"的第二個斷裂點。

彭蒙的"定分"之論亦見《尹文子》引述,他説:"雉兔在野,衆人逐之,分未定也;雞豕滿市,莫有志者,分定故也。"此説後爲田駢、慎到、尹

---

① 參看彭蒙卷 1.1。
② 《天下》這段文字之前有"彭蒙之師曰"五字,前人多以爲稱引彭蒙之師語,筆者指出:"'師'疑本作'教',二字義近,傳寫致誤。下文云'惡可而言'即彭蒙之'不言之教'。"見彭蒙卷 1.1 注釋。
③ 《天下》此章載田駢"學於彭蒙,得不教焉",王叔岷《莊子校詮》引羅勉道曰:"田駢學於彭蒙,而得不言之教。"

文所繼承,成爲道法家的理論基礎。

《漢志·諸子略》道家著録田駢的著作爲《田子》二十五篇。《尸子·廣澤》說"田子貴均",《呂氏春秋·不二》也稱"陳駢貴齊",田駢循着因任、去私之説進一步提出"齊物"之論①,即《莊子·天下》所謂"齊萬物以爲首(道)"②。田子的"齊萬物"疑針對當時名家辯者"遍爲萬物説"的風氣而發,《七略》稱"齊田駢好談論,故齊人爲語曰天口駢。天口者,言田駢子不可窮其口,若事天"③。其風格近於名家,而遠於彭蒙"不言之教"。

由老子的"行不言之教"(《老子》今本第二章)、彭蒙的"不教",發展到田駢的"不可窮其口"及名家的"遍爲萬物説",代表着戰國中期著述形式的變化,即由簡短精鍊的格言、語録轉爲繁富的比喻、故事及論説,這一點在《莊子》中尤爲顯著。儒家同樣也經歷這樣的轉變,孔子説"予欲無言"(《論語·陽貨》),到孟子時則嘆"予豈好辯哉,予不得已也"(《孟子·滕文公》)。論述形式的改變促成《天下》所説"天下之人,各爲其所欲焉以自爲方",加速"道術"離析的過程。面對百家的衆聲喧嘩,莊子學派主張"吹萬不同,而使其自已"(《齊物論》),荀子則主張與之辯論,並欲君王"申之以命,章之以論,禁之以刑"(見《正名》)。後者乃啓法家韓非、李斯之説。

從前文所引《尹文子》"田子讀書"章來看,田駢贊同"聖法之治",在治國方面主張"定名""因任",如他説:"天下之士,莫肯處其門庭,臣其妻子,必游宦諸侯之朝者,利引之也;游於諸侯之朝,皆志爲卿大夫,而不擬於諸侯者,名限之也。"又云:"人皆自爲,而不能爲人,故君人者之使人,使其自爲用,而不使爲我用。"(皆見《尹文子》)當齊王問他爲政之要時,田駢説:"臣之言,無政而可以得政,譬之若林木,無材而可以得材。願王之自取齊國之政也。"(《吕氏春秋·執一》)

---

① 《天下》將彭蒙、田駢、慎到合論,前人多以"齊物"爲三人共同學説,但白奚指出,"齊物"應是田駢之説。見《論田駢、慎到學術之異同》,《先秦哲學沈思録》,第192—194頁。
② "首"讀爲"道",從奚侗、王叔岷説。見上編彭蒙卷1.1注釋。
③ 姚振宗輯、鄧駿捷校補:《七略別録佚文·七略佚文》(上海:上海古籍出版社,2008年12月),第136頁。

《荀子·非十二子》亦將田駢與慎到合論,稱二子"尚法而無法,下〈上〉脩(循)而好作,上則取聽於上〈下〉,下則取從於俗。終日言成文典,及紃(循)察之,則偶然無所歸宿,不可以經國定分"①。慎子的思想特徵在法勢理論②,其學說源於三晉法家及道家彭蒙一派。《漢志》將《慎子》四十二篇歸入法家,《史記·孟荀列傳》則說慎子與田駢、接子、環淵"皆學黃老道德之術,因發明序其指意。故慎到作十二論"。可見其學兼融道、法。此外,慎到的思想亦受儒家影響,王叔岷指出,慎到素習六藝,故《意林》卷二引慎子曰:"《詩》,往志也。《書》,往誥也。《春秋》,往事也。"又重德、禮,《慎子·威德》云:"聖人有德,而不憂人之危。""明君動事分職必由惠,定罪分財必由法,行德制中必由禮。"王氏稱其學"化道入法,兼涉儒、名之說"③。

綜上所論,早期稷下學者如宋鈃致力溝通道家與儒家的學說,至彭蒙、田駢始引入法理論作爲道家治國之術的補充,年代較後的慎到、尹文,援名、法入道的傾向更強。

4. 關尹、老聃

前人論老、莊思想的著作汗牛充棟,且異說紛呈。由於本書並未涉及二家評述資料的輯錄及考證,所以此處不擬深論,僅談談一二與道家學術源流相關的綫索。

《天下》述關尹、老聃之學,全無貶辭,並稱二子爲"古之博大真人",可見其時代早於其他諸子(但從學說的發生來說,道家關、老之學,當晚於墨家之興④)。老子雖爲楚人⑤,但其學術淵源卻與宋有關。《呂覽·不二》謂"老耽(聃)貴柔"。《淮南子·繆稱》云:"老子學商容,見舌而知

---

① 參看田駢卷2.1。
② 見《韓非子·難勢》(收入慎到卷5.2)。
③ 王叔岷:《法家三派重勢之慎到》、《慎子佚篇義證》,《先秦道法思想講稿》(臺北:"中研院"文哲所,2002年5月),第186—188頁、第320頁。
④ 參看前文所述"儒一、墨二、道三"之說。梁啓超《先秦學術年表》即措老子、關尹於墨翟之後。
⑤ 《史記·老子韓非列傳》述老子其人雖别爲李耳、老萊子、太史儋三說,莫衷一是,但肯定前二者爲楚人。李零先生已據楚文字"李"從"來"聲及文獻中老萊子與老聃記載重合的現象,證明李耳、老萊子爲一人。見《老李子和老萊子——重讀〈史記·老子韓非列傳〉》,《郭店楚簡校讀記》(北京:北京大學出版社,2002年3月),第195—202頁(附錄二)。

守柔矣。"其事詳見《説苑・敬愼》：

> 常摐有疾，老子往問焉，曰："先生疾甚矣，無遺教可以語諸弟子者乎？"常摐曰："子雖不問，吾將語子。"常摐曰："過故鄉而下車，子知之乎？"老子曰："過故鄉而下車，非謂其不忘故耶？"常摐曰："嘻！是已。"常摐曰："過喬木而趨，子知之乎？"老子曰："過喬木而趨，非謂敬老耶？"常摐曰："嘻！是已。"張其口而示老子曰："吾舌存乎？"老子曰："然。""吾齒存乎？"老子曰："亡。"常摐曰："子知之乎？"老子曰："夫舌之存也，豈非以其柔耶？齒之亡也，豈非以其剛耶？"常摐曰："嘻！是已。天下之事已盡矣，無以復語子哉！"

此文中"商容"作"常摐"。《漢志・數術略》天文類有《常從日月星氣》二十一卷，顏師古注："常從，人姓名也，老子師之。""商容"、"常摐"、"常從"三名音近相通，實一人也。向宗魯指出："高誘注《呂氏・愼大》、《離謂》兩篇及《淮南・主術》篇，皆以爲殷紂時賢人，老子師。……惟老子與紂時商容，時代不接，無由師事，高説亦強爲牽合。"① 鵬按，商容爲殷後，故以商爲氏，當爲東周宋人，《管子・小匡》載齊桓公欲從事於諸侯，管仲使"商容處宋"，疑即此人。若文獻中老子師商容之故事非虛飾之辭，則道家學説實形成於宋地。除商容外，老子後學宋鈃、莊周皆爲宋人。嚴耕望曾提出一個耐人尋思的觀點，他説：

> 楚爲道家地理中心自無問題（鵬按，嚴氏統計道家學者國籍，近半爲楚人），惟老子，苦人（今河南鹿邑縣東十里），實在淮北故陳國境……莊子，蒙人（今河南商邱東北二十二里），在老子故鄉苦縣之北不過六七十公里，亦是此區，此外，楊朱爲我，與道家爲近。莊子稱其之宋，南之沛，是其可考見之活動範圍亦在淮北。然則道家地理中心，大抵在淮水以北之楚境，即陳、蔡故地，北至於宋，實陳、宋等國舊疆……中古時代，荊楚民風褊狹輕剽，而富感情，先秦不能大異，此與道家思想各居極端，産生道家思

---

① 向宗魯：《説苑校證》（北京：中華書局，1987年7月），第244頁。

想之可能性不大,故荆楚可能只爲附庸地帶耳。①

由此可推論,早期道家學者承繼殷人文化,故尚質樸②。周文、殷質,正與儒、道二家的思想特徵對應。李零先生曾說:"'孔子貴仁',代表的是'文';'墨翟貴廉',代表的是'質'。《老子》比《墨子》更强調'質'。《老子》和孔子有本質上的分歧。"③

道家隱逸一派的思想與殷宋遺民有關。伯夷、叔齊"義不食周粟,隱于首陽山"(《史記·伯夷列傳》),最後餓死,其行之高潔爲孔子所盛稱④。孔子雖能理解"辟世之士"之行誼⑤,但面對天下無道,仍"知其不可而爲之"(《論語·憲問》),對於人生、社會有一份自覺的承擔;老子則不同,他反對孔、墨之健羨、聰明,司馬遷稱其學"以自隱無名爲務"(《老子韓非列傳》),精神氣質近於隱士、逸民,特能放下⑥,所以貴柔尚虛,强調無爲。

老子雖主無爲,但亦有"有爲"之一面。李零先生指出:《史記》將老、莊、申、韓合傳,說明先秦時期宗老者可分兩派:一派無爲,莊周持之,專批儒、墨;一派有爲,韓非、申不害主之,與三晉的形名法術及荀子的禮學結合,對結束戰國,走向統一有重大的影響⑦。

---

① 嚴耕望:《戰國學術地理與人才分布》,《嚴耕望史學論文選集》,第42—43頁。李零先生也指出:"早期墨家在宋、楚發展,道家也是在宋、楚發展,主要活動範圍是河南東部。""司馬遷講老子,是與莊周、申不害、韓非同傳。老子是今鹿邑人,莊子是今民權人,申不害是今滎陽人,韓非是今新鄭人。鹿邑、民權在河南東部,屬於楚國和宋國。滎陽、新鄭在河南中部,屬於韓國。……楚家的原產地是河南東部(宋、衞、鄭、陳、蔡一帶)。孔子周游列國,碰到不少狂人,恰好在這一帶。"見《先秦諸子的思想地圖》,《何枝可依:待兔軒讀書記》,第96頁;《人往低處走——〈老子〉天下第一》,第6頁。
② 傅斯年說:"宋人富於宗教性,心術質直,文化既古且高,民俗卻還淳樸,所以學者倍出,思想疏通致遠而不流於浮華。墨家以宋爲重鎮,自是很自然的事。"按,傅氏之語施諸道家亦十分合適。見《戰國子家敘論·論戰國諸子之地方性》,《民族與古代中國史》,第211頁。
③ 李零:《人往低處走——〈老子〉天下第一》,第14頁。
④ 見《論語·公冶長》、《述而》、《季氏》、《微子》。
⑤ 見《論語·微子》論隱者及逸民諸章。《憲問》載孔子曰:"賢者辟世,其次辟地,其次辟色,其次辟言。"又說:"作者七人矣。"即指《微子》所述逸民伯夷、叔齊、虞仲、夷逸、朱張、柳下惠、少連等七人。
⑥ 參考李零:《人往低處走——〈老子〉天下第一》,第4頁(自序)。
⑦ 同前註,第6頁、第15頁。

老子之學初在宋、楚傳播，後流衍至齊，上述彭蒙、田駢皆齊人也。惟老學亦傳入秦，學者較少措意。《史記·老子韓非列傳》載"老子脩道德，其學以自隱無名無爲務。居周久之，見周之衰，迺遂去。至關，關令尹喜曰：'子將隱矣，彊爲我著書。'於是老子迺書上下篇，言道德五千餘言而去，莫知其所終。"《索隱》引崔浩說以尹喜爲散關令，《正義》則云："或以爲函谷關。"①汪中已指出："散關遠在岐州，秦函谷在靈寶縣，正當周適秦之道。關尹又與鄭之列子相接，則以函谷爲是。"②高亨也說："秦末漢初'關'字用爲專名，通指函谷關。"並舉《戰國策》、《史記》爲證③。老子所出關爲函谷關，而關尹爲秦吏④，此一傳說謂老子在秦定著五千言，而《莊子·寓言》又有老子"西游於秦"的記載，可推論秦地亦傳老學。

關尹遺說存於文獻者極爲有限，其中以《列子》一書最多（計有六條）⑤，但此書的時代仍有爭論，只能作爲輔助的參考。《莊子·天下》引述其語，尚能窺見其學要旨："關尹曰：'在己無居，形物自著。其動若水，其靜若鏡，其應若響。芴乎若亡，寂乎若清。同焉者和，得焉者失。未嘗先人，而常隨人。'"顧實解釋此段云：

> 無居者，虛也。居、處古字通⑥。《呂覽·圜道篇》黃帝曰："帝無常處也。"此道家所以爲君人南面之術。惟虛而後物自著其形也。……虛者之動若水，虛者之靜若鏡，虛者之應若響。芴乎若亡者，所過者化也。寂乎若清者，所存者神也。同焉者和，則和光同塵也。得焉者失，則上德不德也。未嘗先人而常隨人，則不敢爲天下先也。⑦

---

① 司馬遷：《史記》（中華書局點校本），册七，第2141頁，註釋1。
② 汪中：《老子考異》，《新編汪中集》（揚州：廣陵書社，2005年3月），第407頁。
③ 高亨：《老子正詁·史記老子傳箋證》，《高亨著作集林》（北京：清華大學出版社，2004年12月），卷五，第216頁。
④ 李零先生已指出此點，見《先秦諸子的思想地圖——讀錢穆〈先秦諸子繫年〉》，第98頁。
⑤ 見關尹卷3.1至卷3.6。
⑥ 按，古文字"居"、"處"二字判然有別。前者從尸，古聲；後者從尸、几會意（人憑几有所止）。許慎《說文·几部》以從尸、几者爲"居"之異體，已將居、處混淆。顧實此處所云"居、處古字通"乃漢代之後的用字現象。
⑦ 顧實：《莊子天下篇講疏》，第69頁。

可見其説尚虛,合於《天下》所説關尹、老聃"人獨取實,己獨取虛"、"以空虛不毁萬物爲實"、"建之以常無有"①。"無有"即虛也。《吕氏春秋・不二》謂"關尹貴清,子列子貴虛",《莊子・達生》、《吕覽・審己》以關尹爲列子師②,二家學説容或相通。"清"即《天下》"寂乎若清"之清,水静則清,所以引申有"静"義。

慎到等人的"因循"之説源於關、老二子,王叔岷曾指出:"司馬談謂道家'以因循爲用'。老子所謂'正言若反'即因反以得正。老子未提及因循二字,但所言大都因循之理。"③前引關尹説以水、鏡爲譬,又言"未嘗先人,而常隨人"頗與《老子》"玄鑒"之喻④、"上善若水"及《莊子・應帝王》"至人用心若鏡"相通,而《管子・心術上》所謂"静因之道"亦承自此。

5. 莊周

莊子的年世約數,顧實定爲公元前369年至前295年⑤,略晚於宋鈃,而與彭蒙年齒相當,田駢、慎到及尹文皆爲其後輩。至於莊子之里籍,《史記・老子韓非列傳》云:"莊子者,蒙人也。""嘗爲蒙漆園吏。"裴駰《集解》指出:"《地理志》蒙縣屬梁國。"但司馬貞《索隱》引劉向《别録》謂莊子爲"宋之蒙人也"⑥。《釋文・敍録》又稱莊子"梁國蒙縣人也。

---

① 前人多以此句兼《老子》"常無、常有"而言,但顧實《莊子天下篇講疏》指出:"《莊子》此文,決非摘取《老子》首章之'常無'、'常有'四字,而湊成此'常無有'三字也。《老子》書原讀'常無欲'句絶,'常有欲'句絶(鵬按,馬王堆帛書《老子》甲本正作"恒無欲也"、"恒有欲也")……《老》、《莊》書中,凡'無有'二字相連,從無有不連讀者,如《老子》第十一章,凡三言'當其無有',唐以前人讀,皆以無有句絶,其證一也。《應帝王》篇陽子居問明王之治,老聃曰:'明王之治,功蓋天下而似不自己,化貸萬物而民弗恃,有莫舉名,使物自喜,立乎不測,而游于無有者也。'此亦以'無有'連讀,其證二也。"此從顧説。
② 見關尹卷1.1、2.1。
③ 王叔岷:《法家三派重勢之慎到》,《先秦道法思想講稿》,第178頁。
④ 今本《老子》第十章説:"滌除玄鑒,能無疵乎?"高亨《老子正詁》解釋説:"玄鑒者,内心之光明,爲形而上之鏡,能照察事物,故謂之玄鑒。《淮南子・修務》篇:'執玄鑒於心,照物明白。'……《莊子・天道》篇:'聖人之心,静乎天地之鑒,萬物之鏡也。'亦以心譬鏡。"
⑤ 顧實:《莊子天下篇講疏》,第134—135頁。馬敍倫《莊子年表》敍莊周事蹟始於周烈王七年(公元前369年),終至周赧王二十九年(公元前286年)。錢穆《先秦諸子繫年》將莊子生卒年定爲公元前365至前290年,與顧氏所佔年世僅有五年差距。
⑥ 司馬遷:《史記》,册七,第2144頁。

六國時爲梁漆園吏"①。王叔岷解釋説:"唐孔穎達《詩商頌譜疏》:'地理志云:宋地,今之梁國。'蓋戰國時蒙屬宋地,至漢屬梁國。"②

莊子之學與稷下道家頗有關聯,王叔岷曾歸納《管子》中與《莊子》相關的辭例,其中稷下道家作品《白心》《心術》佔絕大多數③。關於此點,前人已有留意,如劉節指出"《莊子》的'虛室生白'同'唯道集虛',二語本是從'白心'説一派接受過來的"④。據筆者所考,《白心》及《心術上》經文,爲宋鈃學派遺著⑤,以之與《莊子》比較,可明戰國晚期道家學術之流變。

崔大華曾明白地指出:"從《莊子》中可以看出,宋鈃的'情欲固寡'和'接萬物以別宥爲始'這兩個基本觀點和他的人生態度都對莊子發生了重要的影響。"⑥宋鈃一派"情欲寡"之説上承《老子》,而與"白心"、"別宥"相表裡。在宋子而言,過度的物欲屬於外在的囿限,使人無法返歸本心,因而導致人與人之間的紛爭,而解決之方法就在使人明瞭"情欲寡"的道理。《莊子·逍遙游》:"鷦鷯巢林,不過一枝;偃鼠飲河,不過滿腹。"《大宗師》:"耆欲深者天機淺",皆與其説呼應。

《老子》雖未强調"心"的認識功能及其地位,但已提出"不見可欲,使心不亂"、"虛其心"的要求(俱見今本第三章),初步注意到"心"在修養過程中的作用。宋鈃强調"心"統領人身的地位,故云:"心之在體,君之位也"(《心術上》),並倡"白心"、"別宥",呼籲人去除一切外在對心的拘限。《莊子》亦重"心"的修養,故主張"心齋"(《人間世》)、破"成心"(《齊物論》)、"無攖人心"(《在宥》),也屢屢闡述"別宥"這個觀念,如《徐无鬼》:"知士無思慮之變則不樂,辯士無談説之序則不樂,察士無淩誶之事則不樂,皆囿於物者也。"《秋水》:"井蛙不可以語於海者,拘於虛

---

① 陸德明撰、黃焯彙校:《經典釋文彙校》(北京:中華書局,2006年7月),第28頁。
② 王叔岷:《莊子其人及莊子書》,《先秦道法思想講稿》,第58頁。
③ 王叔岷:《讀莊論叢》,《道家文化研究》第10輯(1996年8月),第233—236頁。
④ 劉節:《管子中所見之宋鈃一派學説》,《劉節文集》(廣州:中山大學出版社,2004年11月),第203頁。
⑤ 拙著《宋鈃學派遺著考論》,第125—129頁、第163—166頁。
⑥ 崔大華:《莊學研究——中國哲學一個觀念淵源的歷史考察》(北京:人民出版社,1992年7月),第382頁。

也；夏蟲不可以語於冰者，篤於時也；曲士不可以語於道者，束於教也。"

莊周之學雖受宋鈃之影響，不過他轉化宋子過份強調心之主宰地位及認知功能的執着，以天道、自然、精氣之"化"涵攝生命歷程，並消除名、實之對立，提出無待、逍遥之境界及心齋、坐忘之修養方法，思想的深度、廣度超越宋鈃①，是故戰國晚期莊學能取代宋學，成爲與黄老道家並立的兩座奇峰。

6. 惠施（附辯者）

《莊子・天下》將惠施的評述置於莊周之後，其敘述方式與前五組迥異，前人對此有種種推測。錢基博認爲這種安排表示莊、惠"道術出於同"，惠施爲莊學之別出。譚戒甫也説二子"玄斤妙斲，本屬神交，故其所見亦多契合之處"②。不過，此章一開始就批評惠子"其道舛駁，其言也不中"，雖列述其學，但也深言其囿，謂其"能勝人之口，不能服人之心"，"弱於德，强於物"，顯斥爲異端，可見錢、譚二氏説不能成立。

又有疑此章爲後人附益，非《天下》原文者，如武内義雄云："以下或即北齊杜弼所注《惠施》篇③。本篇上半《釋文》多引崔音，此下無一引。又《列子・仲尼》篇多與此下文有相似，而張湛《注》亦不引向秀，則此下半爲崔、向所不傳，郭象取他本附此。"④但方勇、陸永品的看法不同，他們認爲"《經典釋文》在《莊子・天下》篇'惠施多方'一段文字中，先後插入晉人司馬彪注文二十四條、李頤注文十四條，説明二人並未將'惠施多方'以下文字作爲單篇。所謂杜弼'注《莊子・惠施》篇'者，只不過是因爲他'耽好玄理'（《杜弼傳》）而特重'名家言'，於是裁出惠施歷物十事和辯者二十一事，單獨爲之詳釋罷了"⑤。按，後説是。竊以爲本篇將惠施墊後，蓋以其説"存雄而無術"（見《天下》），既無關乎治術，徒逞口談，但以莊、惠深交，故仍述其畸辭，並附桓團、公孫龍等辯者。

---

① 關於莊子一派對宋鈃學説的轉化及超越，參考拙著《宋鈃學派遺著考論》，第246—252頁。
② 錢基博：《讀莊子天下篇疏記》（臺北：臺灣商務印書館，2006年5月2版），第98頁；譚戒甫：《莊子天下篇校釋》（臺北：新文豐出版公司，1979年8月），第29頁。
③ 見《北齊書・杜弼傳》："(弼)注《莊子・惠施》篇。"
④ 武内氏説見錢穆《莊子纂箋》（臺北：東大圖書公司，1993年1月4版），第278頁引。
⑤ 方勇、陸永品：《莊子詮評》（成都，巴蜀書社，2007年5月2版），下册，第1087頁。

《天下》篇中所載惠施"厤物十事"(厤物即析物①),前人討論很多,具體内容及涵義請參考本書上編惠施卷1.14,此不贅言。此章載"南方有倚(奇)人焉,曰黄繚,問天地所以不墜不陷,風雨雷霆之故。惠施不辭而應,不慮而對,徧爲萬物説"。關於惠施與黄繚的問對,錢穆有一段考證值得留意。他説:

> 徐廷槐曰:"《戰國策》載魏王使惠子於楚,楚中善辯者如黄繚輩争爲詰難(鵬按,今本實無此章)。"是謂繚、施問答在惠子使楚時也。當時言南方率指荆楚。……黄亦楚姓。……徐氏説或可信。又《楚辭》有《天問》篇,相傳爲屈原作,亦未見其必然。豈亦如黄繚問施之類耶?屈原爲楚懷王左徒,當在惠子使楚稍後。然則《天問》一派之思想,固可與惠施、黄繚有淵源也。②

上海博物館所藏竹書《凡物流形》,其傳抄時代、地域及體裁皆與《天問》近③,此篇竹書有甲、乙二本,全篇上半以一連串的問句探究物體的形成、陰陽之序、水火之和、人之死生、天地之終始以及各種自然現象,竹書的整理者曹錦炎指出:關於客觀世界萬物的疑問,是先秦時期思想家所關心的問題,如《楚辭·天問》、《莊子·天運》"天其運乎"一段,《天下》黄繚之説都是典型的例子,鄒衍的推驗物理亦爲時代思潮所致④。鵬按,如同許多學者指出的,此篇竹書的簡序需要調整⑤,竹書上半與下半所論重點(下半闡述"察一"之道)和體裁不同(上半爲問句,下半則以"聞之曰"直述而下),似若可别爲二篇⑥,前者可依整理者的建議題

---

① 《説文》:"厤,治也。"引申爲析、理。
② 錢穆:《南方倚人黄繚考》,《先秦諸子繫年》,第357頁。
③ 上博簡的時代,據李學勤先生《孔孟之間與老莊之間》所考爲戰國中期偏晚至晚期偏早。
④ 馬承源主編:《上海博物館藏戰國楚竹書(七)》(上海:上海古籍出版社,2008年12月),第221—222頁。
⑤ 參考復旦大學出土文獻與古文字中心讀書會:《〈上博(七)·凡物流形〉重編釋文》,復旦大學古文獻與古文字研究中心網站,2008年12月31日;李鋭:《〈凡物流形〉釋文新編》,清華大學簡帛研究網,2008年12月31日;顧史考:《上博七〈凡物流形〉簡序及韻讀小補》,武漢大學簡帛網網,2009年2月23日。
⑥ 淺野裕一:《〈凡物流形〉的結構新解》,武漢大學簡帛網,2009年2月2日;顧史考:《上博七〈凡物流形〉上半篇試探》、《上博七〈凡物流形〉下半篇試解》,復旦大學古文獻與古文字研究中心網站,2009年8月23、24日。

爲《問》①。竹書《問》出於楚地，疑即黃繚一派遺說。戰國諸子對於"物"與"知"的關係頗爲看重，強調主體需透過觀察才能獲致知識，裘錫圭先生曾指出，戰國時期出現了強調外在事物爲知識泉源的思潮，《禮記·樂記》、《易·繫辭》、《墨子·經說》、《荀子·正名》都有此思想，《大學》的"格物致知"說也是這一思潮中的產物②。惠施的"厤物"及以黃繚爲代表的楚人之"問"，皆爲此一趨勢下所產生的學說。

蔣錫昌曾說："莊子敘述'古之道術'而爲後人聞風悅之者，始自墨翟，終於自己。至惠施、桓團、公孫龍三人，重在以自己知慧'析萬物之理'，不在'聞古之道術'，重在辯究客觀方面無關人事之物理，不在發明理國治人之道；重在個人之創造，不在聖王之繼述。其爲學精神，根本與墨翟等不同，故莊子另於末後附述之也。"③此說提供了另一個章節安排的解釋。更重要的是，從其分析，可以探知名家對於傳統的態度是決裂而非改造，所謂"辨究物理"、"重個人創造"也透露出學術範式的轉移（可惜後來難敵儒、法之嚴厲批判而沒落）。由認識論的角度來看，名家之說乃是想藉着名理之辯來"別囿"，惠施的"厤物之意"歸結爲"泛愛萬物，天地一體"即欲以客觀事物的探索來格知"萬物與我爲一"之道。

惠施爲一代顯士，任梁惠王相（見《莊子·秋水》），有"仲父"、"惠公"之美名（《戰國策·魏策》、《呂覽·應言》），惠王甚至想將王位禪讓給他（《呂覽·不屈》）④，其地位非其他諸子可比擬。在《天下》作者的眼中，以其才學之富（"惠施多方，其書五車"）、勢位之隆，應該立功立言，卻勞於辨說詭辭，毫無建樹，以致"國家空虛，天下之兵四至"，"大術之愚，爲天下笑"（見《不屈》）⑤。莊子後學見其先師摯友如此，蓋深惜焉，故篇末云："惜乎！惠施之才，駘蕩而不得，逐萬物而不反，是窮響以

---

① 馬承源主編：《上海博物館藏戰國楚竹書（七）》，第222頁。
② 裘錫圭：《說格物——以先秦認識論的發展過程爲背景》，《文史叢稿》，第13—14頁。
③ 蔣錫昌：《天下校釋》，《莊子哲學》，收入《民國叢書》第四編（上海：上海書店影印1935年商務印書館版），第264頁。
④ 梁惠王欲讓位給惠施，可視爲燕王噲讓位子之的前奏，二者皆戰國中期禪讓之實例，惟後者釀成內亂兵禍，禪讓說乃漸消歇。
⑤ 參見惠施卷1.6、4.5、5.4、5.5、5.7。

聲，與影競走者也。"①

綜上所論，《天下》"道術將爲天下裂"一語並非虛指，內聖外王之道術初裂於墨子對傳統禮樂制度之攻擊；再裂於彭蒙、田駢、尹文以法理、法術説道；三裂於惠施離治術而窮物理，"逐萬物而不反"。而田駢與名家、辯者滔滔雄辯"不可窮其口"，論述形式的改變亦加速道術的崩解。

除了《莊子·天下》外，《荀子·非十二子》、《解蔽》、《天論》、《尸子·廣澤》、《吕氏春秋·不二》、《淮南子·要略》都存有評述戰國諸子的文字②，但其價值都不若《天下》，梁啓超説："《天下》篇不獨以年代之古見貴而已，尤有兩特色：一曰保存佚説最多，如宋銒、慎到、惠施、公孫龍等，或著作已佚，或所傳者非真，皆藉此篇以得窺其學説之梗概。二曰批評最精到且最公平，對於各家皆能撮其要點，而於長短不相掩處，論斷俱極公允，可作爲先秦諸子學之嚮導。"③其説良是。

四、《荀子·非十二子》所提供的綫索

《莊子·天下》之外評述先秦學術的篇章，以《荀子·非十二子》較爲重要。荀卿在此篇中以儒家正統自居④，嚴厲批判當時流行的六種"邪説"及其倡導者，雖非客觀的評論，但可視爲荀子學派對於戰國"百家"局勢的總結。篇中以兩兩並舉的方式批評它嚚、魏牟；陳仲、史鰌；墨翟、宋銒；慎到、田駢；惠施、鄧析；子思、孟軻等十二子。其中墨、宋、慎、田、惠五子已見於《莊子·天下》。它嚚僅見於《非十二子》，事跡、學説已不可考；史鰌即孔子所稱"直哉史魚"者，其爲春秋時人，繼承的是《天下》所説"世傳之史"的傳統；鄧析爲春秋鄭人（與子産同時），代表的是《天下》所謂"以法爲分，以名爲表"之説。以上三子在戰國時期並無傳人，姑置勿論。孟子之書後世傳誦不絶，亦不待費辭。惟子思、魏牟、陳仲之説亟待鉤沈，故本書以《非十二子》爲輔助綫索，輯録三家之資

---

① 今本此句作"形與影競走也"，此據王叔岷引古鈔卷子本改。
② 可參考《梁啓超全集》卷16《要籍解題及其讀法》、王蘧常《諸子學派要詮》之彙釋。
③ 梁啓超：《莊子天下篇釋義》，《梁啓超全集》，册八，第4675頁。
④ 除批評思、孟外，《非十二子》更斥子張、子夏、子游三派爲"賤儒"，自以爲廓清聖門。

料。以下擇要敘述子思、陳仲及魏牟之學：

1. 子思

上述三家中以子思的材料最多。子思爲戰國早期儒學大師①，其學雖上承孔子、曾子等先哲，但他左右採獲，强調禮法並用②，又重視心的作用及修養（見上文），其學對戰國中期的孟子及稷下道家影響頗深③，雖荀子譏其"略法先王而不知其統"、"聞見雜博"，終不能掩其光芒。

子思立説好託"重言"，即《非十二子》所説"案飾其辭而祇敬之，曰：'此真先君子之言也。'"《孔叢子·公儀》也記載魯穆公問子思："子之書所記夫子之言，或者以謂子之辭也。"④是時人已疑子思假其先人孔丘自高其言。前人多以《禮記》中《坊記》、《中庸》、《表記》、《緇衣》爲孔伋所作⑤，這四篇的論述形式有一共同特徵，即好引"仲尼曰"、"子曰"、"子言之"作爲立説的根據，這點正與荀子及魯穆公所説相合。子思所記的這些孔子語，如其所説"有親聞之者，有聞之於人者"（《孔叢子·公儀》），但也有不少是借孔子之口表述己説。後人若使用子思轉述的這些材料來研究孔子學説，對於子思增飾的成分需要稍加甄别。

對於當時主要的學術對手，子思採用了另一種"改造"的策略，即將道家經典《老子》廣泛流傳的警句，改换一二詞語，化爲己用。下面舉二例明之：《孔叢子·雜訓》記子思藉季康子與子游的對話，講子産之死，鄭人如喪考妣，但魯人對孔子之死並未如此，認爲這是"膏雨之所生也，廣莫大焉，民之受賜也普矣，莫識其由來者"，最後説"上德不德，是以無德"⑥。這兩句話襲自《老子》（今本三十八章），原文作"上德不德，是以有德"，子思改"無"爲"有"，意義遂變成"上德者不自以爲德，故民亦不

---

① 子思的年世約數據錢穆《繫年》所定爲公元前483—前402年，與墨翟（前480—前390年）並世。
② 見《孔叢子·記問》所記子思"法與禮樂異用而同功"説（子思卷10.3）。前人已指出，子思一派已有"援法入儒"的傾向，如蒙文通《儒學五論》云："若子思、李克書，爲説於法尤近。文質之論，亦發於《表記》。豈子思氏之儒，爲雜於法家者耶？"
③ 關於子思對於稷下道家之影響，參考拙著《宋鈃學派遺著考論》，第258—269頁。
④ 見子思卷10.29。
⑤ 《隋書·音樂志》載沈約在梁武帝天監元年奏對曰："漢初，典章滅絶，諸儒捃拾溝渠牆壁之間，得片簡遺文與禮事相關者，及編次以爲《禮》，皆非聖人之言……《中庸》、《表記》、《防記》、《緇衣》皆取《子思子》。"
⑥ 此事又見《説苑·貴德》，但所引子游語無"上德不德，是以無德"二句。

以德歸之"(呼應上文"莫識其由來者")。

另一個例子是前文引過的郭店竹書《性自命出》"道四術,唯人道爲可道也"。頗疑此語乃針對《老子》首章"道可道,非常道"而説,惟子思"可道"之"道"乃行走、踐履之意,並强調"人道"①;老子所説的"可道"則是言説之意,"道"爲天地萬物之道。子思和老子這種"對話"顯示出當時儒、道兩大學派除了正面的論辯交鋒外,還有文本的改造、滲透。

郭店竹書剛發表之後,學者針對《老子》甲組首章"絕智棄辯,民利百倍。絕巧棄利,盜賊無有。絕偽棄詐,民復孝慈"討論熱烈。今本十九章與之對應的文字,"絕智棄辯"作"絕聖棄智","絕偽棄詐"作"絕仁棄義",學者率皆認爲郭店本可以證明老子原不反對"聖"及"仁義",今本乃道家後學所改②。惟周鳳五先生主張郭店竹書中與子思著作同出的三組《老子》爲儒家的改編摘抄本③。凡子思所力倡的"聖"、"仁"、"義"、"禮"(見馬王堆及郭店《五行》),在郭店《老子》中皆非棄絕之列,顯爲子思一派儒者所改④。

從這些例子來看,子思一派蓋深明文獻傳播的影響力,故藉着文本的點竄、改造,"援道入儒"。詞語的改動使文義產生變化,予人耳目一新之感,也就易於達到傳播之目的。

2. 陳仲、魏牟

陳仲爲齊之世家,其兄戴爲蓋邑大夫,食禄萬鍾,但陳仲"以兄之禄爲不義之禄而不食","避兄離母,處於於陵"(《孟子·離婁》),蓋隱士之

---

① 其後荀子在《儒效》亦強調此點,他説:"道者,非天之道,非地之道,人之所以道也,君子之所道也。"
② 參考李零先生《郭店楚簡校讀記》(第15—18頁)對此問題的評述。
③ 周鳳五:《郭店竹簡的形式特徵及其分類意義》,《郭店楚簡國際學術研討會論文集》,第54頁、第60頁註釋6。
④ 郭店本《老子》爲子思學派改編本還可再舉一例説明:今本《老子》16章"致虛極,守靜篤,萬物並作,吾以觀復。夫物芸芸,各復歸其根。歸根曰靜,是謂復命;復命曰常,知常曰明"。在郭店本中出現在甲組第24簡,但僅抄前半,且"致虛極,守靜篤"作"至虛,恒也;守中,篤也","夫物云云"作"天道員員","吾以觀復"則作"居以須復"。郭店節抄本顯據儒家思想竄改,如改"靜"爲"中",符合子思學派一貫重視"中和"、"中庸"之旨。由於前文"靜"已改爲"中",所以後文"歸根曰靜"云云便一併刪落。

流，後人以"於陵子"稱之①。道家學說的形成與隱者有關，此點馮友蘭已論及②，《天下》說老子"以自隱無名爲務"，楊朱"爲我"、"貴己"之說（見《孟子·盡心》、《吕覽·不二》）也有逃避主流價值的趨向。陳仲代表的就是戰國中期道家隱逸一派，《荀子·非十二子》說他"極黏離跂"（自異於衆之意）③，故逃世自隱，又歸結其學爲"忍情性"，孟子和王充對其言行有較深入的評論（見《孟子·滕文公下》《論衡·刺孟》）④。

魏牟書《漢志》著録爲四篇，並云："魏之公子也。先莊子，莊子稱之。"但錢穆指出："《莊子·秋水》篇載公子牟稱莊子之言以折公孫龍，龍既後於莊子，牟與龍同時，其年輩亦較莊後明甚。《秋水》所記，亦謂牟之稱莊，非謂莊稱牟也，班說自誤。"⑤魏牟之年代（公元前320—前245年）較陳仲（前350—前260年）爲後⑥，雖同爲隱者之流，但陳仲主"忍情性"，魏牟主"縱情性"，此爲其異。

魏牟以萬乘之公子而隱巖穴（《莊子·讓王》），又極言富貴權勢不可恃（《戰國策·趙策三》）、縱欲必自亡（《讓王》）⑦，其說合於道家宗旨。惟《荀子·非十二子》批評魏牟"縱情性，安恣睢，禽獸行"。其語若不可解。觀《莊子·讓王》所載，魏牟自言"身在江海之上，心居乎魏闕之下"，詹子勸他"重性"、"縱之"，與其"不能自勝"，不如放縱情性。詹子所謂"自勝"、"不縱"，疑即前文所述陳仲"忍情性"之說。至於"縱情性"與"縱欲"，則當別而觀之，前者指順隨天性（情者，實也，非情欲之稱），後者則爲放縱物欲。下句"安恣睢"，"恣睢"指暴戾之性，如《史記·伯夷列傳》謂盜蹠"日殺不辜，肝（軒）人之肉⑧，暴戾恣睢，聚黨數千人横行天下"。"安恣睢"即安於暴戾跋扈的天性，不以爲非。《非十

---

① 陳仲的著作，《漢書·藝文志》不録。今本《於陵子》爲南北朝文士雜綴陳仲故事而成，參考本書下編《〈於陵子〉成書時代平議》。
② 馮友蘭：《中國哲學簡史》（天津：天津社會科學院出版社，2007年5月），上册，第99頁。
③ 關於此句的解釋，參看本書陳仲卷2.2註釋引王先謙、王念孫說。
④ 見本書陳仲卷1.1、10.1。
⑤ 錢穆：《魏牟考》，《先秦諸子繫年》，第445頁。
⑥ 錢穆：《先秦諸子繫年》，第619頁。
⑦ 見本書魏牟卷1.2、5.1。
⑧ 此文"肝"當讀爲"軒"，訓爲薄肉切。《禮記·内則》"皆有軒"，《釋文》："軒，切肉如藿葉也。"說見瀧川資言《史記會注考證》。

二子》這三句話是説：循魏牟等人"縱性"之主張，本性暴烈者無需克制，此乃率爲禽獸行。由此正見荀子以"禮"來節制人欲、改造本性之立場。

綜合二節所言，《莊子·天下》及《荀子·非十二子》所彰顯的戰國學術史主軸有二：一是儒家的思、孟及荀學；一是黄老道家及莊子之學。儒家的六藝在戰國時期成爲諸子共通的學術資源，思、孟及荀子於性情、修養論各立新義，荀學又適時地融入稷下道家及三晉法家之説，故能維持顯學之勢。墨家作爲儒、道之過渡，在戰國中晚期已趨没落，秦後已無傳授者(此觀《漢書·藝文志》之著録可知)[1]。道家隱逸一派，雖有黔婁子、陳仲、魏牟等[2]，但勢力無法與黄老道家比擬，其説蓋爲莊子學派所吸收，至魏晉乃復熾。

以稷下爲中心的黄老道家以《老子》思想爲根基，吸收了子思的心學、法家的形名之術、陰陽數術家的形上學及宇宙論、兵家的權謀之術、醫家的精氣及養生説(後三者多託言黄帝及其臣佐[3])，形成以"大道"治國的融合理論，在戰國中、晚期至漢初相當流行。除了《管子·心術》、《白心》、《内業》等篇外，近世所出戰國、西漢時代的簡帛古書，有不少與此潮流有關者，如上博楚竹書《恒先》、《彭祖》、《慎子曰恭儉》、《凡物流型》、銀雀山漢簡《定心固氣》、《奇正》以及馬王堆漢墓所出多篇黄老帛書。

---

[1] 可參考李若暉：《"儒墨"連及與墨家消亡的時間》，《思想與文獻》(上海：上海古籍出版社，2010年5月)，第169—174頁。
[2] 關於戰國時期的隱逸及思想，可參考王仁祥：《先秦兩漢的隱逸》(臺北：臺灣大學出版委員會，1995年5月)，第125—142頁；文青雲(Aat Vervoorn)著、徐克謙譯：《巖穴之士：中國早期隱逸傳統》(濟南：山東畫報出版社，2009年9月)，第32—56頁。
[3] 李零：《説"黄老"》，《李零自選集》，第278—290頁。

上編　評述資料輯校

凡　　例

一、馬國翰、黃以周、阮廷焯等學者曾對先秦子書作過不少輯佚的工作，輯佚家所究心者爲某一子書之佚文，本編之"評述資料"則匯集後人所述之遺聞軼事以及其他家派之批評，作爲學術史的材料。

二、輯錄之對象爲著作亡佚之戰國諸子，若孟子、莊子、韓非等家，其書俱在，足以考見其學説内涵，故暫不收入。尹文有書傳世，但今本《尹文子》長期以來被視爲僞書，以致其説湮没不彰，亟待鉤沈，故仍列入輯錄範圍。

三、《莊子·天下》《荀子·非十二子》所記戰國諸子爲當時較具影響力者，故以二篇爲綫索，輯錄各家資料。二篇中未提及的列禦寇、楊朱、鄒衍等亦爲戰國時期的重要學者，相關資料有待未來進一步蒐集。

四、資料編排以人物爲中心，並略依《莊子·天下》之次序排列。子思爲孟子前的儒家大師，可視爲《天下》所説鄒魯之士的代表，故列於最先。其後則依序爲禽滑釐、宋鈃、尹文、彭蒙、田駢、慎到、關尹、惠施等。關尹或以爲春秋時人，但文獻中與其相關之人物僅老聃、列子，其人虛無縹緲，實難考定其時代，故暫措於慎到之後。陳仲、魏牟見於《荀子·非十二子》，二人持論雖有"忍情性"、"縱情性"之異，但其言行可歸入道家，故措於關尹之後。本編所輯計十一家。

五、評述資料的收録範圍以戰國秦漢文獻爲主，包括《莊子·天下》《荀子·非十二子》等具有學術評騭意味之篇章及古書中帶有故事、寓言性質的材料。部分三國魏晉南北朝文獻，如徐幹《中論》、皇甫謐《高士傳》、葛洪《抱朴子》、酈道元《水經注》等，對於部分諸子之身世及思想亦略有涉及，故仍收入本編。

六、迻録時以整段收入爲原則，若該條資料所涉諸子不止一家，則用互著方式以便於查覽。凡再次出現之資料，僅録正文，但會標明註解參看之位置，如宋鈃卷 2.3 録《莊子·天下》宋、尹章，正文附有註脚，其後尹文卷 1.1 再次出現時,僅録正文,但在篇名後標明"參看宋鈃卷 2.3"。

　　七、各篇所引録之資料,略依文獻著成時代先後排列。漢代學者所編之《禮記》《大戴禮記》《韓詩外傳》《新序》《説苑》《孔子家語》《孔叢子》等往往可見對於戰國諸子言行的記載,所述當有更早的來源,故將諸書置於漢人著作(如《史記》、《鹽鐵論》)之前。

　　八、凡評述資料中有訛誤脱衍及改讀之處,皆出脚註校釋。各條所涉人物、地名、學説、著作等,若需進一步申述,亦在註中説明。

　　九、正文中凡涉及文字校讀處,將改釋之字以括號夾注於原字下,通假字以()表示;訛誤字以〈〉表示。缺文可確知字數者以□表示(一格代表一字),不確知字數者以……表示;可依上下文或其他文獻擬補之缺文則外加〔〕標志。衍文及文句誤倒盡量不在正文中改動,另出脚註説明。

　　十、各卷中所引著作略按編纂時代的早晚編號(第一碼數字)。同一著作中的資料則據該書中出現的篇章先後依序編號(第二碼數字)。

壹·子思卷

1.1 郭店楚墓竹書《魯穆公問子思》①

魯穆公問於子思曰:"何如而可謂忠臣?"子思曰:"恒(亟)②稱【1】其君之惡者,可謂忠臣矣。"公不悦,揖而退之。成孫弋見③【2】,公曰:"嚮者吾問忠臣於子思,子思曰:'亙(亟)稱其君之惡者可謂忠【3】臣矣。'寡人惑焉,而未之得也。"成孫弋曰:"噫,善哉言乎!【4】夫爲其君之殺其身者,嘗有之矣。亙(亟)稱其君之惡者【5】,未之有也。夫爲其〔君〕之故殺其身者,交禄爵者也。亙(亟)【6】〔稱其君〕之惡〔者,遠〕禄爵者〔也,爲〕義而遠禄爵,非【7】子思,吾惡聞之矣?"【8】

2.1 《孟子·公孫丑下》

孟子去齊,宿於晝。有欲爲王留行者,坐而言。不應,隱几而卧。客不悦,曰:"弟子齊宿而後敢言,夫子卧而不聽,請勿復敢見矣。"曰:"坐!我明語子。昔者魯繆公無人乎子思之側,則不能安子思;泄柳、申詳無人乎繆公之側④,則不能安其身。子爲長者慮,而不及子思,子絶長者乎?長者絶子乎?"

---

① 本篇共存簡8枚,篇題乃整理者據簡文内容所擬。此處所録簡文,常見通假字已破讀,缺文則據裘錫圭先生説補(外加方框表示)。簡號依序標於簡文之後。參考《郭店楚墓竹簡》,第21頁(圖版)、第141頁(釋文)。
② 簡文"恒稱"從陳偉先生説讀爲"亟稱"。先秦古書"亟言"、"亟稱"習見,亟訓爲疾、數。陳説見《〈魯穆公問子思〉零釋》,《郭店竹書别釋》(武漢:湖北教育出版社,2003年1月),第45頁。
③ "成孫弋"以"成孫"爲氏,疑魯成公之後。
④ 泄柳即《孟子·告子下》"魯繆公之時,公儀子爲政,子柳、子思爲臣"之"子柳"。申詳,子張之子。

2.2 《孟子·離婁下》

曾子居武城，有越寇。或曰："寇至，盍去諸？"曰："無寓人於我室，毀傷其薪木。"寇退，則曰："修我牆屋，我將反。"寇退①，曾子反。左右曰："待先生如此其忠且敬也，寇至，則先去以爲民望；寇退則反，殆於不可。"沈猶行曰②："是非汝所知也。昔沈猶有負芻之禍，從先生者七十人，未有與焉。"子思居於衛，有齊寇。或曰："寇至，盍去諸？"子思曰："如伋去，君誰與守？"孟子曰："曾子、子思同道。曾子，師也，父兄也；子思，臣也，微也。曾子、子思易地則皆然。"

2.3 《孟子·萬章下》

萬章問曰："敢問友。"孟子曰："不挾長，不挾貴，不挾兄弟而友。友也者，友其德也，不可以有挾也。孟獻子，百乘之家也，有友五人焉：樂正裘、牧仲，其三人，則予忘之矣。獻子之與此五人者友也，無獻子之家者也。此五人者，亦有獻子之家，則不與之友矣。非惟百乘之家爲然也，雖小國之君亦有之。費惠公曰③：'吾於子思，則師之矣；吾於顏般，則友之矣；王順、長息，則事我者也。'非惟小國之君爲然也，雖大國之君亦有之。晉平公之於亥唐也，入云則入，坐云則坐，食云則食。雖疏食菜羹，未嘗不飽，蓋不敢不飽也。然終於此而已矣。弗與共天位也，弗與治天職也，弗與食天禄也，士之尊賢者也，非王公之尊賢也。舜尚見帝，帝館甥于貳室，亦饗舜，迭爲賓主，是天子而友匹夫也。用下敬上，謂之貴貴；用上敬下，謂之尊賢。貴貴、尊賢，其義一也。"

2.4 《孟子·萬章下》

萬章曰："士之不託諸侯，何也？"孟子曰："不敢也。諸侯失國，而後

---

① 兩"寇退"義複，疑此"寇退"涉上下文而衍（下文又云"寇退則反"）。
② 趙岐《注》："沈猶行，曾子弟子也。"翟灝《孟子考異》："《荀子·儒效》篇'仲尼將爲司寇，沈猶氏不敢朝飲其羊。'沈猶，蓋魯之著氏也。"
③ 焦循《孟子正義》引金履祥云："費本魯季氏之私邑，而孟子稱小國之君，曾子書亦有費君、費子之稱。蓋季氏專魯，而自春秋以後，計必自據其邑如附庸之國矣。大夫之爲諸侯，不待三晉而始然，其來亦漸矣。"

託於諸侯,禮也;士之託於諸侯,非禮也。"萬章曰:"君餽之粟,則受之乎?"曰:"受之。""受之何義也?"曰:"君之於氓也,固周之。"曰:"周之則受,賜之則不受,何也?"曰:"不敢也。"曰:"敢問其不敢,何也?"曰:"抱關擊柝者,皆有常職以食於上。無常職而賜於上者,以爲不恭也。"曰:"君餽之,則受之,不識可常繼乎?"曰:"繆公之於子思也,亟問、亟餽鼎肉。子思不悅。於卒也,摽使者出諸大門之外,北面稽首再拜而不受,曰:'今而後知君之犬馬畜伋。'蓋自是臺無餽也①。悅賢不能舉,又不能養也,可謂悅賢乎?"曰:"敢問國君欲養君子,如何斯可謂養矣?"曰:"以君命將之,再拜稽首而受。其後廩人繼粟,庖人繼肉,不以君命將之。子思以爲鼎肉,使己僕僕爾亟拜也,非養君子之道也。堯之於舜也,使其子九男事之,二女女焉,百官牛羊倉廩備,以養舜於畎畝之中,後舉而加諸上位。故曰,王公之尊賢者也。"

2.5 《孟子·萬章下》

萬章曰:"敢問不見諸侯,何義也?"孟子曰:"在國曰市井之臣,在野曰草莽之臣,皆謂庶人。庶人不傳質爲臣,不敢見於諸侯,禮也。"萬章曰:"庶人,召之役,則往役;君欲見之,召之,則不往見之,何也?"曰:"往役,義也;往見,不義也。且君之欲見之也,何爲也哉?"曰:"爲其多聞也,爲其賢也。"曰:"爲其多聞也,則天子不召師,而況諸侯乎?爲其賢也,則吾未聞欲見賢而召之也。繆公亟見於子思,曰:'古千乘之國以友士,何如?'子思不悅,曰:'古之人有言曰,事之云乎,豈曰友之云乎?'子思之不悅也,豈不曰:'以位,則子,君也;我,臣也。何敢與君友也?以德,則子,事我者也,奚可以與我友?'千乘之君求與之友,而不可得也,而況可召與?齊景公田,招虞人以旌,不至,將殺之②。志士不忘在溝壑,勇士不忘喪其元。孔子奚取焉?取非其招不往也。"

---

① 朱熹《孟子集注》:"臺,賤官,主使令者。"
② 事見《左傳》昭公二十年:"十二月,齊侯田于沛,招虞人以弓,不進。公使執之。辭曰:'昔我先君之田也,旃以招大夫,弓以招士,皮冠以招虞人。臣不見皮冠,故不敢進。'乃舍之。仲尼曰:'守道不如守官。'君子韙之。"

2.6 《孟子·告子下》①

淳于髡曰:"先名實者,爲人也;後名實者,自爲也。夫子在三卿之中,名實未加於上下而去之,仁者固如此乎?"孟子曰:"居下位,不以賢事不肖者,伯夷也。五就湯、五就桀者,伊尹也。不惡污君,不辭小官者,柳下惠也。三子者不同道,其趨一也。一者何也?曰仁也。君子亦仁而已矣,何必同?"曰:"魯繆公之時,公儀子爲政②,子柳、子思爲臣③,魯之削也滋甚。若是乎賢者之無益於國也。"曰:"虞不用百里奚而亡,秦繆公用之而霸。不用賢則亡,削何可得與?"曰:"昔者王豹處於淇,而河西善謳;綿駒處於高唐,而齊右善歌;華周④、杞梁之妻善哭其夫,而變國俗。有諸内必形諸外。爲其事而無其功者,髡未嘗睹之也。是故無賢者也;有則髡必識之。"曰:"孔子爲魯司寇,不用,從而祭,燔肉不至,不税冕而行。不知者以爲爲肉也,其知者以爲爲無禮也。乃孔子則欲以微罪行,不欲爲苟去。君子之所爲,衆人固不識也。"

3.1 《荀子·非十二子》

略法先王而不知其統⑤,猶然而材劇志大⑥。聞見雜博,案往舊造

---

① 此章所載對話又見《説苑·雜言》、《韓詩外傳》卷六。《雜言》所記與此章尤近,僅少數人名有異,《韓詩外傳》則無"魯繆公之時,公儀子爲政,子柳、子思爲臣,魯之削也滋甚"數句。
② 公儀子即公儀休,一作公儀潛(休、潛意義相近,一爲名,一爲字)。《史記·循吏列傳》:"公儀休者,魯博士也。以高弟爲魯相。奉法循理,無所變更,百官自正。使食禄者不得與下民争利,受大者不得取小。"《高士傳》卷中:"公儀潛者,魯人也,與子思爲友。穆公因子思而致命,欲以爲相。"(收入本卷18.1)其人又見《韓非子·外儲説右下》、《説苑·政理》、《權謀》。
③ "子柳、子思",《説苑·雜言》作"子思、子庚",《鹽鐵論·相刺》引此文,作"子柳、子原"。
④ 《説苑·雜言》作"華舟"。
⑤ 統謂禮義之統。《儒效》論大儒當"法先王,統禮義,一制度"。本篇前文批評惠施、鄧析云:"不法先王,不是禮義。"《荀子·不苟》:"君子審後王之道,而論於百王之前,若端拜而議。推禮義之統,分是非之分,總天下之要,治海内之衆,若使一人。"
⑥ 王先謙《荀子集解》引郝懿行云:"'猶然而'當依宋本作'然而猶'。"王蘧常《諸子學派要詮》則指出:"宋本無楊《注》,今書有注曰:'猶然,舒遲貌。《禮記》「君子蓋猶猶爾」。劇,繁多也。"如據楊《注》,則作"猶然而"是也。

説,謂之五行①。甚僻違而無類,幽隱而無説,閉約而無解,案(焉)飾其辭而祗敬之②,曰:"此真先君子之言也③。"子思唱之,孟軻和之。世俗之溝(佝)猶瞀儒④,嚾嚾然不知其所非也,遂受而傳之,以爲仲尼、子游〈弓〉爲兹厚於後世⑤,是則子思、孟軻之罪也。

3.2 《荀子·解蔽》

空石之中有人焉,其名曰觙⑥,其爲人也,善射以好思⑦。耳目之欲接,則敗其思;蚊虻之聲聞,則挫其精。是以闢耳目之欲,而遠蚊虻之聲,閑居静思則通。思仁若是,可謂微乎?孟子惡敗而出妻,可謂能自

---

① 楊倞《注》:"案前古之事而自造其説,謂之五行。五行,五常,仁、義、禮、智、信是也。"鵬按,馬王堆漢墓帛書《老子》甲本卷後古佚書有《五行》經、解,郭店楚墓竹書亦見《五行》(有經無解),學者多以此篇爲子思學派佚書,其所云"五行"爲"仁、義、禮、智、聖",可證楊説近是。
② 《荀》書中"案"字往往讀爲"焉",作爲承接連詞,訓爲乃或則,如《王制》:"刑政平,百姓和,國俗節,則兵勁城固,敵國案自詘矣。"《富國》:"人皆喪之,我按起而治之。"《臣道》:"是案曰是,非案曰非。"《彊國》:"秦使左案左,使右案右。"
③ 楊倞《注》:"言自敬其辭説。先君子,孔子也。"《孔叢子·公儀》載:"穆公謂子思曰:'子之書所記夫子之言,或者以謂子之辭也。'"(見本卷 10.29)可見時人已疑子思託言孔子以自高其説。
④ 楊《注》讀"溝"爲"佝",訓爲愚;訓"猶"爲猶豫。王先謙《集解》謂"溝瞀"訓愚闇(或作"佝瞀","區瞀",見《楚辭·九辯》《漢書·五行志》),中不當有"猶"字。鵬按,"溝"訓爲愚,其本字作"佝"。《説文》:"佝,務(瞀)也。"頗疑《荀子》此文當作"世俗之佝儒",説者蓋以"佝猶瞀"爲解,後"猶瞀"二字竄入正文,遂有此誤。"世俗之佝儒"即《儒效》之"俗儒",彼文批評俗儒"略法先王而足亂世術,繆學雜舉。不知法後王而一制度,不知隆禮義而殺詩書"。與《非十二子》此文合觀,則荀子所謂"俗儒",思、孟是也。
⑤ 王先謙《集解》引郭嵩燾謂:"《荀子》屢言仲尼、子弓,不及子游。本篇後云'子游氏之賤儒',與子張、子夏同譏,則此'子游'必'子弓'之誤。"高亨《荀子新箋》申郭説,以爲《非十二子》"子弓"本作"子泓",以形似而誤爲"子游",並考證"子弓"即"仲弓"。兹從之。
⑥ 朱駿聲《説文通訓定聲》在"觙"字下指出:"觙即"伋"字。郭沫若《十批判書·儒家八派的批判》認爲,荀子此處以"觙"(通伋)、"空石之中"(即爲"孔")、"善射以好思"隱射子思。
⑦ 王先謙《集解》引俞樾云:"此射字乃射策、射覆之射。《漢書·藝文志》著録家有《隨曲射匿》五十卷,射匿疑即射覆。覆而匿之,人所不知,以意縣揣而期其中,此射之義也。"

彊矣;有子惡卧而焠掌,可謂能自忍矣①,未及好也、未及思也②。閒耳目之欲,可謂能自彊矣,未及思也③,蚊虻之聲聞則挫其精,可謂危矣,未可謂微也④。夫微者,至人也。至人也,何彊、何忍、何危?故濁(燭)明外景,清明內景⑤。聖人縱其欲,兼其情,而制焉者理矣,夫何彊、何忍、何危?故仁者之行道也,無爲也;聖人之行道也,無彊也。仁者之思也恭,聖人之思也樂。此治心之道也。

4.1 《韓非子·難三》⑥

魯穆公問於子思曰:"吾聞龐欄氏之子不孝⑦,其行奚如?"子思對曰:"君子尊賢以崇德,舉善以觀(勸)民⑧。若夫過行,是細人之所識也,臣不知也。"子思出,子服厲伯入見,問龐欄氏子。子服厲伯對曰:"其過三,皆君之所未嘗聞⑨。"自是之後,君貴子思,而賤子服厲伯也。

或曰:魯之公室,三世劫於季氏,不亦宜乎!明君求善而賞之,求姦而誅之,其得之一也。故以善聞之者,以說善同於上者也;以姦聞之者,以惡姦同於上者也,此宜賞譽之所及也。不以姦聞,是異於上而下

---

① 楊《注》:"孟子惡其敗德而出其妻,可謂能自彊于脩身也。有子蓋有若也。焠,灼也。惡其寢卧而焠其掌,若刺股然也。"
② 楊倞謂此句當作"未及好思也",今本誤分爲"未及好也"、"未及思也"。其說是,"未及好思"兼孟子、有子而言。
③ 楊倞《注》:"'可謂能自彊矣,未及思也'十字竝衍耳。"
④ 此處"微"、"危"正扣《解蔽》前文引《道經》"人心之危,道心之微。危微之幾,惟明君子而後能知之"而言。
⑤ 俞樾認爲"外景"、"內景"之說本《大戴禮記·曾子天圓》:"參嘗聞之夫子曰:天道曰圓,地道曰方。方曰幽,而圓曰明。明者,吐氣者也,是故外景:幽者,含氣者也,是故內景。故火日外景,而金水內景。"(說見王先謙《集解》)鵬按,依此說,"濁明外景"之"濁"疑讀作"燭",以應其火日之說。荀子此處雖襲用曾子一派"內景"、"外景"二術語,但已摒除陰陽五行色彩,其所謂"清明內景"指心而言,《解蔽》前文云:"人心譬如槃水,正錯而勿動,則湛濁在下而清明在上,則足以見鬚眉而察理矣。"
⑥ 《論衡·非韓》對此章有所評論(見本卷 14.1)。
⑦ "龐欄氏",《論衡·非韓》作"龐撊是"。
⑧ "觀民",《論衡·非韓》《孔叢子·公儀》作"勸民",當從之。《論語·爲政》:"舉善而教不能,則民勸。"
⑨ "君之"二字,王先慎《韓非子集解》引顧廣圻謂當從《論衡·非韓》作"君子"。鵬按,作"君之所未嘗聞"自亦可通,不必據彼改此。

比周於姦者也,此宜毀罰之所及也。今子思不以過聞,而穆公貴之;厲伯以姦聞,而穆公賤之。人情皆喜貴而惡賤,故季氏之亂成而不上聞,此魯君之所以劫也。且此亡王〈主〉之俗①,取魯之民所以自美,而穆公獨貴之,不亦倒乎!

4.2 《韓非子·顯學》

世之顯學,儒、墨也。儒之所至,孔丘也;墨之所至,墨翟也。自孔子之死也,有子張之儒②,有子思之儒,有顏氏之儒③,有孟氏之儒④,有漆雕氏之儒⑤,

---

① 王先慎《集解》引顧廣圻謂"王"當作"主"。
② 《史記·仲尼弟子列傳》:"顓孫師,陳人,字子張。少孔子四十八歲。"梁啓超《韓非子·顯學》篇釋義》云:"《荀子·非十二子》篇稱子張氏、子夏氏、子游氏之賤儒,則子張門下甚盛可知。"鵬按,近出郭店楚墓竹書《忠信之道》、上海博物館藏楚竹書《從政》、《昔者君老》疑與"子張氏之儒"有關。周鳳五先生指出:《論語·堯曰》"子張問從政"章可能是上博《從政》的藍本;《昔者君老》則可能是《論語·憲問》子張問孔子"高宗諒陰,三年不言"一章的解説;郭店《忠信之道》是對《論語·衛靈公》記孔子答子張問行"言忠信,行篤敬,雖蠻貊之邦行矣"的闡述。周説見《讀上博楚竹書〈從政(甲篇)〉札記》,《上博館藏戰國楚竹書研究(續編)》(上海:上海書店,2004年7月),第187—189頁。
③ 皮錫瑞《經學歷史》云:"孔門弟子,顏氏有八(案爲顏無繇、顏回、顏幸、顏高、顏祖、顏噲、顏何,見《史記·仲尼弟子列傳》),未必即是子淵。"梁啓超《韓非子·顯學》篇釋義》亦疑"顏淵先孔子卒,是否有弟子傳其學無可考,此文顏氏之儒,不知出誰何也"。鵬按,顏淵列孔門德行科之首,又屢爲孔子所深贊,雖其早卒,其學當有傳人。除《論語》外,《莊子》、《吕氏春秋》、《韓詩外傳》、《孔子家語》、《新序》、《説苑》等書記顏淵事蹟所在多有,且多以對話體爲之,可知戰國至漢初此類記述顏氏言行的故事相當流行。復按,"顏氏之儒"還有一個可能性,即指言偃。李零先生《郭店楚簡校讀記·前言》指出:"孔門弟子以'顏'爲氏有九,未必爲顏回。又據上博楚簡,言游之'言'與顏回之'顏'無別,它也可能是言游的學派。"類似之説又見胡蘭江《七十子考》(北京:北京大學博士學位論文,2002年),第23—25頁。
④ 孟氏指孟軻。《史記·儒林列傳》:"於威、宣之際,孟子、荀卿之列,咸遵夫子之業而潤色之,以學顯於當世。"
⑤ 即漆雕啓,《漢書·藝文志》儒家有《漆雕子》十三篇。《韓非子·顯學》將漆雕啓與宋鈃對舉,並説:"漆雕之議,不色撓,不目逃,行曲則違於臧獲,行直則怒於諸侯,世主以爲廉而禮之。"王充《論衡·本性》又云:"宓子賤、漆雕開、公孫尼子之徒,亦論情性,與世子相出入,皆言性有善有惡。"蒙文通謂《孟子·公孫丑上》所謂"不膚撓,不目逃"之北宫黝亦"所謂漆雕氏之徒,殆儒而俠者也"。蒙氏並疑《禮記·儒行》爲漆雕氏之儒所傳。蒙説見《漆雕之儒考》,《儒學五論》(桂林:廣西師範大學出版社,2007年5月),第61—65頁。

有仲良氏之儒①,有孫氏之儒②,有樂正氏之儒③。自墨子之死也,有相里氏之墨,有相夫氏之墨,有鄧陵氏之墨。故孔、墨之後,儒分爲八,墨離爲三,取舍相反不同,而皆自謂真孔、墨。孔、墨不可復生,將誰使定後世之學乎?

5.1　《尸子》佚文(見《藝文類聚》卷35、《太平御覽》卷387)④

費子陽謂子思曰:"吾念周室將滅,涕泣不可禁也。"子思曰:"然。今以一人之身憂世之不治,而涕泣不禁,是憂河水濁而以泣清之也。"

6.1　《吕氏春秋·審應》

孔思請行⑤。魯君曰:"天下主亦猶寡人也,將焉之?"孔思對曰:"蓋聞君子猶鳥也,駭則舉。"魯君曰:"主不肖而皆以然也,違不肖,過〈適〉不肖⑥,而自以爲能論天下之主乎⑦?"凡鳥之舉也,去駭從不駭。去駭從不駭,未可知也。去駭從駭,則鳥曷爲舉矣?孔思之對魯君也亦過矣。

---

① 良,一本作"梁"。梁啓超《〈韓非子·顯學〉篇釋義》疑"仲良"即《孟子·滕文公上》"陳良,楚産也,悦周公、仲尼之道,北學於中國。北方之學者,未能或之先也"之"陳良"。陳奇猷《韓非子集釋》則認爲此"仲良"即《禮記·檀弓上》論"小斂而徹帷"的"仲梁子"(按,此説清人孫希旦已發之於前,見《禮記集解》)。陳氏據《檀弓上》仲梁子論徹帷之語在曾子之後,疑其爲曾子後學;又據《詩·定之方中》毛《傳》引仲梁子語,謂其兼傳子夏之學。

② 王先慎《集解》引顧廣圻謂"孫氏"指荀卿,唯陳奇猷《集釋》從津田鳳卿之説,認爲韓非不致詆毁其師,此處"孫氏"當指公孫尼子。鵬按,前説是。荀子爲戰國晚期儒家之大師,韓非論儒家顯學不可能略而不談,且《顯學》通篇並未針對孫氏之儒嚴厲批評,韓非之所以斥儒、墨爲"愚誣之學",其着眼點在"明據先王必定堯舜",荀子已有"法後王"之説,可免此譏。

③ 梁啓超《〈韓非子·顯學〉篇釋義》云:"曾子弟子有樂正子春,此文樂正氏疑即傳曾子學者。"陳奇猷《集釋》從之,並謂:"子春以孝名聞,且有信而見信於齊(均詳《説林下》"齊伐魯"條),則亦其時之大儒也。"

④ 此事又見《孔叢子·抗志》(見本卷10.47),記子思語較詳。

⑤ 高誘注:"孔思,子思,伯魚之子也。"此事又見《孔叢子·抗志》"穆公欲相子思"章(本卷10.51)。

⑥ 此"過"字疑涉下文而誤,本當作"適",訓爲至。《吕氏春秋·異寶》:"五員過於吴。"高誘注:"過,猶至也。"俞樾謂該篇及注之"過"字俱爲"適"字之訛,誤與此同。

⑦ 王念孫《讀書雜志》云:"論,知也。"

7.1 《禮記·檀弓上》

子上之母死而不喪①。門人問諸子思曰:"昔者子之先君子喪出母乎②?"曰:"然。""子之不使白也喪之,何也?"子思曰:"昔者吾先君子無所失道,道隆則從而隆,道污則從而污③,伋則安能?爲伋也妻者,是爲白也母;不爲伋也妻者,是不爲白也母。"故孔氏之不喪出母,自子思始也。

7.2 《禮記·檀弓上》

子思曰:"喪三日而殯,凡附於身者,必誠必信,勿之有悔焉耳矣。三月而葬,凡附於棺者,必誠必信,勿之有悔焉耳矣④。喪三年以爲極,亡則弗之忘矣⑤。故君子有終身之憂,而無一朝之患⑥。故忌日不樂。"

7.3 《禮記·檀弓上》(存疑)⑦

曾子曰:"小功不爲位也者,是委巷之禮也⑧。子思之哭嫂也爲位,

---

① 鄭玄注:"子上,孔子曾孫,子思伋之子,名白,其母出。禮爲出母期,父卒,爲父後者不服耳。"
② 孔疏:"子之先君子,謂孔子也。"鵬按,本章二"先君子"皆指孔子。《荀子·非十二子》批評子思"甚僻違而無類,幽隱而無説,閉約而無解,案飾其辭而衹敬之,曰:'此真先君子之言也。'"此"先君子"亦子思稱孔子。"出"者,黜也、去也、外也。"出母"指爲父所棄絶之母(包括出而改嫁者)。關於本章及同篇兩章"子思之母死於衛"(見下)所涉孔氏"出妻"問題,參考本書下編《禮記·檀弓》"出母"考》。
③ 孫希旦《禮記集解》:"道之隆、污,謂禮之隆、殺。"
④ 鄭玄注:"附於身,謂衣衾。附於棺,謂明器之屬。"
⑤ 鄭玄將"極亡"連讀,釋此二句云:"去已久遠,而除其喪。"並指出:"王以'極'字絶句,亡作'忘',向下讀;孫依鄭作'亡',而如王分句。"孫希旦《集解》在"極"下斷句,謂"亡則弗之忘者,言親雖亡,而子之心則不能忘也"。此從孫說。
⑥ 鄭注:"毀不滅性。"《大戴禮記·本命》:"三日而食,三月而沐,期而練,毀不滅性,不以死傷生。"《禮記·檀弓下》也說:"毀不危身,爲無後也。"
⑦ 孔穎達疏:"此子思哭嫂,是孔子之孫,以兄先死,故有嫂也。皇氏以爲原憲字子思,若然,鄭無容不注。鄭既不注,皇非也。"孫希旦《集解》謂:"孔子弟子原憲、燕伋皆字子思,此所稱子思,或爲異人,未可知也。"俞樾《羣經平議》也說:"此節乃曾子之言,下文申詳、言思皆斥其名,而於子思獨稱其字者,曾子與原憲並事夫子,行輩相同,故字之也。若子思是伯魚之子,下文曾子謂子思曰:'伋!吾執親之喪也,水漿不入於口者七日。'未聞稱其字也。"錢穆《先秦諸子繫年·子思生卒考》不信《孔叢子》之說,認爲此"子思"即子思伋。鵬按,《孔叢子》謂孔氏"家之族胤,一世相承,以至九世"。《世本》也說:"孔子後數世皆一子。"又據《史記·孔子世家》孔丘以下數世皆一子單傳,則"子思"未必有兄,《檀弓》此處所謂"子思哭嫂"未必爲孔伋。茲録以備考。
⑧ 鄭玄注:"位,謂以親疏序列哭位也。委巷,猶街里委曲所爲,譏之也。子思哭嫂爲位,善之也。"

婦人倡踊。申祥之哭言思也亦然①。"

7.4 《禮記·檀弓上》

曾子謂子思曰："伋！吾執親之喪也,水漿不入於口者七日。"子思曰："先王之制禮也,過之者,俯而就之;不至焉者,跂而及之。故君子之執親之喪也,水漿不入於口者三日,杖而後能起。"

7.5 《禮記·檀弓上》

子思之母死於衛,柳若謂子思曰："子,聖人之後也,四方於子乎觀禮,子蓋慎諸②!"子思曰："吾何慎哉? 吾聞之: 有其禮,無其財,君子弗行也③;有其禮,有其財,無其時,君子弗行也④。吾何慎哉?"

7.6 《禮記·檀弓下》

穆公問於子思曰："爲舊君反服,古與?"子思曰："古之君子,進人以禮,退人以禮,故有舊君反服之禮也;今之君子,進人若將加諸膝,退人若將隊諸淵,毋爲戎首⑤,不亦善乎! 又何反服之禮之有⑥?"

7.7 《禮記·檀弓下》

子思之母死於衛,赴於子思,子思哭於廟。門人至曰:"庶氏之母〈女〉死⑦,

---

① 鄭注:"說者云:言思,子游之子,申祥妻之昆弟,亦無服。"
② 鄭注:"伯魚卒,其妻嫁於衛。柳若,衛人也。見子思欲爲嫁母服,恐其失禮,戒之。"
③ 鵬按,子思之父伯魚卒後,其母歸回本家。子思之母蓋爲衛女,故《檀弓》二章皆謂其"死於衛",而據《孟子·離婁下》"子思居於衛"章、《孔叢子·居衛》,子思少壯時居衛,則子思幼時可能即從母至衛。《說苑·立節》且云:"子思居於衛,縕袍無表,二旬而九食,田子方聞之,使人遺狐白之裘。"故子思有"有其禮,無其財"之嘆。
④ "無其時"之"時",疑即《檀弓》前文(本卷 7.2)所謂"喪三日而殯,凡附於身者,必誠必信,勿之有悔焉耳矣;三月而葬,凡附於棺者,必誠必信,勿之有悔焉耳矣。"
⑤ 鄭注:"爲兵主來攻伐曰戎首。"此謂放逐之臣勾結外國而來攻伐。
⑥ 王引之《經義述聞》引王念孫云:"'反服'下不當有'之禮'二字,蓋涉上文'反服之禮'而衍。《世說新語·方正》篇注、《通典·禮》五十九、《白帖》三十八引此無'之禮'二字。"
⑦ 俞正燮《癸巳類稿》卷 3、劉師培《左盦集》卷 1 據《晉書·禮志》太康元年尚書八座議喪服、《急就篇》卷一"庶霸遂"顏師古注引此文,"庶氏之母"作"庶氏之女",謂今本"母"爲"女"字之誤,"庶氏"乃子思母所自出,非再嫁於庶氏。

何爲哭於孔氏之廟乎?"子思曰:"吾過矣,吾過矣!"遂哭於他室。

8.1 《說苑·建本》

子思曰:"學所以益才也,礪所以致刃也。吾嘗幽處而深思,不若學之速;吾嘗跂而望,不若登高之博見。故順風而呼,聲不加疾,而聞者衆;登丘而招,臂不加長,而見者遠。故魚乘於水,鳥乘於風,草木乘於時。"①

8.2 《說苑·立節》

子思居於衛,縕袍無表,二旬而九食,田子方聞之,使人遺狐白之裘,恐其不受,因謂之曰:"吾假人,遂忘之;吾與人也,如棄之。"子思辭而不受,子方曰:"我有子無,何故不受?"子思曰:"伋聞之,妄與不如遺棄物於溝壑②,伋雖貧也,不忍以身爲溝壑,是以不敢當也。"

8.3 《說苑·雜言》

淳于髡謂孟子曰:"先名實者,爲人者也;後名實者,自爲者也。夫子在三卿之中,名實未加上下而去之,仁者固如此乎?"孟子曰:"居下位,不以賢事不肖者,伯夷也;五就湯,五就桀者,伊尹也;不惡汙君,不辭小官者,柳下惠也。三子者不同道,其趣一也。一者何也?曰仁也。君子亦仁而已,何必同?"曰:"魯繆公之時,公儀子爲政,子思、子庚爲臣,魯之削也滋甚。若是乎賢者之無益於國也。"曰:"虞不用百里奚而亡,秦穆公用之而霸,故不用賢則亡,削何可得也!"曰:"昔者王豹處於淇,而河西善謳;綿駒處於高唐,而齊右善歌。華舟、杞梁之妻,善哭其夫而變國俗。有諸内必形於外。爲其事,無其功,髡未睹也。是故無賢者也,有則髡必識之矣。"曰:"孔子爲魯司寇而不用,從祭,膰肉不至,不脱冕而行。其不善者以爲爲肉也,其善者以爲爲禮也。乃孔子欲以微罪行,不欲爲苟去,故君子之所爲,衆人固不得識也。"

---

① 向宗魯《說苑校證》:"此《子思子》佚文也。《孔叢子·雜訓》篇用此文,首二句與下文各自一節。又《大戴記》、《荀子·勸學》篇亦皆用子思語。"

② 此句向宗魯《校證》在"遺"字下斷讀。鵬按,此句"不"、"遺"二字疑涉上文"遺狐白之裘"、"不受"而衍,當作"妄與如棄物於溝壑",故下文子思云"不忍以身爲溝壑"。

9.1 《列女傳·母儀·鄒孟軻母》

孟子之少也,既學而歸。孟母方績,問曰:"學〔何〕所至矣①?"孟子曰:"自若也。"孟母以刀斷其織。孟子懼而問其故,孟母曰:"子之廢學,若吾斷斯織也。夫君子學以立名,問則廣知。是以居則安寧,動則遠害。今而廢之,是不免于廝役,而無以離于禍患也,何以異于織績而食,中道廢而不爲,寧能衣其夫子而長不乏糧食哉?女則廢其所食,男則墮於脩德,不爲竊盜,則爲虜役矣。"孟子懼,旦夕勤學不息,師事子思,遂成天下之名儒。

10.1 《孔叢子·記問》②

夫子閒居,喟然而嘆。子思再拜請曰:"意子孫不脩,將忝祖乎?羑堯、舜之道,恨不及乎③?"夫子曰:"爾孺子,安知吾志?"子思對曰:"伋於進瞻④,亟聞夫子之教:其父析薪,其子弗克負荷⑤,是謂不肖。伋每思,所以大恐而不懈也。"夫子忻然笑曰:"然乎,吾無憂矣。世不廢業,其克昌乎!"⑥

---

① 王照圓《列女傳補注》:"所,疑當作'何'。或'所'上脫'何'字。《太平御覽》(卷826)引'所'上有'何'字,可證。"按,此從《補注》後說。
② 《孔叢子》所記子思言行多見於後人所輯《子思子》。閻琴南《孔叢子斠證》於此條云:"見宋汪晫《子思子全書》外篇《無憂》第四。又楊簡《先聖大訓》卷六《寬猛》第五十五載同《孔叢》,但未舉所徵。案,王應麟《漢書藝文志攷證》卷五云:'今有一卷,乃取諸《孔叢子》,非取本書也。'所指蓋即汪書,又《四庫總目·子思子提要》云:'至《孔叢子》一書,朱子反覆辨其僞,而晫新採之獨多,已失鑒別,又往往竄亂原文。'據引汪書之非,殆可斷言矣。惟考昔人援引《子思》之文,與今本《孔叢》合者尚多,其所據徵者,究爲《子思》原書? 或即《孔叢》? 實難搞定。《漢志》載《子思》二十三篇而闕《孔叢》,今《孔叢》卷二、三又多載《子思》之言,且嘗刺取他書如《尚書大傳》、《禮記》等成篇,故於《子思》一書之襲用,初亦未嘗無嫌也。今考汪書未注出典,序次與《孔叢》不合,文字亦小異,且無《提要》所謂竄亂原文之實,即割裂《孔叢》如伯厚説,則亦當有暗符古本一、二者。"
③ 及,一本作"反"。傅亞庶《孔叢子校釋》引姜兆錫曰:"反,復也。"並以爲作"反"義勝。鵬按,此謂羑堯舜之道,恨不能及,義自可通。
④ 傅亞庶《校釋》指出:"瞻,一本作"膳"。傅氏據《子思子·無憂》校改作"善"。鵬按,作"瞻"爲是。瞻,視也。"進瞻"即探望、探視之意。
⑤ 二句見《左傳》昭公七年所載子產所引古人言。
⑥ 錢穆《先秦諸子繫年·子思生卒考》謂:"伯魚早卒,而子思有兄(鵬按,錢氏認爲本卷7.3所錄《檀弓》'子思之哭嫂'之'子思'爲孔伋),則子思之生,不能甚前。或謂其親受於孔子,決不然矣。"又說:"《孔叢子》有孔子、子思問答,不可信。"兹錄以待考。

10.2 《孔叢子·記問》①

子思問於夫子曰:"爲人君者,莫不知任賢之逸也,而不能用賢,何故?"子曰:"非不欲也。所以官人失能者,由於不明也。其君以譽爲賞,以毀爲罰,賢者不居焉。"

10.3 《孔叢子·記問》②

子思問於夫子曰:"伋聞夫子之詔③:正俗化民之政,莫善於禮樂也。管子任法以治齊,而天下稱仁焉,是法與禮樂異用而同功也,何必但禮樂哉?"子曰:"堯、舜之化,百世不輟,仁義之風遠也。管仲任法,身死則法息,嚴而寡恩也。若管仲之智,足以定法。材非管仲,而專任法,終必亂成矣。"

10.4 《孔叢子·記問》④

子思問於夫子曰:"物有形類,事有真偽,必審之,奚由?"子曰:"由乎心。心之精神是謂聖⑤。推數究理,不以物疑,周其所察,聖人難諸。"

10.5 《孔叢子·雜訓》⑥

子上請雜所習,請於子思⑦。子思曰:"先人有訓焉:學必由聖,所

---

① 閻琴南《孔叢子斠證》指出:此條又見汪晫《子思子全書·任賢》、《逸語》卷一引《子思子》、《先聖大訓·寬猛》。下文對相關文獻之說明皆參考閻著。
② 此章又見《子思子全書·魯繆公》、《逸語》卷六引《子思子》、《先聖大訓·寬猛》。
③ 宋咸《注》:"詔,告也。"一本"伋"作"亟",傅亞庶《校釋》以後者爲是,認爲"上文言'亟聞夫子之教',此言'亟聞夫子之詔',前後相承"。鵬按,《記問》由八章組成,各章自爲起訖,此處"伋聞夫子之詔"非承上章"亟聞夫子之教"之語,當以作"伋"爲是。
④ 此章又見《子思子全書·無憂》、區仕衡《理學簡言》引《子思子》、《先聖大訓·樂山》。
⑤ 此句又見《尚書大傳》所引孔子語。"是謂聖",一本作"是乎聖",閻琴南《孔叢子斠證》云:"《説郛》殘本、校本'乎'作'爲',又鈔本別作'惟',餘諸本竝作'謂',《尚書大傳》《子思子》《先聖大訓》卷四亦同作'謂',疑'謂'字是。"
⑥ 又見《子思子全書·無憂》、王應麟《困學紀聞》卷五及卷七、《理學簡言》、《逸語》卷一引《子思子》。
⑦ 一本作"子上請所習於子思",閻琴南《斠證》云:"諸本'請'竝作'雜','習'下竝有'請'字,疑是。本篇篇題曰'雜訓',巾箱本此句宋咸注云:'雜者,諸子百家,非聖人之道也。'下文亦云:'雜説不與焉,又何請。'是其證。"鵬按,閻校是,唯"雜所習"之"雜"當訓爲"聚",讀如"集",與下文"雜説"之"雜"異訓。

以致其材也；厲必由砥，所以致其刃也①。故夫子之教，必始於《詩》、《書》，而終於禮樂，雜説不與焉，又何請？"

10.6 《孔叢子·雜訓》②

子思謂子上曰："白乎！吾嘗深有思而莫之得也，於學則寤焉。吾嘗企有望而莫之見也，登高則覩焉。是故雖有本性而加之以學，則無惑矣。"

10.7 《孔叢子·雜訓》③

縣子問子思曰："吾聞同聲者相求，同志者相好。子之先君見子産，則兄事之，而世謂子産仁愛，稱夫子聖人，是謂聖道事仁愛也。吾未諭其人之孰先後也，故質於子。"子思曰："然，子之問也，昔季孫問子游④，亦若子之言也。子游答曰：'以子産之仁愛譬夫子，其猶浸水之與膏雨乎？'康子曰：'子産死，鄭人丈夫舍玦珮，婦女舍珠瑱，巷哭三月，竽瑟不作。夫子之死也，吾未聞魯人之若是也，奚故哉？'子游曰：'夫浸水之所及也則生，其所不及則死，故民皆知焉。膏雨之所生也，廣莫大焉，民之受賜也普矣，莫識其由來者。上德不德，是以無德⑤。'季孫曰：'善。'"縣子曰："其然。"

10.8 《孔叢子·雜訓》⑥

孟子車尚幼，請見子思⑦。子思見之，甚悦其志，命子上侍坐焉，禮

---

① 《説苑·建本》載子思語有"學所以益才也，礪所以致刃也"二句，意與此同。
② 此章又見《子思子全書·無憂》《通雅》卷首引子思語。諸書所載子思語又見《説苑·建本》(見本卷8.1)，蓋合此文及前章"子上雜所習請於子思"爲一。《荀子·勸學》《大戴禮記·勸學》引孔子語亦有類似内容。其説蓋本於《論語·衛靈公》："子曰：吾嘗終日不食，終夜不寢以思，無益，不如學也。"
③ 此章又見《永樂大典》卷2973，《子思子全書·無憂》。
④ 子游與季康子論子産及孔子亦見《説苑·貴德》，無"上德不德，是以無德"二句。
⑤ 今本《老子》第38章："上德不德，是以有德；下德不失德，是以無德。"此章二句襲用《老子》語而變其義，謂上德者不自以爲德，故民亦不以德歸焉，即前文所謂"莫識其由來者"之意。
⑥ 又見《子思子全書·過齊》。
⑦ 子車即孟軻字。孟子師事子思，見《列女傳》、《風俗通義》，但《史記·孟荀列傳》明言孟子"受業子思之門人"。崔述《孟子事實録》卷上辨孟子無受業子思事，可參看。

敬子車甚崇,子上不願也。客退,子上請曰:"白聞,士無介不見,女無媒不嫁。孟孺子無介而見,大人悦而敬之,白也未諭,敢問。"子思曰:"然,吾昔從夫子於郯,遇程子於途,傾蓋而語,終日而别,命子路將束帛贈焉,以其道同於君子也①。今孟子車,孺子也,言稱堯舜,性樂仁義,世所希有也,事之猶可,況加敬乎! 非爾所及也。"

10.9　《孔叢子・雜訓》②

子思在魯,使以書如衛問子上。子上北面再拜,受書伏讀,然後與使者宴。遂爲復書,返中庭,北面再拜,以授。使者既受書,然後退。使者還魯,問子思曰:"吾子堂上南面立,授臣書,事畢送臣。子上中庭拜,授臣書而不送,何也?"子思曰:"拜而不送,敬也;使而送之,賓也。"

10.10　《孔叢子・雜訓》③

魯人有同姓死而弗弔者。人曰:"在禮,當免不免,當弔不弔,有司罰之④。如之何子之無弔也?"答曰:"吾以其疏遠也。"子思聞之曰:"無恩之甚也。昔者季孫問於夫子曰:'百世之宗,有絶道乎?'子曰:'繼之以姓,義無絶也。故同姓爲宗,合族爲屬,雖國君之尊,不廢其親,所以崇愛也。是以綴之以食,序列昭穆,萬世婚姻不通,忠篤之道然也。'⑤"

10.11　《孔叢子・雜訓》⑥

魯穆公訪於子思曰:"寡人不德,嗣先君之業三年矣,未知所以爲令名者,且欲掩先君之惡,以揚先君之善,使談者有述焉,爲之若何? 願先生教之也。"子思答曰:"以伋所聞,舜、禹之於其父,非勿欲也,以爲私情之細,不如公義之大,故弗敢私之焉耳。責以虚飾之教,又非伋所得言。"公曰:"思之可以利民者。"子思曰:"願有惠百姓之心,則莫如除一

---

① 孔子遇程子之事見《韓詩外傳》卷二、《説苑・尊賢》、《孔子家語・觀思》、《子華子》。
② 又見《子思子全書・無憂》。
③ 又見《子思子全書・喪服》。
④ 《禮記・文王世子》:"族之相爲也,宜弔不弔,宜免不免,有司罰之。"孔《疏》:"六世以至百世,但有弔禮;五世親盡,但有袒免。"免,指喪禮去冠括髮之禮。
⑤ 季孫問孔子事又見《逸語》卷二引《孔子正言》。
⑥ 又見《子思子全書・魯繆公》。

切非法之事也。毀不居之室,以賜窮民;奪嬖寵之祿,以賑困匱。無令人有悲怨,而後世有聞見,抑亦可乎?"公曰:"諾。"

10.12 《孔叢子·雜訓》①

縣子問子思曰:"顔回問爲邦,夫子曰:'行夏之時。'②若是,殷、周異正,爲非乎?"子思曰:"夏數得天,堯、舜之所同也③。殷、周之王,征伐革命,以應乎天,因改正朔,若云天時之改耳,故不相因也。夫受禪於人者,則襲其統,受命於天者則革之,所以神其事,如天道之變然也。三統之義,夏得其正,是以夫子云。"

10.13 《孔叢子·雜訓》

穆公問於子思曰:"立太子有常乎?"答曰:"有之,在周公之《典》。"公曰:"昔文王舍適而立其次,微子舍孫而立其弟④,是何法也?"子思曰:"殷人質而尊其尊,故立弟;周人文而親其親,故立子,亦各其禮也。文質不同,其禮則異。文王舍適立其次,權也。"公曰:"苟得行權,豈唯聖人,唯賢與愛立也。"子思曰:"聖人不以權教,故立制垂法,順之爲貴。若必欲犯,何有於異?"公曰:"舍賢立聖,舍愚立賢,何如?"子思曰:"唯聖立聖,其文王乎。不及文王者,則各賢其所愛,不殊於適,何以限之?必不能審賢愚之分,請父兄群臣卜於祖廟,亦權之可也。"

10.14 《孔叢子·雜訓》⑤

孟軻問牧民何先,子思曰:"先利之。"曰:"君子之所以教民,亦有仁義而已矣,何必曰利?"⑥子思曰:"仁義固所以利之也。上不仁則下不得其所,上不義則下樂爲亂也,此爲不利大矣。故《易》曰:'利者,義之

---

① 又見《子思子全書·過齊》。
② 顔淵問爲邦事見《論語·衛靈公》。
③ 《逸周書·周月》:"夏數得天,百王所同。"《左傳》昭公十七年載梓慎語:"夏數得天。"
④ 宋咸《注》:"文王捨其嫡長伯邑考而立次子武王發,微子捨其孫腯而立其弟衍微仲。"
⑤ 此章又見晁公武《郡齋讀書志》卷三上、《資治通鑑·周紀二》、《子思子全書·魯繆公》、《理學簡言》、陳士元《孟子雜記·逸文》。
⑥ 《孟子·梁惠王上》:"王何必曰利,亦有仁義而已矣。"語意與此同。

和也。'又曰：'利用安身，以崇德也。'①此皆利之大者也。"

10.15　《孔叢子·居衛》②

子思居衛，言苟變於衛君曰："其材可將五百乘，君任軍旅，率得此人，則無敵於天下矣。"衛君曰："吾知其材可將，然變也嘗爲吏，賦於民而食，人二雞子③，以故弗用也。"子思曰："夫聖人之官人，猶大匠之用木也，取其所長，棄其所短。故杞、梓連抱，而有數尺之朽，良工不棄，何也？知其所妨者細也，卒成不訾之器。今君處戰國之世，選爪牙之士，而以二卵棄干城之將，此不可使聞於鄰國者也。"衛君再拜曰："謹受教矣。"

10.16　《孔叢子·居衛》④

子思適齊，齊君之嬖臣美鬚眉立乎側，齊君指之而笑，且言曰："假貌可相易，寡人不惜此之鬚眉於先生也⑤。"子思曰："非所願也。所願者唯君修禮義、富百姓，而伋得寄帑於君之境内，從繦負之列⑥，其庸多矣⑦，若無此鬚眉，非伋所病也。昔堯身修十尺，眉乃八彩⑧，實聖；舜身修八尺有奇，面頷無毛，亦聖；禹、湯、文、武及周公勤思勞體，或折臂望視，或秃骭背僂⑨，亦聖。不以鬚眉之美爲稱也。人之賢聖在德，豈在貌乎？且吾先君生無鬚眉，而天下王侯不以此損其敬。由是言之，伋徒患德之不邵⑩，不病毛鬢之不茂也。"

---

① 所引《易》見《乾·文言》《繫辭下》。
② 又見《子思子全書·任賢》《資治通鑑·周紀一》。
③ 閻琴南《斠證》引《日知錄》云："賦於民而食者，取之於民也；人二雞子者，每人令出二雞子也。"
④ 此章又見《子思子全書·任賢》、《金樓子·立言》引子思語。
⑤ 傅亞庶《校釋》引錢熙祚曰："'鬚眉'上原衍'之'字，依《御覽》三百七十四刪。"傅氏以爲"之"字本在"鬚眉"下，傳抄而誤置於"鬚眉"上。
⑥ 閻琴南《斠證》："《論語·子路》：'四方之民繦負其子而至矣。'乃其所本。"
⑦ 一本"庸"作"榮"。
⑧ 一本作"眉分八彩"。《淮南子·脩務》："堯眉八彩。"《尚書大傳》則説："堯八眉，舜四童子。八者，如八字也。"
⑨ 《白虎通·聖人》："湯臂三肘，武王望羊，周公背僂。"
⑩ 邵，美也。

10.17 《孔叢子·居衛》①

子思謂子上曰："有可以爲公侯之尊,而富貴人衆不與焉者,非唯志乎？成其志者,非唯無欲乎？夫錦繢紛華,所服不過溫體;三牲大牢,所食不過充腹。知以身取節者,則知足矣。苟知足,則不累其志矣。"

10.18 《孔叢子·居衛》②

曾子謂子思曰："昔者吾從夫子游於諸侯③,夫子未嘗失人臣之禮,而猶聖道不行。今吾觀子,有傲世主之心,無乃不容乎？"子思曰："時移世異,各有宜也。當吾先君,周制雖毀,君臣固位,上下相持,若一體然。夫欲行其道,不執禮以求之,則不能入也。今天下諸侯方欲力爭,競招英雄以自輔翼,此乃得士則昌,失士則亡之秋也。伋於此時不自高,人將下吾;不自貴,人將賤吾。舜、禹揖讓,湯、武用師,非故相詭,乃各時也。"

10.19 《孔叢子·居衛》④

子思在齊,尹文子生子不類⑤,怒而杖之。告子思曰："此非吾子也,吾妻殆不婦,吾將黜之。"子思曰："若子之言,則堯、舜之妃復可疑也。此二帝,聖者之英,而丹朱、商鈞不及匹夫。以是推之,豈可類乎？然舉其多者,有此父斯有此子,人道之常也。若夫賢父之有愚子,此由天道自然,非子之妻之罪也。"尹文子曰："先生止之,願無言。文留妻矣。"

10.20 《孔叢子·居衛》⑥

孟軻問子思曰："堯、舜、文武之道,可力而致乎？"子思曰"彼,人也;我,人也。稱其言,履其行,夜思之,晝行之,滋滋焉,汲汲焉,如農之赴

---

① 又見《子思子全書·過齊》。萬香谿本《慎子》内篇亦有"夫錦繢紛華"以下諸句。
② 又見《子思子全書·胡母豹》。
③ "游"一本作"巡守"。
④ 又見《子思子全書·任賢》。
⑤ 宋咸《注》："尹文子,齊大夫,有書三卷行於世,皆言治道。"但錢穆《先秦諸子繫年·尹文考》云："《吕覽·正名篇》載文與齊湣王論士,則尹文乃宣王時稷下舊人,至湣王時尚在。湣王立,子思死已百年。尹文見湣王,即不及見子思,遑論生子而告哉？"
⑥ 又見《子思子全書·過齊》、《孟子雜記·逸文》。

時,商之趣利,惡有不至者乎?"

10.21 《孔叢子·居衛》①

子思謂孟軻曰:"自大,而不修其所以大,不大矣;自異,而不修其所以異,不異矣。故君子高其行,則人莫能階也②;遠其志,則人莫能及也。禮接於人,人不敢慢;辭交於人,人不敢侮。其唯高遠乎!"

10.22 《孔叢子·居衛》③

申祥問曰④:"殷人自契至湯而王,周人自棄至武王而王,同嚳之後也⑤。周人追王大王、王季、文王,而殷人獨否,何也?"子思曰:"文質之異也。周人之所追大王,王跡起焉。"又曰:"文王受命,斷虞、芮之訟,伐崇邦,退犬夷,追王大王、王季何也?"子思曰:"狄人攻大王,大王召耆老而問焉,曰:'狄人何來?'耆老曰:'欲得菽粟財貨。'大王曰:'與之。'與之至無,而狄人不止。大王又問耆老曰:'狄人何欲?'耆老曰:'欲土地。'大王曰:'與之。'耆老曰:'君不爲社稷乎?'大王曰:'社稷所以爲民也,不可以所爲民者亡民也⑥。'耆老曰:'君縱不爲社稷,不爲宗廟乎?'大王曰:'宗廟者,私也,不可以吾私害民。'遂杖策而去。過梁山,止乎岐下,豳民之束脩奔奔而從之者三千乘,一止而成三千乘之邑,此王道之端也,成王於是追而王之。王季,其子也,承其業,廣其基焉。雖同追王,不亦可乎?"

10.23 《孔叢子·居衛》⑦

羊客問子思曰:"古之帝王,中分天下,使二公治之,謂之二伯。周

---

① 又見《子思子全書·過齊》、《孟子雜記·逸文》。
② "階",一作"借"。傅亞庶《校釋》以後者爲是,並訓"借"爲及。鵬按,作"階"自亦可通。階者,藉踏也。
③ 此章又見《子思子全書·魯繆公》。所述大王事見《孟子·梁惠王》、《莊子·讓王》、《吕氏春秋·審爲》、《淮南子·詮言》、《史記·周本紀》、《孔子家語·好生》。
④ 申祥,子張之子。
⑤ 據《大戴禮記·帝繫》,殷、周二族同爲帝嚳之後。
⑥ 一本無"者"字,傅亞庶《校釋》:"有'者'字是,據補,'所爲民者'承上'社稷'而言。"
⑦ 又見《子思子全書·魯繆公》。

自后稷封爲王者,後子孫據國,至大王、王季、文王,此固世爲諸侯矣,焉得爲西伯乎?"子思曰:"吾聞諸子夏:殷王帝乙之時,王季以功,九命作伯①,受珪瓚秬鬯之賜,故文王因之,得專征伐。此以諸侯爲伯,猶周、召之君爲伯也。"

10.24 《孔叢子·居衛》②

子思年十六,適宋,宋大夫樂朔與之言學焉。朔曰:"《尚書》虞夏數篇③,善也。下此以訖于《秦》、《費》,效堯、舜之言耳,殊不如也④。"子思答曰:"事變有極,正自當爾。假令周公、堯、舜更時易處⑤,其書同矣。"樂朔曰:"凡《書》之作,欲以喻民也,簡易爲上。而乃故作難知之辭,不亦繁乎⑥?"子思曰:"《書》之意兼複深奧,訓詁成義,古人所以爲典雅也。昔魯委巷亦有似君之言者。伋答之曰⑦:'道爲知者傳。苟非其人,道不傳矣⑧。'今君何似之甚也。"樂朔不悅而退,曰:"孺子辱吾。"其徒曰:"魯雖以宋爲舊⑨,然世有讎焉,請攻之。"遂圍子思。宋君聞之,駕而救子思⑩。子思既免,曰:"文王厄於牖里,作《周易》;祖君屈於陳、蔡,作《春秋》。吾困於宋,可無作乎?"於是撰《中庸》之書四十九篇。

---

① "九命作伯"見《周禮·大宗伯》,鄭玄注:"上公有功德者,加命爲二伯,得征五侯九伯者。"
② 又見《子思子全書·過齊》。
③ 一本"數"下有"四"字,疑衍。今文《尚書》虞夏書有《堯典》、《皋陶謨》、《禹貢》、《甘誓》四篇,疑本句"四"乃後人注釋之語闌入正文。
④ 宋咸《注》:"言《秦誓》、《費誓》但效《堯典》、《舜典》之言而殊不如。"
⑤ 一本"更"上衍"不"字,"易"或作"異"。
⑥ 傅亞庶《校釋》引冢田虎曰:"朔之所言,蓋指《周書》諸《誥》也,諸《誥》中難了知之辭,亦繁多也。"
⑦ 一本"答"作"聞"。
⑧ "傳",一本作"貴"。
⑨ "魯",一本作"此"。
⑩ 一本"駕"上有"不待"二字,閻琴南《斠證》云:"'不待'二字,蓋後人依《論語·鄉黨》'君命召,不俟駕行矣'臆增。"

10.25 《孔叢子·巡守》①

子思游齊,陳莊伯與登泰山而觀②,見古天子巡狩之銘焉。陳子曰:"我生獨不及帝王封禪之世。"子思曰:"子不欲爾。今周室卑微,諸侯無霸,假以齊之衆,義率鄰國以輔文、武子孫之有德者,則齊桓、晉文之事不足言也。"陳子曰:"非不悦斯道,力不堪也。子,聖人之後,吾願有聞焉。敢問昔聖帝明王巡守之禮,可得聞乎?"子思曰:"凡求聞者,爲求行之也。今子自計必不能行,欲聞何爲?"陳子曰:"吾雖不敏,亦樂先王之道,於子何病而不吾告也。"子思乃告之曰:"古者天子將巡守,必先告於祖、禰,命史告群廟及社稷,圻内名山大川,告者七日而遍③。親告用牲,史告用幣。申命冢宰,而後〔清〕道而出④。或以遷廟之主行,載於齋車,每舍奠焉。及所經五嶽、四瀆皆有牲、幣。歲二月,東巡狩,至于岱宗,柴于上帝,望秩于山川。所過諸侯,各待於境。天子先問百年者所在而親問〈見〉之⑤,然後觀方岳之諸侯。有功德者則發爵賜服,以順陽義;無功者,則削黜貶退,以順陰義。命史采民詩謡,以觀其風;命市納賈,察民之所好惡,以知其志;命典禮正制度,均量衡,考衣服之等,協時、月、日、辰。入其疆,土地

---

① 又見《子思子全書·魯繆公》。關於巡狩之禮,見《尚書·堯典》、《禮記·曾子問》、《王制》、《孟子·告子》等。萬香樛本《慎子》外篇載許犯問慎子巡狩之禮,與此文尤近。按,《慎子》此文疑本《孔叢子》,但易問答者爲許犯、慎到。據王叔岷、譚普森(P. M. Thompson)考證,《慎子》原書佚於宋代之前。四部叢刊所收江陰繆氏蕅香樛藏寫本,乃從明萬曆慎懋賞刻本抄錄。此本抄襲、割裂古書,其中雜有南宋末王柏《天地萬物造化論》,當爲明人依託之作。王叔岷且説:"竊疑即慎懋賞所僞託,借以光大其先人慎到耳。"譚説見《慎子佚文》(倫敦:牛津大學出版社,1979 年)第一章;王説見《法家三派重勢之慎到》,《先秦道法思想講稿》,第 174—175 頁。
② 錢穆《先秦諸子繫年·子思生卒考》:"陳莊伯即田莊子,其卒當魯穆繆公之五年。惟《孔叢》不足據,子思果游齊與否,其游齊而見莊子,當在何時,今亦無可詳定也。"
③ 《太平御覽》引此文無"告者"二字,當從之。"告者"二字疑涉上文"古者"、"告"而衍。
④ 一本"道"上有"清"字,閻琴南《斠證》云:"《漢書·丙吉傳》顔注:'清道,謂天子當出,或有齋祠,先令道路清净。''清'字疑今本當補。"
⑤ 閻琴南《斠證》:"諸本'見'並作'問','問'字蓋涉上文而訛,《禮記·王制》'問百年者就見之。'亦作'見'。"

荒穢,遺老失賢,掊克在位①,則君兔。山川、社稷有不親舉者,則貶秩削土。土荒民游爲無教,無教者則君退。民淫僭上爲無法,無法者則君罪。入其疆,土地墾辟,養老尊賢,俊傑在位,則君有慶焉。遂南巡,五月至於南岳;又西巡,八月至於西岳;又北巡,十有一月至於北岳,其禮皆如岱宗。歸反,舍於外次,三日齋,親告於祖、禰,用特。命有司告群廟、社稷及圻内名山、大川,而後入聽朝。此古者明王巡狩之禮也。"陳子曰:"諸侯朝乎天子,盟會霸主,則亦告宗廟、山川乎?"子思曰:"告哉。"陳子曰:"王者巡守,不及四岳;諸侯盟會,不越鄰國,則其禮同乎?異乎?"子思曰:"天子封圻千里,公侯百里,伯七十里,子男五十里,虞、夏、殷、周之常制也。其或出此封者,則其禮與巡守、朝會無變。其不越於封境,雖行,如在國。"陳子曰:"旨哉!古之義也。吾今而後知不學者淺之爲人也。"

10.26 《孔叢子·公儀》②

魯人有公儀休者③,砥節礪行,樂道好古,恬於榮利,不事諸侯。子思與之友,穆公因子思欲以爲相,謂子思曰:"公儀子必輔寡人,參分魯國而與之一,子其言之。"子思對曰:"如君之言,則公儀子愈所以不至也。君若饑渴待賢,納用其謀,雖蔬食水飲,伋亦願在下風④。今徒以高官厚祿,釣餌君子,無信用之意,公儀子之智若魚鳥可也,不然,則彼將終身不蹈乎君之庭矣。且臣不佞,又不任爲君操竿下釣,以傷守節之士也。"

10.27 《孔叢子·公儀》⑤

閭丘溫見田氏將必危齊,欲以其邑叛而適魯。穆公聞之,謂子思

---

① 《詩·大雅·蕩》:"曾是彊禦,曾是掊克,曾是在位,曾是在服。"朱熹《集傳》:"掊克,聚斂之臣也。……言此暴虐聚斂之臣,在位用事。"《孟子·告子下》:"遺老失賢,掊克在位,則有讓。"與此文略同。
② 又見《子思子全書·胡母豹》,《高士傳》卷中。
③ "休"一作"潽"。閻琴南《斠證》:"疑'潽'、'休'二字乃一名一字,《説文》:'潽,一曰藏也。'又'休,息止也。'二字義近。"按,其説是。公儀休即《孟子·告子下》"魯繆公之時,公儀子爲政,子柳、子思爲臣"之"公儀子",其人又見《韓非子·外儲説右下》、《説苑·政理》、《權謀》、《史記·循吏列傳》。
④ 《御覽》卷四百二引作"儀雖蔬食飲水,亦願在下風"。
⑤ 又見《子思子全書·胡母豹》。

曰:"子能懷之,則寡人割邑如其邑以償子。"子思曰:"伋雖能之,義所不爲也。"公曰:"何?"子思對曰:"彼爲人臣,君將顛①,弗能扶而叛之;逆臣制國,弗能以其身死而逃之②,此罪誅之人也。伋縱不能討,而又要利以召姦,非忍行也。"

10.28 《孔叢子·公儀》③

穆公問子思曰:"吾聞龐欄氏子不孝④,其行何如?"對曰:"臣聞明君之爲政,尊賢以崇德,舉善以勸民,四封之內,孰敢不化?若夫過行,是細人之所識。不治其本而問其過,臣不知所以也。"公曰:"善。"

10.29 《孔叢子·公儀》⑤

穆公謂子思曰:"子之書所記夫子之言,或者以謂子之辭也⑥。"子思曰:"臣所記臣祖之言,或親聞之者,有聞之於人者,雖非其正辭,然猶不失其意焉。且君之所疑者何?"公曰:"於事無非。"子思曰:"無非,所以得臣祖之意也。就如君言,以爲臣之辭,臣之辭無非,則亦所宜貴矣。事既不然,又何疑焉?"

10.30 《孔叢子·公儀》⑦

穆公謂子思曰:"縣子言子之爲善,不欲人譽己,信乎?"子思對曰:"非臣之情也。臣之修善,欲人知之。知之而譽臣,是臣之爲善有勸也,此所願而不可得者也。若臣之修善而人莫知,莫知則必毀臣,是臣之爲善而受毀也,此臣所不願而不可避者也。若夫雞鳴爲善,孳孳以至夜半⑧,而曰不欲人之知,恐人之譽己,臣以謂斯人也者⑨,非虛則愚也。"

---

① "顛"一作"敗"。
② "身"一作"衆"。
③ 又見《子思子全書·任賢》。《韓非子·難三》、《論衡·非韓》亦載此文。
④ "龐",一本作"龍"。"欄",《論衡·非韓》作"擱"。
⑤ 又見《子思子全書·過齊》。
⑥ 閻琴南《斠證》:"秘本'謂'作'爲',《子思子全書》同。'謂'猶'爲'也,詳《經傳釋詞》。"
⑦ 又見《子思子全書·過齊》。
⑧ 《孟子·盡心上》:"孟子曰:'雞鳴而起,孳孳爲善者,舜之徒也。'"
⑨ "謂"猶"爲"也。

10.31 《孔叢子·公儀》①

胡母豹謂子思曰:"子好大,世莫能容子也。盍亦隨時乎?"子思曰:"大非所病,所病不大也。凡所以求容於世,爲行道也。毀道以求容,道何行焉? 大不見容,命也。毀大而求容,罪也。吾弗改矣。"

10.32 《孔叢子·公儀》②

子思居貧,其友有饋之粟者,受二車焉③。或獻樽酒束脩,子思弗爲當也④。或曰:"子取人粟而辭吾酒脯,是辭少而取多也,於義則無名,於分則不全,而子行之,何也?"子思曰:"然,伋不幸而貧於財,至於困乏,將恐絕先人之祀。夫所以受粟,爲周乏也。酒脯,則所以飲宴也。方乏於食而乃飲宴,非義也。吾豈以爲分哉,度義而行也。"或者擔其酒脯以歸。

10.33 《孔叢子·公儀》⑤

穆公問子思曰:"吾國可興乎?"子思曰:"可。"公曰:"爲之奈何?"對曰:"苟君與大夫慕周公、伯禽之治,行其政化,開公家之惠,杜私門之利,結恩百姓,修禮鄰國,其興也勃矣。"

10.34 《孔叢子·公儀》

子思曰:"吾之富貴甚易,而人猶弗能。夫不取於人謂之富,不辱於人謂之貴。不取、不辱,其於富貴庶矣哉!"

10.35 《孔叢子·抗志》⑥

曾申謂子思曰⑦:"屈己以伸道乎? 抗志以貧賤乎?"子思曰:"道

---

① 又見《子思子全書·胡母豹》。
② 又見《子思子全書·無憂》。
③ "二"或作"一"、"三"。
④ 《藝文類聚》卷八十五、《太平御覽》卷八百四十並作"子思曰:爲費而無當也",《御覽》卷四二六則作"子思弗當也",《闕里文獻考》"當"作"受"。
⑤ 又見《子思子全書·魯繆公》。
⑥ 又見《子思子全書·過齊》。
⑦ 曾申,曾參之子。

伸,吾所願也。今天下王侯,其孰能哉?與屈己以富貴,不若抗志以貧賤。屈己則制於人,抗志則不愧於道。"

10.36 《孔叢子·抗志》①

子思居衛,衛人釣於河,得鰥魚焉,其大盈車。子思問之曰:"鰥魚,魚之難得者也,子如何得之?"對曰:"吾始下釣,垂一魴之餌,鰥過而弗視也。更以豚之半體,則吞之矣。"子思喟然曰:"鰥雖難得,貪以死餌;士雖懷道,貪以死祿矣。"

10.37 《孔叢子·抗志》②

子思居衛。魯穆公卒,縣子使乎衛,聞喪而服③,謂子思曰:"子雖未臣,魯,父母之國也,先君宗廟在焉,奈何弗服?"子思:"吾豈愛乎禮?禮不得也。"縣子曰:"請聞之。"答曰:"臣而去國,君不掃其宗廟,則爲之服。寄公〈臣〉寓乎是國④,而爲國服。吾既無列於魯,而祭在衛,吾何服哉?是寄臣而服所寄之君,則舊君無服,明不二君之義也。"縣子曰:"善哉,我未之思也。"

---

① 又見《子思子全書·過齊》。
② 又見《子思子全書·喪服》。子思與穆公論"爲舊君反服",見《禮記·檀弓下》(本卷 7.6)。
③ 傅亞庶《校釋》引冢田虎曰:"子思之居魯,蓋未委質爲臣乎?而《孟子》之書,以爲穆公之臣也,可疑也。"鵬按,子思爲魯穆公臣除《孟子》(見本卷 2.4、2.5、2.6),亦見郭店竹書《魯穆公問子思》(本卷 1.1)。《漢書·藝文志》儒家"《子思子》二十三篇",班固自注:"爲魯繆公師。"獨《孔叢》謂子思未臣穆公,甚爲可疑。錢穆《先秦諸子繫年·子思生卒考》云:"觀魯繆之重敬子思,知子思居衛當在中年壯歲。大抵子思先曾事衛,歸老於魯,乃當繆公世也。(錢氏自注:《孔叢》:'子思居衛,魯穆公卒。'其誤不待辨)"據筆者所考,子思父卒時年幼,隨其母歸衛依親,其少壯時即居於衛(參本書下卷《〈禮記·檀弓〉"出母"考》),其仕魯當在中年之後。若依年世推算,此章所謂"魯穆公卒","穆公"或爲"元公"或"悼公"之誤。
④ 一本作"寄公",冢田虎云:"諸侯亡國而託諸侯,曰之寄公。"傅亞庶《校釋》:"'公'疑爲'臣'之訛。此處上下文俱言'寄臣'之事,與'寄公'無涉,作'寄臣寓乎是國'乃子思自指居衛之事,下文'寄臣而服所寄之君',即承此而言。"鵬按,傅說是。"寄臣"即"寄命之臣",下文"衛公子交饋馬四乘於子思"章(本卷 10.50),子思自言"伋寄命以來,度身以服衛之衣,量腹以食衛之粟矣"。

10.38 《孔叢子·抗志》①

衛君言計是非,而群臣和者如出一口。子思曰:"以吾觀衛,所謂'君不君、臣不臣'者也。"公丘懿子曰:"何乃若是?"子思曰:"人主自臧,則衆謀不進。事是而臧之,猶卻衆謀,況和非以長惡乎?夫不察事之是非,而悦人之讚己,闇莫甚焉;不度理之所在,而阿諛求容,諂莫甚焉。君闇臣諂,以居百姓之上,民弗與也。若此不已,國無類矣②。"

10.39 《孔叢子·抗志》③

子思謂衛君曰:"君之國事將日非矣。"君曰:"何故?"答曰:"有由然焉。君出言皆自以爲是,而卿大夫莫敢矯其非。卿大夫出言亦皆自爲是,而士庶莫敢矯其非④。君臣既自賢矣,而群下同聲賢之。賢之則順而有福,矯之則逆而有禍,故使如此。如此,則善安從生?《詩》曰:'具曰予聖,誰知烏之雌雄?'⑤抑亦似衛之君臣乎?"

10.40 《孔叢子·抗志》⑥

衛君問子思曰:"寡人之政何如?"答曰:"無非。"君曰:"寡人不知其不肖,亦望其如此也。"子思曰:"希旨容媚,則君親之;中正弼非,則君疏之。夫能使人富貴貧賤者,君也。在朝之士,孰肯舍其所以見親,而取其所以見疏者乎?是故競求射君之心,而莫敢有非君之非者,此臣所謂無非也。"公曰:"然乎,寡人之過也。今知改矣。"答曰:"君弗能焉。口順而心不懌者,臨事必疣。君雖有命,臣未敢受也。"

---

① 又見《子思子全書·任賢》。《資治通鑑·周紀一》、朱熹《詩集傳》卷十一亦載此文而略同,惟未舉所徵。
② 《爾雅·釋詁上》:"類,善也。"
③ 又見《子思子全書·任賢》。
④ 一本"庶"下有"人"字。
⑤ 引《詩》見《小雅·正月》。
⑥ 又見《子思子全書·任賢》。

10.41　《孔叢子·抗志》①

　　司徒文子改葬其叔父,問服於子思。子思曰:"禮,父母改葬,緦,既葬而除,不忍無服送至親也。非父母無服,無服則弔服而加麻。"文子曰:"喪服既除,然後乃葬,則其服何服?"答曰:"三年之喪,未葬,服不變,除何有焉? 期大功之喪,服其所除之服以葬,既葬而除之,其虞也,吉服以行事也。"

10.42　《孔叢子·抗志》②

　　公叔木謂申祥曰:"吾於子思,親而敬之,子思未吾察也。"申祥以告曰:"人求親敬於子,子何辱焉?"子思答曰:"義也。"申祥曰:"請聞之。"答曰:"公叔氏之子,愛人之同己,慢而不知賢。夫其親敬,非心見吾所可親敬也。以人口而親敬吾,則亦以人口而疏慢吾矣。"申祥曰:"其不知賢奈何?"答曰:"有龍穆者,徒好飾弄辭説③,觀於坐席,相人眉睫以爲之意,天下之淺人也,而公叔子交之。橋子良修實而不修名,爲善不爲人之知己,不撞不發,如大鐘然,天下之深人也,而公叔子與之同邑而弗能知,此其所以爲愛同己而不知賢也。"

10.43　《孔叢子·抗志》④

　　子思自齊反衛,衛君館而問曰⑤:"先生魯國之士,然不以衛之褊小,猶步玉趾而慰存之,願有賜於寡人也。"子思曰:"臣羈旅於此,而辱君之威尊,亟臨蓽門,其榮多矣。欲報君以財幣,則君之府藏已盈,而伋又貧。欲報君以善言,恐未合君志,而徒言不聽也。顧未有可以報君者,唯進賢爾⑥。"衛君曰:"賢則固寡人之所願也。"子思曰:"未審君之願,將何以爲?"君曰:"必用以治政。"子思曰:"君弗能也。"君曰:"何

---

① 《儀禮·喪服》"改葬緦"王肅注、韓愈《昌黎先生集·改葬服議》並引此文。
② 又見《子思子全書·胡母豹》。
③ "弄",一作"美"。
④ 又見《子思子全書·任賢》。
⑤ 宋咸《注》:"當衛敬公時。"
⑥ "進",一作"達"。

故?"答曰:"衛國非無賢才之士,而君未有善政,是賢才不見用故也。"君曰:"雖然,願聞先生所以爲賢者。"答曰:"君將以名取士耶?以實取士耶?"君曰:"必以實。"子思曰:"衛之東境有李音者,賢而有實者也。"君曰:"其父祖何也?"答曰:"世農夫也。"衛君乃盧胡大笑曰①:"寡人不好農,農夫之子無所用之。且世臣之子未悉官之。"子思曰:"臣稱李音,稱其賢才也。周公大聖,康叔大賢,今魯、衛之君未必皆同其祖考。李音父祖雖善農,則音亦未必與之同也。君言'世臣之子未悉官之',則臣所謂有賢才而不見用,果信矣。臣之問君,固疑君之取士不以實也。今君不問李音之所以爲賢才,而聞其世農夫,因笑而不受,則君取士果信名而不由實者也。"衛君屈而無辭。

10.44 《孔叢子‧抗志》②

衛君曰:"夫道大而難明,非吾所能也,今欲學術,何如?"子思曰:"君無然也。體道者,逸而不窮;任術者,勞而無功。古之篤道君子,生不足以喜之,利何足以動之;死不足以懼之,害何足以忌之③。故明於死生之分,通於利害之變,雖以天下易其脛毛,無所槩於志矣④。是以與聖人居,使窮士忘其貧賤,使王公簡其富貴。君無然也。"衛君曰:"善。"

10.45 《孔叢子‧抗志》⑤

齊王謂子思曰:"今天下擾擾,諸侯無伯,吾國大人衆,圖帝何如?"子思曰:"不可也。君不能去君貪利之心。"王曰:"何害?"子思曰:"夫水之性清,而土壤汩之;人之性安,而嗜欲亂之⑥。故能有天下者,必無以

---

① "盧胡"狀笑聲,一本作"胡盧",兩通。
② 又見《子思子全書‧任賢》。
③ "懼",一作"禁";"忌",一作"怨"。
④ 守山閣本《慎子》逸文"故生不足以使之,利何足以動之;死不足以禁之,害何足以恐之。明於死生之分,達於利害之變。"與此文略同。類似的詞句又見於《淮南子‧俶真》、《呂氏春秋‧知分》。《呂覽》數句爲鄒公子夏后啓語,文廷式謂"夏后啓"當作"夏侯啓",陳金獻《校釋》謂此人即齊威王相成侯鄒忌。
⑤ 又見《子思子全書‧魯繆公》。
⑥ 類似詞句見《淮南子‧俶真》、《呂氏春秋‧本生》。

天下爲者也；能有名譽者，必無以名譽爲者也。達此，則其利心外矣。"

10.46 《孔叢子·抗志》①

衛將軍文子之内子死，復者曰："皋！媚女復。"子思聞之，曰："此女氏之字，非夫氏之名也。婦人於夫氏，以姓氏稱，禮也。"

10.47 《孔叢子·抗志》②

費子陽謂子思曰："吾念周室將滅③，泣涕不可禁也。"子思曰："然，此亦子之善意也。夫能以智知可知，而不能以智知未可知，危之道也。今以一人之身，憂世之不治，而泣涕不禁，是憂河水之濁而以泣清之也，其爲無益莫大焉。故微子去殷，紀季之齊④，良知時也。唯能不憂世之亂而患身之不治者，可與言道矣。"

10.48 《孔叢子·抗志》⑤

齊王戮其民不辜⑥，謂子思曰："吾知其不辜，而適觸吾忿，故戮之，以爲不足傷義也。"子思曰："文王葬朽骨而天下知仁⑦，商紂斫朝涉而天下稱暴⑧。夫義〈仁〉者⑨，不必遍利天下也；暴者，不必盡虐海内也。以其所施而觀其意，民乃去就焉。今君因心之忿，遷戮不辜，以爲無傷於義，此非伋之所敢知也。"王曰："寡人實過，乃今聞命，請改之。"

10.49 《孔叢子·抗志》⑩

衛公子交見於子思，曰："先生聖人之後，執清高之操，天下之君子，

---

① 又見《子思子全書·喪服》。
② 又見《子思子全書·無憂》及《尸子》逸文（見本卷5.1）。
③ "周室"一本作"宗周"。
④ 一本"之齊"作"入齊"。《春秋》莊公三年："紀季以酅入于齊。"
⑤ 又見《子思子全書·魯繆公》。
⑥ "民"一本作"臣"。
⑦ "知仁"，一本作"稱義"。文王葬枯骨事見《吕氏春秋·異用》、《新序·雜事》。
⑧ "斫"，一本作"斬"。商紂斫朝涉，見《淮南子·主術》、《春秋繁露·王道》。
⑨ 上文"知仁"與"稱暴"對舉，疑此"義"字當作"仁"。
⑩ 又見《子思子全書·任賢》。

莫不服先生之大名也。交雖不敏,竊慕下風。願師先生之行,幸顧卹之。"子思曰:"公子不宜也。夫清高之節,不以私自累,不以利煩意,擇天下之至道,行天下之正路。今公子紹康叔之緒,處戰伐之世,當務收英雄,保其疆土,非所以明臧否、立規檢、修匹夫之行之時也。"

10.50 《孔叢子·抗志》①

衛公子交饋馬四乘於子思,曰:"交不敢以此求先生之歡而辱先生之潔也。先生久降於鄙土,蓋爲賓主之餼焉。"子思曰:"伋寄命以來,度身以服衛之衣,量腹以食衛之粟矣。且又朝夕受酒脯及祭燔之賜,衣食已優,意氣已定。以無行志,未敢當車馬之貺。禮,雖有爵賜人,不踰父兄②。今重違公子之盛旨,則有陷禮之僭焉③,若何?"公子曰:"交已言於君矣。"答曰:"不可,爲人子者,三賜不及車馬④。"公子曰:"我未之聞也,謹受教。"

10.51 《孔叢子·抗志》⑤

穆公欲相子思,子思不願,將去魯。魯君曰:"天下之主,亦猶寡人也,去將安之?"子思答曰:"蓋聞君子猶鳳也⑥,疑之則舉。今君既疑矣,又以己限天下之君,臣竊謂君之言過矣⑦。"

10.52 《孔叢子·抗志》⑧

齊王謂子思曰:"先生名高於海内,吐言則天下之士莫不屬耳目。今寡人欲相梁起,起也名少,願先生談説之也。"子思曰:"天下之士所以

---

① 又見《子思子全書·胡母豹》。
② 傅亞庶《校釋》引冢田虎曰:"雖有爵位者,賜人不踰其父兄,禮也。今衛君未貺子思車馬,而公子賜之,固非禮也。"
③ "陷",一本作"諂","失"。"僭",一本作"愆"。
④ 此語見《禮記·曲禮上》。
⑤ 又見《子思子全書·過齊》。《吕氏春秋·審應》"孔思請行"章(本卷 6.1)亦載子思去魯事,與此文稍異,《子思子全書·胡母豹》所記又與《吕覽》同。
⑥ "鳳",或作"鳥","烏"。
⑦ 此句一本作"臣竊爲言之過也"。
⑧ 又見《子思子全書·任賢》。

屬耳目者,以伋之言是非當也。今君使伋虛談於起,則天下之士必改耳目矣。耳目既改,又無益於起,是兩有喪也①,故不敢承命。"齊君曰:"起之不善②,何也?"子思曰:"君豈未之知乎?厚於財色,必薄於德,自然之道也。今起以貪成富,聞於諸侯,而無救施之惠焉;以好色,聞於齊國,而無男女之別焉。有一於此,猶受其咎,而起二之,能無累乎?"王曰:"寡人之言實過,願先生赦焉。"

10.53 《孔叢子·抗志》③

子思見老萊子,老萊子聞穆公將相子思,老萊子曰:"若子事君,將何以爲乎?"子思曰:"順吾性情,以道輔之,無死亡焉。"老萊子曰:"不可順子之性也,子性惟太剛而傲不肖。且又無所死亡,非人臣也。"子思曰:"不肖故爲人之所傲也。夫事君,道行言聽,則何所死亡?道不行,言不聽,則亦不能事君,所謂無死亡也。"老萊子曰:"子不見夫齒乎?齒堅剛,卒盡相摩;舌柔順,終以不弊④。"子思曰:"吾不能爲舌,故不能事君。"

11.1 《史記·孔子世家》

孔子生鯉,字伯魚。伯魚年五十,先孔子死。伯魚生伋,字子思,年六十二⑤。嘗困於宋。子思作《中庸》⑥。子思生白,字子上,年四十七。

---

① 一本"兩有喪"作"兩之喪"。
② "不善"一本作"不賢"。
③ 又見《子思子全書·過齊》。
④ 老子舌齒之教又見《戰國策·楚策四》:"或謂黃齊曰:人皆以謂公不善於富摯,公不聞老萊子之教孔子事君乎?示之其齒之堅也,六十二盡相靡也。今富摯能,而公重不相善也,是兩盡也。"《說苑·敬慎》:"常摐有疾,老子往問焉……張其口而示老子曰:'吾舌存乎?'老子曰:'然。''吾齒存乎?'老子曰:'亡。'常摐曰:'子知之乎?'老子曰:'夫舌之存也,豈非以其柔耶?齒之亡也,豈非以其剛耶?'常摐曰:'嘻,是已。天下之事已盡矣,無以復語子哉!'"《淮南子·繆稱》:"老子學商容,見舌而知守柔矣。""商容"、"常摐"音相近,實爲一人。
⑤ 毛奇齡《四書賸言》、梁玉繩《史記志疑》俱引王復禮之說,謂《史記》"六十二"乃"八十二"之誤,錢穆《先秦諸子繫年·子思生卒考》從之。王叔岷《史記斠證》則以"六十二"爲"九十二"之誤(九與六形近致訛)。
⑥ 《隋書·音樂志》載沈約於梁武帝天監元年奏對曰:"漢初,典章滅絕,諸儒捃拾溝渠牆壁之間,得片簡遺文與禮事相關者,及編以爲《禮》,皆非聖人之言……《中庸》、《表記》、《防記》、《緇衣》皆取《子思子》。"金德建有《子思作〈中庸〉的推測》、《論子思作〈中庸〉於宋地》二文,載《司馬遷所見書考》。

11.2 《史記·孟子荀卿列傳》

孟軻,騶人也。受業子思之門人。

12.1 《鹽鐵論·貧富》

大夫曰:"道懸於天,物布於地,智者以衍,愚者以困。子貢以著積顯於諸侯,陶朱公以貨殖尊於當世,富者交焉,貧者贍焉。故上自人君,下及布衣之士,莫不戴其德、稱其仁。原憲、孔伋,當世被饑寒之患,顏回屢空於窮巷,當此之時,迫於窟穴,拘於縕袍,雖欲假財信奸佞,亦不能也。"

文學曰:"孔子云:'富而可求,雖執鞭之士,吾亦爲之;如不可求,從吾所好。'君子求義,非苟富也。故刺子貢不受命而貨殖焉。君子遭時,則富且貴;不遇,退而樂道。不以利累己,故不違義而妄取。隱居修節,不欲妨行,故不毀名而趨勢。雖付之以韓、魏之家,非其志,則不居也①。富貴不能榮,謗毀不能傷也。故原憲之縕袍,賢於季孫之狐貉;趙孟宣之魚飧,甘於智伯之筦蔘;子思之銀珮,美於虞公之垂棘②。魏文侯軾段干木之閭,非以其有勢也;晉文公見韓慶,下車而趨,非以其多財,以其富於仁,充於德也。故貴何必財,亦仁義而已矣!"

12.2 《鹽鐵論·相刺》

大夫曰:"文學言治尚於唐、虞,言義高於秋天,有華言矣,未見其實也。昔魯穆公之時,公儀爲相,子思、子柳爲之卿,然北削於齊,以泗爲境,南畏楚人,西賓秦國。孟軻居梁,兵折於齊,上將軍死而太子虜,西敗於秦,地奪壤削,亡河內、河外。夫仲尼之門,七十子之徒,去父母,捐室家,負荷而隨孔子,不耕而學,亂乃愈茲。故玉屑滿篋,不爲有寶;詩書負〈滿〉笈③,不爲有道。要在安國家,力人民,不苟繁文衆辭而已。"

---

① 《孟子·盡心上》載孟子語:"附之以韓魏之家,如其自視欿然,則過人遠矣。"朱熹《集注》引尹氏:"言有過人之識,則不以富貴爲事。"
② 《金樓子·立言上》(本卷 19.1)有此二句,庾信《擬連珠》亦云"子思銀佩,美於虞公之垂棘"。《左傳》僖公二年載晉獻公以垂棘之璧滅虞。
③ 鵬按,今本作"詩書負笈","負"疑作"滿",涉上文"負荷而隨孔子"而誤。《論衡·書解》"蓻殘滿車,不成爲道;玉屑滿篋,不成爲寶",正"滿車"與"滿篋"對文,可爲佐證。

13.1 《法言·君子》

或曰:"孟子知言之要,知德之奥。"曰:"非苟知之,亦允蹈之。"或曰:"子小諸子,孟子非諸子乎?"曰:"諸子者,以其知異於孔子也。孟子異乎?不異。"

或曰:"孫卿非數家之書,侻也①;至於子思、孟軻,詭哉!"曰:"吾於孫卿,與見同門而異户也②,惟聖人爲不異。"

14.1 《論衡·非韓》

魯繆公問於子思曰:"吾聞龐捫是(氏)子不孝,不孝③,其行奚如?"子思對曰:"君子尊賢以崇德,舉善以勸民。若夫過行,是細人之所識也,臣不知也。"子思出,子服厲伯見,君問龐捫是(氏)子,子服厲伯對以其過,皆君子所未曾聞。自是之後,君貴子思而賤子服厲伯。韓子聞之,以非繆公,以爲明君求奸而誅之,子思不以奸聞,而厲伯以奸對,厲伯宜貴,子思宜賤。今繆公貴子思,賤厲伯,失貴賤之宜,故非之也。

夫韓子所尚者,法度也。人爲善,法度賞之;惡,法度罰之。雖不聞善惡於外,善惡有所制矣。夫聞惡不可以行罰,猶聞善不可以行賞也。非人不舉奸者,非韓子之術也④。使韓子聞善,必將試之;試之有功,乃肯賞之。夫聞善不輒加賞,虚言未必可信也。若此,聞善與不聞,無以異也。夫聞善不輒賞,則聞惡不輒罰矣。聞善必試之,聞惡必考之。試有功乃加賞,考有驗乃加罰。虚聞空見,實試未立,賞罰未加。賞罰未加,善惡未定。未定之事,須術乃立,則欲耳聞之,非也。……

韓子曰:"子思不以過聞,繆公貴之。子服厲伯以姦聞,繆公賤之。人情皆喜貴而惡賤,故季氏之亂成而不上聞。此魯君之所以劫也⑤。"

---

① "侻"即《說文》"娧"之異體(訓爲"好")。侻者,可也、宜也。《廣雅·釋詁》:"侻,可也。"《文選》宋玉《神女賦》"侻薄裝",張銑注:"侻,宜也。"
② 鵬按,"與"字屬下讀,其義猶"以"。前文論孟子之道與孔子不異,此則謂荀子雖述孔子之道,但"同門而異户",所見與孔、孟異。
③ "是"讀爲"氏"。此句今本下重"不孝"二字,當據《韓非子·難三》删。
④ 劉盼遂《論衡集解》:"下'非'字衍。上文子思之不以姦聞,韓非言繆公宜賤之,此其結論也。"
⑤ 《韓非子·難三》:"魯之公室,三世劫於季氏,不亦宜乎!"

夫魯君所以劫者,以不明法度邪?以不早聞姦也?夫法度明,雖不聞姦,姦無由生;法度不明,雖日求姦,決其源,鄣之以掌也。御者無銜,見馬且奔,無以制也。使王良持轡,馬無欲奔之心,御之有數也。今不言魯君無術,而曰"不聞姦";不言〔不〕審法度①,曰"不通下情",韓子之非繆公也,與術意而相違矣。

龐捫是(氏)子不孝,子思不言,繆公貴之。韓子非之,以爲明君求善而賞之,求姦而誅之。夫不孝之人,下愚之才也。下愚無禮,順情從欲,與鳥獸同。謂之惡,可也;謂姦,非也。姦人外善內惡,色厲內荏,作爲操止,像類賢行,以取升進,容媚於上,安肯作不孝,著身爲惡,以取棄殉之咎乎?龐捫是(氏)子可謂不孝,不可謂姦。韓子謂之姦,失姦之實矣。

15.1 《漢書·古今人表》上中仁人

子思。

15.2 《漢書·藝文志·諸子略》儒家

《子思》二十三篇。班志自注:"名伋,孔子孫,爲魯繆公師。"②

15.3 《漢書·藝文志·諸子略》儒家

《孟子》十一篇。班志自注:"名軻,鄒人,子思弟子,有列傳。"

16.1 《風俗通義·窮通》

孟軻受業子思,既通,游於諸侯,所言皆以爲迂遠而闊於事情,然終不屈道趣舍,枉尺以直尋。

17.1 《中論·修本》

子思曰:"能勝其心,於勝人乎何有?不能勝其心,如勝人何?

---

① 黃暉《論衡校釋》云:"'審'上疑脫'不'字,上文'魯君所以劫者,以不明法度邪?以不早聞姦也?'"
② 班固注文蓋本諸劉歆《七略》,下例稱"班志自注"。

故一尺之錦足以見其巧,一仞之身足以見其治,是以君子慎其寡也。"①

17.2　《中論·貴驗》

伊尹放太甲,展季覆寒女②,商、魯之民不稱淫篡焉,何則？積之於素也。故染不積則人不觀其色,行不積則人不信其事。子思曰:"同言而信,信在言前也；同令而化,化在令外也。"③諺言也,皆緣類而作,倚事而興,加其似者也。誰謂華岱之不高,江漢之不長與？君子脩德,亦高而長之,將何患矣？故求己而不求諸人,非自強也,見其所存之富耳。子思曰:"事自名也,聲自呼也,貌自眩〈眎〉也④,物自處也,人自官也,無非自己者。"⑤

18.1　《高士傳·公儀潛》

公儀潛者,魯人也,與子思爲友。穆公因子思而致命,欲以爲相。子思曰:"公儀子此所以不至也。君若饑渴待賢,納用其謀,雖蔬食飲水,伋亦願在下風。如以高官厚禄爲釣餌,而無信用之心,公儀子智若魯〈魚〉者可也⑥,不爾,則不逾君之庭。且臣不佞,又不能爲君操竿下釣,以傷守節之士。"潛竟終身不屈〈出〉⑦。

---

① 徐湘霖《中論校注》以子思語至"如勝人何"爲止。鵬按,下云"君子慎其寡"即子思"君子慎獨"之義,疑"如勝人何"以下數句亦子思語。由此條可推知,子思所謂"獨"乃就"心"言,指内心的專一(即"誠")。
② 展季即柳下惠。《荀子·大略》:"柳下惠與後門者同衣而不見疑,非一日之聞也。"
③ 《後漢書·宣秉王良傳》論曰:"同言而信,則信在言前；同令而行,則誠在令外。"章懷注:"此皆《子思子·累德》篇之言。"
④ 黄以周所輯《子思子》外篇卷六有此文,黄氏指出:"'眩'當作'眎',《繆稱訓》作'示'。示,古眎字。"此從其説校改。"眎"即"視"之古文(見《説文》)。
⑤ 《淮南子·繆稱》、《文子·上德》並見"聲自召也,貌自示也,名自命也,人自官也,無非己者"。與此略同。
⑥ "魯"字疑爲"魚"之誤,《抱朴子·遐覽》:"故諺曰：書三寫,'魚'成'魯','虛'成'虎'。"此即一例。《孔叢子·公儀》類似文句作"公儀子之智若魚鳥可也"(見本卷10.26)。
⑦ "屈"疑爲"出"之形訛。《高士傳·壺丘子林》稱列子"終身不出",同書《列禦寇》謂其"終身不仕"。不出、不仕,義相因也。

19.1 《金樓子·立言上》

《淮南》言:"蕭條者形之君,寂寞者身〈音〉之主①。"又云:"教者生於君子,以被小人;利者興於小人,以潤君子。"②孟子言:"禹惡旨酒而樂善言。"③又云:"若我得志,不爲食前方丈,妾數百人。"④斯言至矣。故原憲之縕袍,賢于季孫之狐貉;趙宣之肉食,旨于智伯之芻豢;子思之銀佩,美于虞公之垂棘⑤。嬌(驕)婬(淫)之理⑥,豈可恣歟!人非有柳下、延陵之才,蒙莊、柱史之志,其以此者,蓋有以焉。雖復拔山蓋世之雄,回天倒地之力,玉几爲樽,金湯設險,驪山無罪之囚,五嶺不歸之戍,一有驕奢,三代同滅,鎸金石者難爲力,摧枯朽者易爲功,居得其勢也。

19.2 《金樓子·立言下》

子思云:"堯身長十尺,眉乃八采;舜身長六尺,面頜無毛。禹、湯、文、武及周公,或勤思勞體,或折臂望陽,或禿骭背僂,聖賢在德,豈在貌乎?"⑦

20.1 《文心雕龍·練字》

至於經典隱曖,方冊紛綸,簡蠹帛裂,三寫易字,或以音訛,或以文變。子思弟子,"於穆不祀"者,音訛之異也⑧;晉之史記,"三豕渡河",文變之謬也。

---

① 所引《淮南子·齊俗》"身"作"音"。《齊俗》前文云:"故叩宫而宫應,彈角而角動,此同音之相應也。其於五音無所比,而二十五絃皆應,此不傳之道也。"知《淮南子》原文作"音"是。
② 《淮南子·繆稱》:"教本乎君子,小人被其澤;利本乎小人,君子享其功。"
③ 見《孟子·離婁下》。
④ 《孟子·盡心下》:"食前方丈,侍妾數百人,我得志,弗爲也。"
⑤ 以上數句本於《鹽鐵論·貧富》,見本卷12.1。
⑥ "嬌婬"當讀作"驕淫",即下文所謂"驕奢"。
⑦ 説見《孔叢子·居衛》(收入本卷10.16)。
⑧ 孫詒讓《札迻》卷12:"'祀'當作'似'。《詩·周頌》'於穆不已',毛《傳》引孟仲子説。《正義》引鄭《譜》云:'孟仲子者,子思弟子。'又云:'子思論《詩》,於穆不已。孟仲子曰,於穆不似。'此彥和所本。"范文瀾《文心雕龍注》指出,《弘明集》所引劉勰《滅惑論》有"是以'於穆不祀',謬師資於《周頌》"句。鵬按,疑劉氏所見本正作"不祀",而時人或有據之解經者。

貳·禽滑釐卷

1.1 《墨子·所染》

非獨國有染也,士亦有染。其友皆好仁義,淳謹畏令,則家日益、身日安、名日榮,處官得其理矣,則段干木、禽子、傅説之徒是也①。其友皆好矜奮,創作比周,則家日損、身日危、名日辱,處官失其理矣,則子西、易牙、豎刀之徒是也②。《詩》曰:"必擇所堪(湛)。"③必謹所堪(湛)者,此之謂也。

1.2 《墨子·耕柱》

子墨子使管黔滶(敖)游(由)高石子於衛④,衛君致禄甚厚,設之於卿。高石子三朝必盡言,而言無行者。去而之齊,見子墨子曰:"衛君以夫子之故,致禄甚厚,設我於卿。石三朝必盡言,而言無行,是以去之也。衛君無乃以石爲狂乎?"子墨子曰:"去之苟道,受狂何傷!古者周

---

① 孫詒讓《墨子閒詁》:"(傅説)與段干木、禽子並舉,似不類,疑後人所增竄也。"
② 吴毓江《墨子校注》引蘇時學云:"春秋時,子西有三:一爲鄭公孫夏;一爲楚鬬宜申;一爲楚公子申。兹所舉蓋鬬宜申。"吴氏從蘇説,並舉《左傳》文公十年子西"與子家謀弑穆王。穆王聞之,五月,殺鬬宜申"爲説。"豎刀",傳世文獻或作"豎刁"(刁或作"貂")。
③ 此句爲逸《詩》。孫詒讓《閒詁》引王念孫云:"堪當讀爲湛,湛與漸漬之漸同。……湛、漬皆染也。"
④ 滶,孫詒讓《閒詁》引畢沅云:"疑'敖'字。"孫氏並謂:"《檀弓》有齊人黔敖,此墨子弟子,與彼名同。"張純一《墨子集解》進一步認爲:"此即《檀弓》之黔敖。觀其爲食於路以待飢者,是多財則以分均也。及餓者不食嗟來之食,從而謝焉,是能以繩墨自矯也。皆實行墨教之證。"高石子,孫詒讓《閒詁》云:"《魯問》有高孫子,《吕氏春秋·尊師》篇有墨子弟子高何,未知即高石子否。"游,王焕鑣《墨子集詁》引尹桐陽云:"游,揚也,若今所謂介紹然。《吕覽·贊能》:'吾將爲吾子游。'"鵬按,《吕覽·高義》"子墨子游公上過於越",王利器《吕氏春秋注疏》:"游謂先容也,先爲之地也。"循此説,游可讀爲由,訓爲導。

公旦非關(管)叔①,辭三公,東處於商蓋②,人皆謂之狂。後世稱其德,揚其名,至今不息。且翟聞之:爲義非避毀就譽,去之苟道,受狂何傷!"高石子曰:"石去之,焉敢不道也。昔者夫子有言曰:'天下無道,仁士不處厚焉。'今衛君無道,而貪其禄爵,則是我爲苟陷(啗)人長(粻)也③。"子墨子説,而召子禽子曰:"姑聽此乎!夫倍義而鄉禄者,我常聞之矣;倍禄而鄉義者,於高石子焉見之也。"

1.3 《墨子·公輸》

公輸盤爲楚造雲梯之械④,成,將以攻宋⑤。子墨子聞之,起於〔魯〕,齊行十日十夜而至於郢⑥……於是見公輸盤。子墨子解帶爲城,以牒爲械⑦,公輸盤九設攻城之機變,子墨子九距之。公輸盤之攻械盡,子墨子之守圉有餘。公輸盤詘,而曰:"吾知所以距子矣,吾不言。"子墨子亦曰:"吾知子之所以距我,吾不言。"楚王問其故,子墨子曰:"公

---

① 孫詒讓《閒詁》引畢沅云:"關即管字假音。"
② 孫詒讓《閒詁》引王念孫云:"'商蓋'當爲'商奄'。'蓋'字古與'盍'通,'盍'、'奄'草書相似,故奄訛作盍,又訛作蓋。鵬按,'蓋'、'奄'音義密切相關。奄、蓋皆訓覆而古音略同。'蓋'從'盍'聲,上古音'盍'爲見母葉部,'奄'爲影母談部,聲母爲舌根及喉塞音,韻母則陽入對轉,音近可通。奄之所以冠以'商'之名,顧頡剛《周公東征和東方民族的遷徙》(載《文史》第 27 輯)云:"奄爲商的舊都,其在商末,當爲商王族的支子所封之國,故稱之曰'奄侯',又稱之曰'商奄'。"
③ 孫詒讓《閒詁》:"'苟陷人長'疑當作'苟啗人食',啗、陷聲同。食、長形近致訛。"王闓運《墨子注》、曹耀湘《墨子箋》皆讀'長'爲'粻',吴毓江《校注》云:"長爲粻之省文。《禮記·雜記》注云:'粻,米糧也。'"此從之。
④ "盤",一本作"般",或作"班"。
⑤ 孫詒讓《閒詁》:"竊以墨、輸二子年代參合校之,墨子之止攻宋,約當宋昭公、楚惠王時。蓋是時楚雖有伐宋之議,而以墨子之言中輟,故史無其事耳。《渚宫舊事》謂公輸盤南游楚在惠王時,其説蓋可信。"錢穆《先秦諸子繫年·墨子止楚攻宋考》定此事在楚惠王四十五年後。
⑥ 今本作"起於齊,行十日十夜而至於郢",孫詒讓《閒詁》引畢沅云:"《吕氏春秋·愛類》篇云:'自魯往',是。"吴毓江《校注》:"'起於'下當脱'魯'字。《文選·廣絶交論》注、《世説新語·文學》篇注及《吕氏春秋·愛類》篇、《淮南子·脩務訓》文可證'魯'字絶句。'齊'字屬下讀。《爾雅·釋詁》曰'齊,疾也'。《史記·五帝紀》集解云'齊,速也'。齊行,即疾行。"
⑦ 孫詒讓《閒詁》引《史記索隱》:"謂墨子爲術,解身上革帶以爲城也。牒,小木札也。械者,樓櫓等也。"

輸子之意,不過欲殺臣。殺臣,宋莫能守,可攻也。然臣之弟子禽滑釐等三百人①,已持臣守圉之器,在宋城上而待楚寇矣。雖殺臣,不能絕也。"楚王曰:"善哉!吾請無攻宋矣。"

1.4 《墨子·備城門》②

禽滑釐問於子墨子曰:"由聖人之言,鳳鳥之不出,諸侯畔殷周之國③,甲兵方起於天下,大攻小,强執弱,吾欲守小國,爲之奈何?"子墨子曰:"何攻之守?"禽滑釐對曰:"今之世常所以攻者:臨、鉤、衝、梯、堙、水、穴、突、空洞、蟻傅、轒轀、軒車④,敢問守此十二者奈何?"子墨子曰:"我城池修,守器具,推〈樵〉粟足⑤,上下相親,又得四鄰諸侯之救,

---

① 孫詒讓《墨子傳略》以墨子止楚攻宋,年未及三十。錢穆《墨子止楚攻宋考》則認爲:"禽子年又當更輕於墨子,而已爲諸弟子長。……師弟子皆年少,預人國事,疑未然也。余定墨子止楚攻宋時,年不過四十,否則不能'百舍重繭'(語見《宋策》),'裂裳裹足,日夜不休,十日十夜而至於郢。'(《呂氏春秋》)禽子年三十左右。"

② 《四庫全書總目提要》:"第五十二篇以下,皆兵家言,其文古奥,或不可句讀,與全書爲不類,疑因五十一篇言公輸般九攻、墨子九拒之事,其徒因採摭其術,附記其末。觀其稱弟子禽滑釐等三百人已持守固之器在宋城上,是能傳其術之徵矣。"孫詒讓《閒詁》:"自此至《襍守》,凡二十篇(鵬按,今本存十一篇),皆禽滑釐所受守城之法也。"蘇時學《墨子刊誤》則指出《號令》多秦之官名、法令,疑出於商鞅董所制。蒙文通《論墨學源流與儒墨匯合》(載《先秦諸子與理學》)亦説:"自《備城門》以下諸篇,備見秦人獨有之制,何以謂其不爲秦人之書?"陳直《〈墨子·備城門〉等篇與居延漢簡》以《備城門》等篇與居延漢簡比較,主張諸篇成書在秦代。李學勤《秦簡與〈墨子〉城守各篇》(載《簡帛佚籍與學術史》)也認爲:城守各篇有不少法律用語與秦簡相同或近似,應出於秦人之手,並據《吕氏春秋·去私》、《去宥》等篇指出:"秦惠文王時墨學隆盛,墨者深受秦王寵信。……城守各篇或稱'公'或稱'王',很可能是惠文王及其以後秦國墨者的著作。篇中屢稱禽滑釐,墨家這一支派大約是禽子的徒裔。"

③ 孫詒讓《閒詁》:"此蓋通稱王國爲殷周之國。《吕氏春秋·先己》篇:'商周之國,謀失於胸,令困於彼。'《兼愛中》篇引武王告泰山辭云:'神祇商夏',周初稱中國爲'商夏',周季稱中國爲殷周,辭例正相對。"

④ 此十二攻守戰具之釋,可參考孫詒讓《墨子閒詁》、岑仲勉《墨子城守各篇簡注》,葉山《早期攻守城技術:從墨家到宋》(收入李約瑟主編《中國科學技術史》第五卷第六分册"軍事技術"),秦彦士《古代防禦軍事與墨家和平主義——〈墨子·備城門〉綜合研究》、李零《兵以詐立——我讀《孫子》》第五講附録《墨子》'十二攻'"。

⑤ 孫詒讓《閒詁》:"'推'當爲'樵'之誤。"

此所以持也。且守者雖善,〔而君不用之〕①,則猶若不可以守也。若君用之守者,又必能乎守者②;不能而君用之,則猶若不可以守也。然則守者必善而君尊(遵)用之③,然後可以守也。"

1.5 《墨子·備高臨》

禽子再拜再拜曰④:"敢問適(敵)人積土爲高⑤,以臨吾城,薪土俱上,以爲羊黔⑥,蒙櫓俱前⑦,遂屬之城,兵弩俱上,爲之柰何?"子墨子曰:"子問羊黔〔之守邪? 羊黔〕者⑧,將之拙者也,足以勞卒,不足以害城。守爲臺城⑨,以臨羊黔,左右出巨(距)各二十尺⑩,行城三十尺,强弩〔射〕之⑪,技機藉(籍)之⑫,奇器〔㩜〕之⑬,然則羊黔之攻敗矣。"

---

① 此句依《閒詁》所引盧文弨説補。
② 孫詒讓《閒詁》:"俞(樾)校以意改'乎'爲'守',則讀'守者不能'爲句,亦通。"岑仲勉《墨子城守各篇簡注》:"'又必能乎守者'即須要能夠守城的人,故跟著説'不能而君用之'。"此從後説。
③ 孫詒讓《閒詁》引俞樾云:"尊讀爲遵,古字通也。"
④ 今本諸篇重"再拜"二字,疑二字旁本有校讀符,後人誤以爲重文而衍。以下凡引《墨子》重"再拜"者不再出注。
⑤ 孫詒讓《閒詁》引畢沅云:"適同敵。"
⑥ 李零先生指出:"羊黔"是一種攻城土坡,與"堙"類似。外國的攻城土坡見於亞述王辛納赫里布(Sennacherib)宫殿的畫像石,是描繪公元前701年亞述圍攻拉基什(Lachish)的戰爭,其上就有攻城土坡。後來,考古學家發掘了這座古城,和圖中的描述相合。它是貼著城牆,往上修斜坡,在戰國銅器的水陸攻戰圖上也可以見到這種斜坡。見《兵以詐立——我讀〈孫子〉》,第142、145頁。
⑦ 孫詒讓《閒詁》:"謂敵蒙大盾,以蔽矢石,而俱前攻城也。"
⑧ 舊本脱"之守邪羊黔"五字,依《閒詁》所引王念孫説補。
⑨ 孫詒讓《閒詁》:"'臺城'即行城也。下《備梯》篇説行城亦云'左右出句各二十尺',與此制同。"
⑩ 孫詒讓《閒詁》:"巨當爲距之假字。"
⑪ "弩"下脱"射"字,依孫詒讓《閒詁》補。
⑫ 技,一本作"枝",《備梯》作"披",《備蛾傅》作"校"。吴毓江《校注》:"疑'技'字是。《説文》:'技,巧也。'强弩、技機、奇器,語法相儷。"藉,疑讀爲"籍",《説文》:"籍,刺也。《莊子·應帝王》'執氂之狗來藉',王叔岷《莊子校詮》讀'藉'爲'籍',亦二字通假之例。
⑬ "奇器"下舊本缺二字,吴毓江《校注》:"此疑闕一字,作'奇器□之'。"並認爲所缺另一字在上文"弩"字下。鵬按,吴説是。所脱字疑"㩜",《備蛾傅》:"守爲行臨射之,校機藉之,□□㩜之","藉之"下所脱二字疑即"奇器",二者可參校互補。

1.6 《墨子·備梯》

禽滑釐子事子墨子三年,手足胼胝,面目黧黑,役身給使,不敢問欲。子墨子其(綦)哀之①,乃管(莞)酒塊脯②,寄于大(泰)山③,昧(搣)菉(茅)坐之④,以樵(醮)禽子⑤。禽子再拜而嘆。子墨子曰:"亦何欲乎?"禽子再拜曰:"敢問守道?"子墨子曰:"姑亡,姑亡⑥。古有亓術者,內不親民,外不約治,以少閒衆,以弱輕強,身死國亡,爲天下笑。子亓慎之,恐爲身薑(僵)⑦。"禽子再拜頓首,願遂問守道。曰:"敢問客衆而勇,煙(堙)資(茨)吾池⑧,軍卒並進,雲梯既施,攻備已具,武士又多,爭上吾城,爲之奈何?"子墨子曰:"問雲梯之〔守〕邪⑨?雲梯者,重器也,亓動移甚難。守爲行城,雜樓相見(閒)⑩,以環亓中。以適廣陝(狹)爲度⑪,環中藉幕,毋廣亓處。行城之法,高城二十尺,上加堞,廣十尺,左右出巨(距)各二十尺,〔雜樓〕高、廣如行城之法⑫。爲雀穴煇(熏)偪⑬,

---

① "其",一本作"甚"。鵬按,作"其"是。"其"讀爲"綦",訓爲極。《荀子·王霸》:"夫人之情,目欲綦色,耳欲綦聲,口欲綦味,鼻欲綦臭,心〈形〉欲綦佚,此五綦者,人情之所不必免也。"楊倞《注》:"綦,極也。綦或爲甚,傳寫誤耳。"
② 張純一《集解》引尹桐陽云:"管酒,謂酒以管濾者,所謂清酒。塊猶切也。"鵬按,依此説,"管"當讀爲"莞"。《説文》:"莞,艸也,可以爲席。"段玉裁《注》:"莞之言管也。凡莖中空者曰管。"
③ 孫詒讓《閒詁》:"《非攻中》篇'大山'即'泰山',此疑亦同。時墨子或在齊、魯也。"寄者,客居也。
④ "昧菉",孫詒讓《閒詁》讀爲"搣茅",即薙拔茅草之意。此從之。
⑤ 孫詒讓《閒詁》引王引之曰:"樵蓋醮之借字也。《士冠禮》注曰:'酌而無酬酢曰醮。'故上文言酒脯。"
⑥ 孫詒讓《閒詁》:"姑亡,言姑無問守道也。"
⑦ 孫詒讓《閒詁》引畢沅云:"同僵。亡、強、薑爲韻。"
⑧ 孫詒讓《閒詁》引王念孫云:"煙當爲堙。堙,塞也。"又引俞樾云:"資當讀爲茨。《淮南子·泰族篇》'茨其所決而高之',高注曰:'茨,積土填滿之也。'是茨與堙同義。"
⑨ "守"字舊本闕,依《閒詁》所引王念孫説補。
⑩ 孫詒讓《閒詁》引俞樾云:"'相見'即'相閒'。《備城門》篇'見一寸',畢云:'見疑閒字',是其例也。"
⑪ 岑仲勉《簡注》:"陜即狹,謂相距離之長度無定,應取其適宜。"
⑫ 孫詒讓《閒詁》引俞樾云:"上文皆言'行城',而此云'高、廣如行城之法',義不可通。疑'高廣'上脱'雜樓'兩字。"
⑬ "雀",一本作"爵",二字通用。"偪"即"鼠"之異體。孫詒讓《閒詁》:"煇當讀爲熏。……爵穴煇偪,蓋亦城閒空穴之名,明其小僅容爵、鼠也。"

施答亓外①,機、衝、錢(棧)、城②,廣與隊等,雜亓閒以鐫、劍③,持衝十人,執劍五人,皆以有力者。令案(晏)目者視適(敵)④,以鼓發之,夾而射之,重而射〔之〕⑤,披機藉之,城上繁下矢、石、沙、炭〈灰〉以雨之⑥,薪火、水湯以濟之。審賞行罰,以靜爲故,從之以急,毋使生慮。若此,則雲梯之攻敗矣。"

1.7 《墨子·備穴》

禽子再拜再拜曰:"敢問古人有善攻者,穴土而入,縛柱施火,以壞吾城,城壞,或中人,爲之柰何?"子墨子曰:"問穴土之守邪?備穴者,城內爲高樓,以謹候望適(敵)人⑦。適(敵)人爲變,築垣聚土非常者⑧,若彭(旁)有水濁非常者⑨,此穴土也。急塹城內,穴亓土直之。穿井城內,五步一井,傅城足。高地,丈五尺;下地,得泉三尺而止。令陶者爲罌,容四十斗以上,固順〈幎〉之以薄革⑩,置井中,使聰耳者伏罌而聽之,審知穴之所在,鑿穴迎之。"

1.8 《墨子·備蛾傅》

禽子再拜再拜曰:"敢問適(敵)人强弱〈朋(馮)〉⑪,遂以傅城,後上

---

① 吳毓江《校注》:"《備城門》篇曰:'兩步一答。'"孫氏《閒詁》引畢沅云:"《漢書》注云:'蘇林曰:渠答,鐵蒺藜也。'"
② 孫詒讓《閒詁》引王引之云:"'錢'字當是'棧'字之誤。《備城門》篇説城上之備,有行棧,即此所謂棧也。'城'即行城。"
③ 吳毓江《校注》:"《説文》:'鐫,破木鐫也。'鐫,所以破梯;劍,所以刺敵也。"
④ 吳毓江《校注》:"《備穴》篇云:'使聰耳者伏罌而聽之',此文例當與彼同。案目者,猶言明目者。《説文》曰:'晏,天清也。'引申爲清明之義。"
⑤ 孫詒讓《閒詁》:"疑脱'之'字。"
⑥ 孫詒讓《閒詁》引王引之云:"'炭'當爲'灰'。……沙、灰皆細碎之物,炭則非其類矣。"
⑦ 孫詒讓《閒詁》引王引之云:"自'爲之柰何'至'以謹'凡二十四字,舊本誤入《備城門》篇,今移置於此。"
⑧ 孫詒讓《閒詁》引畢沅謂:"言以所穴之土築垣。"
⑨ 孫詒讓《閒詁》:"畢云:'水濁者,穴土之驗。'王云:'若猶與也,彭與旁通。'"
⑩ 孫詒讓《閒詁》:"'順'當作'幎'。冥、頁、巾、川,隸書相近而誤。《説文·巾部》:'幎,幔也。'"
⑪ 吳毓江《校注》:"弱,當爲'朋',形近而訛。《大取》篇'盡惡其弱也',孫校'弱'爲'朋'誤,與此同。强朋,即强馮。"

先斷，以爲沽〈法〉程①，斬（塹）城爲基②，掘下爲室，前上不止，後射既疾，爲之奈何？"子墨子曰："子問蛾（蟻）傅之守邪③？蛾（蟻）傅者，將之忿者也。守爲行臨，〔强弩〕射之，校〈技〉機藉之，〔奇器〕擢之④，太〈火〉氾迫之⑤，燒荅覆之，沙石雨之，然則蛾（蟻）傅之攻敗矣。"

1.9 《墨子·禚守》

禽子問曰："客衆而勇，輕意〈竟（競）〉見威⑥，以駭主人。薪土俱上，以爲羊坽⑦，積土爲高，以臨〔吾〕民⑧，蒙櫓俱前，遂屬之城，兵弩俱上，爲之奈何？"子墨子曰："子問羊坽之守邪？羊坽者，攻之拙者也，足以勞卒，不足以害城。羊坽之政〈攻〉⑨，遠攻則遠害〈圉（禦）〉，近城〈攻〉則近害〈圉（禦）〉⑩，〔害〕不至城⑪。矢石無休，左右趣射，口蘭爲柱⑫，後望以固。厲吾銳卒，慎無使顧，守者重下，攻者輕去。養勇高奮，民心百倍，多執數少〈賞〉⑬，卒乃不怠。"

---

① 孫詒讓《閒詁》引王念孫云："'沽'者，'法'之誤。言敵人蛾附登城，後上者則斷之，以此爲法程也。"
② 孫詒讓《閒詁》："斬，'塹'之省。"
③ 孫詒讓《閒詁》："前《備城門》篇'蛾'作'蟻'，俗'螘'字。《孫子·謀攻》篇作'蟻附'，曹注云：'使士卒緣城而上，如蟻之緣牆。'"
④ 鵬按，"强弩"、"奇器"各本脫，據《備高臨》補。"校機"，《備高臨》作"技機"，"校"疑"技"之形誤。
⑤ 孫詒讓《閒詁》："'太氾'當爲'火湯'。《備梯》篇云：'薪火水湯以濟之。'"鵬按，《說文》："氾，濫也。"氾疑指以水湯攻之。
⑥ 孫詒讓《閒詁》："'意'疑當爲'竟'之訛，竟、競古字通，與《旗幟》篇'競士'義同。輕競，言輕鬥。"鵬按，競者，强也、遽也。
⑦ "羊坽"即《備高臨》之"羊黔"。
⑧ 張純一《集解》引王樹枬云："《備高臨》篇云：'積土爲高，以臨吾城。'則此文'民'上應脫'吾'字。"
⑨ 孫詒讓《閒詁》引蘇時學云："'政當作攻。"
⑩ 孫詒讓《閒詁》："'城'當作'攻'。'害'並當爲'圉'，圉與圍、禦字同，此涉上文而誤。言遠攻則遠禦之，近攻則近禦之也。《公孟》篇云：'厚攻則厚吾，薄攻則薄吾。'彼'吾'亦'圉'之省，語意與此異而義同。"
⑪ 孫詒讓《閒詁》："此當作'害不至城'，即上云'不足以害城'也，因上文兩'圉'字並訛'害'，此句首'害'字轉涉彼而脫耳。"
⑫ "蘭"上疑脫一字，"後"屬下句讀。蘭，孫詒讓《閒詁》認爲即《備城門》之"兵弩簡格"，所以支射弩者也。
⑬ 孫詒讓《閒詁》引王念孫云："'少'當爲'賞'，賞字脫去大半，僅存'小'字，因訛而爲'少'。言我之卒能多執敵人者，數賞之，則卒乃不怠也。下文正作'多執數賞，卒乃不怠'。"

1.10 《墨子》佚文(見《藝文類聚》卷6)①

禽子問："天與地孰仁？"墨子曰："翟以地爲仁。太山之上則封禪焉，培塿之側則生松柏，下生黍苗莞蒲，水生黿鼉鱖魚，民衣焉、食焉、死焉，地終不責德焉。故翟以地爲仁。"

1.11 《墨子》佚文(見《太平御覽》卷390)②

子禽問曰③："多言有益乎？"墨子曰："蝦蟆蛙蠅(黽)日夜而鳴④，舌〈口〉乾〔舌〕擗(擘)而不聽⑤。今鶴雞時夜而鳴，天下振動。多言何益？唯其言之時也。"

2.1 《莊子·天下》

不侈於後世，不靡於萬物，不暉(渾)於數度⑥，以繩墨自矯，而備世之急。古之道術有在於是者，墨翟、禽滑釐聞其風而説之。爲之大過，已之大循(甚)⑦。作爲非樂，命之曰節用⑧，生不歌，死無服。墨子泛愛兼利而非鬭，其道不怒⑨，又好學而博；不異⑩，不與先王同，毁古之禮樂。黄帝有《咸池》，堯有《大章》，舜有《大韶》，禹有《大夏》，湯有《大

---

① 以下兩條《墨子》佚文乃畢沅所輯，收入孫詒讓《墨子閒詁》附録。此條除見《藝文類聚》所引，並見《北堂書鈔》、《太平御覽》，文微異。
② 又見《藝文類聚》卷90，文稍異。又《御覽》卷949亦引此段，惟以爲《文子》之文。鵬按，《御覽》卷949"文子"當爲"禽子"之誤，"文"乃"禽"字壞而誤者。
③ 孫詒讓《閒詁》："疑當作'禽子'。"按，《藝文類聚》引作"禽子"。
④ 蠅，孫詒讓《閒詁》："當作黽。"
⑤ 今本"而"上衍"然"字。"舌乾擗"，當從《御覽》卷九四九作"口乾舌擗"。"擗"通"擘"，裂也、分也。
⑥ 一本作"渾"，馬其昶《莊子故》據此訓爲"亂"。此句謂不使本數、末度相溷亂。
⑦ 梁啓超《莊子天下篇釋義》："已，止也。即下文'明之不如其已'之已。大順即太甚之意，順、甚音近可通也。"
⑧ 蔣錫昌《莊子哲學·天下校釋》引馬敍倫曰："陸德明曰：'非樂、節用，《墨子》篇名。'倫按，雖《墨子》有此篇，檢此文義，乃氾言耳。"
⑨ 高亨《莊子天下篇箋證》："怒猶暴也。泛愛則不惡人，兼利則不害人，非鬭則不侮人，故曰不怒。"
⑩ 此句蒙上省"其道"二字。"其道不異"與"其道不怒"對文。錢穆《莊子纂箋》引陸長庚曰："不異，尚同也。"此三句謂墨子之道尚同卻不與先王同，故非毀古之禮樂。

濩》，文王有辟雍之樂，武王、周公作《武》。古之喪禮，貴賤有儀，上下有等。天子棺槨七重，諸侯五重，大夫三重，士再重①。今墨子獨生不歌，死不服，桐棺三寸而無槨②，以爲法式。以此教人，恐不愛人；以此自行，固不愛己。未敗墨子道③。雖然，歌而非歌，哭而非哭，樂而非樂，是果類乎④？其生也勤，其死也薄，其道大觳⑤。使人憂，使人悲，其行難爲也，恐其不可以爲聖人之道。反天下之心，天下不堪，墨子雖獨能任，柰天下何！離於天下，其去王也遠矣！

　　墨子稱道曰：「昔禹之湮（堙）洪水⑥，決江河而通四夷九州也，名山〈川〉三百⑦，支川三千，小者無數。禹親自操橐耜，而九雜天下之川⑧；腓無胈，脛無毛，沐甚（湛）雨⑨，櫛疾風，置萬國。禹大聖也，而勞天下也如此。」使後世之墨者，多以裘褐爲衣，以跂（屐）蹻（屩）爲服⑩，日夜不休，以自苦爲極，曰：「不能如此，非禹之道也，不足謂墨。」

　　相里勤之弟子、五（伍）侯之徒、南方之墨者苦獲、己（紀）齒、鄧陵子之屬⑪，俱誦墨經，而倍譎不同⑫，相謂別墨。以堅白同異之辯相訾，以

---

① "古之喪禮"一段又見《荀子·禮論》。
② 見《墨子·節葬》《韓非子·顯學》。
③ 顧實《講疏》："前言'恐'，言'固'，皆懸揣之辭，未足以根本動搖矣，故曰'未敗墨子之道'。"
④ 梁啓超《釋義》："歌也、哭也、樂也，皆人類本能，今乃非之，是果爲知類乎乎？《易》言'以類萬物之情'，今反其情，是不類矣。"
⑤ 郭象注："觳，無潤也。"奚侗、郭崇燾俱訓爲"薄"，奚氏並以"觳"乃"确"之借字。
⑥ 王叔岷《莊子校詮》："湮借爲垔，《說文》：'垔，塞也。'俗作堙。"
⑦ 郭慶藩《莊子集釋》引俞樾云："'名山'當作'名川'，字之誤也。名川、支川，猶言大水、小水。下文云：'禹親自操橐耜而九雜天下之川'，可見此文專以川言，不當言山也。若但言'支川'而不言'名川'，則是舉流而遺其源，於文爲不備矣。"
⑧ 錢穆《莊子纂箋》引馬其昶云："九、雜同義。《呂覽》注：'雜，聚也。'洪水氾濫，故聚之川以歸之海。"《釋文》："九音鳩，本亦作鳩，聚也。"
⑨ 錢穆《纂箋》引奚侗曰："《廣雅》：'甚，劇也。'《釋文》："崔本作'湛'，音淫。"按可逕讀爲"淫"，淫字或作"湛"。
⑩ 《釋文》引李頤云："麻曰屩，木曰屐。屐與跂同，屩與蹻同。"
⑪ 高亨《箋證》："俞樾曰：'《韓非子·顯學》篇：有相里氏之墨，有鄧陵氏之墨。'（《莊子人名考》）孫詒讓曰：'五侯蓋姓五，五與伍同，古書伍子胥姓多作五。非五人也。'（《墨學傳授考》）。……己、紀古今字。"
⑫ 錢穆《纂箋》引王念孫云："《呂覽》注：'在兩旁反出爲倍，在上反出爲譎。'倍譎不同，謂分離乖析也。"

觭(奇)偶不仵(伍)之辭相應①。以巨子爲聖人,皆願爲之尸②,冀得爲其後世,至今不決。墨翟、禽滑釐之意則是,其行則非也。將使後世之墨者,必自苦以腓無胈、脛無毛相進而已矣。亂之上也,治之下也(邪)③?雖然,墨子真天下之好〔者〕也,將求之不〔可〕得也④,雖枯槁不舍也⑤,才士也夫!

3.1 《吕氏春秋・當染》

非獨國有染也,孔子學於老聃、孟蘇夔、靖叔⑥。魯惠公使宰讓請郊廟之禮於天子,桓王使史角往,惠公止之,其後在於魯,墨子學焉⑦。此二士者,無爵位以顯人,無賞祿以利人,舉天下之顯榮者必稱此二士也。皆死久矣,從〈徒〉屬彌衆⑧,弟子彌豐,充滿天下,王公大人,從而顯之,有愛子弟者,隨而學焉,無時乏絶。子貢、子夏、曾子學於孔子,田子方學於子貢,段干木學於子夏,吳起學於曾子。禽滑黧(釐)學於墨子⑨,

---

① 錢穆《纂箋》:"梁啓超曰:'觭'疑'畸'之異文,即'奇'字。陸德明曰:'仵,同也。'陶鴻慶曰:'仵與伍同。'"按,奚侗已有此説。
② 王叔岷《校詮》:"郭《注》:'尸,主也。'成《疏》:'咸願爲師主。'案此承上文'以巨子爲聖人'而言,之猶其也。"
③ 梁啓超《釋義》:"謂遵此道以行,是亂之於上而欲求治之於下,必不可得之數矣。"鵬按,梁說是。之猶於也,句末"也"字通"邪",爲疑問語氣詞。
④ 王叔岷《校詮》:"古鈔卷子本'好'下有'者'字,'不'下有'可'字。"
⑤ 郭慶藩《集釋》引俞樾云:"'真天下之好'謂其真好天下也,即所謂墨子兼愛也。……求字即心誠求之之求。求之不得,雖枯槁不舍,即所謂'摩頂放踵,利天下爲之'也。"
⑥ 陳奇猷《吕氏春秋校釋》引張雲璈曰:"《史記・仲尼弟子傳》云:'孔子之所嚴事,于周則老子,於衛蘧伯玉,於齊晏平仲,於楚老萊子,於鄭子産,於魯孟公綽。'此云'孔子學於孟蘇夔、靖叔',未詳其人,《史》何以不及?"陳氏疑孟蘇夔即孟公綽。二者待考。
⑦ 陳奇猷《校釋》引宋翔鳳云:"《漢書・藝文志》:'墨家者流,蓋出於清廟之守。'魯請郊廟禮,而王使史角往,則正是清廟之官。《藝文志》墨家有《尹佚》二篇,佚即史佚,角蓋佚之後。"
⑧ 陳奇猷《校釋》引孫詒讓云:"'從'當作'徒',形近而誤。"
⑨ 禽滑黧,《漢書・儒林傳》作"禽滑氂",《古今人表》作"禽屈釐",陳奇猷《校釋》引孫詒讓云:"黧,字書所無,當即'氂'之訛。《説文・犛部》云:'氂,彊曲毛,可以箸起衣。'段玉裁謂《漢書》丞相劉屈氂當本作'屈氂'。若然,禽子名亦當作'屈氂'矣。"鵬按,"黧"下所從"康"即"氂"下部之形訛。"黧"從"殹"聲,則又形變後之聲符代換。

許犯學於禽滑釐(氂)①,田繫學於許犯②。孔、墨之後學顯榮於天下者眾矣,不可勝數,皆所染者得當也。

3.2 《呂氏春秋·尊師》

且天生人也,而使其耳可以聞,不學,其聞不若聾;使其目可以見,不學,其見不若盲;使其口可以言,不學,其言不若爽③;使其心可以知,不學,其知不若狂。故凡學,非能益也,達天性也。能全天之所生而勿敗之,是謂善學。子張,魯之鄙家也④;顏涿聚⑤,梁父之大盜也,學於孔子。段干木,晉國之大駔也⑥,學於子夏。高何、縣子石⑦,齊國之暴者也,指於鄉曲,學於子墨子。索盧參,東方之鉅狡也,學於禽滑黎。此六人者,刑戮死辱之人也,今非徒免於刑戮死辱也,由此爲天下名士顯人,以終其壽,王公大人從而禮之,此得之於學也。

4.1 《説苑·反質》

禽滑釐問於墨子曰:"錦繡絺紵,將安用之?"墨子曰:"惡!是非吾用務也。古有無文者得之矣,夏禹是也。卑小宮室,損薄飲食,土階三等,衣裳細布。當此之時,黼黻無所用,而務在於完堅。殷之盤庚,大其先王之室,而改遷於殷。茅茨不翦,采椽不斲,以變天下之視。當此之

---

① 許犯即許行,其年世與禽子相及,參考錢穆《先秦諸子繫年·許行考》。
② 慎懋賞本《慎子》有"田繫問"、"許犯問",惟此本抄襲、割裂古書,前人以爲乃明人依託之作。王利器《吕氏春秋注疏》認爲慎懋賞本《慎子》有關田繫、許犯的相關内容即據《吕氏春秋》此文而造。
③ 王利器《注疏》云:"《老子》第十二章'五色令人目盲,五音令人耳聾,五味令人口爽,馳騁田獵令人心發狂',爲此文言目盲、耳聾、口爽、心狂所本。"俞樾《諸子平議》卷八指出:"'爽'爲口病之名,《新序·雜事》此句作'其言則不若暗',口爽猶口暗。"
④ 鄙者,野也。王利器《注疏》云:"《周禮·地官·遺人》以'野鄙'連文,野鄙者,對都邑而言也,鄙人猶今言鄉下人,非卑鄙之謂。鄙家與鄙人同義。"
⑤ 陳奇猷《校釋》:"顏涿聚,《晏子春秋外篇》作'顏燭鄒',《韓詩外傳》九作'顏斶聚',《淮南子·氾論訓》作'顏緣聚'(王念孫《讀書雜志》謂'喙'爲'啄'誤,是),《説苑》作'顏燭趨',《漢書·古今人表》作'顏燭雛'。"
⑥ 《淮南子·氾論》高注:"駔,駔俉也。一曰:'駔,市儈也,言魏國之大儈也。'"
⑦ 據陳奇猷《校釋》所引畢沅、孫詒讓説,高何即高石子,縣子碩即縣子石,俱見《墨子·耕柱》。

時,文采之帛,將安所施?夫品庶非有心也,以人主爲心。苟上不爲,下惡用之?二王者以化身先于天下①,故化隆於其時,成名於今世也。且夫錦繡絺紵,亂君之所造也,其本皆興於齊。景公喜奢而忘儉,幸有晏子,以儉鐫之,然猶幾不能勝。夫奢,安可窮哉!紂爲鹿臺、糟丘、酒池、肉林,宫牆文畫,彫琢刻鏤,錦繡被堂,金玉珍瑋,婦女優倡,鐘鼓管絃,流漫不禁,而天下愈竭,故卒身死國亡,爲天下戮。非惟錦繡絺紵之用耶?今當凶年,有欲予子隨侯之珠者,曰:'不得賣也。珍寶而以爲飾。'又欲予子一鍾粟者,得珠者不得粟,得粟者不得珠,子將何擇?"禽滑釐曰:"吾取粟耳,可以救窮。"墨子曰:"誠然,則惡在事夫奢也?長無用,好末淫,非聖人所急也。故食必常飽,然後求美;衣必常暖,然後求麗;居必常安,然後求樂。爲可長,行可久,先質而後文,此聖人之務。"禽滑釐曰:"善。"

5.1 《列子·湯問》②

周穆王西巡狩,越昆侖,不至弇山③。反還,未及中國,道有獻工人名偃師④,穆王薦之⑤,問曰:"若有何能?"偃師曰:"臣唯命所試。然臣已有所造,願王先觀之。"穆王曰:"日以俱來,吾與若俱觀之。"越日,偃師謁見王。王薦之,曰:"若與偕來者何人耶?"對曰:"臣之所造能倡

---

① 向宗魯《說苑校證》引盧文弨曰:"'以'下'化'字衍。"
② 前人多以《列子》爲僞書,馬敘倫《列子僞書考》(載《古史辨》第四册)列舉二十事證此書爲魏晉人所僞,其後楊伯峻《列子集釋》(附録三)更匯集唐代以下辨僞文字二十四種,蔚爲大觀。今人嚴靈峰、許抗生、陳廣忠、劉建國、馬達等卻主張今本《列子》爲先秦古籍,並非僞書。鄭良樹更透過詳細的文本比對及考證,認爲《列子·黄帝》成於《莊子》之前,故《莊》書得以引用前者;《湯問》基本上作於戰國末、西漢初;《説符》作於《淮南子》前,其著作下限爲西漢早期。對於《列子》真僞公案,鄭氏也有較全面的評述(見氏著《諸子著作年代考》)。筆者認爲,今本《列子》的成書可能是層累造成的,既有劉向所見先秦舊篇之遺,也有漢初黄老學者所作,亦無法完全排除魏晉文士增益的可能(此一問題容另文申論)。本文引録《列子》資料,暫時插於漢人著作之前。
③ 楊伯峻《列子校釋》引王重民:"'不'字疑衍。《穆天子傳》云:'天子遂驅,升於弇山。'"鵬按,此句"不"乃語詞,用法與"丕"同。
④ 鵬按,二句"中"、"國"二字誤倒,原文當作"未及國,中道有獻工人名偃師"。本篇前文雖有"中國"一詞,但與"南國"、"北國"相對,與此處用法不類。
⑤ 薦訓爲進。

者。"穆王驚視之,趨步俯仰,信人也。巧夫鎮(頷)其頤①,則歌合律;捧其手,則舞應節。千變萬化,惟意所適。王以爲實人也。與盛姬內御並觀之。技將終,倡者瞬其目而招王之左右侍妾。王大怒,立欲誅偃師。偃師大慴,立剖散倡者以示王,皆傅會革木膠漆、白黑丹青之所爲。王諦料之,內則肝、膽、心、肺、脾、腎、腸、胃,外則筋骨、支節、皮毛、齒髮,皆假物也,而無不畢具者。合會復如初見。王試廢其心,則口不能言;廢其肝,則目不能視;廢其腎,則足不能步。穆王始悅而歎曰:"人之巧乃可與造化者同功乎?"詔貳車載之以歸。夫班輸之雲梯,墨翟之飛鳶,自謂能之極也。弟子東門賈、禽滑氂聞偃師之巧②,以告二子,二子終身不敢語藝,而時執規矩。

5.2 《列子·楊朱》③

楊朱曰:"伯成子高不以一毫利物,舍國而隱耕;大禹不以一身自利,一體偏枯。古之人損一毫利天下,不與也;悉天下奉一身,不取也。人人不損一毫,人人不利天下,天下治矣。"禽子問楊朱曰:"去子體之一毛以濟一世,汝爲之乎?"楊子曰:"世固非一毛之所濟。"禽子曰:"假濟,爲之乎?"楊子弗應。禽子出,語孟孫陽。孟孫陽曰:"子不達夫子之心,吾請言之。有侵若肌膚獲萬金者,若爲之乎?"曰:"爲之。"孟孫陽曰:"有斷若一節得一國,子爲之乎?"禽子默然有閒。孟孫陽曰:"一毛微於肌膚,肌膚微於一節,省矣④。然則積一毛以成肌膚,積肌膚以成一節。一毛固一體萬分中之一物,奈何輕之乎?"禽子曰:"吾不能所以答子。

---

① 《說文》:"鎮,低頭也。"《廣雅·釋詁一》:"鎮,動也。"王念孫《疏證》引《列子》此文,並說:"鎮,與頷通。"
② 楊伯峻《校釋》引孫詒讓云:"東門賈蓋班輸弟子,故云以告二子。或謂亦墨子弟子,非是。"
③ 錢穆《先秦諸子繫年·墨子弟子通考》:"禽子與楊朱問答,語見《列子》。考楊朱曾見梁惠王,當在惠王早世。而惠王元年,去楚惠謀攻宋已踰七十年,去吳起之死亦踰十年。禽子至梁惠王元年,壽已踰九十。若楊朱與禽子相值,是楊朱早年值禽子之老壽也。然觀《列子》文,乃似禽子輩行轉後。僞書晚出,不可盡據。此特設爲楊、墨兩家相難,寓言無實,猶如晏平仲問養生於管夷吾也。"
④ 張湛《注》:"省,察也。"

然則以子之言問老聃、關尹①,則子言當矣;以吾言問大禹、墨翟,則吾言當矣。"孟孫陽因顧與其徒說他事。

6.1 《史記·儒林列傳》

自孔子卒後,七十子之徒散游諸侯,大者爲師傅卿相,小者友教士大夫,或隱而不見。故子路居衛,子張居陳,澹臺子羽居楚,子夏居西河,子貢終於齊。如田子方、段干木、吳起、禽滑釐之屬②,皆受業於子夏之倫,爲王者師。是時獨魏文侯好學。後陵遲以至于始皇,天下並爭於戰國,儒術既絀焉,然齊魯之間,學者獨不廢也。於威、宣之際,孟子、荀卿之列,咸遵夫子之業而潤色之,以學顯於當世。

7.1 《漢書·古今人表》中上

禽屈釐③。

7.2 《漢書·儒林傳》

仲尼既没,七十子之徒散游諸侯,大者爲卿相師傅,小者友教士大夫,或隱而不見。故子張居陳,澹臺子羽居楚,子夏居西河,子貢終於齊。如田子方、段干木、吳起、禽滑氂之屬,皆受業於子夏之倫,爲王者師。是時獨魏文侯好學。天下並爭於戰國,儒術既黜焉,然齊魯之間,學者猶弗廢。至於威、宣之際,孟子、孫卿之列,咸遵夫子之業而潤色之,以學顯於當世。

---

① 張湛《注》:"聃、尹之教,貴身而賤物也。"
② 孫詒讓《墨子後語上·墨學傳授考》據此認爲禽滑釐先與田子方、段干木、吳起受業於子夏,後學於墨子,但錢穆《墨子弟子通考》云:"此蓋承襲《吕》書(鵬按,見本卷3.1),而下語未晰。云子夏之倫者,以子夏概子貢、曾子、墨子而言也。"按,後說是。
③ 顔師古注:"即禽滑釐者是也。"鵬按,秦穆公時有大夫禽息,疑其先人。

叁·宋鈃卷

1.1 《孟子·告子下》

宋牼將之楚①,孟子遇於石丘,曰:"先生將何之?"曰:"吾聞秦、楚構兵,我將見楚王,説而罷之;楚王不悦,我將見秦王,説而罷之。二王我將有所遇焉。"曰:"軻也請無問其詳,願聞其指。説之將何如?"曰:"我將言其不利也。"曰:"先生之志則大矣,先生之號則不可。先生以利説秦、楚之王,秦、楚之王悦於利,以罷三軍之師;是三軍之士樂罷而悦於利也。爲人臣者懷利以事其君,爲人子者懷利以事其父,爲人弟者懷利以事其兄,是君臣、父子、兄弟終去仁義,懷利以相接,然而不亡者,未之有也。先生以仁義説秦、楚之王,秦、楚之王悦於仁義,而罷三軍之師,是三軍之士樂罷而悦於仁義也。爲人臣者懷仁義以事其君,爲人子者懷仁義以事其父,爲人弟者懷仁義以事其兄,是君臣、父子、兄弟去利,懷仁義以相接也。然而不王者,未之有也。何必曰利?"

2.1 《莊子·逍遥游》

"湯之問棘也是已②。窮髮之北有冥海者,天池也。有魚焉,其廣數千里,未有知其修者,其名爲鯤。有鳥焉,其名爲鵬,背若太山,翼若

---

① 《莊子·天下》宋鈃、尹文並稱,《經典釋文》云:"(鈃)音形。徐胡冷反,郭音堅。"宋鈃於《孟子·告子下》又稱宋牼,《莊子·逍遥游》、《韓非子·顯學》又稱宋榮子。楊倞云:"宋鈃,宋人,與孟子、尹文子、彭蒙、慎到同時,《孟子》作'宋牼'。牼與鈃同,音口莖反。"王先慎《韓非子集解》:"宋榮即宋鈃,榮、鈃偏旁相通,《月令》'腐草爲螢',《吕覽》、《淮南》作蚈。榮之爲鈃,猶螢之爲蚈也。"
② 聞一多《莊子内篇校釋》云:"此句與下文語意不屬,當脱湯問棘事一段。唐僧神清《北山録》曰:'湯問革曰:"上下四方有極乎?"曰:"無極之外,復無極也。"'僧慧寶《注》曰:'語在《莊子》,與《列子》小異。'案革、棘古字通,《列子·湯問篇》正作'革'。神清所引,其即此處佚文無疑。惜句多省略,無從補入。"

垂天之雲,搏扶摇羊角而上者九萬里①,絶雲氣,負青天,然後圖南,且適南冥也。斥(尺)鴳笑之曰②:'彼且奚適也? 我騰躍而上,不過數仞而下,翱翔蓬蒿之間,此亦飛之至也。而彼且奚適也?'"此小大之辯也。

故夫知效一官,行比一鄉③,德合一君,而(能)徵一國者④,其自視也亦若此矣⑤。而宋榮子猶(媱)然笑之⑥。且舉世而譽之而不加勸,舉世而非之而不加沮,定乎内外之分,辨乎榮辱之境,斯已矣。彼其於世,未數數然也。雖然,猶有未樹也。

2.2 《莊子·徐无鬼》

莊子曰:"射者非前期而中,謂之善射,天下皆羿也,可乎?"惠子曰:"可。"莊子曰:"天下非有公是也,而各是其所是,天下皆堯也,可乎?"惠子曰:"可。"莊子曰:"然則儒、墨、楊、秉(鈃〈鈃〉)四⑦,與夫子爲五,果孰是邪? 或者若魯遽者邪⑧? 其弟子曰:'我得夫子之道矣,吾能冬爨

---

① 馬敘倫《莊子義證》:"按《御覽》九引此文,注曰:'扶摇,羊角風也。今旋風上如殺羊角也。'不知何家《莊子》注語。其義則以旋風釋羊角,以羊角釋扶摇。扶摇與羊角均爲回旋之風,疑'羊角'是古注文,誤入正文。"
② 《釋文》:"斥,本亦作尺。"斥、尺二字,皆昌母鐸部,可以通假。
③ 鵬按,效者,驗也。《荀子·議兵》"彊弱存亡之效",楊倞《注》:"效,驗也。"效與下文"而(能)徵一國"之"徵"義近,皆謂徵驗也,《淮南子·脩務》:"夫歌者,樂之徵也;哭者,悲之效也。"亦徵、效對文。"比"如字讀。《説文》:"比,密也。二人爲从,反从爲比。"故引申有合、順義。
④ 王念孫《讀書雜志》:"而與能同,能、而古聲相近,故能或作而。《原道》篇:'而以少正多。'高《注》:'而,能也。'又注《吕氏春秋·去私》、《不屈》、《士容》三篇並云:'而,能也。'"
⑤ 郭注:"亦猶鳥之自得於一方也。"
⑥ 蔣錫昌《莊子哲學·逍遥游校釋》:"《爾雅·釋詁一》:'鯀,喜也。'郭注:'《禮記》曰:人喜則斯陶,陶斯詠,詠斯猶。猶即鯀也,古今字耳。'是鯀,猶均爲媱之假。《説文》:'媱,喜也。'"
⑦ 成玄英《疏》以"秉"爲"公孫龍字",諸家翕然從之,惟洪頤煊認爲"秉"乃"宋"之誤,"宋"指宋鈃(見王叔岷《莊子校詮》引)。鵬按,公孫龍之年世約數據錢穆《先秦諸子繫年》所定爲公元前320至前250年,較楊朱、惠施、莊子爲後,恐無緣與惠施論辯(下文惠子説"儒、墨、楊、秉,且方與我以辯")。錢氏《公孫龍説燕昭王偃兵考》已疑"惠施卒,龍在童年,莊周之死,龍亦其學初成,豈遽與儒墨楊惠爲五?""秉"指宋鈃,年世較合,惟"宋"亦無緣誤爲"秉"。疑原文本作"儒、墨、楊、鈃","鈃"誤爲形近之"鉼"(下文"鉼鍾"之"鉼",朱駿聲説爲"并省聲",于省吾謂即"鈃"字),"鉼"又轉讀爲音近之"秉",遂有此誤。
⑧ 《釋文》:"李云:'魯遽,人姓名也。'一云:'周初時人。'"

鼎而夏造冰矣。'魯遽曰:'是直以陽召陽,以陰召陰,非吾所謂道也。吾示子乎吾道。'於是爲之調瑟,廢一於堂①,廢一於室,鼓宮宮動,鼓角角動,音律同矣。夫或改調一弦,於五音無當也,鼓之,二十五弦皆動,未始異於聲,而音之君已〔形也〕②。且若是者邪?"惠子曰:"今夫儒、墨、楊、秉(銒〈鈃〉),且方與我以辯,相拂以辭,相鎮以聲,而未始吾非也,則奚若矣?"莊子曰:"齊人蹢(謫)子於宋者,其命閽也不以完③,其求銒鍾也以束縛④,其求唐(蕩)子也而未始出域(閾)⑤,有遺類矣夫⑥!楚人寄而蹢(謫)閽者⑦,夜半於無人之時而與舟人鬬,未始離(麗)於岑而足以造於怨也⑧。"

2.3 《莊子·天下》

不累於俗,不飾於物,不苟〈苛〉於人⑨,不忮(伎)於衆⑩。願天下之

---

① 《釋文》:"廢,置也。"
② 王叔岷《莊子校詮》引馬其昶云:"《淮南》作'未始異於聲,而音之君已形也'(見《覽冥》)。此脱'形也'二字。"
③ 成《疏》:"閽,守門人也。"錢穆《莊子纂箋》:"馬其昶云:'蹢通謫。'穆按,謫子於宋,必謂其有罪;然使者守門,刖者固亦罪人也。何以於彼則親而任之,於子則遠而譴之乎?"
④ 《釋文》:"《字林》云:'銒似小鍾而長頸。'又云:'似壺而大。''以束縛',郭云:'恐其破傷也。'"王叔岷《校詮》引朱駿聲謂:"《説文》:'銒,似鍾而頸長。從金,开聲。'按,并省聲。或曰酒器。"又引于省吾云:"銒即鉼……鉼,今作瓶,以金爲之,故從金。"
⑤ 王叔岷《校詮》引洪頤煊云:"'唐子'通作'蕩子'。"又引于省吾舉甲骨文、叔弓鎛"成湯"均作"成唐"申之。錢穆《纂箋》:"域字借爲閾,子已亡矣,而求之不出門閾之外,則何可得也!"
⑥ 郭慶藩《莊子集釋》引俞樾云:"'有遺類矣'當連下'夫'字爲句。"林希逸《莊子鬳齋口義》:"遺,餘也、略也。類,似也。言此三事皆與惠子、楊、墨之徒略相似也。"
⑦ 郭慶藩《莊子集釋》引俞樾云:"蹢當讀爲謫……'楚人寄而謫閽者'謂寄居人家而怒責其閽者也,與下文'夜半於无人之時而與舟人鬬'均此楚人之事,皆喻其自以爲是也。"
⑧ 郭注:"岑,岸也。"王先謙《莊子集解》云:"宣云:'離同麗。'案夜半無人之時,舟未著岸而與舟人鬬,將有性命之虞,與寄而謫閽之事,皆足以造怨也。"
⑨ 王念孫《讀書雜志》以"苟"爲"苛"之誤,此從之。
⑩ 鵬按,"苛""伎"對文,頗疑"伎"當讀爲"伎",訓爲親與、黨與之與。《説文》:"伎,與也。"段玉裁《注》引《説文》"與,黨與也",謂此即"伎"之本義。《詩·大雅·瞻卬》"鞫人忮忒",忮字《説文》引作"伎",此乃二字通用之例證。

安寧,以活民命。人我之養,畢足而止,以此白心①。古之道術有在於是者,宋鈃、尹文聞其風而悦之。作爲華山之冠以自表②,接萬物以别宥(囿)爲始③。語心之容(庸)④,命之曰心之行。以聏(胹)合驩⑤,以調海内。請(情)之欲置〈寡〉以爲主⑥。見侮不辱,救民之鬭;禁攻寢兵,救世之戰。以此周行天下,上説下教,雖天下不取,强聒〈聞〉而不舍

① 《釋文》:"白心,崔云:明白其心也。白或作任。"鵬按,當以作"白"爲是,白訓爲彰明。《荀子·榮辱》:"身死而名彌白",楊《注》:"白,彰明也。"同書《正名》説行,則天下正;説不行,則白道而冥窮",俞樾《諸子平議》云:"窮,當讀爲躬。白道而冥躬者,明白其道而幽隱其身也。"彼言"白道",此云"白心","白"字用法相同。白心者,彰明其心,使心恢復本然的狀態。從内言爲"白心";從外言則爲"别囿"或"去囿",二者實相通。
② 顧實《莊子天下篇講疏》:"《西山經》曰:'太華之山,削成而四方。'《水經·渭水》注:'華山遠而望之,又若華狀。'故《釋文》云:'華山上下均平,作冠象之,表己心均平也。'然蓋以示其岸然道貌,不物於物。《大宗師》篇曰:'古之真人,其狀峨而不崩。'是其義也。故能接萬物,以别宥爲始。"
③ 梁啓超《莊子天下篇釋義》:"《吕氏春秋·去宥》篇云:'夫人有所宥者,固以晝爲昏,以白爲黑……故凡人必别宥然後知,别宥則能全其天矣。'《尸子·廣澤》篇云:'料子貴别囿',汪繼培云:'宥與囿通。'案,别宥即去囿,宥爲其囿蔽者,如荀子之言解蔽矣。《説文》:"别,分解也。"引申爲辨。顧實《講疏》謂:"别囿者,謂人心有所拘囿,當辨而去之也。……囿之範圍甚廣,然尤以榮辱之足以囿人心,爲恒且大。……'辨乎榮辱之境'(《逍遥遊》)一語,正即此之曰'别囿'矣。《老子》曰:'善之與惡,相去若何。'又曰:'知其榮,守其辱。'此宋鈃、尹文學出黄老之證乎?"
④ 單晏一《莊子天下篇薈釋》:"'容'與'行'相屬,其義似亦相類。如同爲名詞,則'行'當讀爲'形'。……如同係動詞,則'容'當讀爲'庸',庸之爲言用也。"鵬按,"容"疑讀爲"庸",二字通假之例如《莊子·胠篋》"容成氏",《通鑑·外紀》引《六韜》作"庸成氏";《荀子·修身》"庸衆駑散",《韓詩外傳》卷二"庸"作"容"。
⑤ 《釋文》:"聏,崔本作胹,音而,郭音餌。司馬云:'色厚貌。'崔、郭、王云:'和也。'聏和萬物,物和則歡矣。一云:'調也。'"王夫之《莊子解》讀聏爲胹,訓爲熟煮,釋"以胹合驩,以調海内"爲"合海内之驩,如烹調五味,令其融和"。二句蓋指宋鈃、尹文善於融合諸家之説。
⑥ 梁啓超《釋義》:"'請欲'當讀爲'情欲',即下文'情欲寡淺'之情欲也。"高亨《莊子天下篇箋證》:"古金文'寡'字上從宀下從頁,隸變當作'頁(上從宀)',讀者弗識,因訛爲'置'。《管子·版法》篇:'置不能圖。'《版法解》作'寡不能圖'。此置、寡互誤之證。……下文云:'請欲固置,五升之飯足矣。'其誤同,言人之情欲本少,有五升之飯即足矣。又下文'以禁攻寢兵爲外,以情欲寡淺爲内',皆承上文而言,若'請欲固置'讀如本字,則情欲寡淺無所承矣。"鵬按,二氏説是。今本"請欲置之以爲主"疑當作"情之欲寡以爲主",諸家以"情欲"連讀,疑非。

者也①,故曰:"上下見厭而強見也。"②雖然,其爲人太多,其自爲太少;曰:"請(情)欲固置〈寡〉③,五升之飯足矣!"先生恐不得飽,弟子雖飢,不忘天下,日夜不休。曰:"我必得活哉!"圖傲乎④!救世之士哉!曰:"君子不爲苛察,不以身假物。"以爲無益於天下者,明之不如已也。以禁攻寢兵爲外,以情欲寡淺爲内⑤,其小大精粗,其行適至是而止⑥。

3.1 《荀子·非十二子》

不知一天下,建國家之權稱,上功用,大儉約而僈差等⑦,曾不足以容辨異、縣君臣⑧,然而持之有故,其言之成理,足以欺惑愚衆,是墨翟、宋鈃也。

---

① 鵬按。疑"聑"爲"聞"之誤。聑字原從"昏"聲,而"聞"字古文從"昏"(皆見《説文》),二字因形近而混訛。"強聞"與下句"上下見厭而強見"之"強見"意義相應,謂強使之聞、強使之見也。
② 厭者,厭棄也。見字表示被動,見厭即被厭棄之意。王叔岷《莊子校詮》:"宣穎云:'人皆厭之,猶強欲自表見。'按宣解'而'爲'猶',是也。"
③ 梁啓超《莊子天下篇釋義》:"'請欲'讀爲'情欲',宋子之意,謂人類情欲之本質,但能得五升之飯斯已足矣,此即'情欲寡'之説也。譚戒甫《莊子天下篇校釋》:"情欲固置,唐鉞謂爲'情固欲寡'之誤倒,甚是;惟作'情欲固寡'亦通,不必乙轉也。"鵬按,請讀爲情,梁、唐二氏説是。情欲二字不當連讀,唐鉞説是。"情固欲寡"謂人之情本爲欲寡。
④ 郭象《注》釋"圖傲"爲"揮斥高大之貌"。王叔岷《莊子校詮》申明郭説:"圖傲,謂意圖高大也。傲借爲贅,《説文》:'贅,贅顤,高也。'……以救世之士稱二子,故謂其意圖高大也。"鵬按,王説是。《説文》:"圖,畫計難也。"段《注》:"《左傳》曰:'咨難爲謀。'畫計難者,謀之而苦其難也。""傲"字亦當如王叔岷説訓爲高。《説文》:"敖,游也。"徐鍇《繫傳》:"《詩》云:'以敖以游。'游有所詣,敖猶翱翔。"《釋名·釋言語》:"翱,敖也,言敖游也。"敖與翱爲同源詞,故從敖之字多有高義。本句蓋謂宋、尹之説陳義甚高,難以普遍施行,但若論其行,則真救世之士也。
⑤ "情"指"情實"。"情欲寡淺"即"人之情欲寡"之意,"情欲"二字連讀殆出於斷章取義,或文字本有脱誤。顧實《莊子天下篇講疏》云:"荀子述宋子,均以'人之情,爲欲、爲不欲乎'不以'情欲'二字連讀。而莊子則以情欲二字連讀,殆各出於斷章取義,故不同邪。"
⑥ 王先謙《集解》:"其行止於是,則其道術之大小精粗亦不過如是。"
⑦ 楊倞《注》:"僈,輕也。輕僈差等,謂欲使君臣上下同勞苦也。"《説文》無"僈"字,《集韻》以"僈"爲"慢"之異體。
⑧ 《説文》:"縣,繫也。"引申爲維繫,如《管子·禁藏》:"法者,天下之儀也,所以決疑而明是非也,百姓之所縣命也。""縣君臣"即維繫君臣關係。

3.2 《荀子·天論》

萬物爲道一偏,一物爲萬物一偏。愚者爲一物一偏,而自以爲知道,無知也。慎子有見於後,無見於先①。老子有見於詘,無見於信(伸)②。墨子有見於齊,無見於畸。宋子有見於少,無見於多。有後而無先,則群衆無門③;有詘而無信(伸),則貴賤不分;有齊而無畸,則政令不施;有少而無多,則群衆不化④。

3.3 《荀子·正論》

子宋子曰:"明見侮之不辱,使人不鬥。人皆以見侮爲辱,故鬥也;知見侮之爲不辱,則不鬥矣。"應之曰:"然則以人之情爲不惡侮乎?"曰:"惡而不辱也。"曰:"若是,則必不得所求焉。凡人之鬥也,必以其惡之爲説,非以其辱之爲故也。今俳優、侏儒、狎徒詈侮而不鬥者,是豈鉅知見侮之爲不辱哉?然而不鬥者,不惡故也。今人或入其央〈矢(菡)〉潰⑤,竊其豬彘,則援劍戟而逐之,不避死傷,是豈以喪豬爲辱也哉?然而不憚鬥者,惡之故也。雖以見侮爲辱也,不惡則不鬥;雖知見侮爲不辱,惡之則必鬥。然則鬥與不鬥邪,亡於辱之與不辱也,乃在於惡之與不惡。夫今子宋子不能解人之惡侮,而務説人以勿辱也,豈不過甚矣哉!金(瘖)舌弊口⑥,猶將無益也。不知其無益,則不知;知其無益也,

---

① 梁啓超《荀子評諸子語匯釋》:"慎到之學,《莊子·天下》篇稱其'棄知去己,至於若無知之物而已'。其意蓋懸一客觀的物準以爲道之至極……若天下事理,果一成而不變,則用機械的物準以取之,固無不可,然事理固變動不居者,實際尚無一事物與從前所發見之事物絶對相同,然則機械的應付,必歸於違悟而矣。慎子專注意事物已成之相,故曰有見於後,蔑視此已成之相之所由來,故曰無見於先。"
② 楊倞《注》:"信,讀爲伸。"
③ 梁啓超《荀子評諸子語匯釋》:"無門者,慎子使人學無知之物,屏絕智慮,則相率於渾沌,如欲其人而閉諸門矣。"
④ 楊《注》:"夫欲多,則可以勸誘爲善。若皆欲少,則何能化之?"
⑤ 龍宇純《荀卿子記餘》認爲"央"當作"矢"。矢與菡通,矢潰猶言圂潰。《倉頡篇》:"圂,豕所居也。"鵬按,《説文》:"菡,糞也。""圂,豕廁也。"漢人"菡"多作"矢",而"圂"引申爲人廁之稱。古代飼豬之處與廁所相鄰,便於肥料的收集,故此文云"入其菡潰,竊其豬彘"。
⑥ 鵬按,當作"金口弊舌"。《通雅》引此文作"金口蔽舌",可證"口"、"舌"二字當互易。"金"疑讀爲"瘖",訓爲瘖啞。此謂宋子務説"見侮不辱"之道理,雖至口瘖舌敝,猶徒然也。

直以欺人，則不仁。不仁不知，辱莫大焉。將以爲有益於人，則與無益於人也，則得大辱而退耳！説莫病是矣。"

子宋子曰："見侮不辱。"應之曰："凡議必將立隆正，然後可也。無隆正，則是非不分而辨訟不決，故所聞曰：'天下之大隆，是非之封界，分職名象之所起，王制是也。'故凡言議、期命、是非①，以聖王爲師。而聖王之分，榮、辱是也。是有兩端矣：有義榮者，有埶榮者；有義辱者，有埶辱者。志意脩，德行厚，知慮明，是榮之由中出者也，夫是之謂義榮。爵列尊，貢禄厚，形埶勝，上爲天子諸侯，下爲卿相士大夫，是榮之從外至者也，夫是之謂埶榮。流淫汙僈（漫）②，犯分亂理，驕暴貪利，是辱之由中出者也，夫是之謂義辱。詈侮捽搏，捶笞臏腳〈刖〉③，斬斷枯磔，藉靡（縻）舌（括）縪〈縛〉④，是辱之由外至者也，夫是之謂埶辱。是榮辱之兩端也。故君子可以有埶辱，而不可以有義辱；小人可以有埶榮，而不可以有義榮。有埶辱無害爲堯，有埶榮無害爲桀。義榮、埶榮，唯君子然後兼有之；義辱、埶辱，唯小人然後兼有之。是榮辱之分也，聖王以爲法，士大夫以爲道，官人以爲守，百姓以成俗，萬世不能易也。今子宋子案（焉）不然⑤，獨詘容爲己，慮一朝而改之⑥，説必不行矣。譬之是猶以

---

① 劉師培《荀子補釋》："期者，即期約也。《禮記·曲禮》鄭注云：'期猶要也。'……命即命令。"王天海《荀子校釋》引鍾泰云："此蓋承上文而言，謂是與非必以聖王爲師也。"王氏又説："言議，立言及議論也。"
② 《荀子·榮辱》："汙僈突盜，常危之術也，然而未必不安也。"楊《注》："僈，當爲漫，漫亦汙也。水冒物謂之漫。《莊子》云：'北人無擇曰：順以其辱行汙漫我。'漫，莫半反。《莊子》又曰'澶漫爲樂'，崔云：'淫衍也。'李云：'縱逸也。'"
③ 龍宇純《荀卿子記餘》指出，上文"詈侮捽搏"及下文"斬斷枯磔"皆四字平列爲義，"腳"當爲"刖"字之誤。
④ 高亨《諸子新箋》："藉，繫也。……楊《注》：'靡，繫縛也，與縻同義。'是也。藉靡謂繫靡，受縲紲之辱也。"孫詒讓《札迻》以此句"縪"爲"縛"之誤，蔣禮鴻《讀〈荀子集解〉》謂："'舌'當爲《周易》'括囊'之括，非口舌字。'藉靡舌縪'四字同義，謂見繫縛也。"
⑤ 《荀》書中"案"字往往讀爲"焉"，作爲承接連詞，可訓爲乃或則，如《非十二子》"案飾其辭而祗敬之曰：此真先君子之言也"。《王制》："權謀傾覆之人退，則賢良知聖之士案自進矣。刑政平，百姓和，國俗固，敵國案自詘矣。"
⑥ 劉師培《荀子補釋》："詘容，即降心相容（即前所謂'見侮不辱'）。爲己，猶於己（爲訓爲於，見王氏《經傳釋詞》）。猶言獨甘辱己也。慮一朝而改之，猶言思一朝而改之。"

塼(摶)涂〔而〕塞江海也①,以焦僥而戴太山也,蹞跌碎折不待頃矣! 二三子之善於子宋子者殆②,不若止之③,將恐得〈復〉傷其體也④。

子宋子曰:"人之情欲寡,而皆以己之情爲欲多⑤,是過也。"故率其群徒,辨其談説,明其譬稱,將使人知情欲之寡也⑥。應之曰:"然則亦以人之情爲欲目不欲綦(極)色⑦,耳不欲綦(極)聲,口不欲綦(極)味,鼻不欲綦(極)臭,形不欲綦(極)佚。此五綦(極)者,亦以人之情爲不欲乎?"曰:"人之情,欲是已⑧。"曰:"若是,則説必不行矣。以人之情爲欲此五綦(極)者而不欲多,譬之是猶以人之情爲欲富貴而不欲貨也,好美而惡西施也。古之人爲之不然。以人之情爲欲多而不欲寡,故賞以富厚而罰以殺損也,是百王之所同也。故上賢禄天下,次賢禄一國,下賢禄田邑,愿慤之民完衣食。今子宋子以是〈人〉之情爲欲寡而不欲多也⑨,然則先王以人之所不欲者賞,而以人之所欲者罰邪? 亂莫大焉。今子宋子嚴然而好説,聚人徒,立師學,成文曲〈典〉⑩,然而説不免於以至治爲至亂也,豈不過甚矣哉!"

---

① 王叔岷《荀子斠理》:"元本、《百子》本'塞'上並有'而'字,與下文句法一律,《喻林》五七引亦有而字。"王天海《荀子校釋》引盧文弨云:"塼,俗字,《荀》書本作'摶'。摶塗泥而塞江海,必無用矣。"
② 諸家多將"殆"字屬下讀。鵬按,"殆"字屬上讀,訓爲危。"某某者殆"之例如《管子·侈靡》:"功成而不信者殆,兵强而無義者殘。"同書《樞言》:"人主好佚欲、亡其身、失其國者殆。其德不足以懷其民者殆。"
③ 劉師培《荀子補釋》:"不若,當作若不。言若不止之,恐其反有傷于彼身也。"
④ 俞樾《諸子平議》云:"得字無義,疑復字之誤。復者,反也。猶曰將恐反傷其體也。"
⑤ 王念孫《讀書雜志》:"'人之情'三字連讀,'欲寡'二字連讀,非以'情欲'連讀也。"又云:"'己之情'三字連讀,'欲多'二字連讀,謂人皆以己之情爲欲多不欲寡也。"
⑥ 楊倞《注》:"'情欲之寡',或爲'情之欲寡'。"王念孫《讀書雜志》云:"或本是也。此謂宋子將使人知之欲寡不欲多也。下文云: 古之人'以人之情爲欲多而不欲寡';子宋子'以人之情爲欲寡而不欲多也',是其證。"
⑦ "目"上"欲"字疑衍,《荀子·王霸》:"夫人之情,目欲綦色,耳欲綦聲,口欲綦味,鼻欲綦臭,心〔形〕欲綦佚,此五綦者,人情之所不必免也。"楊《注》:"綦,極也。綦或爲甚,傳寫誤耳。"
⑧ 王天海《荀子校釋》:"'人之情'連讀,'欲是已'又一讀,不可'情欲'連讀。"
⑨ 王念孫《讀書雜志》:"人之情,各本作'是之情'。按,人之情三字,上文凡七見,今據改。"
⑩ 王念孫《讀書雜志》:"成文曲,義不可通。曲當爲典字之誤也。故楊《注》云:'文典,文章也。'(今本注文亦誤作'文曲')成文典,謂作《宋子》十八篇也。《非十二子》篇(評田駢、慎到)云:'終日言成文典。'是其證。"

3.4 《荀子·解蔽》

昔賓孟(氓)之蔽者①,亂家是也②。墨子蔽於用而不知文,宋子蔽於欲而不知得(德)③,慎子蔽於法而不知賢,申子蔽於埶而不知知(智),惠子蔽於辭而不知實,莊子蔽於天而不知人。故由用謂之道,盡利矣;由俗〈欲〉謂之道,盡嗛(慊)矣④;由法謂之道,盡數矣⑤;由埶謂之道,盡便矣;由辭謂之道,盡論矣;由天謂之道,盡因矣。此數具者,皆道之一隅也。夫道者體常而盡變,一隅不足以舉之。曲知之人,觀於道之一隅而未之能識也。故以爲足而飾之,内以自亂,外以惑人,上以蔽下,下以蔽上,此蔽塞之禍也。

3.5 《荀子·正名》

"見侮不辱""聖人不愛己""殺盜非殺人也",此惑於用名以亂名者也⑥。

---

① 俞樾《諸子平議》:"'孟',當讀爲'氓'。……《吕氏春秋·高義》篇載墨子之言曰:'若越王聽吾言,用吾道,翟度身而衣,量腹而食,比於賓萌,未敢求士。'高注曰:'賓,客也。萌,民也。'所謂賓萌者,蓋當時有此稱。戰國時游士往來諸侯之國,謂之賓萌,若下文墨子、宋子、慎子、申子、惠子、莊子,皆其人矣。"劉師培《荀子補釋》亦云:"戰國之時,諸子多自稱爲氓,故許行至滕,願受一廛而爲氓是也。氓、萌古通,則'賓氓'猶今俗稱之'客民'矣。尊之則曰'客卿',如齊稷下之士是也。"

② 俞樾《諸子平議》:"亂家包下文諸子而言。上文云'亂國之君、亂家之人',又曰'亂國之君非之上,亂家之人非之下',此'亂家'二之證也。"

③ 俞樾《諸子平議》:"古得、德字通用。……'蔽於欲而不知德'正與下句'慎子蔽於法而不知賢'一律。"鵬按,"德"乃自得,與"欲"之滿足賴於外物正相對。"德"字亦與上句"墨子蔽於用而不知文"之"文"對應。

④ 楊倞《注》:"俗,當爲'欲'。嗛與慊同,快也。言若從人所欲不爲節制,則天下之道近於快意也。"鵬按,"嗛"當讀爲"慊"。《説文》:"慊,快也。""嗛,口有所銜也。""慊,疑也。"後二字訓爲快,皆"慊"字假借。

⑤ 鵬按,《慎子》論法多有權衡義,如《威德》:"蓍龜,所以立公識也。權衡,所以立公正也。書契,所以立公信也。度量,所以立公審也。法制禮籍,所以立公義也。凡立公,所以棄私也。"《太平御覽》卷429引《慎子》:"有權衡者不可欺以輕重,有尺寸者不可差以長短,有法度者不可巧以詐僞。"法既爲權衡萬物之工具,則"由法謂之道,盡數矣",數訓爲計度。

⑥ 楊倞《注》:"'見侮不辱',宋子之言也。'聖人不愛己',未詳其説,似《莊子》之意。'殺盜非殺人',亦見《莊子》。……此三者徒取其名,不究其實,是惑於用名以亂正名也。"

驗之所以爲有名①，而觀其孰行，則能禁之矣。"山淵平"、"情欲寡"、"芻豢不加甘，大鍾不加樂"②，此惑於用實以亂名者也。驗之所緣無以同異③，而觀其孰調，則能禁之矣……

凡語治而待去欲者，無以道(導)欲而困於有欲者也④；凡語治而待寡欲者，無以節欲而困於多欲者也。有欲無欲，異類也，性之具也，非治亂也⑤；欲之多寡，異類也，情之所也⑥，非治亂也。欲不待可得，而求者從所可。欲不待可得，所受乎天也；求者從所可，〔所〕受乎心也⑦。所受乎天之一欲⑧，制於所受乎心之多(度)⑨，固難類所受乎天也⑩。人之

---

① 王先謙《荀子集解》引王引之説指出："驗之所"下"以"字衍，據《注》云"驗其所爲有名"可知。
② 楊倞《注》："'山淵平'，即《莊子》'山與淵平'也。'情欲寡'，即宋子云'人之情，欲寡'也。'芻豢不加甘，大鍾不加樂'，墨子之説也。"鵬按，"山淵平"見《莊子·天下》，乃惠施之説。
③ 王先謙《荀子集解》引王引之説指出："驗之所緣"下"無"字衍，據《注》云"驗其所緣同異"可知。
④ 楊倞《注》："凡言治待使人盡去欲，然後爲治，則是無道欲之術，而反爲有欲者所困。"鵬按，本文及楊《注》"道"字皆讀爲"導"。"語"訓爲論。
⑤ 四句今本作"有欲無欲，異類也，生死也，非治亂也"。王念孫《讀書雜志》："'生死也'三字，與上下文義不相屬……。'生死也'當作'性之具也'('生'、'性'字相近，又因下文有'生死'字而誤)。下文'性之具也'即此句之衍文。有欲無欲，是生而然者也，故曰'性之具也'。'性之具也'、'情之數也'二句相對爲文。下文'雖爲守門，欲不可去；雖爲天子，欲不可盡'，四句亦相對爲文，若闌入'性之具也'一句，則隔斷上下語氣。"
⑥ "情之所"，一本作"情之數"。鵬按，頗疑作"數"者，因上文"多寡"聯想而致誤。"所"與"具"對文，當訓爲直或職。王引之《經義述聞》曾指出："《碩鼠》篇首章曰'爰得我所'，二章曰'爰得我直'……直當讀爲職，職亦所也。"所字由"處所"、"位處"之義引申爲當值("直"或"值")、主管("職")之義。本篇上文云："不事而自然謂之性，性之好惡喜怒哀樂謂之情。"下文又云："情者，性之質也；欲者，情之應也。"情是性的如實表現，而欲又爲情之所應，故此處言欲之多寡，乃情之職或情之直，隱含有情主欲之意。
⑦ 今本脱"所"字，俞樾《諸子平議》云："'所受乎心'與'所受乎天'正相對。下文亦以'所受乎天'、'所受乎心'並言，則此文有'所'字明矣，當據補。"
⑧ 鵬按，此句"一"字疑後人誤以校讀符號爲正文，並涉上文"多寡"、下文"心之多"聯想而衍。
⑨ 楊《注》以"制於所受乎心之計"釋"制於所受乎心之多"。鵬按，疑今本之"多"當讀爲"度"，度與計意義相近。古音"多"爲端母歌部，"度"爲定母鐸部，音近可通。本篇上文云："情然而心爲之擇，謂之慮。"是心有擇度情、欲之功能。
⑩ 鵬按，此句疑由注文竄入，錢佃所見諸本及巾箱本俱無，當從之。

所欲生甚矣,人之所惡死甚矣;然而人有從(縱)生成死者①,非不欲生而欲死也,不可以生而可以死也。故欲過之而動不及,心止之也。心之所可中理,則欲雖多,奚傷於治?欲不及而動過之,心使之也。心之所可失理,則欲雖寡,奚止於亂?故治亂在於心之所可,亡於情之所欲。不求之其所在,而求之其所亡,雖曰我得之,失之矣。性者,天之就也;情者,性之質也;欲者,情之應也。以所欲爲可得而求之,情之所必不免也;以爲可而道(導)之,知(智)所必出也②。故雖爲守門,欲不可去③;雖爲天子,欲不可盡。欲雖不可盡,可以近盡也;欲雖不可去,求可節也④。所欲雖不可盡,求者猶近盡;欲雖不可去,所求不得,慮者欲節求也⑤。道者,進則近盡,退則節求,天下莫之若也。凡人莫不從其所可,而去其所不可。知道之莫之若也,而不從道者,無之有也。假之有人而欲南,無多;而惡北,無寡⑥。豈爲夫南者之不可盡也,離南行而北走也哉!今人所欲,無多;所惡,無寡。豈爲夫所欲之不可盡也,離得欲之道而取所惡也哉!故可道(導)而從之,奚以損〈益〉之而亂?不可道(導)而離之,奚以益〈損〉之而治⑦?故知(智)者論道(導)而已矣,小家珍

---

① 王天海《荀子校釋》引陶鴻慶云:"'從'讀爲'縱'。此言心不能制欲,則有縱生以成死者,以其有死之道也。"鵬按,"縱"訓爲"捨",《説文》:"縱,緩也。一曰:捨也。"
② 楊倞《注》:"心以欲爲可得而導達之,智慮必出於此也。"依其説,"道"讀爲"導","知"讀爲"智"。
③ 今本二句下尚有"性之具也"一句,依前註所引王念孫説移至"有欲無欲,異類也"下。
④ 鵬按,數句疑有衍誤。下文"求者猶近盡"、"慮者欲節求"乃相對而言,又云"進則近盡,退則節求",知"近盡"、"節求"對文,則此處"求可節也"當作"可節求也",而"可節求也"與"可以近盡也"對文,則"以"字當衍文可知。
⑤ 鵬按,"所欲雖不可盡"以下五句與前文語意重複,疑非《荀子》本文,乃後人注語竄入,楊《注》"爲貴賤之謀慮,皆在節其所求之欲也"即總結"欲雖不可盡,可近盡也;欲雖不可去,可節求也"之語。
⑥ 梁啓雄《荀子簡釋》:"《釋詞》:'之猶若也。'……多、寡都指路程。無多,謂無論多麼的多。"
⑦ 梁啓雄《簡釋》引劉念親云:"損、益字疑互誤,當作'奚以益之而亂'、'奚以損之而治'。"梁氏並説:"《釋詞》七:'而猶則也。'"鵬按,"損"、"益"當互倒,劉氏説是。"可道"、"不可道"之道當讀爲"導",二句皆蒙上文省主語"欲"。從者,由也,順也。數句是説:欲可導者則順從之,怎麼會由於增益它而亂?欲不可導者則遠離之,怎麼會因爲減損它而治?

(参)説之所願者皆衰矣①。

4.1 《韓非子・外儲説左上》

人主之聽言也，不以功用爲的，則説者多棘刺②、白馬之説③；不以儀的爲關④，則射者皆如羿也。人主於説也，皆如燕王學道也⑤；而長説者，皆如鄭人争年也⑥。是以言有纖察微難而非務也，故李〈季〉、惠、宋、墨皆畫策〈荚〉也⑦；論有迂深閎大〔而〕非用也⑧，故畏(魏)、震(愼)、

---

① 鵬按，"知者論道"之"知"當讀爲"智"，"道"則讀爲"導"。道、導二字及知、智二字通用，如前文"以爲可而道(導)之，知(智)所必出也"。"小家珍説"一詞即"小説"，《漢志》視《宋子》爲小説家，荀子蓋已導夫先路。"珍"疑本作"参"，《説文》："参，稠髮也。……鬒，或從彡，真聲。"引申爲叢密(縝、積二字皆其同源詞)。"小家珍説"即"小家叢説"，亦即桓譚《新論》所謂"殘叢小語"。"願"訓爲"思"，見《方言》卷一："慮、願、念、靖、愼，思也。……慮，謀思也。願，欲思也。念，常思也。"

② 下文《説》云："宋人有請爲燕王以棘刺之端爲母猴者，必三月齋，然後能觀之。燕王因以三乘養之。右御冶工言王曰：'臣聞人主無十日不燕之齋。今知王不能久齋以觀無用之器也，故以三月爲期。凡刻削者，以其所以削必小。今臣冶人也，無以爲之削，此不然物也。王必察之。'王因囚而問之，果妄，乃殺之。冶人謂王曰：'計無度量，言談之士多棘刺之説也。'"

③ 下文《説》云："兒説，宋人，善辯者也。持'白馬非馬'也(而)服齊稷下之辯者。乘白馬而過關，則顧(雇)白馬之賦。故籍之虛辭，則能勝一國；考實按形，不能謾於一人。""顧讀爲'雇'，從陳奇猷説。下'也'字涉前句而誤，疑本作'而'。"

④ 陳奇猷《韓非子校注》引劉師培曰："關，如'關石和鈞'之關。《周語》'關石和鈞'，韋注：'關，衡也。'關有衡訓，故上云'儀的爲關'與'功用爲的'對文。此云'不入關'與上文'度功'相對，猶言不中衡也。"按，《説文》："關，以木横持門户也。"故引申有衡義。

⑤ 下文《説》云："客有教燕王爲不死之道者，王使人學之，所使學者未及學而客死。王大怒，誅之。王不知客之欺己，而誅學者之晚也。夫信不然之物而誅無罪之臣，不察之患也。且人所急無如其身，不能自使其無死，安能使王長生哉！"

⑥ 下文《説》云："鄭人有相與争年者，一人曰：'吾與堯同年。'其一人曰：'我與黄帝之兄同年。'訟此而不決，以後息者爲勝耳。"

⑦ 王先愼《韓非子集解》引顧廣圻云："李當作季。季梁、惠施、宋鈃、墨翟也。"《荀子・成相》："愼、墨、季、惠百家之説誠不祥。"按，"季"，指季真，見《莊子・則陽》，其説存於《吕氏春秋・有度》《知度》。參考陳奇猷《吕氏春秋校釋》、拙著《宋鈃學派遺著考論》(第45頁)。陳奇猷《韓非子新校注》："策，當作荚。"《廣雅・釋草》："豆角謂之荚。"本篇下文《説》云："客有爲周君畫荚者，三年而成。君觀之，與髹荚者同狀，周君大怒。畫荚者曰：'築十版之牆，鑿八尺之牖，而以日始出時，加之其上而觀。'周君爲之，望見其狀，盡成龍蛇禽獸車馬，萬物之狀備具，周君大悦。此荚之功，非不微難也，然其用與素髹荚同。"

⑧ 鵬按，此句脱一"而"字，據上下文例補。

瞻、車〈陳〉狀皆鬼魅也①；言〈行〉而〈有〉拂難堅确〔而〕非功也②，故務、卞、鮑、介、墨翟皆堅瓠也③。且虞慶詘匠也而屋壞④，范且窮工而弓折⑤。是故求其誠者，非歸餉也不可⑥。

4.2 《韓非子·顯學》

漆雕之議，不色撓，不目逃⑦，行曲則違於臧獲，行直則怒於諸侯，世主以爲廉而禮之。宋榮子之議，設不鬬争，取〈趣〉不隨仇⑧，不羞囵

---

① 王先慎《集解》引顧廣圻曰："'畏'當作'魏'，魏牟也，聲近誤。'震'當作'處'。瞻何，《莊子·讓王篇》釋文云：'瞻子，賢人也。'《淮南》作'詹'。'車'當作'陳'，陳駢也，形近誤。'狀皆'當作'皆狀'。"按，顧説是，惟"震"疑讀爲"慎"，指慎到（本尹桐陽説，見陳奇猷《韓非子校注》引）。所謂"狀鬼魅"見本篇《説》："客有爲齊王畫者，齊王問曰：'畫孰最難者？'曰：'犬馬最難。''孰最易者？'曰：'鬼魅最易。夫犬馬，人所知也，旦暮罄於前，不可不類之，故難。鬼魅，無形者，不罄於前，故易之也。'"
② 王先慎《集解》引顧廣圻曰："'言而'當作'行有'。"鵬按，此從之。且疑"而"字本在"非功"上。
③ 王先慎《集解》："顧廣圻曰：務光、卞隨、鮑焦、介之推也。'墨翟'二字有誤，或當作'申徒狄'。先慎曰：'墨翟'即'田仲'之訛。下《説》'屈穀獻堅瓠於田仲'，即此。"鵬按，上文所論諸子皆四人一組，疑"墨翟"涉上而衍，此處所云"堅瓠"，對照《説》文，則田仲自在所譏之列，經文未必即有"田仲"二字。下文《説》云："齊有居士田仲者，宋人屈穀見之曰：'穀聞先生之義，不恃仰人而食。今穀有樹瓠之道，堅如石，厚而無竅，獻之。'仲曰：'夫瓠所貴者，謂其可以盛也。今厚而無竅，則不可剖以盛物；而任重如堅石，則不可以剖而以斟，吾無以瓠爲也。'曰：'然，穀將棄之。'今田仲不恃仰人而食，亦無益人之國，亦堅瓠之類也。"
④ 下文《説》云："虞慶爲屋，謂匠人曰：'屋太尊。'匠人對曰：'此新屋也，塗濡而椽生。'虞慶曰：'不然。夫濡塗重而生椽橈，以橈椽任重塗，此宜卑。'更日久，則塗乾而椽燥。塗乾則輕，椽燥則直，以直椽任輕塗，此益尊。'匠人詘，爲之而屋壞。"
⑤ 下文《説》云："范且曰：'弓之折，必於其盡也，不於其始也。夫工人張弓也，伏檠三旬而蹈弦，一日犯機，是節之其始而暴之其盡也，焉得無折！且張弓不然：伏檠一日而蹈弦，三旬而犯機，是暴之其始而節之其盡也。'工人窮也，爲之，弓折。"
⑥ 下文《説》云："夫嬰兒相與戲也，以塵爲飯，以塗爲羹，以木爲胾，然至日晚必歸饟者，塵飯塗羹，可以戲而不可食也。"
⑦ 陳奇猷《校注》："撓，曲也。不色撓者，蓋謂雖以威嚴之勢臨之，亦無曲從之色。《孟子·公孫丑上》篇趙岐注：'不目逃，云人刺其目，目不轉睛。'"
⑧ 陳奇猷《校注》："設不鬬争，猶言設爲不鬬争之論。下文'取不隨仇，不羞囵圄，見侮不辱'即所設不鬬争之論。"又云："取，讀爲趣。隨仇，即《五蠹》篇'知友被辱隨仇者貞也'之隨仇，謂追隨其友而仇其仇。故取不隨仇者，猶言趣不隨人之仇，蓋不鬬争也。"

囿,見侮不辱,世主以爲寬而禮之。夫是漆雕之廉,將非宋榮之恕也;是宋榮之寬,將非漆雕之暴也。今寬廉恕暴俱在二子,人主兼而禮之。自愚誣之學、雜反之辭争,而人主俱聽之,故海内之士,言無定術,行無常議。

5.1 《尹文子》卷下

田子讀書,曰:"堯時太平。"宋子曰:"聖人之治以致此乎?"彭蒙在側,越次答曰:"聖法之治以至(致)此①,非聖人之治也。"宋子曰:"聖人與聖法,何以異?"彭蒙曰:"子之亂名甚矣!聖人者,自己出也;聖法者,自理出也。理出于己,己非理也;己能出理,理非己也。故聖人之治,獨治者也;聖法之治,則無不治矣。此萬物之利,唯聖人能該之。"宋子猶惑,質于田子。田子曰:"蒙之言然。"

6.1 《尸子·廣澤》②

墨子貴兼,孔子貴公,皇子貴衷③,田子貴均,列子貴虛,料〈宋〉子貴别囿④,其學之相非也,數世而不已,皆弇于私也⑤。……若使兼、公、虛、均、衷、平易、别囿一實,則無相非也。

---

① 王啓湘《尹文子校詮》:"至與致通。"
② 《漢書·藝文志·諸子略》雜家有《尸子》二十篇。是書至三國前已散失九篇(見《隋書·經籍志》),唐魏徵《群書治要》載録十三篇,疑非其舊。明代學者陶宗儀、歸有光俱有《尸子》輯本,清代則有惠棟、任兆麟、孫志祖、孫星衍、汪繼培等五家輯佚,其中以汪氏所輯較全。此章自《爾雅·釋詁》邢昺疏輯出。
③ 梁啓超《〈尸子·廣澤〉篇、〈吕氏春秋·不二〉篇合釋》云:"皇子無考,《莊子·達生篇》云:'其有皇子告敖者。'……貴衷者,衷,中也,其説蓋如子莫執中耶。"
④ 馬叙倫《莊子天下篇述義》認爲"料子"即宋子,"宋"以形近誤爲"敕(省攵)",後者與"料"音近,因而致誤。鵬按,《説文》:"敕,擇也。""敕"、"料"通假之例見於《鬼谷子·捭闔》"料其情也",此"料"字訓作簡擇,其本字爲"敕"。"敕"字左旁所從,即典籍中訓爲"冒"之"乎"字(《説文》上從"网"),而《集韻·支韻》謂此字或作"罙",其形尤與"宋"近。
⑤ 《爾雅·釋詁》邢疏原作"其學之相非也,數世矣,而已皆弇于私也"。汪繼培輯本據何焯説,認爲"而"字下缺一"不"字,校讀爲"其學之相非也,數世矣而不已,皆弇于私也"。鵬按,後説是。邢疏"矣"字又疑爲衍文。

7.1 《韓詩外傳》卷四①

夫當世之愚，飾邪説，文姦言，以亂天下，欺惑衆愚，使混然不知是非治亂之所存者，即是范雎②、魏牟、田文、莊周、慎到、田駢、墨翟、宋鈃、鄧析、惠施之徒也。此十子者，皆順非而澤③，聞見雜博，然而不師上古，不法先王④，按往舊造説⑤，務〈矜〉自爲工（功）⑥，道無所遇，二人相從⑦。故曰：十子者之工説，説皆不足合大道，美風俗，治綱紀。然其持之各有故，言之皆有理，足以欺惑衆愚，交亂樸鄙，則是十子之罪也。

8.1 《漢書·藝文志·諸子略》小説家

《宋子》十八篇⑧。班志自注："孫卿道宋子。其言黄老意⑨。"

---

① 《韓詩外傳》此段非十子之説，蓋本《荀子·非十二子》。《韓詩外傳》有范雎、田文、莊周，此《非十二子》所無；《非十二子》有它囂、陳仲、史鰌、子思、孟軻，此《韓詩外傳》所無。屈守元《韓詩外傳箋疏》謂："此章雖出《荀子》，然所論人物不盡同，又無子思、孟子，顯然有所改易，或已經尊儒者竄亂。"王應麟、盧文弨以《非十二子》批評子思、孟軻條疑爲韓非、李斯所附益，屈氏《箋疏》及鄭良樹《〈荀子·非十二子〉"子思、孟軻"條非附益辨》已辨其非。
② 范雎爲魏人，相秦昭王，封應侯。《戰國策·趙策三》載魏牟贈言於范雎事，疑後人據此將《非十二子》之"它囂、魏牟"改易爲"范雎、魏牟"。
③ 屈守元《箋疏》："順非而澤，語又見《荀子·宥坐》篇、《尹文子·大道篇下》。《宥坐》篇楊倞《注》：'澤，有潤澤也。'《管子·法禁》篇：'行僻而堅，言詭而辯，術非而博，順惡而澤者，聖王之所禁也。'其語亦可與此參證。"鵬按，"澤"訓爲玩弄，《禮記·少儀》狀君子懈倦之態，有"澤劍首"，鄭玄注："澤，謂玩弄也。金器弄之，易生汗澤。"
④ 《荀子·非十二子》謂惠施、鄧析"不法先王"。
⑤ 《非十二子》謂子思、孟軻"略法先王而不知其統，猶然而材劇志大。聞見雜博，案往舊造説，謂之五行"。
⑥ "工"一本作"功"，當從之。屈守元《箋疏》："'務'當爲'矜'，字之誤也。《漢書·司馬相如傳》：'射中獲多，矜自爲功。'顔師古注：'自矜其能，以爲功也。'務、矜二字隸書往往混淆，説見《讀書雜志》九之十四。"
⑦ "二"一本作"而"，屈守元《箋疏》引周廷寀云："荀書自它囂、魏牟已下十二子，兩兩一類，故傳亦云'二人'。'二'或爲'而'，非。"
⑧ 此書久佚，《隋書·經籍志》已無著録，馬國翰有輯本，但皆爲間接之評述資料。近人郭沫若《宋鈃尹文遺著考》認爲《管子》中的《心術上》《心術下》《内業》《白心》等篇爲宋鈃、尹文一派之遺著，拙著《宋鈃學派遺著考論》進一步論證《心術上》經文、《白心》及《吕氏春秋·去尤》《去宥》、上海博物館藏戰國竹書《彭祖》爲宋鈃一派著作。
⑨ 鵬按，班固的話應斷作二句讀，前句"孫卿道宋子"之"道"猶"稱"也，即荀卿曾稱引《宋子》之意（荀子引宋子之説見於《正論》《正名》等篇），其例猶同書《列子》八篇班志自注"先莊子，莊子稱之"，《鄭長者》一篇班氏注"先韓子，韓子稱之"，皆謂後人曾稱引該書之説。後句"其言黄老意"則指宋鈃學説與黄老道家相近。

肆·尹文卷

1.1 《莊子·天下》(參看宋鈃卷 2.3)

不累於俗,不飾於物,不苟〈苛〉於人,不忮(伎)於衆。願天下之安寧,以活民命。人我之養,畢足而止。以此白心,古之道術有在於是者,宋鈃、尹文聞其風而悅之,作爲華山之冠以自表,接萬物以別宥(囿)爲始。語心之容(庸),命之曰心之行。以聏(腼)合驩,以調海內。請(情)之欲置〈寡〉以爲主。見侮不辱,救民之鬭;禁攻寢兵,救世之戰。以此周行天下,上說下教,雖天下不取,强聒〈聞〉而不舍者也,故曰:"上下見厭而强見也。"雖然,其爲人太多,其自爲太少;曰:"請(情)欲固置〈寡〉,五升之飯足矣!"先生恐不得飽,弟子雖飢,不忘天下,日夜不休。曰:"我必得活哉!"圖傲乎!救世之士哉!曰:"君子不爲苛察,不以身假物。"以爲無益於天下者,明之不如已也。以禁攻寢兵爲外,以情欲寡淺爲內,其小大精粗,其行適至是而止。

2.1 《尹文子》佚文(見《意林》卷 2、《藝文類聚》卷 20、《太平御覽》卷 402)[①]

尹文子見齊宣王[②],宣王不言而歎。尹文子曰:"何歎?"王曰:"吾歎國中寡賢。"尹文子曰:"使國悉賢,孰處王下[③]?"王曰:"國悉不肖[④],可乎?"尹文子曰:"國悉不肖,孰理王朝?"王曰:"賢與不肖皆無,可乎?"

[①] 此章錢熙祚輯入《尹文子佚文》,王啓湘《尹文子校詮》、王愷鑾《尹文子校正》皆將錢氏所輯作爲附録。依本編體例,此章若爲《尹文子》原文,不應録爲評述資料,惟今本《尹文子》中未有任何尹文與時人應答的章節,考慮此章對於考定尹文生平與思想頗有助益,故仍收入。
[②] 《意林》卷二所引無"齊"字。
[③] 此句之下《意林》有"誰爲王使"四字。
[④] 此句下《御覽》所引脱"可乎尹文子曰國悉不肖"十字。

尹文子曰:"不然,有賢有不肖,故王尊於上,臣卑於下。進賢退不肖,所以有上下也。"

3.1 《公孫龍子·跡府》

公孫龍,趙平原君之客也。孔穿,孔子之葉也。穿與龍會,穿謂龍曰:"臣居魯,側聞下風,高先生之智,説先生之行,願受業之日久矣,乃今得見。然所不取先生者,獨不取先生之以白馬爲非馬耳。請去白馬非馬之學,穿請爲弟子。"公孫龍曰:"先生之言悖。龍之學,以白馬爲非馬者也。使龍去之,則龍無以教。無以教,而乃學於龍也者悖。且夫欲學於龍者,以智與學焉爲不逮也。今教龍去白馬非馬,是先〈失〉教而後師之也①。先〈失〉教而後師之,不可。先生之所以教龍者,似齊王之謂尹文也。齊王之謂尹文曰:'寡人甚好士,以〈如〉齊國無士何也②?'尹文曰:'願聞大王之所謂士者。'齊王無以應。尹文曰:'今有人於此,事君則忠,事親則孝,交友則信,處鄉則順。有此四行,可謂士乎?'齊王曰:'善!此真吾所謂士也。'尹文曰:'王得此人,肯以爲臣乎?'王曰:'所願而不可得也。'是時齊王好勇,於是尹文曰:'使此人廣庭大衆之中,見侵侮而終不敢鬭,王將以爲臣乎?'王曰:'鉅(詎)士也③?見侮而不鬭,辱也。辱則寡人不以爲臣矣。'尹文曰:'唯(雖)見侮而不鬭④,未失其四行也。是人未失其四行,其所以爲士也。然而王一以爲臣,一不以爲臣,則向之所謂士者,乃非士乎?'齊王無以應。尹文曰:'今有人君,將理其國,人有非則非之,無非則亦非之;有功則賞之,無功則亦賞之,而怨人之不理也,可乎?'齊王曰:'不可。'尹文曰:'臣竊觀下吏之理齊,其方若此矣。'王曰:'寡人理國,信若先生之言,人雖不理,寡人不敢怨也。意未至然與⑤。'尹文

---

① 按,"先"疑爲"失"誤,《孔叢子·公孫龍》一本作"是失教也",亦可證此句"而後師之"涉下文衍。前謂"教",此言"失教",語正相對。
② 守山閣本"以"作"而",俞樾《諸子平議·補録》云:"以字乃如字之誤。"此從之。
③ 一本作"詎",孫詒讓《札迻》:"鉅與詎通。"
④ "唯",《呂覽·正名》(見本卷 5.1)作"雖",俞樾云:"唯當爲雖,古書通用。"
⑤ 鵬按,"意"猶"或"。《呂覽·正名》作"意者未至然乎",陳奇猷《呂氏春秋校釋》引楊樹達云:"'意者'與'或者'同。"陳氏並舉《莊子·天運》"意者其有機械而不得已邪?意者其運轉而不能自止邪?"説之。

曰：言之敢無説乎？王之令曰：'殺人者死，傷人者刑。'人有畏王之令者，見侮而終不敢鬭，是全王之令也。而王曰：'見侮而不鬭者，辱也。'謂之辱，非之也。無非而王辱之，故因除其籍，不以爲臣也。不以爲臣者，罰之也。此無罪而王罰之也。且王辱不敢鬭者，必榮敢鬭者也。榮敢鬭者，是而王是〈榮〉之①，必以爲臣矣。以爲臣者，賞之也。彼無功而王賞之。王之所賞，吏之所誅也；上之所是，而法之所非也。賞罰是非，相與四謬，雖十黄帝，不能理也。齊王無以應焉。故龍以子之言有似齊王，子知難白馬非馬，不知所以難之〔之〕説②，以此猶知好士之名③，而不知察士之類。"

4.1 《韓非子·内儲説上》

賞譽薄而謾者下不用，賞譽厚而信者下輕死。其説在文子稱"若獸鹿"。(經三)

齊王問於文子曰④："治國何如？"曰："夫賞罰之爲道，利器也。君固握之，不可以示人。若如臣者，猶鹿獸也，唯薦草而就⑤。"(説三)

5.1 《吕氏春秋·正名》⑥

凡亂者，刑名不當也⑦。人主雖不肖，猶若用賢，猶若聽善，猶若爲可者。其患在乎所謂賢，從〈徒〉不肖也；所爲〈謂〉善，從〈徒〉邪辟〔也〕；

---

① 鵬按，此句後"是"字涉上文而誤，疑原作"榮"，與上文"無非而王辱之"相對。
② 王啓湘《公孫龍子校詮》："'難之'二字下當疊'之'字。"
③ 此句"以"字，王啓湘《校詮》以爲衍文，當從之。
④ 宫内鹿川《韓非子講義》："文子，尹文子。"錢穆《先秦諸子繫年·老子雜辨》亦認爲："此文子蓋即尹文子。猶陳仲子亦單稱仲子也。"
⑤ 梁啓雄《韓子淺解》引太田方："薦，茂草也。……言凡庸人臣之歸厚賞，猶獸鹿之走壙也，唯薦草之就，如無是，則去而適他耳。"
⑥ 陳奇猷《吕氏春秋校釋》謂："本篇稱道尹文，蓋即尹文後學之所作也。《漢書·藝文志》列《尹文子》一篇在名家，而本篇正是論正名之要，其爲尹文學派之言，無可疑也。"王范之《吕氏春秋研究》也説："《正名》篇，極似尹文之學。"
⑦ 許維遹《吕氏春秋集釋》引孫鏘鳴："刑、形古字通。下文'刑名異充'並當作形。"陳奇猷《吕氏春秋校釋》則認爲"刑"即"型"之本字，本有模範、法義。

所謂可,從〈徒〉悖逆也①。是刑名異充,而聲實異謂也。夫賢不肖、善邪辟、可悖逆,國不亂、身不危奚待也?齊湣王是以知說士,而不知所謂士也。故尹文問其故,而王無以應,此公玉丹之所以見信,而卓齒之所以見任也。任卓齒而信公玉丹,豈非以自讎邪②?

尹文見齊王。齊王謂尹文曰:"寡人甚好士。"尹文曰:"願聞何謂士?"王未有以應。尹文曰:"今有人於此,事親則孝,事君則忠,交友則信,居鄉則悌,有此四行者,可謂士乎?"齊王曰:"此真所謂士已。"尹文曰:"王得若人,肯以爲臣乎?"王曰:"所願而不能得也。"尹文曰:"使若人於廟朝中,深見侮而不鬭,王將以爲臣乎?"王曰:"否。大夫見侮而不鬭,則是辱也。辱則寡人弗以爲臣矣。"尹文曰:"雖見侮而不鬭,未失其四行也。未失其四行者,是未失其所以爲士一矣③。未失其所以爲士一④,而王〔一〕以爲臣⑤,失其所以爲士一而王⑥,〔一〕不以爲臣⑦,則嚮之所謂士者,乃〔非〕士乎⑧?"王無以應。尹文曰:"今有人於此,將治其國,民有非則非之,民無非則非之,民有罪則罰之,民無罪則罰之,而惡民之難治,可乎?"王曰:"不可。"尹文曰:"竊觀下吏之治齊也,方若此也。"王曰:"使寡人治信若是,則民雖不治,寡人弗怨也。意者未至然乎?"尹文曰:"言之不敢無說,請言其說。王之令曰:'殺人者死,傷人者

---

① 以上數句,今本作"其患在乎所謂賢從不肖也,所爲善而從邪辟,所謂可從悖逆也"。許維通《集釋》引王念孫說指出,"爲"與"謂"同義。"從"當作"徒",訓爲但,隸書"徒"、"從"二字形近,因而致訛。"邪辟"下當有"也"字。又引李寶洤云:"'而從邪僻','而'字疑衍。"許氏並說:"'從邪僻',舊校云:'從一作徒。'與王說合。"

② 高誘注:"公玉丹,齊臣。卓齒,楚人,亦爲湣王讎。其斃由在〈任〉此二人,非欲以自斃也,然二人卒斃之。湣王無道,齒殺之而擢其筋,懸之於東廟終日,以自斃也。"楊樹達謂高《注》"在"乃"任"之誤。陳奇猷《校釋》指出:"《審己》及《過理》并述齊湣王居衛謂公玉丹事,可知公玉丹爲一諛臣,爲湣王所信任。長沙馬王堆三號漢墓出土帛書《戰國策》亦有公玉丹。"

③ 據《公孫龍子·跡府》(見本卷 3.1),本句"一"字爲衍文。

④ 據《公孫龍子·跡府》,末字"一"字衍。

⑤ 本句脫"一"字,依《公孫龍子·跡府》當作"而王一以爲臣"。

⑥ 此句據《公孫龍子·跡府》當刪,蓋涉上文而衍。前文此九字下疑有校讀符,後人誤以爲重文而衍。

⑦ 句首脫"一"字,據《公孫龍子·跡府》補。

⑧ 據《公孫龍子·跡府》當有"非"字。此段之校正參考陳奇猷《校釋》引譚介甫說。

刑。'民有畏王之令,深見侮而不敢鬭者,是全王之令也,而王曰:'見侮而不敢鬭,是辱也。'夫謂之辱者,非此之謂也①;以爲臣不以爲臣者②,罪之也。此無罪而王罰之也。"齊王無以應。論皆若此,故國殘身危,走而之穀,如衛。齊湣王,周室之孟侯也。〔齊〕,太公之所以老也③。桓公嘗以此霸矣,管仲之辯(辨)名實審也④。

6.1 《説苑·君道》

齊宣王謂尹文曰:"人君之事何如?"尹文對曰:"人君之事,無爲而能容下。夫事寡易從,法省易因;故民不以政獲罪也。大道容衆,大德容下,聖人寡爲而天下理矣。《書》曰:'睿〈容〉作聖⑤。'詩人曰⑥:'岐有夷之行,子孫其保之。'"宣王曰:"善!"

7.1 《孔叢子·居衛》(參看孔伋卷 10.19)

子思在齊,尹文子生子不類,怒而杖之。告子思曰:"此非吾子也,吾妻殆不婦,吾將黜之。"子思曰:"若子之言,則堯、舜之妃復可疑也。此二帝,聖者之英,而丹朱、商鈞不及匹夫。以是推之,豈可類乎?然舉其多者,有此父斯有此子,人道之常也。若夫賢父之有愚子,此由天道自然,非子之妻之罪也。"尹文子曰:"先生止之,願無言。文留妻矣。"

---

① 據《公孫龍子·跡府》,此句當作"非之也"。"非之也"與下"罪之也"爲互文。
② 前三字"以爲臣"爲衍文,當删。
③ "齊"字依陳奇猷《校釋》補。今本"所"下"以"字疑衍,陳氏《校釋》云:"'齊,太公之所老也',猶言齊爲太公所老死之地,非謂因齊而老死,不當有'以'字。"
④ "辯"讀爲"辨",别也、正也。"實審"二句疑倒,"審實"與"辨名"相對。
⑤ 向宗魯《説苑校證》:"《書·洪範》今文'睿'作'容',子政用今文,亦當作'容',上文云:'大道容衆,大德容下。'故引'容作聖'以證其義。《漢書·五行志》引《傳》云:'容,寬也。言上不寬大,包容臣下,則不能居位位。'正與此文相應。今本作'睿',淺人妄改。"鵬按,所引《洪範》當從今文作"容",此説清人錢大昕《潛研堂文集·答問二》、孫星衍《容作聖論》(收入《孫淵如詩文集》)皆已指出。惟段玉裁《古文尚書撰異》從訓詁上力主《洪範》原文作"睿作聖",而"思曰睿"當從今文作"思心曰睿",睿訓爲通。二説一主寬容,一主深通,皆有理據,惟此處尹文所引重在"容衆"、"容下"之義,故當以作"容"爲是。
⑥ 向宗魯《校證》:"《詩·大雅·天作》篇。案:'詩'下不當有'人'字。本書引《詩》,無稱'詩人'者。"

7.2 《孔叢子·公孫龍》

公孫龍者，平原君之客也，好刑名，以白馬爲非白馬①。或謂子高曰②："此人小辨而毀大道，子盍往正諸。"子高曰："大道之悖，天下之交往也，吾何病焉？"或曰："雖然，子爲天下故往也。"子高適趙，與龍會平原君家，謂之曰："僕居魯，遂聞下風，而高先生之行也，願受業之日久矣，然所不取於先生者，獨不取先生以白馬爲非馬爾。誠去非白馬之學③，則穿請爲弟子。"公孫龍曰："先生之言悖也。龍之學，正以白馬非馬者也。今龍去之，則龍無以教矣。今龍爲無以教，而乃學於龍，不亦悖乎？且夫學於龍者，以智與學不逮也。今教龍去白馬非馬，是先〈失〉教也④。先〈失〉教而後師之，不可也。先生之所教龍者，似齊王問尹文也。齊王曰：'寡人甚好士，而齊國無士。'尹文曰：'今有人於此，事君則忠，事親則孝，交友則信，處鄉則順。有此四行者，可謂士乎？'王曰：'善！是真吾所謂士者也。'尹文曰：'王得此人，肯以爲臣乎？'王曰：'所願不可得也。'尹文曰：'使此人於廣庭大衆之中，見侮而不敢鬭，王將以臣乎？'王曰：'夫士也？見侮而不敢鬭，是辱也。寡人不以爲臣矣。'尹文曰：'雖見侮而不鬭，是未失所以士也。然而王不以爲臣，則鄉所謂士者，乃非士乎？夫王之令，殺人者死，傷人者刑。民有畏王令，故見侮終不敢鬭，是全王之法也，而王不以爲臣，是罰之也。且王以不敢鬭爲辱，必敢鬭爲榮，是王之所賞，吏之所罰也；上之所是，法之所非。賞罰是非，相與曲謬，雖十黃帝固所不能治也。'齊王無以應。且白馬非馬者，乃子先君仲尼之所取也。龍聞楚王張繁弱之弓，載忘歸之矢，以射蛟兕於雲夢之圃。反而喪其弓，左右請求之。王曰：'止也。楚人遺弓，楚人得之，又何求乎？'仲尼聞之曰：'楚王仁義而未遂。亦曰人得之而已矣，何必楚乎。'若是者，仲尼異楚人於所謂人也。夫是仲尼之異楚人於所謂人，而非龍之異白馬於所謂馬，悖也。先生好儒術，而非仲尼之所取

---

① 下"白"字衍。按，下文"白馬非馬"多作"白馬非白馬"，逕删下"白"字，不再出注。
② 孔穿，字子高，爲孔伋玄孫。
③ "非"字疑衍。
④ 王謨《增訂漢魏叢書》本"先"作"失"，當據改。下句"先"同爲"失"誤。

也,欲學而使龍去所以教,雖百龍之智,固不能當前也。"子高莫之應,退而告人曰:"言非而博,巧而不理,此固吾所不答也。"

8.1 《列子·黄帝》

列子師老商氏①,友伯高子,進(盡)二子之道②,乘風而歸③。尹生聞之④,從列子居,數月不省舍。因間請蘄其術者,十反而十不告。尹生懟而請辭,列子又不命。尹生退。數月,意不已,又往從之。列子曰:"汝何去來之頻?"尹生曰:"曩章戴有請於子⑤,子不我告,固有憾於子。今復脫然,是以又來。"列子曰:"曩吾以汝爲達,今汝之鄙至此乎?姬(居)⑥!將告汝所學於夫子者矣。自吾之事夫子、友若人也⑦,三年之後,心不敢念是非,口不敢言利害,始得夫子一眄而已。五年之後,心庚(賡)念是非⑧,口庚(賡)言利害,夫子始一解顏而笑。七年之後,從(縱)心之所念⑨,庚(更)無是非;從(縱)口之所言,庚(更)無利害,夫子始一引吾并席而坐。九年之後,橫心之所念,橫口之所言,亦不知我之是非利害歟,亦不知彼之是非利害歟;亦不知夫子之爲我師,若人之爲我友:内外進矣。而後眼如耳,耳如鼻,鼻如口,無不同也。心凝形釋,骨肉都融;不覺形之所倚,足之所履,隨風東西,猶木葉幹(乾)殼⑩。竟不知風乘我邪?我乘風乎?今女居先生之門,曾未浹時,而懟憾者再三。女之片體將氣所不受,汝之一節將地所不載。履虚乘風,其可幾

---

① 老商氏即常容、商容,見《淮南子·繆稱》,《説苑·貴慎》作"常樅",《漢志·數術略》天文類有"常從日月星氣","商容"、"常樅"、"常從"三名音近可通,實一人也。
② 《列子釋文》:"進音盡,下同。"
③ 列子御風而行,見《莊子·逍遥游》。
④ 錢穆《先秦諸子繫年·尹文考》引沈欽韓謂此尹生即尹文。
⑤ 張湛注:"章戴,尹生名心。"鵬按,尹文名"章戴","文"蓋其字,名、字相應。
⑥ 張湛注:"姬,居也。"《釋文》:"姬音居。"
⑦ 張湛注:"夫子謂老商,若人謂伯高。"
⑧ 張湛注:"庚當作更。"《釋文》:"庚音更,居行切,益也,下同。"鵬按,下文"庚無是非"、"庚無利害"當從張湛説讀爲"更",《列子·仲尼》同記此事,二句皆作"更"可證。惟此處謂"心庚念是非,口庚言利害","庚"疑讀爲"賡",訓爲續。上文"心不敢念是非,口不敢言利害"乃言絶,此言續,二義正相對。《仲尼》二句作"更",亦當讀爲"賡"。
⑨ 《釋文》:"從音縱,下同。"
⑩ 《釋文》:"幹音乾。"

乎?"尹生甚怍,屏息良久,不敢復言。

8.2 《列子·周穆王》①

老成子學幻於尹文先生②,三年不告。老成子請其過而求退。尹文先生揖而進之於室,屏左右而與之言曰:"昔老聃徂西也,顧而告予曰:有生之氣,有形之狀,盡幻也。造化之所始,陰陽之所變者,謂之生,謂之死。窮數達變,因形移易者,謂之化,謂之幻。造物者其巧妙,其功深,固難窮難終。因形者其巧顯,其功淺,故隨起隨滅。知幻化之不異生死也,始可與學幻矣。吾與汝亦幻也,奚須學哉?"老成子歸,用尹文先生之言深思三月③,遂能存亡自在,憣校四時④,冬起雷,夏造冰;飛者走,走者飛。終身不箸其術,故世莫傳焉。子列子曰:"善爲化者,其道密庸,其功同人。五帝之德,三王之功,未必盡智勇之力,或由化而成。孰測之哉?"

9.1 《漢書·古今人表》中上

尹文子。

9.2 《漢書·藝文志·諸子略》名家

《尹文子》一篇。班志自注:"説齊宣王,先公孫龍。"

---

① 前人如馬叙倫、顧實、陳文波、楊伯峻都認爲此篇第一章所言周穆王事乃取自汲冢竹書《穆天子傳》,因此斷此篇爲魏晉人作。今按《周穆王》"老成子學幻"章與周穆王事無關,當另有來源,惟此章中所論幻術,頗近後世道教神通之説,疑其撰作時代在漢世。考"幻術"之興與漢武帝通西域有關,《史記·大宛列傳》載張騫所述見聞云:"條枝……國善眩。安息長老傳聞條枝有弱水、西王母,而未嘗見。"《正義》引顏注:"今吞刀、吐火、殖瓜、種樹、屠人、截馬之術皆是也。"《大宛列傳》下文又云:"(安息王)以大鳥卵及黎軒善眩人獻于漢。"《索隱》:"韋昭云:'變化惑人也。'按:《魏略》云:'犁靬多奇幻,口中吹火,自縛自解。'"《漢書·張騫傳》載此事,"善眩人"作"眩人"(王念孫《讀書雜志》以前者"善"爲衍文),顏師古注:"眩讀與幻同。"
② 楊伯峻《列子集釋》引王重民:"《御覽》七百五十二引作'考成子',與《釋文》本同。"《漢書·藝文志·諸子略》道家有《老成子》十八篇,措於《列子》後。
③ "用"猶"以"也。
④ 楊伯峻《列子集釋》引吳闓生曰:"憣校,播弄之意。"《釋文》云:"憣音翻。校音絞。顧野王讀作'翻交四時'。"

10.1 《弘明集·正誣論》①

有異人者,誣佛曰:尹文子有神通者,愍彼胡狄父子,聚麀貪婪②,忍害昧利,無恥侵害,不厭屠裂群生,不可遜讓,厲不可談議喻故,具諸事云云。又令得道弟子變化云云。又禁其殺生,斷其婚姻,使無子孫,伐胡之術,孰良於此云云。

正曰:誣者既云無佛,復云文子有神通,復云有得道弟子能變化恢廓,盡神妙之理,此真有胸無心之語也③。夫尹文子,即老子弟子也。老子,即佛弟子也。故其經云:'聞道竺乾有古先生,善入泥洹,不始不終,永存綿綿。'竺乾者,天竺也。泥洹者,胡語④,晉言無爲也。若佛不先老子,何得稱先生?老子不先尹文,何故請道德之經耶⑤?以此推之,佛故文子之祖宗,眾聖之元始也。安有弟子神化而師不能乎?……

又誣云:尹文子欺之天有三十二重云云,又妄牽《樓炭經》云⑥:"諸天之宮,廣長二十四萬里,面開百門,門廣萬里"云云。

答曰:佛經説天地境界,高下階級悉條貫部分,敘而有章。而誣者或附著生長,枉造僞說;或顛倒淆亂,不得要實。何有二十四萬里之地,容四百萬里之門乎?以一事覆之,足明其錯謬者多矣。臧獲牧豎猶將知其不然,況有識乎!欲以見博,衹(適)露其愚焉⑦。

---

① 《弘明集》爲南朝梁僧祐所編護法弘教的文獻總集。《正誣論》作者不詳,劉立夫《弘道與明教——〈弘明集〉研究》指出:"西晉時,佛、道二教開始爭端,道士王浮因之作《老子化胡經》,謂佛教爲老子所立,揚道而抑佛,開始了道佛之間的夷夏之爭。《弘明集》卷一無名氏的《正誣論》似作於東晉,内容屬於佛道之爭。到劉宋末年,顧歡作《夷夏論》……掀起了夷夏之辨的高潮。"
② 高麗本"麀"誤爲"塵"。《禮記·曲禮》:"夫唯禽獸無禮,故父子聚麀。"
③ "有胸無心",高麗本誤爲"有無匈心"。
④ 一本作"梵語"。
⑤ 高麗本"耶"作"即",屬下讀。此從明本。
⑥ 一本重"經"字,疑衍。
⑦ 衹讀爲適。

11.1 《文心雕龍·諸子》

逮及七國力政,俊乂蠭起。孟軻膺儒以磬折,莊周述道以翱翔,墨翟執儉确之教,尹文課名實之符……辭約而精,尹文得其要。

伍·彭蒙卷

1.1 《莊子·天下》

公而不黨,易(夷)而無私①。決(缺)然無主②,趣物而不兩③。不顧於慮,不謀於知,於物無擇,與之俱往。古之道術有在於是者,彭蒙、田駢、慎到聞其風而説之。齊萬物以爲首(道)④,曰:"天能覆之而不能載之,地能載之而不能覆之,大道能包之而不能辯(辨)之⑤。"

---

① 成玄英《疏》:"公正而不阿黨,平易而無偏私。"馬敘倫《莊子天下篇述義》指出,"易"無平義。經籍訓平者,疑爲"齊"之借字。鵬按,"易"(喻母錫部)、"齊"(從母脂部)聲音稍遠。典籍中"夷"多訓爲平,上古音"夷"爲喻母脂部字,與"易"音近可通。
② 成《疏》:"依理斷絶,無的主宰,所謂法者,其在於斯。"其説施於慎到可通,但此處所論包括彭蒙、田駢,當另尋他解。顧實《莊子天下篇講疏》云:"決、缺同聲通用字,《逍遥游》篇曰'吾自視缺然',蓋空虚之義也。"鵬按,顧説是。"缺"亦作"閴",《莊子·人間世》:"瞻彼閴者,虚室生白。"《釋文》引司馬云:"閴,空也。"
③ 馬敘倫《述義》:"'不兩',謂與物爲一。'趣物而不兩',謂隨物而往,不持己意。"
④ 王叔岷《莊子校詮》引奚侗云:"首借爲道,《史·秦始皇紀》:'追首高明',《索隱》曰:'今碑文首作道。'《逸周書·芮良夫》篇:'稽道謀告',《群書治要》道作首,是其例。"王氏於《法家三派重勢之慎到》(載《先秦道法思想講稿》)解釋説:"以道觀之,萬物皆一。天地有能有不能,萬物有可有不可,皆包於道,所謂'道則無遺'。此並與莊子之齊物之義相符。"單晏一《莊子天下篇薈釋》云:"'齊萬物以爲首(道)',即《尸子·廣澤》篇所謂'田子貴均',《吕覽·不二》所謂'陳駢貴齊'。"傅斯年《誰是齊物論作者》(載《"中研院"歷史語言研究所集刊》第6本第4分)、顧頡剛《從吕氏春秋推測〈老子〉之成書年代》(《古史辨》第4册)曾推測慎子爲《莊子·齊物論》之作者。鵬按,守山閣本《慎子》佚文:"法者,所以齊天下之動,至公大定之制也。"慎到以"法"齊物,自可視爲法家之齊物觀,所論與莊書《齊物論》意旨有别。
⑤ 王叔岷《校詮》:"《古鈔卷子本》包作苞,辯作辨(宣《解》本亦作辨),並古字通用。"鵬按,諸家多釋"包"爲容,似未得其義。"包"象人裹妊之形,《説文》:"包,妊也。象人裹妊,巳在中,象子未成形也。"乃其本義。"辯"當從譚戒甫《校釋》讀爲"辨",訓爲判、分。此句謂大道能孕生萬物而無法剖判離析(大道爲一爲全)。

知萬物皆有所可,有所不可①,故曰:"選則不遍②,教則不至③,道則無遺者矣。"

是故愼到棄知去己④,而緣不得已⑤,泠汰於物⑥,以爲道理⑦,曰:"知不知⑧,將薄知而後〈復〉鄰(磷)傷之者也⑨。"謑(稽)髁(滑)無任⑩,而笑天下之尚賢也;縱脫無行,而非天下之大聖⑪。椎拍輐(刓)斷,與物宛轉⑫。舍是與非,苟可以免。不師知慮,不知前後,魏(巍)然而已矣⑬。

① 鵬按,"知萬物皆有所可,有所不可",釋者多以爲乃彭蒙等人之語,惟從文義看,二句承上("大道能包之而不能辨之")啓下("選則不遍,教則不至"),應該是《天下》作者的話。《莊子·齊物論》、《寓言》皆云:"物固有所然,物固有所可。無物不然,無物不可。"
② 選者,擇也。《愼子·民雜》:"大君因民之能爲資,盡苞而畜之,無去取焉。……大君不擇其下,故足也;不擇其下,則易爲下矣。"儒家謂"選賢與(舉)能"(《禮記·禮運》、《大戴禮記·主言》)、"擇善而固執"(《禮記·中庸》、《孔子家語·哀公問政》),此則云"選則不遍",蓋其反響。
③ 《愼子·威德》:"今也國無常道,官無常法,是以國家日繆。教雖成,官不足則道理匱(今本重'官不足'三字,疑衍),道理匱則慕賢智,慕賢智則國家之政要在一人之心矣。"
④ 守山閣本《愼子》佚文:"古之全大體者……不以智累心,不以私害己。寄治亂於法術,託是非於賞罰,屬輕重於權衡。"此文又見《韓非子·大體》,所謂"棄知去己"即"不以智累心,不以私害己"。
⑤ 《莊子·刻意》:"不得已而後起,去知與故,循天之理。"意旨與此略同。
⑥ 郭象《注》訓"泠汰"爲聽放,此從之。"泠汰於物"即前文"於物無擇"之意。
⑦ 高亨《莊子天下篇箋證》謂"以爲道理"當作"以爲理",即以道爲治之意。鵬按,"道理"連稱已見於《愼子》、《荀子》、《韓非子》,不必如高説改動字句。
⑧ 今本《老子》第71章:"知不知,上;不知知,病。"
⑨ 孫詒讓《札迻》:"此'後'疑當爲'復',形近而誤。蓋言愼到不惟菲薄知者,而復務損其知,以自居於愚。'鄰'當讀爲'磷',磷傷猶言毀傷也。"蔣錫昌《天下校釋》指出郭注以"故薄之而又鄰傷焉"釋此句,蓋以"又"釋"復"。
⑩ 譚戒甫《校釋》:"'謑髁'爲聯綿字,只取其聲,可倒作'髁謑',疑與'滑稽'同義。《楚辭·卜居》'將突梯滑稽',王逸注:'轉隨俗也。'……《漢書·揚雄傳酒箴》云:'鴟夷滑稽',顏師古注:'滑稽,圜轉縱舍無窮之狀。"鵬按,譚説是。"謑髁"與下文"縱脫"對文,其義相近。謑(匣母支部)、稽(見母脂部)及髁(匣母魚部)、滑(匣母物部)皆音近可通。
⑪ 王叔岷《校詮》:"《古鈔卷子本》'聖'下有'也'字,與上文句法一律。此謂縱恣脫略,不顧行跡,而非天下之以聖爲大也。'大聖'與上文'尚賢'對言。"
⑫ 王叔岷《校詮》:"'椎拍',複語,《説文》:'椎,擊也。'《廣雅·釋詁三》:'拍,擊也。''輐斷',亦複語,輐與刓同義,刓亦斷也。'椎拍輐斷'謂用刑或擊或斷,喻施用刑法耳。'與物宛轉',謂隨事而定。"
⑬ 郭《注》:"任性獨立。"魏讀爲巍,高大貌也。錢穆《纂箋》引馬其昶:"'有見於後,無見於先'(《荀子·天論》),是不知前後也。"

推而後行,曳而後往,若飄風之還,若羽之旋,若磨石之隧(遂)①,全而無非,動靜無過,未嘗有罪。是何故？夫無知之物,無建己之患,無用知之累,動靜不離於理,是以終身無譽。故曰:"至於若無知之物而已,無用賢聖,夫塊不失道②。"豪桀相與笑之曰:"慎到之道,非生人之行而至死人之理③,適得怪(塊)焉④。"田駢亦然,學於彭蒙,得不教焉⑤。彭蒙之師〈教〉曰⑥:"古之道人,至於莫之是、莫之非而已矣。其風窢(閴)然⑦,惡可而言？"常反人,不聚(取)觀(懽)⑧,而不免於魭(刓)斷⑨。其所謂道非道,而所言之韙不免於非⑩。彭蒙、田駢、慎到不知道。雖然,概乎皆嘗有聞者也。

2.1 《尹文子》卷上

名定則物不競,分明則私不行。物不競,非無心,由名定,故無所措

---

① 《釋文》:"隧音遂,回也。"隧讀爲遂,訓爲行、進。磨石之行推移回轉,故《釋文》以回訓遂。
② 顧實《講疏》:"塊,土塊也。……僞《列子·黃帝篇》引向秀曰:'塊然若土也。'蓋'形若槁木,心若死灰',南郭子綦、老子皆有此境,然爲初步。慎到其終於此境者乎？"按,此處以"塊"(土塊)喻無情之"理"。
③ "至死人之理"之"至"訓爲"得"。《呂氏春秋·當染》:"所染不當,理奚由至。"高誘注:"至,得也。"
④ 鵬按,此句"怪"字,諸家多訓爲詭怪,頗疑"怪"讀爲"塊"而與上文"塊不失道"應。怪(見母之部)、塊(溪母微部)二字古音相近可通,《周禮·大司樂》"大傀異烖",鄭玄注:"傀猶怪也。"
⑤ 王叔岷《校詮》引羅勉道曰:"田駢學於彭蒙,而得不言之教。"
⑥ 顧實《講疏》:"彭蒙之師,不詳何人。"蔣錫昌《校釋》以"彭蒙之師"乃田駢指其師彭蒙而言,說頗迂曲。鵬按,"師"疑本作"教",二字義近,傳寫致誤。下文云"惡可而言"即彭蒙之"不言之教"。
⑦ 《釋文》:"窢,字亦作戫,又作閴。"馬敍倫《述義》以作"閴"是,讀爲"侐",訓爲靜。鵬按,閴爲門限,故可引申爲止、靜義,《說文》"閴"字古文從"洫"爲聲,與訓爲靜之"侐"蓋爲同源詞。
⑧ "聚"一本作"見",蓋涉"觀"而訛。于省吾《雙劍誃莊子新證》:"《釋文》:'見,一本作觀。'高山寺卷子本作'取',聚、取古字通,《易·萃·彖傳》'聚以正也',《釋文》:'荀作"取以正"。'是其證。觀,應讀作懽,'不聚觀'即'不取懽'也,上云'常反人',又云'非生人之行',又云'至於若無知之物而已',皆與'不取懽'之義相應。"
⑨ 王叔岷《校詮》:"魭與輐並'刓'之借字,刓亦斷也……'而不免於魭斷',謂且不免於刑法耳。"
⑩ 郭《注》:"韙,是也。"

其心;私不行,非無欲,由分明,故無所措其欲。然則心、欲人人有之,而得同於無心、無欲者,制之有道也。田駢曰:"天下之士,莫肯處其門庭①,臣其妻子,必游宦諸侯之朝者,利引之也;游於諸侯之朝②,皆志爲卿大夫,而不擬於諸侯者,名限之也。"彭蒙曰:"雉兔在野,衆人逐之,分未定也;雞豕滿市,莫有志者,分定故也。"③

2.2 《尹文子》卷下(參看宋鈃卷5.1)

田子讀書,曰:"堯時太平。"宋子曰:"聖人之治以致此乎?"彭蒙在側,越次答曰:"聖法之治以至(致)此,非聖人之治也。"宋子曰:"聖人與聖法,何以異?"彭蒙曰:"子之亂名甚矣!聖人者,自己出也;聖法者,自理出也。理出于己,己非理也;己能出理,理非己也。故聖人之治,獨治者也;聖法之治,則無不治矣。此萬物之利,唯聖人能該之。"宋子猶惑,質于田子。田子曰:"蒙之言然。"

---

① 錢基博《尹文子校讀記》:"明翻宋本'肯'作'不'。"鵬按,作"肯"於義較長。
② 王愷鑾《尹文子校正》:"宋古迂陳氏本'游於'作'游宦'。"
③ 慎到論"定分"亦有此喻,見《呂氏春秋·慎勢》(慎到卷6.1)。

陸・田駢卷

1.1 《莊子·天下》(參看彭蒙卷 1.1)

公而不黨,易(夷)而無私。決(缺)然無主,趣物而不兩。不顧於慮,不謀於知,於物無擇,與之俱往。古之道術有在於是者,彭蒙、田駢、慎到聞其風而説之。齊萬物以爲首(道),曰:"天能覆之而不能載之,地能載之而不能覆之,大道能包之而不能辯(辨)之。"知萬物皆有所可,有所不可,故曰:"選則不遍,教則不至,道則無遺者矣。"

是故慎到棄知去己,而緣不得已,泠汰於物,以爲道理,曰:"知不知,將薄知而後〈復〉鄰(磷)傷之者也。"謑(稽)髁(滑)無任,而笑天下之尚賢也;縱脱無行,而非天下之大聖。椎拍輐(刓)斷,與物宛轉。舍是與非,苟可以免。不師知慮,不知前後,魏(巍)然而已矣。推而後行,曳而後往,若飄風之還,若羽之旋,若磨石之隧(遂),全而無非,動靜無過,未嘗有罪。是何故? 夫無知之物,無建己之患,無用知之累,動靜不離於理,是以終身無譽。故曰:"至於若無知之物而已,無用賢聖,夫塊不失道。"豪桀相與笑之曰:"慎到之道,非生人之行而至死人之理,適得怪(塊)焉。"田駢亦然,學於彭蒙,得不教焉。彭蒙之師〈教〉曰:"古之道人,至於莫之是、莫之非而已矣。其風窢(閱)然,惡可而言?"常反人,不聚(取)觀(懽),而不免於鯇(刓)斷。其所謂道非道,而所言之韙不免於非。彭蒙、田駢、慎到不知道。雖然,概乎皆嘗有聞者也。

2.1 《荀子·非十二子》

尚法而無法,下〈上(尚)〉脩(循)而好作①,上則取聽於上〈下〉,下

---

① 于省吾《雙劍誃荀子新證》卷一謂"脩"當從王念孫作"循","上"、"下"甲、金文形近易混,此文"下"乃"上"字之訛。又云:"蓋荀書本作'尚法而無法,上循而好作',尚亦上也,與上互文耳。言既以法爲上而反無法,以循爲上而反好作。"按,"循"指田駢,慎到"因循"之説。

則取從於俗①。終日言成文典②,及紃(循)察之,則偶然無所歸宿③,不可以經國定分。然而其持之有故,其言之成理,足以欺惑愚衆,是慎到、田駢也。

3.1 《韓非子·外儲說左上》(參看宋鈃卷 4.1)

人主之聽言也,不以功用爲的,則說者多棘刺、白馬之說;不以儀的爲關,則射者皆如羿也。人主於說也,皆如燕王學道也;而長說者,皆如鄭人爭年也。是以言有纖察微難而非務也,故李〈季〉、惠、宋、墨皆畫策〈莢〉也;論有迂深閎大〔而〕非用也,故畏〈魏〉、震〈慎〉、瞻、車〈陳〉狀皆鬼魅也;言〈行〉而〈有〉拂難堅確〔而〕非功也,故務、卞、鮑、介、墨翟皆堅瓠也。且虞慶詘匠也而屋壞,范且窮工而弓折。是故求其誠者,非歸餉也不可。

4.1 《慎子》佚文(見《經典釋文·莊子天下》)④

田駢名廣。

5.1 《尹文子》卷上(參看彭蒙卷 2.1)

名定則物不競,分明則私不行。物不競,非無心,由名定,故無所措其心;私不行,非無欲,由分明,故無所措其欲。然則心、欲人人有之,而得同於無心、無欲者,制之有道也。田駢曰:"天下之士,莫肯處其門庭,臣其妻子,必游宦諸侯之朝者,利引之也;游於諸侯之朝,皆志爲卿大夫,而不擬於諸侯者,名限之也。"彭蒙曰:"雉兔在野,衆人逐之,分未定也;雞豕滿市,莫有志者,分定故也。"

5.2 《尹文子》卷下(參看宋鈃卷 5.1)

田子讀書,曰:"堯時太平。"宋子曰:"聖人之治以致此乎?"彭蒙在

---

① 鵬按,"取聽於上"當作"取聽於下","上"、"下"二字混訛已見前文。"上則取聽於下,下則取從於俗",謂君王取聽於臣下,臣下則趨從於流俗。
② 王天海《荀子校釋》:"成讀爲稱。文典,即法典。"鵬按,"成"可訓爲備、盡。
③ 楊倞《注》:"紃與循同。偶然,疏遠貌。"
④ 參考守山閣本《慎子》錢熙祚所輯佚文。

側,越次答曰:"聖法之治以至(致)此,非聖人之治也。"宋子曰:"聖人與聖法,何以異?"彭蒙曰:"子之亂名甚矣!聖人者,自己出也;聖法者,自理出也。理出于己,己非理也;己能出理,理非己也。故聖人之治,獨治者也;聖法之治,則無不治矣。此萬物之利,唯聖人能該之。"宋子猶惑,質于田子。田子曰:"蒙之言然。"

5.3 《尹文子》卷下①

田子曰:"人皆自爲,而不能爲人,故君人者之使人,使其自爲用,而不使爲我用。"魏〈稷〉下先生曰②:"善哉田子之言!古者君之使臣,求不私愛於己,求顯忠於己,而居官者必能,臨陳者必勇。禄、賞之所勸,名、法之所齊,不出於己心,不利於己身。語曰:'禄薄者不可與經亂,賞輕者不可與入難。'此處上者所宜慎者也。"

6.1 《尸子·廣澤》(參看宋鈃卷 6.1)

墨子貴兼,孔子貴公,皇子貴衷,田子貴均,列子貴虛,料〈宋〉子貴別囿,其學之相非也,數世而不已,皆弇于私也。……若使兼、公、虛、均、衷、平易、別囿一實,則無相非也。

7.1 《戰國策·齊策四》

齊人見田駢曰:"聞先生高議,設爲不宦③,而願爲役④。"田駢曰:"子何聞之?"對曰:"臣聞之鄰人之女。"田駢曰:"何謂也?"對曰:"臣鄰人之女,設爲不嫁,行年三十而有七子,不嫁則不嫁,然嫁過畢矣⑤。今先生設爲不宦,訾(資)養千鍾⑥,徒百人,不宦則然矣,而富〈宦〉過

---

① 本章今本脱,錢熙祚據《群書治要》補,又云:"'禄薄'以下,又見《意林》及《御覽》六百三十三。"
② 王愷鑾《尹文子校正》引孫詒讓云:"'魏下先生'疑當作'稷下先生',此論田駢語,當即尹文子自稱。"鵬按,"稷下先生"疑尹文後學稱尹子。
③ 繆文遠《戰國策新校注》:"《史記·田完世家》云:'稷下學士不治而議論。'其稱'不治',即但議論政事而'不宦'也。當時稷下學風如此。'設爲',猶今言'號爲'也。"
④ 鮑彪注:"爲駢給使。"
⑤ 繆文遠《新校注》引郭希汾云:"言過於嫁甚矣。"
⑥ 鮑彪注:"訾、資同。所資所養也。"

畢也①。"田子辭。

8.1 《吕氏春秋·用衆》

天下無粹白之狐,而有粹白之裘,取之衆白也。夫取於衆,此三皇、五帝之所以大立功名也。凡君之所以立,出乎衆也。立已定而舍其衆,是得其末而失其本。得其末而失其本,不聞安居。故以衆勇,無畏乎孟賁矣;以衆力,無畏乎烏獲矣;以衆視,無畏乎離婁矣;以衆知,無畏乎堯、舜矣。夫以衆者,此君人之大寶也。田駢謂齊王曰:"孟賁庶(遮)乎患〈衆〉術(隊)②,而邊境弗患③。"楚、魏之王,辭言不説,而境内已修備矣,兵士已修用矣,得之衆也。

8.2 《吕氏春秋·不二》

聽群衆人〈之〉議以治國④,國危無日矣。何以知其然也? 老耽(聃)貴柔,孔子貴仁,墨翟貴廉⑤,關尹貴清⑥,子列子貴虛⑦,陳駢貴齊⑧,陽生貴己⑨,

---

① "富"疑爲"宦"之誤。前文云"不嫁則不嫁,然嫁過畢矣",此則云"不宦則然矣,而宦過畢也",文例一致。
② "庶"疑讀爲"遮",《説文》:"遮,遏也。""患"疑涉下句"弗患"而誤,本當作"衆"。"術",古書往往與"遂"通,此疑讀爲"隊",訓爲群隊、行列。"孟賁遮乎衆隊",指孟賁爲齊軍之衆隊所止。
③ 《史記·范雎傳集解》引許慎云:"孟賁,衛人。"齊、衛爲鄰國,故有此語。陳奇猷《吕氏春秋校釋》、王利器《吕氏春秋注疏》俱以田駢之語至篇末"得之衆也",恐非。"楚魏之王"以下另爲一事,疑本篇作者之語。
④ 陳奇猷《校釋》:"'人'疑'之'字之誤。"
⑤ 王利器《注疏》:"惠棟曰:'《尸子》曰:墨翟貴兼。'孫詒讓曰:'廉即兼之借字。'"鵬按,"貴廉"合於墨子學説精神,似不必據《尸子》改爲"兼"。
⑥ 高誘注:"關尹,關正也,名喜,作道書九篇,能相風角,知將有神人,而老子到,喜説之,請著上至〈下〉經五千言,而從之游也。"王利器《注疏》引孫人和云:"注'至'乃'下'字之訛('至'字草書與'下'形近),非《老子》書别名'上至經'也。"
⑦ 《列子·天瑞》:"或謂子列子曰:'子奚貴虛?'列子曰:'虛者無貴也。'"
⑧ 陳、田古通,《淮南子·人間》"陳駢子"亦田駢。高誘注:"齊陳駢作道書二十五篇,齊生死,等古今。"《莊子·天下》謂彭蒙、田駢、慎到"齊萬物以爲首(道)"。
⑨ 松皋圓、楊樹達俱以"生"乃"朱"字之誤。陳奇猷《校釋》云:"《漢書·貢禹傳》'生有伯夷之廉',顏注:'生,謂先生也。'則'生'亦尊稱,與'子'義同。《史記·儒林傳》高堂生,'生'字亦此義。"

孫臏貴勢,王廖貴先,兒良貴後①。有金鼓,所以一耳也;同法令,所以一心也。智者不得巧,愚者不得拙,所以一衆也;勇者不得先,懼者不得後,所以一力也。故一則治,異則亂;一則安,異則危。夫能齊萬不同,愚智工拙,皆盡力竭能,如出乎一穴者,其唯聖人矣乎! 無術之智,不教之能,而恃彊速貫(慣)習②,不足以成也。

8.3 《呂氏春秋·執一》

田駢以道術説齊,齊王應之曰:"寡人所有者,齊國也,願聞齊國之政。"田駢對曰:"臣之言,無政而可以得政,譬之若林木,無材而可以得材。願王之自取齊國之政也③。駢猶淺言之也④,博言之,豈獨齊國之政哉? 變化應來而皆有章,因性任物而莫不宜當,彭祖以壽,三代以昌,五帝以昭,神農以鴻⑤。"

8.4 《呂氏春秋·士容》

客有見田駢者,被服中法,進退中度,趨翔閑雅,辭令遜敏。田駢聽之畢而辭之。客出,田駢送之以目。弟子謂田駢曰:"客,士歟?"田駢曰:"殆乎非士也。今者客所奄斂⑥,士所術(遂)施也⑦;士所奄斂,客所術(遂)施也。客殆乎非士也。"故火燭一隅,則室偏無光⑧。骨節蚤成,

---

① 陳奇猷《校釋》引王蘧常云:"王廖,《韓詩外傳》九作'王繆',《文選·四子講德論》引正作'王廖',秦繆公時内史,故又稱内史廖,亦曰王子廖,賈誼《過秦論》次在孫臏、兒良之後……兒良,《漢書·藝文志》有書一篇,在兵書略權謀家。"
② 貫通慣,猶習也。
③ 王利器《注疏》:"《廣雅·釋詁》:'取,爲也。'此文取字義同。"
④ 王利器《注疏》引劉咸炘云:"'駢猶淺言'以下,似非駢語,然仍駢旨也。"鵬按,"駢"乃田子於王前自稱其名。據《淮南子·道應》(見本卷10.1),此句以下仍爲田駢之語。
⑤ 高誘注:"昭,明;鴻,盛也。"
⑥ 陳奇猷《校釋》引高亨云:"弇讀爲掩。掩,斂皆收也。"鵬按,《説文》:"弇,蓋也。"字與奄、掩聲近字通,不必破讀。
⑦ 王利器《注疏》引畢沅云:"舊校云:'術皆當作述。'今按古亦通用。"又引于省吾云:"述應讀作遂。……《晉語》'是遂威而遠權',注:'遂,申也。'《禮記·鄉飲酒義》'節文終遂焉',疏:'遂謂申也。'是'遂施'猶言'申施',與弇斂爲對文。"
⑧ 高誘注:"燭,照也。偏,半也。"

空竅哭(咢)歷①,身必不長。衆(中)無謀方②,乞謹視見③。多故不良④,志必不公,不能立功。好得惡予,國雖大不爲王,禍災日至。故君子之容純乎其若鍾山之玉,桔〈桔〉乎其若陵上之木⑤。淳淳乎愼謹畏化,而不肯自足;乾乾乎取舍不悦,而心甚素樸⑥。

9.1 《韓詩外傳》卷四(參看宋銒卷7.1)

夫當世之愚,飾邪説,文姦言,以亂天下,欺惑衆愚,使混然不知是非治亂之所存者,即是范睢、魏牟、田文、莊周、愼到、田駢、墨翟、宋銒、鄧析、惠施之徒也。此十子者,皆順非而澤,聞見雜博,然而不師上古,不法先王,按往舊造説,務〈矜〉自爲工(功),道無所遇,二人相從。故曰:十子者之工説,説皆不足合大道,美風俗,治綱紀。然其持之各有故,言之皆有理,足以欺惑衆愚,交亂樸鄙,則是十子之罪也。

10.1 《淮南子·道應》

田駢以道術説齊王,王應之曰:"寡人所有,齊國也,道術難以除患,願聞〔齊〕國之政⑦。"田駢對曰:"臣之言,無政而可以爲政,譬之若林木,無材而可以爲材。願王察其所謂,而自取齊國之政焉已。雖無除其患,天地之間,六合之内,可陶冶而變化也。齊國之政,何足問哉!"此老聃之所謂"無狀之狀,無物之象"者也。若王之所問者,齊也;田駢所稱者,材也。材不及林,林不及雨,雨不及陰陽,陰陽不及和,和不及道。

---

① 哭疑讀爲"咢"。《莊子·逍遥游》"非不咢然大也",《釋文》:"咢,本亦作号。李云:号然,虚大貌。"歷者,疏也,字通"鬲"。《管子·地員》"赤壚歷强肥",尹知章注:"歷,疏也。"《爾雅·釋器》:"款足者謂之鬲。"王引之《經義述聞》云:"鬲之言歷,鼎足疏闊歷歷然也。"
② 陳奇猷《校釋》引譚戒甫云:"謀方猶云謀術。"諸家皆解《衆》爲衆人,于文義稍隔,疑"衆"讀爲"中",訓爲内。"中"與下句"視見"相對而言。
③ 陳奇猷《校釋》:"乞,求也。'視見'指外表,蓋外表可以目視見故也。"
④ 陳奇猷《校釋》:"故謂巧詐。"
⑤ 高《注》訓"桔"爲鴻大,陳奇猷《校釋》引孫詒讓云:"桔無鴻大之義,疑亦當作'桔'。《爾雅·釋詁》云:'桔,直也。'上云'純乎其若鍾山之玉',言其温潤,此則言其峻直也。"
⑥ 高誘注:"乾乾,進不倦也。"陳奇猷《校釋》引王念孫曰:"'淳淳'、'乾乾'當互易。"
⑦ 張雙棣《淮南子校釋》引楊樹達云:"《吕氏春秋》作'願聞齊國之政','國'上當有'齊'字。"

10.2 《淮南子·人間》

何謂毀人而反利之？唐子短陳駢子於齊威王，威王欲殺之，陳駢子與其屬出亡，奔薛①。孟嘗君聞之，使人以車迎之。至，而養以芻豢黍粱，五味之膳，日三至。冬日被裘罽②，夏日服絺紵，出則乘牢車，駕良馬。孟嘗君問之曰："夫子生於齊，長於齊，夫子亦何思於齊？"對曰："臣思夫唐子者。"孟嘗君曰："唐子者，非短子者耶？"曰："是也。"孟嘗君曰："子何爲思之？"對曰："臣之處於齊也，糲粱之飯，藜藿之羹，冬日寒凍，夏日則暑傷③。自唐子之短臣也，以身歸君，食芻豢，飯黍粱〈梁〉④，服輕煖，乘牢良，臣故思之。"此謂毀人而反利之者也。是故毀譽之言，不可不審也。

11.1 《史記·田敬仲完世家》

宣王喜文學游説之士，自如騶衍、淳于髡、田駢、接予〈子〉⑤、慎到、環淵之徒七十六人，皆賜列第，爲上大夫，不治而議論。是以齊稷下學士復盛，且數百千人。

11.2 《史記·孟子荀卿列傳》

自騶衍與齊之稷下先生，如淳于髡、慎到、環淵、接子、田駢、騶奭之徒，各著書言治亂之事，以干世主，豈可勝道哉！……慎到，趙人⑥。田駢、接子，齊人。環淵，楚人。皆學黃老道德之術，因發明序其指意。故

---

① 錢穆《先秦諸子繫年·田駢考》云："《鹽鐵論·論儒》篇則謂田駢如薛在湣王世。兩説相較，以後説爲勝。此殆《淮南》誤記也。《繹史》謂：'威王不與孟嘗同時，此或靖郭君之事。'竊謂易靖郭爲孟嘗，不如易威王爲湣王也。"

② "罽"爲西夷所出珍貴之毛織布，《逸周書·王會》載伊尹命正西昆侖等國"以丹青、白旄、紕罽、江歷、龍角、神龜爲獻"。《漢書·高帝紀》記漢高祖曾會"賈人毋得衣錦綉、綺縠、絺紵、罽"。

③ 《齊策》載齊人見田駢，謂田子在齊"資養千鍾，徒百人"（見本卷 7.1），與此所云不合。

④ 張雙棣《校釋》引王念孫云："粱當爲梁，此涉上文'糲粱'而誤。"

⑤ 梁玉繩《史記志疑》指出："'予'乃'子'字之誤。《莊子·則陽》"季真之莫爲，接子之或使。"成玄英疏："季真、接子，并齊之賢人，俱游稷下。"《漢書·藝文志》道家有《捷子》二篇，錢大昭《漢書辨疑》："《史記·孟荀傳》作接子，接、捷古字通。"

⑥ 阮廷焯《先秦諸子考佚·慎子考佚》："高誘《淮南子·道應》注以爲齊人，殆因其居齊稷下，遂有此誤歟。"

慎到著十二論①,環淵著上下篇②,而田駢、接子皆有所論焉③。

12.1 《鹽鐵論·論儒》

文學曰:"無鞭策,雖造父不能調駟馬。無勢位,雖舜、禹不能治萬民。孔子曰:'鳳鳥不至,河不出圖,吾已矣夫!'故輶車良馬,無以馳之;聖德仁義,無所施之。齊威、宣之時,顯賢進士,國家富強,威行敵國。及湣王,奮二世之餘烈,南舉楚、淮,北并巨宋,苞十二國,西摧三晉,卻彊秦,五國賓從,鄒、魯之君,泗上諸侯皆入臣。矜功不休,百姓不堪。諸儒諫不從,各分散,慎到、捷(接)子亡去④,田駢如薛,而孫卿適楚。內無良臣,故諸侯合謀而伐之。王建聽流說,信反間,用后勝之計,不與諸侯從親,以亡國。爲秦所禽,不亦宜乎?"

13.1 《七略》佚文(見《文選·任彥昇〈宣德皇后令〉》注)⑤

齊田駢好談論,故齊人爲語曰天口駢。天口者,言田駢子不可窮,其口若事天。

14.1 《漢書·古今人表》中中

田駢。

14.2 《漢書·藝文志·諸子略》道家

田子二十五篇。班志自注:"名駢,齊人,游稷下,號天口駢。"

---

① 《漢書·藝文志·諸子略》法家著録《慎子》四十二篇。
② 《漢書·藝文志·諸子略》道家有《蜎子》十三篇,即環淵書。班志自注:"名淵,楚人,老子弟子。"蜎、環音近,可通。
③ 《漢書·藝文志·諸子略》道家著録《田子》二十五篇,又有《捷子》二篇,即接子書。
④ 捷子即接子。錢穆《先秦諸子繫年·接子考》:"《漢志》、《人表》皆作捷子,接、捷古字通。《通志·氏族略四》引《風俗通》:'本邾公子捷菑之後,以王父字爲氏。'《人表》捷子在尸子後,鄒衍前,年亦相當。"
⑤ 參考姚振宗所輯《七略佚文》。

柒·慎到卷

1.1　上海博物館藏戰國楚竹書《慎子曰恭儉》①

慎子曰：恭儉以立身，堅強以立志，忠（衷）陕（質）以反俞（窬），逆（去）友（囿）以載道，精（靖）瀍以異（順）勢，〔齊〕【簡1】勿（物）以坏（坿）身。中處而不頗，任德以竢，故曰青（靖）；斷室□□□□□□□【簡3】禄，不累其志，故曰強。首戴茅芙（蒲），簪（摻）筱（銚）執樝（鉏），送（巡）畎備（服）畞，必於□□。【簡5】襄（當）得用於世，均分而廣施，時（恃）德而方（傍）義，民之□□□□□□【簡4】踐今，爲民之古（怙），仁之至。是以君子向方知道，不可以矣（疑），臨〔事而斷〕【簡6】干（焉）。恭以爲體（履），□莫卞干（焉）；信以爲言，〔□〕莫卞干（焉）；強以庚（賡）志，〔□莫卞干（焉）〕。【簡2】

2.1　《孟子·告子下》

魯欲使慎子爲將軍②。孟子曰："不教民而用之，謂之殃民。殃民者，不容於堯舜之世。一戰勝齊，遂有南陽，然且不可。"慎子勃然不悦曰："此則滑釐所不識也。"曰："吾明告子。天子之地方千里，不千里，不足以待諸侯；諸侯之地方百里，不百里，不足以守宗廟之典籍。周公之封於魯，爲方百里也，地非不足，而儉於百里；太公之封於齊也，亦爲方百里也，地非不足也，而儉於百里。今魯方百里者五，子以爲有王者作，

---

① 本篇存簡六枚，篇題位於第三簡背。此處所録釋文，簡序已經筆者調整，部分簡文隸定及釋讀亦與原整理者不同。關於竹書簡序的討論及校釋，參考本書下編《戰國竹書〈慎子曰恭儉〉重編新釋》一文。整理者説見《上海博物館藏戰國楚竹書（六）》，上海古籍出版社，2007年7月，第275—282頁。

② 焦循《孟子正義》認爲此慎子名滑釐，與稷下學者慎子名"到"，蓋爲一名一字，名、字相應（"釐"與"來"通。來者，至也、到也）。錢穆《先秦諸子繫年·慎到考》對焦説有所補證。關於此條所云"慎子"之身份，見本書下編《慎子三論》之辨析。

則魯在所損乎？在所益乎①？徒取諸彼以與此，然且仁者不爲，況於殺人以求之乎？君子之事君也，務引其君以當道，志於仁而已。"

3.1 《莊子·天下》(參看彭蒙卷1.1)

公而不黨，易（夷）而無私。決（缺）然無主，趣物而不兩。不顧於慮，不謀於知，於物無擇，與之俱往。古之道術有在於是者，彭蒙、田駢、愼到聞其風而説之。齊萬物以爲首（道），曰："天能覆之而不能載之，地能載之而不能覆之，大道能包之而不能辯（辨）之。"知萬物皆有所可，有所不可，故曰："選則不遍，教則不至，道則無遺者矣。"

是故愼到棄知去己，而緣不得已，泠汰於物，以爲道理，曰："知不知，將薄知而後〈復〉鄰（磷）傷之者也。"謑（稽）髁（滑）無任，而笑天下之尚賢也；縱脫無行，而非天下之大聖。椎拍輐（刓）斷，與物宛轉。舍是與非，苟可以免。不師知慮，不知前後，魏（巍）然而已矣。推而後行，曳而後往，若飄風之還，若羽之旋，若磨石之隧（遂），全而無非，動靜無過，未嘗有罪。是何故？夫無知之物，無建己之患，無用知之累，動靜不離於理，是以終身無譽。故曰："至於若無知之物而已，無用賢聖，夫塊不失道。"豪桀相與笑之曰："愼到之道，非生人之行而至死人之理，適得怪（塊）焉。"田駢亦然，學於彭蒙，得不教焉。彭蒙之師〈教〉曰："古之道人，至於莫之是、莫之非而已矣。其風窢（闃）然，惡可而言？"常反人，不聚（取）觀（懽），而不免於鯇（刓）斷。其所謂道非道，而所言之韙不免於非。彭蒙、田駢、愼到不知道。雖然，概乎皆嘗有聞者也。

4.1 《荀子·脩身》

體恭敬而心忠敬，術禮義而情愛人（仁）②，横（廣）行天下③，雖困四

---

① 趙岐《注》："周公、太公地尚不能滿百里，儉而不足也。後世兼侵小國，今魯乃五百里矣。有王者作若文王、武王者，子以爲魯在所損之中邪？在所益之中也？言其必見損也。"
② 郝懿行《荀子補注》："情者，實也。"王天海《荀子校釋》："體，此指外貌，與'心'相對。術，本義爲道，引申爲行。"又引王引之云："人，讀爲仁。言其體則恭敬，其心則忠信，其術則禮義，其情則愛仁也。愛仁，猶言仁愛。"
③ 郝懿行《荀子補注》："'横'之爲言'光'也、'廣'也，古三字多通用。《書》言'光被'，亦作'横被'。此言'横行天下'句凡四見，横亦廣也。"

夷,人莫不貴。……體倨固而心執〈埶〉詐①,術順(慎)、墨而精(情)雜汙②,橫(廣)行天下,雖達四方,人莫不賤。

4.2 《荀子·非十二子》(參看田駢卷 2.1)

尚法而無法,下〈上(尚)〉脩(循)而好作,上則取聽於上〈下〉,下則取從於俗。終日言成文典,及紃(循)察之,則倜然無所歸宿,不可以經國定分。然而其持之有故,其言之成理,足以欺惑愚衆,是慎到、田駢也。

4.3 《荀子·儒效》

先王之道,仁之隆也,比中而行之。曷謂中?曰:禮義是也。道者,非天之道,非地之道,人之所以道也,君子之所道也③。君子之所謂賢者,非能遍能人之所能之謂也;君子之所謂知者,非能遍知人之所知之謂也;君子之所謂辯者,非能遍辯人之所辯之謂也;君子之所謂察者,非能遍察人之所察之謂也,有所止矣④。相高下,視墝肥,序五種,君子不如農人;通財貨,相美惡,辯貴賤,君子不如賈人;設規矩,陳繩墨,便備用,君子不如工人;不卹是非然不(否)然之情⑤,以相薦撙⑥,以相恥怍,君子不若惠施、鄧析。若夫謫(決)德而定次⑦,量能而授官,使賢不

---

① 王天海《校釋》引王引之云:"執詐,當爲'埶詐',字之誤也。《議兵》篇曰:'隆埶詐,尚功利。'又曰'埶詐險阨',埶與詐,義相近。"
② 楊倞《注》:"順墨,當爲慎、墨。謂齊宣王時處士慎到也,其術本黃老,歸刑名,先申、韓,其意相似,多明不尚賢、不使能之道,箸書四十一篇。……精,當爲情。"梁玉繩《漢書人表考》據此謂"慎子"之"慎"亦作"順"。鵬按,《荀子》慎、墨並稱亦見於《儒效》、《成相》(本卷4.3、4.6),可爲此説旁證。
③ 盧文弨以今本此句爲衍文,王先謙《集解》引王念孫云:"'人之所以道'者,道,行也,謂人之所以行也。'君子之所道'者,道爲人之所行,而人皆莫能行之,唯君子爲能行也。二句本不同義,後人以爲重複而删之,謬矣。"
④ "止"一本作"正"。鵬按,作"止"是,即"止於至善"之"止"。
⑤ 王先謙《集解》引王引之云:"'然不然'本作'然不',即'然否'也。《哀公》篇'情性者,所以理然不取舍也',是其證。'取舍'與'然不'對文,'是非'與'然不'亦對文。後人不知'不'爲'否'之借字,故又加'然'字耳。"
⑥ 楊《注》:"薦,藉也,謂相蹈藉。撙,抑,皆謂相陵駕也。"
⑦ 謫,一本作謫。王先謙《集解》引王念孫云:"作'謫'者是也。作'謫'者,'謫'之訛耳。謫、決古字通,謂決其德之大小而定位次也,下文'謫德而序位'是其明證。"

肖皆得其位,能不能皆得其官,萬物得其宜,事變得其應,慎、墨不得進其談①,惠施、鄧析不敢竄其察,言必當理,事必當務,是然後君子之所長也。

4.4 《荀子·天論》(參看宋鈃卷 3.2)

萬物爲道一偏,一物爲萬物一偏。愚者爲一物一偏,而自以爲知道,無知也。慎子有見於後,無見於先。老子有見於詘,無見於信(伸)。墨子有見於齊,無見於畸。宋子有見於少,無見於多。有後而無先,則群衆無門。有詘而無信(伸),則貴賤不分。有齊而無畸,則政令不施,有少而無多,則群衆不化。

4.5 《荀子·解蔽》(參看宋鈃卷 3.4)

昔賓孟(氓)之蔽者,亂家是也。墨子蔽於用而不知文。宋子蔽於欲而不知得(德)。慎子蔽於法而不知賢。申子蔽於埶而不知知(智)。惠子蔽於辭而不知實。莊子蔽於天而不知人。故由用謂之道,盡利矣;由俗(欲)謂之道,盡嗛(慊)矣;由法謂之道,盡數矣;由埶謂之道,盡便矣;由辭謂之道,盡論矣;由天謂之道,盡因矣。此數具者,皆道之一隅也。夫道者體常而盡變,一隅不足以舉之。曲知之人,觀於道之一隅而未之能識也。故以爲足而飾之,内以自亂,外以惑人,上以蔽下,下以蔽上,此蔽塞之禍也。

4.6 《荀子·成相》

凡成相,辨法方,至治之極復後王,慎、墨、季、惠②,百家之說誠不詳(祥)③。

5.1 《韓非子·外儲說左上》(參看宋鈃卷 4.1)

人主之聽言也,不以功用爲的,則說者多棘刺、白馬之説;不以儀的爲關,則射者皆如羿也。人主於説也,皆如燕王學道也;而長説者,皆如

---

① 指慎到、墨翟,二子並舉又見《脩身》、《成相》(本卷 4.1、4.6)。
② 楊倞《注》:"慎到、墨翟、惠施。或曰季即《莊子》'季真之莫爲'者也。……韓侍郎云:'或曰季梁也。'《列子》曰:季梁,楊朱之友。'"按,"季"指季真,參看宋鈃卷 4.1"李〈季〉、惠、宋、墨皆畫筴也"脚注。
③ 楊《注》:"詳或爲祥。"王念孫《讀書雜志》:"祥,詳古字通。不祥,不善也。"

鄭人爭年也。是以言有纖察微難而非務也,故李〈季〉、惠、宋、墨皆畫策〈筴〉也;論有迂深閎大〔而〕非用也,故畏〈魏〉、震〈慎〉、瞻、車〈陳〉狀皆鬼魅也;言〈行〉而〈有〉拂難堅确〔而〕非功也,故務、卞、鮑、介、墨翟皆堅瓠也。且虞慶詘匠也而屋壞,范且窮工而弓折。是故求其誠者,非歸餉也不可。

5.2 《韓非子·難勢》[①]

慎子曰:"飛龍乘雲,騰蛇游霧,雲罷霧霽,而龍蛇與螾螘同矣,則失其所乘也。賢人而詘於不肖者[②],則權輕位卑也;不肖而能服於賢者,則權重位尊也。堯爲匹夫,不能治三人;而桀爲天子,能亂天下,吾以此知勢位之足恃,而賢智之不足慕也。夫弩弱而矢高者,激於風也;身不肖而令行者,得助於衆也。堯教於隸屬而民不聽,至於南面而王天下,令則行,禁則止。由此觀之,賢智未足以服衆,而勢位足以缶〈出(詘)〉賢者也[③]。"

應慎子曰:飛龍乘雲,騰蛇游霧,吾不以龍蛇爲不託於雲霧之勢也。雖然,夫釋賢而專任勢,足以爲治乎?則吾未得見也。夫有雲霧之勢,而能乘游之者,龍蛇之材美也。今雲盛而螾弗能乘也,霧醲〈濃〉而螘不能游也[④],夫有盛雲醲〈濃〉霧之勢而不能乘游者,螾螘之材薄也。今桀、紂南面而王天下,以天子之威爲之雲霧,而天下不免乎大亂者,桀、紂之材薄也。且其人以堯之勢以治天下也,其勢何以異桀之勢也,亂天下者也[⑤]。夫勢

---

① 梁啓雄《韓子淺解》:"本篇標題'難勢',是韓子假設客人詰難慎到的勢治學說,而韓子對客人的'詰難'加以反駁的題目,不是韓子駁難慎到勢治學說的文題。"本篇是戰國時代法家論勢的重要文獻,由此可見慎到之主張及時人之批評,亦可見韓非對慎子說之闡述與發展。

② 梁啓雄《淺解》:"《廣雅·釋詁》:'詘,屈也,折也。'即屈曲或屈服意。"陳奇猷《韓非子集解》則從《群書治要》所引《慎子》逕讀爲"屈"。

③ 王先慎《韓非子集解》引俞樾:"'缶'乃'詘'之誤。'詘'闕壞而爲'出'字,又因誤爲'缶'也。"梁啓雄《淺解》:"《治要》作'勢位足以屈賢矣'。"鵬按,今本"缶"字乃"屈"或"詘"之壞而訛者。

④ 陳奇猷《集解》引傅佛崖:"《說文》:'醲,厚酒也。''濃,霧多也。'《詩·小雅》傳:'濃濃,厚貌。'段玉裁曰:'凡農字皆訓厚。'據此,故醲與濃通。"

⑤ 梁啓雄《淺解》:"此句廿六字似有脱有誤有錯有衍(見王先慎《集解》校注)。原文似是這樣'且其人以爲以堯之勢以治天下,其勢何異以桀之勢以亂天下也'。"鵬按,各本"以堯之勢"上俱無"以爲"二字,梁氏增之無據,疑本作"且其人以堯之勢治天下,何異以桀之勢亂天下也",下段云:"勢治者則不可亂,而勢亂者則不可治也"乃與之呼應。

者,非能必使賢者用已,而不肖者不用已也①,賢者用之則天下治,不肖者用之則天下亂。人之情性,賢者寡而不肖者衆,而以威勢之利濟亂世之不肖人②,則是以勢亂天下者多矣,以勢治天下者寡矣。夫勢者,便治而利亂者也,故《周書》曰:"毋爲虎傅翼,將飛入邑,擇人而食之③。"夫乘不肖人於勢④,是爲虎傅翼也。桀、紂爲高臺深池以盡民力,爲炮烙以傷民性,桀、紂得乘〔勢〕四(肆)行者⑤,南面之威爲之翼也。使桀、紂爲匹夫,未始行一而身在刑戮矣⑥。勢者,養虎狼之心,而成暴亂之事者也,此天下之大患也。勢之於治亂,本末〈未〉有位也⑦,而語專言勢之足以治天下者,則其智之所至者淺矣。夫良馬固車,使臧獲御之則爲人笑,王良御之而日取(趨)千里⑧,車馬非異也,或至乎千里,或爲人笑,則巧拙相去遠矣。今以國位爲車,以勢爲馬,以號令爲轡,以刑罰爲鞭筴,使堯、舜御之則天下治,桀、紂御之則天下亂,則賢不肖相去遠矣。夫欲追速致遠,不知任王良;欲進利除害,不知任賢能,此則不知類之患也。夫堯、舜亦治民之王良也。⑨

　　復應之曰⑩:其人以勢爲足恃以治官⑪,客曰"必待賢乃治",則不

---

① 鵬按,兩"已"字或疑"己"之誤(俞樾說),或疑本作"之"(津田鳳卿、太田方說),恐非。兩"已"字皆句末助詞,猶"也",後句"也"字爲衍文。
② 梁啓雄《淺解》:"'而'字猶'如',《釋詞》:'而猶如也。'"
③ 陳奇猷《集解》引顧廣圻:"之字當衍。"鵬按,顧說是。本文所引見《逸周書·寤儆》,亦無"之"字。翼、邑、食爲韻。
④ 鵬按,本句"乘"作使動用法,即"使不肖人乘於勢"之意。
⑤ 王先慎《集解》:"'乘'下脱'勢'字,'四'當作'肆'。"
⑥ 王先慎《集解》:"言匹夫未一行桀紂之暴亂,刑戮隨之也。"
⑦ 王先慎《集解》引顧廣圻:"末當作未。"陳奇猷《集解》:"凡事物所處之處曰位。《禮·曲禮》:'揖人必違其位。'《中庸》:'天地位焉。'鄭《注》:'位,猶正也。'蓋天地能得其應有之處所,則天地正,故鄭訓位爲正。引申之則事物應處之處亦曰位矣。"
⑧ 梁啓雄《淺解》:"《漢書·王吉傳》注:'取,進趣也。'古字取、趣、趨通用。"
⑨ 鵬按,《荀子·解蔽》:"慎子蔽於法而不知賢。"頗疑此段乃假荀子一派儒者之言以難慎子。
⑩ 陳奇猷《集解》:"此云'復應之曰',復、反也,猶言反應韓子言,亦爲後人語氣。下文'客曰,人有鬻矛與楯者'云云,亦爲另人難韓非語氣。"鵬按,陳說非。其上"應慎子曰"云云乃假儒者之言以難慎到(見前文注),其下方爲韓非之論。觀此段區别自然之勢與人設之勢,又提出"中"(中材之人)作爲法、勢的立論基礎,乃爲慎子説之進一步發展。下文"人有鬻矛與楯者"云云乃韓子設寓言以爲説,亦非他人難韓非語氣。
⑪ 梁啓雄《淺解》:"其人,指慎到。"

然矣。夫勢者，名一而變無數者也。勢必於自然，則無爲言於勢矣。吾所爲言勢者，言人之所設也①。今日〈曰〉："堯、舜得勢而治，桀、紂得勢而亂。"②吾非以堯、舜爲不然也。雖然，非一人之所得設也③。夫堯、舜生而在上位，雖有十桀、紂不能亂者，則勢治也。桀、紂亦生而在上位，雖有十堯、舜而亦不能治者，則勢亂也。故曰：勢治者則不可亂，而勢亂者則不可治也，此自然之勢也，非人之所得設也④。若吾所言〔勢〕，謂人之所得勢（設）也而已矣⑤，賢何事焉！何以明其然也？客曰：人有鬻矛與楯（盾）者⑥，譽其楯（盾）之堅，物莫能陷也，俄而又譽其矛曰："吾矛之利，物無不陷也。"人應之曰："以子之矛，陷子之楯（盾），何如？"其人弗能應也。以爲不可陷之楯（盾）與無不陷之矛爲名⑦，不可兩立也。夫賢之爲勢〈道〉不可禁⑧，而勢之爲道也無不禁，以不可禁之勢

---

① 李零先生《兵以詐立——我讀〈孫子〉》（第 195 頁）："'勢'和'設'，上古音都是書母月部字……裘錫圭教授考證，古書中的這兩個字經常通假。它是用音訓的方式來解釋。"謹按，韓非"自然之勢"、"人設之勢"二概念相當於《孫子兵法》所説的"形"、"勢"。所謂"自然之勢"非人所能設，亦非主觀意願所能改變，其性質與《孫子》所説"形"相近，爲靜態的、可見的、素所具備的勢。關於《孫子兵法》的形、勢二概念，參考李零先生：《〈孫子〉中的形勢家言》，收入前揭書附錄。
② 陳奇猷《集解》："日當作曰。"鵬按，二句槩括前段客説。
③ 梁啓雄《淺解》："這是説：這是自然之勢，靠生而在上位所獲得的，絕非堯或舜一人之力所能設置的。"
④ 鵬按，"故曰"以下四句乃小結上文，非引用他人之語。
⑤ 陳奇猷《集解》引陶鴻慶云："俞氏（樾）云：'所得勢'當依上文作'所得設'，是也。今案，'勢'當在'言'字下，本云：'若吾所言勢，謂人之所得設也而已矣。'上文云'吾所爲言勢者，言人之所設也'，下文云'無所以言勢者，中也'，皆其證。"
⑥ 陳奇猷《集解》引陶鴻慶云："'客曰'二字不當有，疑本作'客有鬻矛與楯者'，因涉上文誤爲'客曰'，又增出'人'字以足下句耳。"其説是。梁啓雄《淺解》："'鬻'借爲'賣'。'楯'借爲'盾'。"鵬按，"鬻"（上古音喻母覺部）、"賣"（明母支部）二字聲音稍遠，但從"賣"之"櫝"、"債"、"贖"等字爲定母屋部，與"鬻"之韻母較近。此外，較晚出的"售"字古音爲禪母幽部，與"鬻"聲韻皆較近。諸字之關係值得進一步研究。
⑦ 陳奇猷《集解》引松皋圓云："爲字衍。"又引傅佛崖曰："以字衍。"陳氏則以爲原文不衍。鵬按，松説是。下文"爲名"二字當屬上讀。《韓非子·難一》亦以矛盾寓言駁儒家賢舜之説，彼文二句作"夫不可陷之楯與無不陷之矛，不可同世而立"。
⑧ 梁啓雄《淺解》引陶鴻慶："'勢'字當作'道'。"

〈賢〉與無不禁之〔勢爲〕道①,此矛楯(盾)之説也。夫賢、勢之不相容,亦明矣。且夫堯、舜、桀、紂千世而一出,是比肩隨踵而生也②。世之治者,不絕於中③。吾所以爲言勢者,中也。中者,上不及堯、舜,而下亦不爲桀、紂。抱法處勢則治,背法去勢則亂。今廢勢背法而待堯、舜,堯、舜至乃治,是千世亂而一治也;抱法處勢而待桀、紂,桀、紂至乃亂,是千世治而一亂也。且夫治千而亂一,與治一而亂千也,是猶乘驥駬而分馳也,相去亦遠矣④。夫棄隱(檃)栝之法⑤,去度量之數,使奚仲爲車,不能成一輪。無慶賞之勸,刑罰之威,釋勢委法,堯、舜户説而人辯之,不能治三家。夫勢之足用亦明矣,而曰"必待賢"則亦不然矣。且夫百日不食以待粱肉,餓者不活;今待堯、舜之賢乃治當世之民,是猶待粱肉而救餓之説也。夫曰"良馬固車,臧獲御之則爲人笑,王良御之則日取乎千里",吾不以爲然。夫待越人之善海游者以救中國之溺人⑥,越人善游矣,而溺者不濟矣。夫待古之王良以馭今之馬,亦猶越人救溺之説也,不可亦明矣。夫良馬固車,五十里而一置⑦,使中手御之,追速致遠,可以及也,而千里可日致也,何必待古之王良乎!且御非使王良也,則必使臧獲敗之;治非使堯、舜也,則必使桀、紂亂之。此味非飴蜜也,

---

① 此句宋乾道本作"以不可禁之勢"(即王先慎《集解》所據本),日本《纂聞》、《評釋》等本作"以不可禁之勢與無不禁之道"(見梁啓雄《淺解》引),顧廣圻據後者校改爲"以不可禁之賢與無不禁之勢",惟陳奇猷《集解》認爲若依顧説,"則此語無動詞,文不可通",遂改"與"爲"處",認爲原文當作"以不可禁之賢處無不禁之勢"。鵬按,此句"勢"爲"賢"之誤,顧説是。疑"道"前又脱"勢爲"二字,原文當作"以不可禁之賢與無不禁之勢爲道",前文云"賢之爲道"、"勢之爲道",此句正與之呼應。
② 梁啓雄《淺解》:"這是説:堯、舜、桀、紂千世才一出現,這就算是'比肩隨踵而生'了。極言别人以少爲多。《齊策》:'宣王曰:寡人聞之:千里一士,是比肩而立;百世而一聖,若隨踵而至也。'"鵬按,《莊子・齊物論》:"萬世之後而一遇大聖,知其解者,是旦暮遇之也。"亦爲類似之修辭。
③ 三"中"字皆指中才之人。
④ 王先慎《集解》:"驥、駬並千里馬,乘而分馳,違背必速。"
⑤ 梁啓雄《淺解》:"隱借爲檃,《説文》:'檃,栝也。''栝(桰),檃也。'所以矯制邪曲之器。"
⑥ 王先慎《集解》引盧文弨:"海字疑衍。"
⑦ 梁啓雄《淺解》:"《漢書・劉屈氂傳》:'乘疾置以聞',注'置,謂所置驛也'。《廣雅・釋詁》:'置,驛也。'"

必苦菜、亭(葶)歷(藶)也①。此則積辯累辭,離理失術,兩末之議也②,奚可以難夫道理之言乎哉!客議未及此論也。

6.1 《吕氏春秋·慎勢》

位尊者其教受,威立者其姦止,此畜人之道也。故以萬乘令乎千乘易,以千乘令乎一家易,以一家令乎一人易。嘗識(試)及〈反〉此,雖堯、舜不能③。諸侯不欲臣於人而不得,已(以)其勢不便,則奚以易臣④?權輕重,審大小,多建封⑤,所以便其勢也。王也者,勢也⑥;王也者,勢無敵也。勢有敵則王者廢矣。有知小之愈於大、少之賢於多者,則知無敵矣。知無敵則似類嫌(慊)疑(擬)之道遠矣⑦。故先王之法,立天子不使諸侯疑(擬)焉,立諸侯不使大夫疑(擬)焉,立適(嫡)子不使庶孽疑(擬)焉。疑(擬)生爭,爭生亂。是故諸侯失位則天下亂,大夫無等則朝庭亂,妻妾不分則家室亂,適(嫡)孽無別則宗族亂。慎子曰:"今一兔走,百人逐之。非一兔足爲百人分也,由〔分〕未定〔也〕⑧。由〈分〉未

---

① "菜",一本作"萊",張覺《韓非子校疏》謂"萊"通"藜",即俗名紅心灰藋之野菜。按,文獻中多稱此植物"苦菜",見《禮記·月令》、《爾雅·釋草》、《逸周書·時訓》等,不需改讀。"亭歷"即"葶藶",是一種可入藥的草本植物。此處以"苦菜、葶藶"比喻自己所説有益於治,但良藥苦口,非如飴蜜之悦口。
② 陳奇猷《集解》引陶鴻慶:"兩末,謂兩極端也。《淮南·修務訓》云:'是兩末之端議,何可以公論乎。'(劉文台拱云:端字衍)義與此同。"
③ 許維通《吕氏春秋集釋》引畢沅:"'嘗識及此'疑是'嘗試反此'。"
④ 以上數句,諸家讀作"諸侯不欲臣於人,而不得已,其勢不便,則奚以易臣?"陳奇猷《吕氏春秋新校釋》引譚戒甫云:"已當讀以。句末'臣'字疑'邪'字之誤,形本近也。此文當讀云:'諸侯不欲臣於人而不得,以其勢不便,則奚以易邪。'"鵬按,譚説是,惟末字"臣"如字解可,指臣服於人之情况。"其勢不便"及下文"便其勢"之便皆訓爲利。
⑤ 《慎勢》前文云:"衆封建,非以私賢也,所以便勢全威,所以博義。義博、〔勢〕利則無敵,無敵者安。故觀於上世,其封建衆者,其福長,其名彰。"鵬按,原文脱一"勢"字。
⑥ 陳奇猷《校釋》:"'王也者勢也'乃因下而複衍。"
⑦ 陳奇猷《校釋》引馬敘倫曰:"'嫌'字《説文》作'慊'。"又引陶鴻慶説:"疑皆讀爲擬,謂相比擬也。《管子·君臣篇》云:'内有疑妻之妾,此宫亂也;庶有疑適之子,此家亂也;朝有疑相之臣,此國亂也。'《韓非子·説疑篇》云:'孽有擬適之子,配有擬妻之妾,廷有擬相之臣,臣有擬主之寵,此四者國之所危也。'是疑、擬古通之證。"鵬按,訓爲疑之"嫌"(《説文》訓爲"不平於心")本字當作"慊",段玉裁《説文解字注》辨之甚明。
⑧ 此句陶鴻慶校改爲"由分未定也"(見許維通《集釋》引),此從之。

定①,堯且屈力,而況衆人乎?積兔滿市,行者不顧。非不欲兔也,分已定矣。分已定,人雖鄙不争。故治天下及國,在乎定分而已矣。"

7.1 《戰國策·楚策二》②

楚襄王爲太子之時,質於齊。懷王薨,太子辭於齊王而歸③。齊王隘之:"予我東地五百里,乃歸子。子不予我,不得歸。"太子曰:"臣有傅,請追(退)而問傅④。"傅慎子曰⑤:"獻之。地,所以爲身也。愛地不送死父,不義。臣故曰,獻之便。"太子入,致命齊王曰:"敬獻地五百里。"齊王歸楚太子。

太子歸,即位爲王。齊使車五十乘,來取東地於楚。楚王告慎子曰:"齊使來求東地,爲之奈何?"慎子曰:"王明日朝群臣,皆令獻其計。"上柱國子良入見,王曰:"寡人之得求〈來〉反,王墳墓⑥、復群臣、歸社稷也,以東地五百里許齊。齊令〈今〉使來求地⑦,爲之奈何?"子良曰:"王

---

① 許維遹《集釋》引陶鴻慶謂"由"字涉上文而訛,本應作"分",此從之。
② 范祥雍《戰國策箋證》說:"此策與《史記》不合。而同《策》四'長沙之難章'謂齊、韓、魏三國攻楚東國,楚用昭蓋計,令屈署爲和於齊以動秦,秦果許出兵助楚,亦與此策有異。蓋傳聞異辭,加以策士誇飾,遂致失實。"繆文遠《戰國策新校注》更從事理指出:"此章言齊求楚東地,楚使景鯉之秦求救,秦出兵五十萬救楚。按,楚懷王爲秦誘而拘繫,秦、楚仇隙甚深,楚豈因齊索東地而即求救於秦?秦志在亂楚,亦未必救之。即救之,亦未必發傾國之師。秦發五十萬之軍,韓、魏何以毫無戒心而許之假道?驗之形勢,均不可能,此策亦依托之作。"
③ 齊王,指閔王地。同書《齊策三》亦記"楚王死,太子在齊質",鮑彪注:"按《史》楚三十年,懷王入秦,秦留之。明年,頃襄王立。立三年,懷王死。與此駁。"諸祖耿《戰國策集注彙考》又引梁玉繩云:"至所謂頃襄者,《楚策》言:太子許齊東地五百里,歸爲王。即質齊之太子。《齊策》言:楚立新王,太子卒不得位。記載各異。"
④ 一本作"退"。諸祖耿《集注彙考》引黄丕烈云:"今本追作退,乃誤涉鮑(指鮑彪《注》)也。"鵬按,"追"(古音端母微部)當讀爲"退"(透母物部),音近可通。《禮記·檀弓下》"文子其中追然如不勝衣",《釋文》:"追,本亦作退。"
⑤ 關於本章"慎子"之身份,參考本書下編《慎子三論》。
⑥ 諸祖耿《集注彙考》引王念孫:"求,當爲來,謂得來反於楚也。隸書來、求二形相似,上下文又有求字,故來訛爲求。……《太平御覽·人事部》引此正作'來反'。"鵬按,下文"以東地五百里許齊"乃承"寡人之得來反"而言,"王墳墓"三句乃插入句。今本"王"、"墳"二字疑互倒。墳者,封土而高之也。"墳王墓"與"復群臣、歸社稷"並舉,皆楚王返國所亟爲之事。
⑦ 一本作"今",諸祖耿《集注彙考》引金正煒:"作今者是也。"諸氏並指出:"《御覽》480 引正作今。"

不可不與也。王身出玉聲，許强萬乘之齊而不與①，則不信，後不可以約結諸侯。請與而復攻之。與之，信；攻之，武。臣故曰與之。"子良出，昭常入見，王曰："齊使來求東地五百里，爲之奈何？"昭常曰："不可與也。萬乘者，以地大爲萬乘。今去東地五百里，是去戰國之半也②，有萬乘之號而無千乘之用也，不可。臣故曰勿與。常請守之。"昭常出，景鯉入見，王曰："齊使來求東地五百里，爲之奈何？"景鯉曰："不可與也。雖然，楚不能獨守。王身出玉聲，許萬乘之强齊也而不與③，負不義於天下。楚亦不能獨守，臣請西索救於秦。"景鯉出，慎子入，王以三大夫計告慎子，曰："子良見寡人曰：'不可不與也，與而復攻之。'常見寡人曰：'不可與也，常請守之。'鯉見寡人曰：'不可與也，雖然，楚不能獨守也，臣請索救於秦。'寡人誰用於三子之計？"慎子對曰："王皆用之。"王怫然作色曰："何謂也？"慎子曰："臣請效其説④，而王且見其誠然也。王發上柱國子良車五十乘，而北獻地五百里於齊；發子良之明日，遣昭常爲大司馬，令往守東地；遣昭常之明日，遣景鯉車五十乘，西索救於秦。"王曰："善。"乃遣子良北獻地於齊；遣子良之明日，立昭常爲大司馬，使守東地；又遣景鯉西索救於秦。

子良至齊，齊使人以甲受東地。昭常應齊使曰："我典主東地，且與死生。悉五尺至六十，三十餘萬，弊甲鈍兵，願承下塵。"齊王謂子良曰："大夫來獻地，今常守之何如？"子良曰："臣身受命弊邑之王，是常矯也。王攻之。"齊王大興兵，攻東地，伐昭常。未涉疆⑤，秦以五十萬臨齊右壤，曰："夫隘楚太子弗出，不仁；又欲奪之東地五百里，不義。其縮甲則可⑥，不然，則願待戰。"齊王恐焉。乃請子良南道楚，西使秦，解齊患。

---

① 諸祖耿《集注彙考》引金正煒："'强'字當在'齊'字上，後文可證，此誤淆也。"
② 諸祖耿《集注彙考》引金正煒："戰字疑衍。"
③ 姚宏《續注》所見曾鞏本圈去"王身"至"獨守"27字，諸祖耿《集注彙考》逕以"王身出玉聲，許萬乘之强齊也而不與，負不義於天下，楚亦不能獨守"爲衍文。鵬按，衡諸文義，此段非衍。景鯉謂楚王"許萬乘之强齊也而不與"，將負不義之名於天下，齊必鳴鼓而攻之，然楚不能獨守，故需索救於秦。
④ 效者，獻也。
⑤ 諸祖耿《集注彙考》引金正煒："未涉疆，謂未入東地之界。《漢書·高帝紀》'涉魏而東'，晉灼曰：'涉，猶入也。'《穀梁》昭元年傳：'疆之爲言猶竟也。'"
⑥ 縮甲，謂退師。

士卒不用,東地復全。

8.1 《韓詩外傳》卷四(參看宋鈃卷7.1)

夫當世之愚,飾邪說,文姦言,以亂天下,欺惑衆愚,使混然不知是非治亂之所存者,即是范睢、魏牟、田文、莊周、慎到、田駢、墨翟、宋鈃、鄧析、惠施之徒也。此十子者,皆順非而澤,聞見雜博,然而不師上古,不法先王,按往舊造說,務〈矜〉自爲工(功),道無所遇,二人相從。故曰:十子者之工說,說皆不足合大道,美風俗,治綱紀。然其持之各有故,言之皆有理,足以欺惑衆愚,交亂樸鄙,則是十子之罪也。

9.1 《淮南子·道應》

齊人淳于髡以從說魏王,魏王辯之①。約車十乘,將使荊。辭而行,人〈又〉以爲從未足也②,復以衡說,其辭若然。魏王乃止其行而疏其身。失從心〈之〉志而有(又)不能成衡之事③,是其所以固也④。夫言有宗,事有本,失其宗本,技能雖多,不若其寡也。故周鼎著倕,而使齕其指,先王以見大巧之不可〔爲〕也⑤。故慎子曰:"匠人知爲門,〔不〕能以門〈閉〉,所以不知門也,故必杜然後能門〈開〉。"⑥

---

① 淳于髡以縱說魏王事又見《呂氏春秋·離謂》,《呂覽》高誘注:"關東六國爲從也。魏王以爲辯達。"
② 張雙棣《淮南子校釋》引孫詒讓:"人當作又,'又以爲從未足也'句斷。《呂氏春秋·離謂篇》作'有以橫說魏王',有與又同。"
③ 張雙棣《校釋》引王念孫:"'失從心志'當作'失從之志',今本之作心者,因志字而誤。有與又同。此言魏王既不能合從,又不能連衡也。《呂氏春秋·離謂篇》作'失從之意,又失橫之事',是其證。"
④ 張雙棣《校釋》訓"固"爲廢。鵬按:《說文》:"固,四塞也。"由閉塞之意引申爲滯、廢。
⑤ 張雙棣《校釋》引王念孫:"'不可'下脫'爲'字,《呂氏春秋》作'先王有以見大巧之不可爲也',是其證。《本經篇》亦云:'故周鼎著倕,使銜其指,以明大巧之不可爲也。'"
⑥ "夫言有宗"以下又見《文子·精誠》。張雙棣《校釋》引孫詒讓云:"《文子·精誠篇》襲此云:'故匠人智爲,不以能,以時閉,不知閉也,故必杜而後開。'彼文亦有訛挩。參合校繹,此似當云:'不能以閉,所以不知閉也,故杜然後能開。'言閉以開閉爲用,若匠人爲門,但能開,而不能閉,則終未知爲門之要也。《文子》開、閉二字尚未訛,可據以校正。"

10.1 《史記·田敬仲完世家》(參看田駢卷11.1)

宣王喜文學游説之士,自如騶衍、淳于髡、田駢、接予〈子〉、慎到、環淵之徒七十六人,皆賜列第,爲上大夫,不治而議論。是以齊稷下學士復盛,且數百千人。

10.2 《史記·孟子荀卿列傳》(參看田駢卷11.2)

自騶衍與齊之稷下先生,如淳于髡、慎到、環淵、接子、田駢、騶奭之徒,各著書言治亂之事,以干世主,豈可勝道哉!……慎到,趙人。田駢、接子,齊人。環淵,楚人。皆學黃老道德之術,因發明序其指意。故慎到著十二論,環淵著上下篇,而田駢、接子皆有所論焉。

11.1 《鹽鐵論·論儒》(參看田駢卷12.1)

文學曰:"無鞭策,雖造父不能調駟馬;無勢位,雖舜、禹不能治萬民。孔子曰:'鳳鳥不至,河不出圖,吾已矣夫!'故輟車良馬,無以馳之;聖德仁義,無所施之。齊威、宣之時,顯賢進士,國家富強,威行敵國。及湣王,奮二世之餘烈,南舉楚、淮,北并巨宋,苞十二國,西摧三晉,卻彊秦,五國賓從,鄒、魯之君,泗上諸侯皆入臣。矜功不休,百姓不堪。諸儒諫不從,各分散,慎到、捷(接)子亡去,田駢如薛,而孫卿適楚。內無良臣,故諸侯合謀而伐之。王建聽流説,信反間,用后勝之計,不與諸侯從親,以亡國。爲秦所禽,不亦宜乎?"

12.1 《論衡·龍虛》

《山海經》言四海之外,有乘龍蛇之人。世俗畫龍之象,馬首蛇尾。由此言之,馬蛇之類也。慎子曰:"蜚龍乘雲,騰蛇游霧,雲罷雨〈霧〉霽①,與螾、蟻同矣。"韓子曰:"龍之爲蟲也,鳴可狎而騎也②,然喉下有逆鱗尺余,人或嬰之,必殺人矣。"比之爲螾、蟻,又言蟲可狎而騎,蛇馬

---

① 所引慎子語見《韓非子·難勢》(本卷5.2),黃暉《論衡校釋》:"雨,當從《韓非子》作霧"。
② 劉盼遂《論衡集解》引孫詒讓:"文見《韓非子·説難篇》,'鳴',《韓》作'柔',此不知何字之誤。"

之類明矣。

13.1 《漢書·古今人表》中下

慎子。

13.2 《漢書·藝文志·諸子略》法家

《慎子》四十二篇①。班志自注:"名到,先申、韓,申、韓稱之。"②

14.1 《風俗通義·姓氏》③

慎氏,慎到,爲韓大夫④,著慎子三十篇⑤。

---

① 《漢志》所著録《慎子》爲四十二篇,《史記·孟荀列傳》則稱"慎到著十二論",阮廷焯《慎子考佚》謂:"疑慎子十二論,乃此書之全名,及劉向校書秘府,改題爲慎子,從省稱也。……慎十二論經劉氏校定之後,離析篇第,定著爲四十二篇,班氏志藝文,遂據之著録。……《吕氏春秋》高注云:'慎子作法書四十一篇。'較漢志所載,少一篇者,殆不含敘録一篇。"

② 錢穆《先秦諸子繫年·慎到考》指出:"夫到與孟子同時,而按《鹽鐵論》,慎子以湣王末年亡去,則慎子輩行猶較孟子稍後,豈得先申子(其年世錢氏定爲公元前 400 年至前 337 年)?"裘錫圭《馬王堆〈老子〉甲乙本卷前後佚書與"道法家"》(載《文史叢稿》)則認爲:"申不害的年輩高於慎到,但是《漢書·藝文志》卻説《申子》稱引過慎子。也許《申子》編定於申不害門徒之手,所以能稱引慎到。申、慎兩派可能是相互影響的。"

③ 《元和姓纂》卷九又引此篇云:"遴氏,遴到,爲韓大夫,著《遴子》三十篇。"王利器《風俗通義校注》:"《史記·孟荀列傳》:'慎到,趙人,學黄老道德之術,故著十二論。'《漢書藝文志·諸子略》法家:'《慎子》四十二篇。'本注:'名到,先申、韓,申、韓稱之。'此作'三十篇',疑有誤。又此條與上遴氏條文全同,疑作'遴'者亦因音近而改。"

④ 金德建《先秦諸子雜考·慎到思想轉變和韓釐王的改革》據此認爲慎到在五國攻齊,湣王敗走之時(韓釐王 12 年,公元前 284 年),去齊至韓,任大夫。

⑤ 姚振宗《隋書經籍志考證·子部三》認爲以《漢志》所録《慎子》四十二篇之數"除去道家之十二論,正合三十之數。或漢時有兩本"。金德建《古籍通考·慎子流傳與真僞》亦持此説。按,《史記·孟荀列傳》稱慎到所著爲"十二論",非"十二篇",一論未必即一篇,姚、金二氏説疑非。

捌 · 關尹卷①

1.1 《莊子·達生》

子列子問關尹曰:"至人潛行不窒,蹈火不熱,行乎萬物之上而不慄,請問何以至於此?"關尹曰:"是純氣之守也,非知巧果敢之列(例)②。居,予語女。凡有貌象聲色者,皆物也。物與物何以相遠!夫奚足以至乎先?是〔形〕色而已③。則物之造乎不形,而止乎無所化④。夫得是而窮之者,物焉得而止焉⑤!彼將處乎不淫之度,而藏乎無端之紀,游乎萬物之所終始。壹其性,養其氣,合其德,以通乎物之所造。夫若是者,其天守全,其神無郤,物奚自入焉!夫醉者之墜車,雖疾不死。骨節與人同,而犯害與人異,其神全也。乘亦不知也,墜亦不知也,死生驚懼不入乎其胸中,是故遻物而不慴⑥。彼得全於酒而猶若是,而況得

---

① 今本《關尹子》爲宋代道徒依託之作,參考余嘉錫《四庫提要辨證》卷十九、戚淑娟《〈關尹子〉研究》(華東師範大學碩士論文,2004年5月)第一章。關尹其人之時代,顧實《六家諸子擬年表》(《莊子天下篇講疏》附錄)據"列子問於關尹"(見本卷1.1、2.1、3.1、3.5、3.6)、"列子師壺子"(《莊子·應帝王》)及子產往見壺丘子林(《吕覽·下賢》)三事,推論關尹、壺子皆列子、子產前輩,遂定關尹年世約數爲公元前612—前543年。鵬按,以本卷所輯資料來看,文獻中與關尹有關之人物僅老聃、列子,其人見首不見尾,恐難如顧氏輾轉考定其時代。《莊子·天下》關、老並舉,列於彭蒙、田駢、慎到之後,今依其序暫措於此。
② 一本"列"屬下讀,成玄英《疏》釋"列居"云:"命禦寇令復坐。"王叔岷《莊子校詮》:"列字絶句是也……列,本或作例,列、例古今字,《説文》:'例,比也。'"
③ 王叔岷《莊子校詮》引奚侗:《闕誤》:'江南古藏本作:是形色而已。''形色',承上'貌象聲色'而言,郭《注》:'同是形色之物耳,未足以相先也。'是郭本有形字,今挽。"
④ 王叔岷《校詮》:"此緊承上文形色之物不足至乎先而言,之猶乃也。……所,語助,'無所化'即不化。不形、不化,並以喻道也。"
⑤ 郭《注》:"夫至極者,非物所制。"王叔岷《校詮》:"郭注'非物所制',是所見正本作止,以制釋止也。止、制聲近義通,《説文》:'制,一曰止也。'《吕氏春秋·情欲》篇:'聖人修節以止欲',舊校云:'止,一作制。'"
⑥ 遻者,逆也、遇也。

全於天乎?聖人藏於天,故莫之能傷也。復讎者不折鏌、干①,雖有忮心者不怨飄瓦,是以天下平均。故無攻戰之亂,無殺戮之刑者,由此道也。不開人之天,而開天之天,開天者德生,開人者賊生。不厭其天,不忽於人②,民幾乎以其真③!"

1.2 《莊子·天下》

以本爲精,以物爲粗,以有積爲不足④,澹(憺)然獨與神明居⑤。古之道術有在於是者,關尹、老聃聞其風而悦之,建之以常無有⑥,主之以太一⑦,以濡(嬬)弱謙下爲表⑧,以空虛不毁萬物爲實。關尹曰:"在己無居⑨,形物自著。其動若水,其静若鏡,其應若響。芴乎若亡,寂乎若清。同焉者和,得焉者失。未嘗先人,而常隨人⑩。"老聃曰:"知其雄,守其雌,爲天下谿;知其白,守其辱,爲天下谷。"人皆取先,己獨取後,

---

① 指鏌邪、干將,皆古利劍名。
② 王叔岷《校詮》:"厭則過,忽則不及。其、於互文,其猶於也。《大宗師》篇:'知天之所爲,知人之所爲者,至矣。'"
③ 王叔岷《校詮》:"民猶人也,以猶有也。天人相應,人庶幾乎有其真也。"
④ 顧實《莊子天下篇講疏》:"本,謂道也。天地之德,以道爲本,以物爲末也。不貴難得之貨,故以有積爲不足。"按,顧説是。"本"即《天下》序論"明於本數"之本,本數即"一"。
⑤ 馬敘倫《莊子天下篇述義》:"澹借爲憺。《説文》云:'安也。'"
⑥ 王叔岷《校詮》:"'常無有',似兼'常無、常有'而言。《老子》一章:'常無,欲以觀其妙;常有,欲以觀其徼。'所謂'建之以常無有'也。"顧實《講疏》則説:"《莊子》此文,決非摘取《老子》首章之'常無'、'常有'四字而湊成此'常無有'三字也。《老子》書原讀'常無欲'句絶,'常有欲'句絶(鵬按,馬王堆帛書《老子》甲本正作'恒無欲也'、'恒有欲也')……《老》、《莊》書中,凡'無有'二字相連,從無有不連讀者,如《老子》第十一章,凡三言'當其無有',唐以前人讀,皆以無有句絶,其證一也。《應帝王》篇陽子居問明王之治,老聃曰:'明王之治,功蓋天下而似不自己,化貸萬物而民弗恃,有莫舉名,使物自喜,立乎不測,而游于無有者也。'此亦以'無有'連讀,其證二也。"鵬按,後説是。"無有"即"虛"之意。
⑦ 王叔岷《校詮》:"太一,道也。《徐无鬼》篇'大一通之',郭《注》:'道也。''大一'即'太一'。《吕氏春秋·大樂》篇:'道也者,至精也,不可爲形,不可爲名,彊爲之名,謂之太一。'"
⑧ 高亨《莊子天下篇箋證》:"濡借爲嬬,《説文》:'嬬,弱也。'"
⑨ 顧實《講疏》:"無居者,虛也。居、處古字通。《吕覽·圜道篇》黄帝曰:'帝無常處也。'此道家所以爲君人南面之術。惟虛而後物自著其形也。"
⑩ 顧實《講疏》:"《漢書·藝文志》道家《關尹子》九篇,亡。今傳者僞書。其真者蓋僅留此四十四字而已。"

曰:"受天下之垢(詬)①。"人皆取實,己獨取虛,無藏也故有餘,巋然而有餘②。其行身也,徐而不費③,無爲也而笑巧;人皆求福,己獨曲全,曰:"苟(句)④免於咎。"以深爲根⑤,以約爲紀⑥,曰:"堅則毀矣,銳則挫矣⑦。"常寬容於物,不削於人。可謂至極,關尹、老聃乎,古之博大真人哉!

2.1 《吕氏春秋·審己》

子列子常(嘗)射中矣⑧,請之於關尹子。關尹子曰:"〔子〕知子之所以中乎⑨?"答曰:"弗知也。"關尹子曰:"未可。"退而習之。三年,又請。關尹子曰:"子知子之所以中乎?"子列子曰:"知之矣。"關尹子曰:"可矣,守而勿失。"非獨射也,國之存也,國之亡也,身之賢也,身之不肖也,亦皆有以。聖人不察存亡賢不肖,而察其所以也。

2.2 《吕氏春秋·不二》(参看田駢卷8.2)

聽群衆人〈之〉議以治國,國危無日矣。何以知其然也?老耽(聃)貴柔,孔子貴仁,墨翟貴廉,關尹貴清,子列子貴虛,陳駢貴齊,陽生貴

---

① 王叔岷《校詮》:"朱駿聲云:'垢,假借爲詬。'案《老子》七十八章:'受國之垢,是謂社稷主。'帛書甲、乙本垢並作詢,謂並作胃。詢與詬同,《説文》:'詬,謑詬,恥也。詬,詬或從句。'"
② 劉文典《莊子補正》:"'無藏也故有餘',與下句'巋然而有餘'語意重複。'無藏也故有餘'疑是下文'巋然而有餘'之注。"王先謙《集解》引宣穎則謂:"疊一語,甚言之。""巋",一本作"巍",二字同音通用。
③ 成《疏》"費,損也。"王叔岷《校詮》:"《説文》:'徐,安行也。'此謂行己安而無損也。"
④ "苟"疑讀爲"句",《説文》:"句,曲也。"
⑤ 顧實《講疏》:"《老子》曰:'深根固蒂,長生久視之道。'此以深爲根。"
⑥ 高亨《箋證》:"《廣雅·釋言》:'約,儉也。'老聃貴儉。"
⑦ 顧實《講疏》:"《老子》曰:'人之生也柔弱,其死也堅强。'此堅則毀之義也。又曰:'揣而銳之,不可長保。'此銳則挫之義也。"
⑧ 陳奇猷《吕氏春秋校釋》引譚戒甫云:"《列子·説符》篇作'列子學射中矣',張注:'率爾自中,非能期中者也。'似'學'字爲'嘗'字之誤。此'常'字疑亦'嘗'之假用。謂偶中一次,非前期而中也,故不知中之所以然。"張雙棣《吕氏春秋譯注》:"常,汪本、凌本、朱本作'嘗'。"
⑨ 陳奇猷《吕氏春秋校釋》引孫人和云:"'知子'上當更有'子'字。下文云:'子知子之所以中乎',句意並同。《列子·説符》篇'知子'上正有'子'字。"

己,孫臏貴勢,王廖貴先,兒良貴後。有金鼓,所以一耳也;同法令,所以一心也。智者不得巧,愚者不得拙,所以一衆也;勇者不得先,懼者不得後,所以一力也。故一則治,異則亂;一則安,異則危。夫能齊萬不同,愚智工拙,皆盡力竭能,如出乎一穴者,其唯聖人矣乎!無術之智,不教之能,而恃彊速貫(慣)習,不足以成也。

3.1 《列子·黄帝》①

列子問關尹曰:"至人潛行不空〈窒〉②,蹈火不熱,行乎萬物之上而不慄,請問何以至於此?"關尹曰:"是純氣之守也,非智巧果敢之列(例)③,姬(居),魚(吾)語汝④。凡有貌像聲色者,皆物也。物與物何以相遠也?夫奚足以至乎先?是〔形〕色而已⑤,則物之造乎不形,而止乎無所化。夫得是而窮之者,焉得而正〈止〉焉⑥?彼將處乎不深〈淫〉之度⑦,而藏乎無端之紀,游乎萬物之所終始。壹其性,養其氣,含其德⑧,以通乎物之所造。夫若是者,其天守全,其神無郤,物奚自入焉!夫醉者之墜於車也,雖疾不死。骨節與人同,而犯害與人異,其神全也。乘亦弗知也,墜亦弗知也。死生驚懼不入乎其胸,是故遻物而不慴⑨。彼得全於酒而猶若是,而況得全於天乎?聖人藏於天,故物莫之能傷也。"

---

① 關於《列子》的時代,參看禽滑釐卷 5.1 注釋之説明。
② 張湛《注》:"不空者,實有也。"楊伯峻《列子集釋》引俞樾:"張《注》甚爲迂曲。《釋文》曰:'空,一本作窒。'當從之。《莊子·達生篇》正作'不窒'。"
③ 列讀爲例,參考本卷 1.1 注釋引王叔岷説。
④ 殷敬順《釋文》:"姬音居。"《莊子·達生》作"居"。張湛《注》:"魚當作吾。"《莊子·達生》作"予"。
⑤ 張湛《注》:"向秀曰:同是形色之物耳,未足以相先也。以相先者,唯自然也。"楊伯峻《集釋》:"'色'上脱'形'字,當作'是形色而已'。'形色'承上文'貌像聲色'而言。《注》引向秀曰'同是形色之物耳',則向所注《莊子》本有'形'字。"
⑥ 楊伯峻《集釋》引俞樾:"止與正形相似。……《莊子·達生》篇述此文曰:'夫得是而窮之者,物焉得而止焉',可據以訂正。"
⑦ 張湛《注》:"深當作淫。"二字形近而誤,《莊子·達生》正作"淫"。
⑧ 《莊子·達生》作"合其德",王叔岷《莊子校詮》云:"德不可離。《列子》合作含,義同。《釋名·釋言語》:'含,合也。'"
⑨ 《釋文》:"遻音忤,遇也。"

3.2 《列子·仲尼》

關尹喜曰：“在己無居，形物其〈自〉著①。其動若水，其静若鏡，其應若響。故其道若物者也。物自違道，道不違物。善若道者，亦不用耳，亦不用目，亦不用力，亦不用心。欲若道而用視聽形智以求之，弗當矣。瞻之在前，忽焉在後，用之彌滿六虚，廢之莫知其所。亦非有心者所能得遠，亦非無心者所能得近。唯默而得之，而性成之者得之②。知而忘情，能而不爲，真知真能也。發(廢)無知何能情？發(廢)不能何能爲③？聚塊也，積塵也，雖無爲而非理也④。”

3.3 《列子·力命》

生非貴之所能存，身非愛之所能厚；生亦非賤之所能夭，身亦非輕之所能薄。故貴之或不生，賤之或不死；愛之或不厚，輕之或不薄。此似反也，非反也。此自生自死，自厚自薄。或貴之而生，或賤之而死；或愛之而厚，或輕之而薄。此似順也，非順也。此亦自生自死，自厚自薄。鬻熊語文王曰：“自長非所增，自短非所損。算之所亡若何。”老聃語關尹曰：“天之所惡，孰知其故？”⑤言迎天意，揣利害，不如其已。

3.4 《列子·楊朱》(參看禽滑釐卷 5.2)

楊朱曰：“伯成子高不以一毫利物，舍國而隱耕；大禹不以一身自

---

① 張《注》：“形物猶事理也。事理自明，非我之功也。”楊伯峻《集釋》：“《莊子·天下》篇作‘形物自著’。細味張注，似張湛所據本亦作‘自著’。作‘其’者於義不長，或爲字之訛誤歟？”

② 楊伯峻《集釋》引俞樾：“‘而性成之’當作‘性而成之’。《湯問》篇‘默而得之，性而成之’，是其證。”鵬按，其説是。此句當作“性而成之”，下“得之”二字涉上句而衍。

③ 《釋文》：“‘發無知’一本作‘廢無知’，下作‘廢無能’。”楊伯峻《集釋》引陶鴻慶：“疑此文作‘廢知何能情，廢能何能爲’。發知即無知，廢能即無能。故下以聚塊積塵爲比。或本有作‘無知無能’者，校者旁註而傳寫誤合之耳。”鵬按，陶説是。二句“無”、“不”二字當爲衍文。

④ 數句疑批評慎到。《莊子·天下》謂慎子“夫無知之物，無建己之患，無用知之累，動静不離於理，是以終身無譽。故曰：‘至於若無知之物而已，無用賢聖，夫塊不失道。’豪桀相與笑之曰：‘慎到之道，非生人之行而至死人之理，適得怪(塊)焉。’”(見本書慎到卷 3.1)

⑤ 楊伯峻《集釋》：“二句乃《老子》七十三章文。今本王弼《注》曰：‘孰，誰也。言誰能知天之所惡之意何故邪？其唯聖人也。’”

利,一體偏枯。古之人損一毫利天下,不與也;悉天下奉一身,不取也。人人不損一毫,人人不利天下,天下治矣。"禽子問楊朱曰:"去子體之一毛以濟一世,汝爲之乎?"楊子曰:"世固非一毛之所濟。"禽子曰:"假濟,爲之乎?"楊子弗應。禽子出語孟孫陽。孟孫陽曰:"子不達夫子之心,吾請言之。有侵若肌膚獲萬金者,若爲之乎?"曰:"爲之。"孟孫陽曰:"有斷若一節得一國,子爲之乎?"禽子默然有閒。孟孫陽曰:"一毛微於肌膚,肌膚微於一節,省矣。然則積一毛以成肌膚,積肌膚以成一節。一毛固一體萬分中之一物,奈何輕之乎?"禽子曰:"吾不能所以答子。然則以子之言問老聃、關尹,則子言當矣;以吾言問大禹、墨翟,則吾言當矣。"孟孫陽因顧與其徒説他事。

3.5 《列子·説符》

關尹謂子列子曰:"言美則響美,言惡則響惡;身長則影長,身短則影短。名也者,響也;身〈行〉也者①,影也。故曰:'愼爾言,將有和之②。愼爾行,將有隨之。'是故聖人見出以知入,觀往以知來,此其所以先知之理也。度在身,稽在人。人愛我,我必愛之;人惡我,我必惡之。湯武愛天下,故王;桀紂惡天下,故亡,此所稽也。稽度皆明而不道也,譬之出不由門,行不從徑也。以是求利,不亦難乎?嘗觀之神農、有炎之德,稽之虞、夏、商、周之書,度諸法士賢人之言,所以存亡廢興而非由此道者,未之有也。"

3.6 《列子·説符》

列子學〈嘗〉射中矣③。請於關尹子。〔關〕尹子曰④:"子知子之所

---

① 楊伯峻《集釋》引王叔岷:"'身'當作'行',下文'愼爾行,將有隨之',即承此言。今本'身'涉上文'身長則影長,身短則影短'而誤。《御覽》四百三十引《尸子》作'行者影也',可爲旁證。"
② "和",一本作"知",蓋涉下文"見出以知入,觀往以知來"而誤。"和"、"隨"爲韻。
③ 《吕氏春秋·審己》作"常"(見本卷2.1),一本作"嘗",譚戒甫認爲此文"學"乃"嘗"字之誤。
④ 楊伯峻《集釋》引王重民云:"《御覽》七百四十五引疊一'關'字,是也。古書或稱'關尹',無稱爲'尹子'者,下同。"鵬按,原文蓋於"關尹子"三字下皆有重文符,今本所據"關"下脱一重文符。

以中者乎?"對曰:"弗知也。"關尹子曰:"未可。"退而習之。三年,又以報關尹子。〔關〕尹子曰:"子知子之所以中乎?"列子曰:"知之矣。"關尹子曰:"可矣,守而勿失也。"非獨射也,爲國與身,亦皆如之。故聖人不察存亡,而察其所以然。

4.1 《史記·老子韓非列傳》

老子脩道德,其學以自隱無名爲務。居周久之,見周之衰,迺遂去。至關①,關令尹喜曰:"子將隱矣,彊爲我著書。"於是老子迺著書上下篇,言道德之意五千餘言而去,莫知其所終②。

5.1 《漢書·藝文志·諸子略》道家

《關尹子》九篇。班志自注:"名喜,爲關吏,老子過關,喜去吏而從之。"

6.1 《列仙傳》卷上③

關令尹喜者,周大夫也。善内學,常服精華,隱德修行④,時人莫

---

① 《史記索隱》:"李尤《函谷關銘》云:'尹喜要老子留作二篇',而崔浩以尹喜又爲散關令是也。"《正義》:"《抱朴子》云:'老子西游,遇關令尹喜於散關,爲喜著《道德經》一卷,謂之《老子》。'或以爲函谷關。"高亨《老子正詁·史記老子傳箋證》指出:"秦末漢初關字用爲專名,通指函谷關。"並舉《戰國策》、《史記》爲證。此從之。

② 王叔岷《史記斠證》引傅斯年云:"此爲後來化胡諸説所依據,太史公如此言,彼時道家已雜神仙矣(《淮南子》一書可見)。"

③ 舊題爲西漢劉向撰。陳振孫《直齋書録解題》謂此書不類西漢文字,必非向撰。黄伯思《東觀餘記》認爲可能爲東漢作品。《四庫提要》指出:"是書《隋志》著録,則出於梁前。又葛洪《神仙傳》序亦稱此書爲向作(鵬按,葛氏《抱朴子·論仙》亦持此説),則晉時已有其本。"斷爲魏晉間方士之作。余嘉錫《四書提要辨證》卷十九從東漢應劭、王逸已引是書,又據楊守敬《日本訪書志》所指出書中多東漢地名,並稱"其七十四人已在佛經",認爲此書蓋東漢明帝以後,順帝以前人所作。鵬按,今本此篇言關尹"與老子俱游流沙化胡",老子化胡之説起於東漢,盛行於魏晉,湯用彤《王維誠〈老子化胡説考證〉審查書》指出:"化胡之説竟一見於朝廷奏疏(《後漢書·襄楷傳》),再見於史家著作(《三國志》引魚豢《魏略》),則其説大有助於最初佛教之流行可以想見也。"可爲此書作於東漢之旁證。《列仙傳》此章見於《史記集解》引述,可與今本參校。

④ 王照圓《列仙傳校正》:"《史記·老子列傳·集解》引'學'下有'星宿'二字,無'常'字。'修行'二字作'行仁'。"王叔岷《列仙傳校箋》認爲:"'修行'作'行仁',與上文義不相應,恐非其舊。'行仁'乃儒家所重也。"

知。老子西游,喜先見其氣①,知有真人當過,物色而遮〈迹〉之②,果得老子。老子亦知其奇,爲著書授之。後與老子俱游流沙化胡③。服苣勝實④,莫知其所終。尹喜亦自著書九篇,號曰《關尹子》⑤。

① 《史記索隱》引是書,有"老子西游,關令尹喜望見有紫氣浮關,而老子果乘青牛而過也"三句,蓋老子傳文。
② 王照圓《校正》:"《史記集解》引'真'上無'有'字,'過'下有'候'字,'遮'作'迹'。《藝文類聚·地部》及《文選·爲蕭揚州作薦士表》俱引作'遮'。"王叔岷《校箋》:"《藝文類聚》及《文選·注》引'真'上亦並無'有'字,當猶將也。《史記索隱》引此文'遮'亦作'迹',云:'謂視其氣物有異色而尋迹之。'"鵬按,據王說,今本"遮"爲"迹"字之誤。
③ 王照圓《校正》:"《史記集解》引'著書'下無'授之後'三字。'游'作'之','沙'下有'之西'二字。"
④ 王叔岷《校箋》:"《集解》引'苣勝'作'具勝',具乃誤字。《御覽》九百八十九引作'鉅勝',《廣雅·釋草》:'鉅勝,胡麻也。'王念孫《疏證》:'《神農本草》云:胡麻,一名巨勝。'巨與鉅同。《御覽》引《孝經援神契》云:'巨勝延年。'《列仙傳》:'關令尹喜與老子俱游流沙,服苣勝實。'苣與鉅通。"巨勝爲神仙家所服,《抱朴子·仙藥》云:"巨勝一名胡麻,餌服之不老,耐風濕,補衰老也。"
⑤ 王照圓《校正》:"《史記集解》引'終'下無'尹喜'二字。'號曰《關尹子》'作《關令子》。"

玖·陳仲卷

1.1 《孟子·滕文公下》①

匡章曰:"陳仲子豈不誠廉士哉!居於陵②,三日不食,耳無聞、目無見也。井上有李,螬食實者過半矣,匍匐往,將食之,三咽,然後耳有聞、目有見。"孟子曰:"於齊國之士,吾必以仲子爲巨擘焉。雖然,仲子惡能廉?充仲子之操,則蚓而後可者也③。夫蚓,上食槁壤,下飲黄泉。仲子所居之室,伯夷之所築與?抑亦盜跖之所築與?所食之粟,伯夷之

---

① 錢穆《先秦諸子繫年·陳仲考》:"孟子與匡章自齊威王時已交游。而匡章、孟子論陳仲子廉士一節,則在宣王世。以年事論,孟子最長,匡章次之,陳仲爲後。匡章曰:'陳仲豈不誠廉士。'孟子曰:'齊國之士,我則以爲巨擘。'其實匡、孟皆仕甚顯,而陳仲壯歲苦行,名譽已播,故二人之言如此。"

② 《漢書·地理志》有於陵縣,爲濟南郡都尉治所在。閻若璩《四書釋地續》引顧野王《輿地志》、張説《石泉驛》詩題自注,謂於陵位於山東長山縣南,距臨淄約二百里。《列女傳·賢明》載楚王欲以陳仲爲相,今本《於陵子·辭禄》又説:"齊王將使於陵子爲大夫……遂去齊之楚,居於於陵。"尹桐陽《於陵子注》:"此云'去齊之楚'而居於陵,則於陵乃楚地而非齊地矣,蓋斥楚鄢都附近之山而言。鄢、於雙聲通用。《史記·鄒陽傳》索隱:'《孟子》云:陳仲子,齊陳氏之族,兄爲齊卿,仲子以爲不義,乃適楚,居于於陵,自謂於陵子仲。楚王聘以爲相,子仲遂夫妻相與逃,爲人灌園。《列士傳》字子終者是也。'則司馬貞亦以於陵爲楚地者。"鵬按《孟子》此章僅云陳仲"居於陵"、"處於陵",未嘗云其"適楚",《索隱》之説不確。林慶彰《豐坊與姚士粦》云:"(據《孟子》)可知陳仲所居之於陵,去其母所居不遠。若於陵爲楚地,則齊、楚兩國,一北一南,懸隔數千里,仲子必不能頻頻歸省其母也。……又趙威后問齊使(見《戰國策·齊策四》):'於陵子仲尚存乎?'苟陳仲已適楚,則威后亦不得問齊使。"其説是。司馬貞的説法雖誤,但應另有所據。唐代之前已流傳記録陳仲言行的篇章,傳述者因《列女傳》有楚王將相陳仲事,遂誤以齊之"於陵"爲楚之"鄢陵",於是造出陳仲去齊隱於楚地於陵之説。《説文》以"於"乃象古文"烏"而省,"烏"、"焉"二字形近(皆象鳥形),且古書"焉"多訓爲"於",因而致誤。關於傳世本《於陵子》的成書時代,詳本書下編《〈於陵子〉成書時代平議》。

③ 朱熹《集注》:"充,推而滿之也。操,所守也。蚓,丘蚓也。言仲子未得爲廉也,必若滿其所守之志,則惟丘蚓之無求於世,然後可以爲廉耳。"

所樹與?抑亦盜跖之所樹與?是未可知也。"曰:"是何傷哉?彼身織屨,妻辟纑①,以易之也。"曰:"仲子,齊之世家也。兄戴,蓋祿萬鍾②。以兄之祿爲不義之祿而不食也,以兄之室爲不義之室而不居也,避兄離母,處於於陵。他日歸,則有饋其兄生鵝者,己頻(顰)顣(蹙)曰③:'惡用是鶂鶂者爲哉④?'他日,其母殺是鵝也,與之食之。其兄自外至,曰:'是鶂鶂之肉也。'出而哇之。以母則不食,以妻則食;以兄之室則弗居,以於陵則居之。是尚爲能充其類也乎?若仲子者,蚓而後充其操者也。"

2.1 《荀子·不苟》

〔人之所欲者,吾亦欲之〕;人之所惡者,吾亦惡之⑤。夫富貴者,則類(戾)傲之⑥;夫貧賤者,則求柔之。是非仁人之情也,是姦人將以盜名於晻世者也,險莫大焉。故曰:盜名不如盜貨。田仲、史鰌不如盜也⑦。

---

① 趙岐注:"緝績其麻曰辟,練麻縷曰纑,故曰辟纑。"
② "蓋"皆指齊國的蓋邑,《讀史方輿紀要》以其地在今山東沂水縣西北。《說文》云:"鄐,地名。"段玉裁《注》:"二《志》泰山郡皆有蓋縣,《孟子》有蓋大夫。《孟子·公孫丑下》云:"孟子爲卿於齊,出弔於滕,王使蓋大夫王驩爲輔行。"閻若璩《四書釋地》:"以半爲王朝之下邑,王驩治之;以半爲卿族之私邑,陳氏世有之。"
③ 朱熹《集注》:"頻與顰同,顣與蹙同。"
④ 朱熹《集注》:"鶂鶂,鵝聲也。"此代指鵝。
⑤ 楊倞《注》:"賢人欲惡之〔情〕,不必異於衆人矣。"盧文弨曰:"正文首疑當有'人之所欲者,吾亦欲之'字。注'賢人欲惡'下疑脫一字。"龍宇純《荀卿子記餘》申其說:"下文云:'夫富貴者,則類傲之;夫貧賤者,則求柔之。是非仁人之情也。'正自富貴、貧賤,人所共欲、共惡兩面言之,以見姦人之情不與衆同。……據下文'是非仁人之情',盧疑注文'之'下所脫,疑即'情'字。"
⑥ 孫詒讓《札迻》:"類,與戾通。《逸周書·史記篇》:'昔穀平之君愎類無親',孔晁注云:'類,戾也。類、傲二字平列,與'求柔'文正相對。"鵬按,其說。"戾"訓爲乖背,與"求"對文。"柔"與《詩·小雅·桑扈》"旨酒思柔"之"柔"同訓爲嘉善(本馬瑞辰《毛詩傳箋通釋》說)。
⑦ 楊倞《注》:"田仲,齊人,處於陵,不食兄祿,辭富貴爲人灌園,號曰於陵仲子。史鰌,衛大夫,字子魚,賣直也。"

2.2 《荀子·非十二子》

忍情性，綦(極)谿利(離)跂①，苟以分異人爲高，不足以合大衆、明大分，然而其持之有故，其言之成理，足以欺惑愚衆：是陳仲、史鰌也。

……古之所謂處士者，德盛者也，能靜者也②，脩正者也，知命者也，箸是〈定〉者也③。今之所謂處士者，無能而云能者也，無知而云知者也，利心無足而佯無欲者也，行僞險穢而彊高言謹慤者也，以不俗爲俗，離縱〈縦〉而跂訾者也④。

3.1 《韓非子·外儲説左上》

齊有居士田仲者，宋人屈穀見之曰："穀聞先生之義，不恃仰人而食⑤。今穀有樹(巨)瓠之道⑥，〔其〕堅如石，厚而無竅⑦，獻之〔先生〕⑧。"

---

① 楊倞《注》："利，與離同。離跂，違俗自絜之貌，謂離於物而跂足也。《莊子》(天地篇)曰：'楊、墨乃始離跂自以爲得。'"王先謙《集解》："《荀子》多以'綦'爲'極'。谿之爲言深也。《老子》'爲天下谿'，河上公注云：'人能謙下如深谿。'是谿有深義。綦谿，猶言極深耳。利，與離同，楊説是也。離世獨立，故曰離跂。"鵬按，"離跂"即《非十二子》下文"離縱〈縦〉而跂訾"之省文。王念孫《讀書雜志》："(楊倞)謂'縱爲縦之誤'是也。《莊子·在宥》篇：'儒、墨乃始離跂攘臂乎桎梏之間。'離跂，疊韻字。《荀子》云'離縱而跂訾'，離縦、跂訾亦疊韻字，大抵皆自異於衆之意也。"
② 楊倞《注》："處士，不仕者也。《易》曰：'或出或處。'能靜，謂安時處順也。"
③ "箸"，同"著"。王天海《校釋》引劉台拱曰："著是，疑當作'著定'，與上文'盛'、'静'等字爲韻。言有定守，不流移也。"
④ 參看前文對於"利(離)跂"之註解。
⑤ 陳奇猷《韓非子新校注》："恃、仰二字義同，當衍其一。下文'今田仲不恃仰人而食'句，《文選·七命》注引無'仰'字，亦可證。"
⑥ 王先慎《韓非子集解》："《選注》(指《文選·七命》注)引作'穀有巨瓠'。案樹、巨聲近而誤，當作'巨'。'之道'二字衍。"陳奇猷《校注》不以王説爲是，他認爲"此下脱'其實'二字，屬下讀。"鵬按，"樹"從王説讀爲"巨"，"之道"二字疑衍，下句"堅如石"上當脱"其"字。原文作"今穀有巨瓠，其堅如石"。
⑦ 王先慎《集解》引盧文弨指出：《文選·七命》注所引與此不同，云："而效之先生。田仲曰：'堅如石，不可剖而斮；厚而無竅，不可以受水漿。吾無用此瓠以爲也。'屈穀曰：'然，其棄物乎？'曰：'然。''今先生雖不恃人之食，亦無益人之國矣，猶可棄之瓠也。'田仲若有所失，慙而不對。"
⑧ "先生"二字從陳奇猷《校注》補。

仲曰:"夫瓠所貴者,謂其可以盛也①。今厚而無竅,則不可剖以盛物②;而任重如堅石,則不可以剖而以斟③,吾無以瓠爲也。"曰:"然,穀將棄之。"今田仲不恃仰人而食,亦無益人之國,亦堅瓠之類也。

4.1　《戰國策·齊策四》

齊王使使者問趙威(惠)后④。書未發⑤,威(惠)后問使者曰:"歲亦無恙耶?民亦無恙耶?王亦無恙耶?"使者不說,曰:"臣奉使使威(惠)后⑥,今不問王而先問歲與民,豈先賤而後尊貴者乎?"威(惠)后曰:"不然。苟無歲,何以有民?苟無民,何以有君?故(固)有問舍本而問末者耶⑦?"乃進而問之曰:"齊有處士曰鍾離子,無恙耶?是其爲人也,有糧者亦食,無糧者亦食;有衣者亦衣,無衣者亦衣。是助王養其民也,何以至今不業也?葉陽子無恙乎?是其爲人,哀鰥寡,卹孤獨,振困窮,補不足。是助王息其民者也,何以至今不業也?北宫之女嬰兒子無恙耶?徹其環瑱,至老不嫁,以養父母。是皆率民而出於孝情者也,胡爲至今不朝也?此二士弗業,一女不朝,何以王齊國,子萬民乎?於陵子仲尚存乎⑧?是其爲人也,上不臣於王,下

---

① 陳奇猷《校注》:"謂、爲同,詳《經傳釋詞》。"
② 王先慎《集解》引顧廣圻曰:"'剖'字當衍。"
③ 王先慎《集解》引顧廣圻曰:"下'以'字當衍。"
④ 何建章《戰國策注釋》:"鮑彪編此策於齊王建世,林春溥《戰國紀年》、于鬯《戰國策年表》并載於周赧王五十一年,齊王建元年,趙孝成王二年(前264年)。"趙威后,即趙惠文王妻。鮑彪謂:"惠文后,孝威太后。"繆文遠《戰國策新校注》已指出:鮑注當作"孝成太后","威"、"成"二字形近而訛。又以正文"威"亦"成"之誤。鵬按,繆氏前説是。正文"威"則讀作"惠"。東周王后例從君稱諡,以明所屬(見杜預《春秋釋例》卷四)。惠文王之后當稱"惠后"或"惠文后",不應另有"威"稱。鮑注以"孝威太后"釋"惠文后",可見正文本作"惠"。頗疑正文乃因注已訛"成"爲"威",威、惠二字又音近,"惠"遂誤爲"威"。
⑤ 范祥雍《箋證》引吴師道云:"未發其封。"
⑥ 繆文遠《新校注》引鍾鳳年云:"'威'字當諡后之諡,今使者對生人,無面稱其諡之理,宜衍。"
⑦ 繆文遠《新校注》引姚宏曰:"一無'問'字。"又引王引之《經傳釋詞》卷五云:"'固'猶乃也,或作'故'。"按,其説是。上"問"字疑衍。
⑧ 於陵子仲即陳仲。鮑彪注:"於陵,屬濟南,皆以所居爲號。此自一人,若《孟子》所稱,已是七八十年矣。"周柄中《四書典故辨正》則説:"按陳仲子當宣王時,趙威后齊王建時。考《六國表》自宣王元年至王建元年,凡七十有九年。仲子若壽考,何妨是時尚在。"錢穆《先秦諸子繫年·陳仲考》:"自宣王至王建元,實祇五十六年,《六國表》誤也。今姑定宣王元年仲子年三十左右,則至王建時亦僅八十許人。趙太后所謂'於陵仲子尚存乎,何爲至今不殺乎',正是遲之之意。鮑氏遽以生疑,非也。"

不治其家,中不索交諸侯。此率民而出於無用者,何爲至今不殺乎?"

5.1 《説苑·尊賢》

齊將軍田瞶出將,張生郊送,曰:"昔者堯讓許由以天下,洗耳而不受,將軍知之乎?"曰:"唯,然,知之。""伯夷叔齊辭諸侯之位而不爲,將軍知之乎?"曰:"唯,然,知之。""於陵仲子辭三公之位而傭,爲人灌園,將軍知之乎?"曰:"唯,然,知之。""智過去君弟,變姓名,免爲庶人①,將軍知之乎?"曰:"唯,然,知之。""孫叔敖三去相而不悔,將軍知之乎?"曰:"唯,然,知之。"此五大夫者,名辭之而實羞之。今將軍方吞一國之權,提鼓擁旗,被堅執鋭,旋回十萬之師,擅斧鉞之誅,慎毋以士之所羞者驕士。"田瞶曰:"今日諸君皆爲瞶祖道,具酒脯,而先生獨教之以聖人之大道,謹聞命矣。"

6.1 《新序·雜事三》②

齊人鄒陽客游於梁,人或讒之於孝王,孝王怒,繫而將欲殺之。鄒陽客游見讒,自冤,乃從獄中上書。其辭曰:"……夫晉文公親其讎,而彊霸諸侯;齊桓公用其仇,而一匡天下。何則? 慈仁殷勤,誠加於心,不可以虛辭借也。至夫秦用商鞅之法,東弱韓、魏,立彊天下,而卒車裂商君;越用大夫種之謀,擒勁吳,霸中國,卒誅其身。是以孫叔敖三去相而不悔;於陵仲子辭三公,爲人灌園。今世主誠能去驕傲之心,懷可報之意,披心腹,見情素,墮肝膽,施德厚,終與之窮通,無變於士,則桀之狗可使吠堯,跖之客可使刺由。況因萬乘之權,假聖王之資乎! 然則荆軻沈七族,豈足爲大王道哉! ……"

7.1 《列女傳·賢明·楚於陵妻》③

楚〈齊〉於陵子終(仲)之妻也④。楚王聞於陵子終(仲)賢,欲以爲相,使

---

① 向宗魯《説苑校證》:"事見《韓子·十過篇》及《趙策》,即本書《貴德篇》之智果。"
② 鄒陽獄中書又見《史記》、《漢書》本傳引(見本卷 9.1、11.2)。
③ 此章所述與今本《於陵子·未信》略同。《韓詩外傳》卷九亦載此事,但"楚王"作"楚莊王","於陵子終"作"北郭先生"。《列女傳》末引《詩》見《秦風·小戎》,《韓詩外傳》則引《陳風·東門之池》,二者當有不同來源。
④ 王照圓《列女傳補注》:"'楚'蓋'齊'字之誤。古之於陵,今長山縣,濟南所屬,有於陵仲子墓。子終,《史記集解》引作'子仲',《戰國策》亦爾。'仲'、'終'音同,古字通也。"關於"於陵"之地望及其與楚"鄢陵"之混訛,參本卷 1.1 注释。

使者持金百鎰,往聘迎之,於陵子終(仲)曰:"僕有箕帚之妾,請入與計之。"即入,謂其妻曰:"楚王欲以我爲相,遣使者持金來。今日爲相,明日結駟連騎,食方丈於前,可乎?"妻曰:"夫子織屨以爲食,非與物無治也。左琴右書,樂亦在其中矣。夫結駟連騎,所安不過容膝;食方丈于前,所甘不過一肉。今以容膝之安、一肉之味而懷楚國之憂,其可乎?亂世多害,妾恐先生之不保命也。"於是子終(仲)出,謝使者而不許。遂相與逃而爲人灌園。君子謂於陵妻爲有德行。《詩》云:"愔愔良人,秩秩德音。"①此之謂也。

頌曰:於陵處楚,王使聘焉。入與妻謀,懼世亂煩。進往遇害,不若身安。左琴右書,爲人灌園。

8.1 《淮南子·氾論》

夫人之情,莫不有所短。誠其大略是也,雖有小過,不足以爲累;若其大略非也,雖有閭裏之行,未足大舉。夫顏喙〈啄〉聚②,梁父之大盜也,而爲齊忠臣。段干木,晉國之大馹③,而爲文侯師。孟卯妻其嫂④,有五子焉,然而相魏,寧其危,解其患。景陽淫酒被發,而御於婦人,威服諸修。此四人者,皆有所短,然而功名不滅者,其略得也⑤。季襄〈哀〉、陳仲子⑥,立節抗行,不入洿君之朝,不食亂世之食,遂餓而死,不能存亡接絶者何?小節伸而大略屈。

9.1 《史記·魯仲連鄒陽列傳》

鄒陽客游,以讒見禽,恐死而負累,乃從獄中上書曰:"……夫晉文

---

① 見《詩·秦風·小戎》。"愔愔"毛《詩》作"厭厭"。
② 何寧《淮南子集釋》引王念孫曰:"喙當作啄,字之誤也。顏啄聚,《左傳》哀二十七年、《呂氏春秋·尊師篇》、《韓子·十過篇》並作顏涿聚,《韓詩外傳》作顏斶聚,《說苑·正諫篇》作顏燭趨,《漢書·古今人表》作顏燭雛,《晏子春秋》外篇作顏燭鄒,並字異而義同。"
③ 高誘注:"馹,驕怛。一曰:馹,市儈也。言魏國之大儈也。"
④ 高誘注:"孟卯,齊人也,及爲魏臣,能安其危,解其患也。《戰國策》曰芒卯也。"
⑤ 高誘注:"略,猶道也。"
⑥ 高誘注:"季襄〈哀〉,魯人,孔子弟子。陳仲,齊人,孟子弟子,居於陵。"何寧《集釋》引王念孫云:"孔子弟子無季襄,襄皆當爲哀,字之誤也。《史記·仲尼弟子傳》:'公晳哀,字季次。'此言季哀即季次也,故高注云然。"何氏並指出:"《孟子·滕文公篇》曾論及陳仲子,高以爲孟子弟子,誤。"

公觀其讎,彊霸諸侯;齊桓公用其仇,而一匡天下。何則？慈仁殷勤,誠加於心,不可以虛辭借也。至夫秦用商鞅之法,東弱韓、魏,兵彊天下,而卒車裂之;越用大夫種之謀,禽勁吳,霸中國,而卒誅其身。是以孫叔敖三去相而不悔,於陵子仲辭三公爲人灌園。今人主誠能去驕傲之心,懷可報之意,披心腹,見情素,墮肝膽,施德厚,終與之窮達,無愛於士,則桀之狗可使吠堯,而蹠之客可使刺由;況因萬乘之權,假聖王之資乎！然則荆軻之湛七族,要離之燒妻子,豈足道哉！……"

10.1 《論衡・刺孟》

匡章子曰:"陳仲子豈不誠廉士乎！居於於陵,三日不食,耳無聞、目無見也。井上有李,螬食實者過半,匍匐往,將食之,三咽,然後耳有聞、目有見也。"孟子曰:"於齊國之士,吾必以仲子爲巨擘焉。雖然,仲子惡能廉？充仲子之操,則蚓而後可者也。夫蚓,上食槁壤,下飲黃泉。仲子之所居室①,伯夷之所築與？抑亦盜蹠之所築與？所食之粟,伯夷之所樹與？抑亦盜蹠之所樹與？是未可知也。"曰:"是何傷哉？彼身織屨,妻辟纑,以易之也。"曰:"仲子,齊之世家也。兄戴,蓋祿萬鍾。以兄之祿爲不義之祿而不食也,以兄之室爲不義之室而弗居也,辟兄離母,處於於陵。他日歸,則有饋其兄生鵝者,己頻顣曰:'惡用是鶃鶃者爲哉？'他日,其母殺是鵝也,與之食之。其兄自外至,曰:'是鶃鶃之肉也。'出而哇之。以母則不食,以妻則食之;以兄之室則不居,以於陵則居之。是尚爲能充其類也乎？若仲子者,蚓而後充其操者也。"②

夫孟子之非仲子也,不得仲子之短矣。仲子之怪鵝如吐之者③,豈爲在母不食乎？乃先譴鵝曰:"惡用鶃鶃者爲哉？"他日,其母殺以食之,其兄曰:"是鶃鶃之肉。"仲子恥負前言,即吐而出之。而兄不告則不吐,不吐,則是食於母也。謂之在母則不食,失其意矣。使仲子執不食於母,鵝膳至,不當食也。今既食之,知其爲鵝,怪而吐之。故仲子之吐鵝

---

① 劉盼遂《論衡集解》:"當依《孟子》改作'仲子所居之室'。下文'所食之粟',又云'今居之宅',皆與此文相似。"
② 見《孟子・滕文公下》(本卷1.1)。
③ 劉盼遂《集解》引吳承仕:"如讀作而。"

也，恥食不合己志之物也，非負親親之恩而欲勿母食也。

又"仲子惡能廉？充仲子之性，則蚓而後可者也。夫蚓上食槁壤，下飲黃泉。"是謂蚓爲至廉也。仲子如蚓，乃爲廉潔耳。今所居之宅，伯夷之所築；所食之粟，伯夷之所樹。仲子居而食之，於廉潔可也。或時食盜蹠之所樹粟，居盜蹠之所築室，汙廉潔之行矣。用此非仲子，亦復失之。室因人故，粟以屢糲易之，正使盜之所樹築，已不聞知。今兄之不義，有其操矣。操見於衆，昭晢議論，故避於陵，不處其宅；織屨辟纑，不食其祿也。而欲使仲子處於陵之地，避若兄之宅，吐若兄之祿，耳聞目見，昭晢不疑，仲子不處不食，明矣。今於陵之宅不見築者爲誰，粟不知樹者爲誰，何得成室而居之，得成粟而食之？孟子非之，是爲太備矣。仲子所居，或時盜之所築，仲子不知而居之，謂之不充其操，唯蚓然後可者也。夫盜室之地中，亦有蚓焉，食盜宅中之槁壤，飲盜宅中之黃泉，蚓惡能爲可乎？在仲子之操，滿孟子之議，魚然後乃可。夫魚處江海之中，食江海之土。海非盜所鑿，土非盜所聚也。然則仲子有大非，孟子非之不能得也。夫仲子之去母辟兄，與妻獨處於陵，以兄之宅爲義之宅，以兄之祿爲不義之祿，故不處不食，廉潔之至也。然則其徙於陵歸候母也，宜自齎食而行。鵝膳之進也，必與飯俱。母之所爲飯者，兄之祿也。母不自有私粟以食仲子，明矣。仲子食兄祿也。伯夷不食周粟，餓死於首陽之下，豈一食周粟而以汙其潔行哉？仲子之操，近不若伯夷，而孟子謂之若蚓乃可，失仲子之操所當比矣。

10.2 《論衡·商蟲》

神農、后稷藏種之方①，煮馬屎以汁漬種者，令禾不蟲。如或以馬屎漬種，其鄉部吏，鮑焦、陳仲子也②。是故后稷、神農之術用，則其鄉

---

① 劉盼遂《集解》引孫人和："《漢書·藝文志》農家'神農二十篇'，班氏自注云：'六國時諸子疾時怠於農業，道耕農事，託之神農。'顏師古曰：'劉向《別錄》云：疑李悝及商君所說。'后稷無書，此云'有藏種之方'者，蓋亦農家所依託也（《呂氏春秋·上農》、《任地》二篇皆引后稷，疑戰國時農家欲伸己說，託於后稷也）。"

② 黃暉《論衡校釋》："鮑焦非其世，不爽行以毀廉，槁死於洛水之上。見《韓詩外傳》一、《新序·節士篇》。"馬宗霍《論衡校讀箋釋》："此文之意，蓋謂如以有蟲之鄉，其吏必貪，則馬屎漬種既不生蟲，是其鄉之吏，皆廉如鮑、陳也。"

吏可免爲姦。何則？蠱無從生，上無以察也。

11.1 《漢書·古今人表》中下

於陵中(仲)子。

11.2 《漢書·賈鄒枚路傳》

(鄒陽)乃從獄中上書曰："……夫晉文親其讎，彊伯諸侯；齊桓用其仇，而一匡天下。何則？慈仁殷勤，誠加於心，不可以虛辭借也。至夫秦用商鞅之法，東弱韓、魏，立彊天下，卒車裂之。越用大夫種之謀，禽勁吳而伯中國，遂誅其身。是以孫叔敖三去相而不悔，於陵子仲辭三公爲人灌園。今人主誠能去驕傲之心，懷可報之意，披心腹，見情素，墮肝膽，施德厚，終與之窮達，無愛於士，則桀之犬可使吠堯，跖之客可使刺由，何況因萬乘之權，假聖王之資乎！然則荆軻湛七族，要離燔妻子，豈足爲大王道哉！……"

12.1 《風俗通義·姓氏》①

於陵氏，陳仲子，齊世家也，辭爵灌園，居于於陵，因氏焉，漢有議郎於陵欽②。

13.1 《中論·貴言》

昔倉梧丙娶妻美，而以與其兄，欲以爲讓也，則不如無讓焉；尾生與婦人期於水邊，水暴至，不去而死，欲以爲信也，則不如無信焉；葉公之黨，其父攘羊，而子證之，欲以爲直也，則不如無直焉；陳仲子不食母兄之食，出居於陵，欲以爲潔也，則不如無潔焉；宗魯受齊豹之謀，死孟縶之難，欲以爲義也，則不如無義焉。故凡道，蹈之既難，錯之益不易，是以君子慎諸已以爲往鑒焉。

---

① 見王利器《風俗通義校注》所輯佚文。此條輯自《姓纂》二、《姓解》三、《齊乘》四、《通志·氏族略》、《急就篇補注》二。

② 《漢書·藝文志·數術略》著錄家有《於陵欽易吉凶》二十三卷。

14.1 《高士傳·陳仲子》

陳仲子者,齊人也。其兄戴爲齊卿,食禄萬鍾。仲子以爲不義,將妻子適楚,居於陵,自謂於陵仲子。窮不苟求,不義之食不食。遭歲饑,乏糧三日,乃匍匐而食井上李食之蟲者,三咽而能視。身自織履,妻擗纑以易衣食。楚王聞其賢,欲以爲相,遣使持金百鎰,至於陵聘仲子。仲子入謂妻曰:"楚王欲以我爲相。今日爲相,明日結駟連騎,食方丈於前。意可乎?"妻曰:"夫子左琴右書,樂在其中矣。結駟連騎,所安不過容膝;食方丈於前,所甘不過一肉。今以容膝之安、一肉之味,而懷楚國之憂,亂世多害,恐先生不保命也。"於是出謝使者,遂相與逃去,爲人灌園。

15.1 《水經注·濟水》

隴水又西北,至梁鄒東南與魚子溝水合,水南出長白山東柳泉口。山即陳仲子夫妻之所隱也。《孟子》曰:"仲子,齊國之世家。兄戴禄萬鍾,仲子非而不食,避兄離母,家于於陵。"即此處也。

拾·魏牟卷

1.1 《莊子·秋水》

公孫龍問於魏牟曰:"龍少學先王之道,長而明仁義之行,合同異,離堅白,然不然,可不可,困百家之知,窮衆口之辯,吾自以爲至達矣。今吾聞莊子之言,汒(茫)焉異之①,不知論之不及與?知之弗若與?今吾無所開吾喙②,敢問其方。"公子牟隱几大息,仰天而笑曰:"子獨不聞夫埳井之䵷乎?謂東海之鼈曰:'吾樂與!出跳梁乎井幹之上,入休乎缺甃之崖;赴水則接腋持頤,蹶泥則没足滅跗。還虷蟹與科斗③,莫吾能若也。且夫擅一壑之水,而跨跱埳井之樂,此亦至矣,夫子奚不時來入觀乎?'東海之鼈左足未入,而右膝已縶矣。於是逡巡而卻,告之海曰:'夫千里之遠,不足以舉其大;千仞之高,不足以極其深。禹之時,十年九潦,而水弗爲加益;湯之時,八年七旱,而崖不爲加損。夫不爲頃久推移,不以多少進退者,此亦東海之大樂也。'於是埳井之蛙聞之,適適然驚,規規然自失也。且夫知(智)不知是非之竟(境)④,而猶欲觀於莊子之言,是猶使蚊(虻)負山⑤,商蚷馳河也,必不勝任矣。且夫知(智)不知論極妙之言,而自適一時之利者,是非埳井之蛙與!且彼方跐黄泉,而登大皇,無南無北,奭然四解,淪於不測;無東無西⑥,始於玄冥,

---

① 《御覽》卷一八九引"汒焉"作"茫然"。王叔岷《莊子校詮》:"汒蓋茫之省,焉、然同義。"
② 《釋文》:"開,本亦作關,兩通。"王叔岷《校詮》引王念孫《讀書雜志》謂作"關"乃"開"之形訛。
③ 《釋文》:"還音旋,司馬云:'顧視也。'"王叔岷《校詮》:"《御覽》一八九引'還'下有'視'字,疑據司馬《注》增之。章(太炎)謂'還'借爲'蝯',説亦牽強。古書環繞字用'環',即周圍之意。'還虷蟹與科斗',謂周圍之虷蟹與科斗也。"
④ "竟"同"境"。王先謙《莊子集解》云:"上'知'音'智',下'知'如字。下同。"
⑤ 今本此句脱"虻"字,據王叔岷説補。
⑥ 郭慶藩《莊子集解》引王念孫曰:"'無東無西'當作'無西無東',與'通'爲韻。"

反於大通。子乃規規然而求之以察，索之以辯，是直用管窺天，用錐指地也，不亦小乎！子往矣！且子獨不聞壽陵餘子之學行於邯鄲與？未得國〈其〉能①，又失其故行矣，直匍匐而歸耳。今子不去，將忘子之故，失子之業。"公孫龍口呿而不合，舌舉而不下，乃逸而走。

1.2 《莊子·讓王》②

中山公子牟謂瞻子曰③："身在江海之上，心居乎魏闕之下，奈何？"瞻子曰："重生(性)④。重生(性)則利輕⑤。"中山公子牟曰："雖知之，未能自勝也。"瞻子曰："不能自勝則從(縱)〔之，從(縱)之〕⑥，神無惡乎⑦！不能自勝，而強不從(縱)者，此之謂重傷⑧。重傷之人，無壽(疇)類矣⑨。"魏牟，萬乘之公子也，其隱巖穴也，難爲於布衣之士。雖未至乎道，可謂有其意矣。

---

① 王叔岷《校詮》引奚侗云："'國能'二字，於文不順，以誼求之，'國'當作'其'，《御覽》三九四引正作'其'。"王氏又舉《記纂淵海》卷五四引此文亦作"未得其能"。
② 《呂氏春秋·審爲》(本卷 4.1)、《淮南子·道應》(本卷 8.1)俱有此文，蓋本諸《莊子》。
③ 公子牟即魏牟，《釋文》引司馬云："魏之公子，封中山，名牟。"據錢穆《先秦諸子繫年·魏牟考》，魏文侯滅中山國，使太子擊守之，後更以少子摰封中山，公子牟即其後人。"瞻子"，《呂氏春秋·審爲》、《淮南子·道應》作"詹子"。王叔岷《校詮》："詹子即詹何。《韓非子·解老篇》稱詹何之前識，《淮南子·原道篇》、《列子·湯問篇》、《劉子·觀量篇》又稱詹何善釣。"錢穆前揭文附論詹何年世，謂其與子牟問答，應在趙惠文王、楚頃襄王世。
④ 張雙棣《淮南子校釋》引吳承仕云："生、性聲義相近，舊多互訓。"鵬按，二"生"字逕讀爲"性"。
⑤ 成《疏》："重於生道，則輕於榮利。"王叔岷《校詮》："成本'利輕'蓋本作'輕利'，'重生'與'輕利'對言，《呂氏春秋·審爲篇》、《淮南子·道應篇》並作'輕利'(《文子·下德篇》同)，今本誤倒。"
⑥ 郭慶藩《集釋》引俞樾説，謂此文"從神"不當連讀，"從"當從《呂氏春秋·審爲》讀爲"縱"。王叔岷《校詮》："《淮南子·道應篇》作'不能自勝則從之，從之，神無怨乎！'句讀明白，文意完好，當從之。此文'從'下蓋脱'之從之'三字。"
⑦ 高誘注《呂覽·審爲》云："言不能自勝其情欲則放之，放之，神無所憎惡。言當寧神以保性也。"
⑧ 郭慶藩《集釋》引俞樾曰："重傷，猶再傷也。不能自勝，則已傷矣；又強制之而不使縱，是再傷也。故曰'此之謂重傷'。《呂氏春秋·審爲篇》高誘注曰：'重讀復重之重。'是也。"
⑨ 王叔岷《校詮》引章太炎云："壽借爲疇，言殃及子孫。漢人多作'噍類'，噍亦疇字。子孫相繼，稱疇人、疇官。"

2.1 《荀子·非十二子》

縱情性①,安恣睢②,禽獸行③,不足以合文通治④。然而其持之有故,其言之成理⑤,足以欺惑愚衆,是它囂⑥、魏牟也。

……古之所謂士仕者⑦,厚敦者也,合群者也,樂富貴者也,樂分施者也,遠罪過者也,務事理者也,羞獨富者也。今之所謂仕士者,汙漫者也,賊亂者也,恣睢者也,貪利者也,觸抵者也,無禮義而唯權埶之嗜者也。

2.2 《荀子·性惡》⑧

人之性惡,其善者僞也。今人之性,生而有好利焉,順是,故争奪生而辭讓亡焉;生而有疾惡焉,順是,故殘賊生而忠信亡焉;生而有耳目之欲,有好聲色焉,順是,故淫亂生而禮義文理亡焉。然則從人之性,順人之情⑨,必出於争奪,合於犯分亂理,而歸於暴⑩。故必將有師法之化,禮義之道,然後出於辭讓,合於文理,而歸於治⑪。……今之人化師法,

---

① 《莊子·讓王》"不能自勝則從(縱)"(見本卷1.2)即所謂"縱情性"。
② 楊倞《注》:"恣睢,矜放之貌。言任情性所爲而不知禮義,則與禽獸無異。"按,《説文》:"睢,仰目也。"段玉裁《注》謂"恣睢"當訓暴戾。《史記·伯夷列傳》:"盜蹠日殺不辜,肝人之肉,暴戾恣睢,聚黨數千人,橫行天下,竟以壽終。"《正義》:"仰白目,怒貌。"本文"安恣睢"指安於暴戾跋扈的天性,不以爲非。
③ 三句謂縱性而安於暴烈之天性,乃率爲禽獸之道。
④ 王天海《荀子校釋》引物雙松曰:"言合其禮文,通其治理也。"
⑤ 楊倞《注》:"妄稱古人亦有如此者,故曰'持之有故';又其言論能成文理,故曰'言之成理'。"
⑥ 楊倞《注》:"它囂,未詳何代人。《世本》楚平王孫有田公它成,豈同族乎?《韓詩外傳》作'范雎、魏牟'。"金德建《先秦諸子雜考》即據《韓詩外傳》,謂"它囂"即"范雎"之形訛,許維遹《韓詩外傳集釋》引張懷玉説亦持此論。按,"它"與"范"、"聊(囂)"與"雎"非可謂形近,似無由致訛。存疑待考。
⑦ 王念孫《讀書雜志》:"士仕,當爲'仕士',與下文'處士'對文。"王天海《荀子校釋》:"仕士,出仕之士,與下'處士'相對。"鵬按,此處論古今之"仕士"乃扣上文批評它囂、魏牟而言;下段論古今之"處士"則又呼應前文批評陳仲、史鰌(見陳仲卷2.2),當合而觀之。
⑧ 按,前人多謂此篇爲折孟子之作,其説是。又從其屢屢批評"縱性情,安恣睢"來看,亦有兼斥魏牟等人的意圖。
⑨ 按,"從人之性,順人之情"即《非十二子》論它囂、魏牟之"縱情性"。
⑩ 按,此句"合於"二字疑涉下文"合於文理"而衍。"犯分亂理"其義已足。"犯分亂理,而歸於暴"即所謂"安恣睢"。
⑪ 按,"合於文理,而歸於治"即《非十二子》論它囂、魏牟之"合文通治"。

積文學,道禮義者爲君子;縱性情,安恣睢,而違禮義者爲小人。

……今人之性,飢而欲飽,寒而欲煖,勞而欲休,此人之情性也。今人飢,見長而不敢先食者,將有所讓也;勞而不敢求息者,將有所代也。夫子之讓乎父,弟之讓乎兄;子之代乎父,弟之代乎兄。此二行者,皆反於性而悖於情也。然而孝子之道,禮義之文理也。故順情性則不辭讓矣,辭讓則悖於情性矣。用此觀之,然則人之性惡明矣,其善者僞也。

……凡所貴堯、禹君子者,能化性、能起僞,僞起而生禮義。然則聖人之於禮義積僞也,亦猶陶埏而生之也。用此觀之,然則禮義積僞者,豈人之性也哉!所賤於桀、跖小人者,從其性,順其情,安恣睢,以出乎貪利爭奪。故人之性惡明矣,其善者僞也。天非私曾、騫、孝己而外衆人也,然而曾、騫、孝己獨厚於孝之實,而全於孝之名者,何也? 以綦於禮義故也。天非私齊、魯之民而外秦人也,然而於父子之義、夫婦之別,不如齊、魯之孝具〈共(恭)〉敬文者①,何也? 以秦人之從(縱)情性,安恣睢,慢於禮義故也,豈其性異矣哉。

3.1 《韓非子・外儲説左上》(參看宋鈃卷 4.1)

人主之聽言也,不以功用爲的,則説者多棘刺、白馬之説;不以儀的爲關,則射者皆如羿也。人主於説也,皆如燕王學道也;而長説者,皆如鄭人爭年也。是以言有纖察微難而非務也,故李〈季〉、惠、宋、墨皆畫策〈莢〉也;論有迂深閎大〔而〕非用也,故畏(魏)、震(慎)、瞻、車〈陳〉狀皆鬼魅也;言〈行〉而〈有〉拂難堅确〔而〕非功也,故務、卞、鮑、介、墨翟皆堅瓠也。且虞慶詘匠也而屋壞,范且窮工而弓折。是故求其誠者,非歸餉也不可。

4.1 《吕氏春秋・審爲》(參看本卷 1.2)

中山公子牟謂詹子曰:"身在江海之上,心居乎魏闕之下,奈何?"詹子曰:"重生(性)。重生(性)則輕利。"中山公子牟曰:"雖知之,猶不能自勝也。"詹子曰:"不能自勝則縱之,神無惡乎! 不能自勝,而强不縱

---

① 王念孫《讀書雜志》:"'孝具'二字不詞,且與'敬文'不對,'具'當爲'共',字之誤也。'孝共'即'孝恭',正與'敬文'對。"

者,此之謂重傷。重傷之人,無壽(疇)類矣。"

5.1 《戰國策·趙策三》①

平原君謂平陽君曰:"公子牟游於秦,且東②,而辭應侯③。應侯曰:'公子將行矣,獨無以教之乎?'曰:'且微君之命命之也④,臣固且有效於君⑤。夫貴不與富期,而富至;富不與梁肉期,而梁肉至;梁肉不與驕奢期,而驕奢至;驕奢不與死亡期,而死亡至。累世以前,坐此者多矣。'應侯曰:'公子之所以教之者厚矣。'僕得聞此,不忘於心,願君之亦勿忘也。"平陽君曰:"敬諾。"

5.2 《戰國策·趙策三》⑥

建信君貴於趙。公子魏牟過趙,趙王迎之,顧反至坐(座)⑦,前有尺帛,且令工以爲冠。工見客來也,因辟。趙王曰:"公子乃驅後車⑧,幸以臨寡人,願聞所以爲天下。"魏牟曰:"王能重王之國若此尺帛,則王之國大治矣。"趙王不說,形於顏色,曰:"先生〈王〉不知寡人不肖⑨,使奉社稷,豈敢輕國若此!"魏牟曰:"王無怒,請爲王説之。"曰:"王有此尺帛,何不令前郎中以爲冠⑩?"王曰:"郎中不知爲冠。"魏牟曰:"爲冠而敗之,奚虧於王之國?而王必待工而後乃使之。今爲天下之工⑪,或非

---

① 公子牟贈別應侯之語又見《説苑·敬慎》(本卷 6.1),但以爲牟告穰侯,且用語稍異。
② 鮑彪注:"東歸魏。"且猶將也。
③ 《説苑·敬慎》作"穰侯"。錢穆《魏牟考》謂:"穰侯較應侯稍前,(年代)亦無不合。然固當從《趙策》爲是。"
④ "且"爲具有提示意味的助詞,相當於"夫"。"微"爲假設連詞,義猶"無"。
⑤ 此句"且"亦訓將。
⑥ 《御覽》卷 818 節引此文,又同書卷 684 引桓譚《新論》亦載此事(見本卷 10.1),文字均較《趙策》簡略。
⑦ 顧者,還也。"顧反"猶"還返"。"坐"讀爲"座"。
⑧ "後車"猶言"尊駕",其稱疑本《詩·小雅·緜蠻》:"緜蠻黃鳥,止於丘阿。道之云遠,我勞如何!飲之食之,教之誨之,命彼後車,謂之載之。"
⑨ 一本"生"作"王",當從之。"生"與"王"形近致訛。
⑩ 按,注家或謂"前郎中"爲官名,疑非。"令前"即命之使前之意。
⑪ 鮑彪注:"所爲治國之人。"

也。社稷爲虛戾,先王不血食,而王不以予工,乃與幼艾①。且王之先帝,駕犀首而驂馬服②,以與秦角逐。秦當時,適(敵)其鋒③。今王憧憧,乃輂建信以與強秦角逐,臣恐秦折王之椅(輢)也④。"

6.1 《說苑·敬慎》

魏公子牟東行,穰侯送之曰:"先生將去冉之山東矣,獨無一言以教冉乎?"魏公子牟曰:"微君言之,牟幾忘語君。君知夫官不與勢期,而勢自至乎?勢不與富期,而富自至乎?富不與貴期,而貴自至乎?貴不與驕期,而驕自至乎?驕不與罪期,而罪自至乎?罪不與死期,而死自至乎?"穰侯曰:"善,敬受明教。"

7.1 《韓詩外傳》卷四（參看宋鈃卷 7.1）

夫當世之愚,飾邪說,文姦言,以亂天下,欺惑衆愚,使混然不知是非治亂之所存者,即是范睢、魏牟、田文、莊周、慎到、田駢、墨翟、宋鈃、鄧析、惠施之徒也。此十子者,皆順非而澤,聞見雜博,然而不師上古,不法先王,按往舊造說,務〈矜〉自爲工(功),道無所遇,二人相從。故曰:十子者之工說,說皆不足合大道,美風俗,治綱紀。然其持之各有故,言之皆有理,足以欺惑衆愚,交亂樸鄙,則是十子之罪也。

8.1 《淮南子·道應》（參看本卷 1.2）

中山公子牟謂詹子曰:"身處江海之上,心在魏闕之下,爲之奈何?"詹子曰:"重生(性)。重生(性)則輕利。"中山公子牟曰:"雖知之,猶不能自勝。"詹子曰:"不能自勝,則從(縱)之。從(縱)之,神無怨乎!不能自勝,而強弗從(縱)者,此之謂重傷。重傷之人,無壽(疇)類矣。"故老

---

① "幼艾"指建信君。
② 鮑彪注:"駕、驂,以御馬喻也。"鮑氏指出"犀首"乃公孫衍,並說:"《陳軫傳》言衍與燕、趙之王有故,蓋衍雖相魏,實趙任之爲外相也。""馬服"指趙奢,《史記》本傳載其以敗秦有功,封馬服君。
③ "適"一本作"避"。黃丕烈《戰國策札記》:"'適'即'敵'字。"
④ 鮑彪本作"輢",並謂:"輢,車旁,也。以輂喻,故云。"

子曰："知和曰常,知常曰明,益生曰祥,心使氣曰強。"①是故"用其光,復歸其明"②也。

9.1 《漢書·古今人表》中下

魏公子牟。

9.2 《漢書·藝文志·諸子略》道家

《公子牟》四篇。班志自注:"魏之公子也,先莊子,莊子稱之。"

10.1 《新論》佚文(見《太平御覽》卷684、《北堂書鈔》卷127)

傳記言魏牟北見趙王,王方使冠工制冠於前,問治國於牟。對曰:"大王誠能重國若此二尺縱,則國治且安。"王曰:"國所受於先人,宗廟社稷至重,而比之二尺縱,何也?"牟曰:"大王制冠,不使親近而必求良工者,非爲其敗縱而冠不成與?今治國不善,則社稷不安,宗廟不血食。大王不求良士而任使其私愛,此非輕國於二尺縱之制耶?"王無以應。

11.1 《列子·仲尼》

中山公子牟者,魏國之賢公子也。好與賢人游,不恤國事,而悦趙人公孫龍。樂正子輿之徒笑之。公子牟曰:"子何笑牟之悦公孫龍也?"子輿曰:"公孫龍之爲人也,行無師,學無友,佞給而不中,漫衍而無家,好怪而妄言。欲惑人之心,屈人之口,與韓檀等肄③。"公子牟變容曰:"何子狀公孫龍之過歟?請聞其實。"子輿曰:"吾笑龍之詒孔穿④,言'善射者,能令後鏃中前括,發發相及,矢矢相屬,前矢造準而無絶落,

---

① 見今本《老子》第55章。
② 見今本《老子》第52章。
③ 殷敬順《釋文》:"肄,習也。"張湛《注》:"韓檀,人姓名。共習其業。《莊子》云:'桓團、公孫龍能勝人之口,不能服人之心,辯者之囿。'"盧重玄《解》:"韓檀,《莊子》云桓團,俱爲人名,聲相近者也。"
④ 孔穿,字子高,孔子後裔,見《史記·孔子世家》。其與公孫龍論辯見於《公孫龍子·跡府》、《孔叢子·公孫龍》。

後矢之括猶銜弦，視之若一焉。'孔穿駭之。龍曰：'此未其妙者。逢蒙之弟子曰鴻超，怒其妻而怖之。引烏號之弓，綦（淇）衛（箭）之箭①，射其目。矢來〈末〉注眸子而眶不睫②，矢隧（墜）地而塵不揚③。'是豈智者之言與？"公子牟曰："智者之言固非愚者之所曉。後鏃中前括，鈞後于前④。矢注眸子而眶不睫，盡矢之勢也。子何疑焉？"樂正子輿曰："子，龍之徒，焉得不飾其闕？吾又言其尤者。龍誑魏王曰：'有意不心⑤。有指不至⑥。有物不盡⑦。有影不移⑧。髮引千鈞⑨。白馬非馬⑩。孤犢未嘗有母⑪。'其負類反倫，不可勝言也。"公子牟曰："子不諭至言而以爲尤也，尤其在子矣。夫無意則心同。無指則皆至。盡物者常有⑫。

---

① 張湛《注》："烏號，黃帝弓。綦，地名，出美箭。衛，羽也。"楊伯峻《列子集釋》引王重民云："《淮南子·兵略篇》'淇衛箘簬'……《竹譜》曰：'細竹也。'淇自是衛之淇園。淇衛即指淇園之美竹。以淇園之美竹爲箭，故能與烏號桑柘之勁弓相對也。……至'綦衛'，《淮南·原道篇》作'綦衛'，《兵略篇》作'淇衛'，並通假字，當以'淇衛'爲正。"鵬按《廣雅·釋草》："箘，箭也。"王念孫《廣雅疏證》："《竹譜》曰：'箘，細竹也。'出《蜀志》。薄肌而勁中，三鐮射博衛。箘音衛，見《三倉》，字通作衛。"
② 睫，目瞬也。注，著也。楊伯峻《集釋》："'來'字當從《釋文》作'末'。'矢末'謂'矢尖'也。《御覽》三百五十引作'未'，又'末'字之誤刻。"
③ 《釋文》："隧音墜。"此逕讀爲墜。
④ 鈞者，同也。張湛《注》："同後發於前發，則無不中也。近世有人擲五木，百擲百盧者，人以爲有道，已告王夷甫。王夷甫曰：'此無奇，直後擲如前擲耳。'庚子嵩聞之，曰：'王公之言閙得理。'皆此類也。"
⑤ 有意則心有定見，心有定見則未能與他人同心，故下文魏牟以"無意則心同"答之。
⑥ 即《莊子·天下》所載公孫龍、桓團等辯者與惠施相應之"指不至，物不絕"之說，《公孫龍子》有《指物論》。張湛《注》："夫以指求至者，則必因我以正物。因我以正物，則未造其極。唯忘其所因，則彼此玄得矣。"
⑦ 即《莊子·天下》所述辯者"一尺之捶，日取其半，萬世不竭"之說。
⑧ 即《莊子·天下》所述辯者"飛鳥之影未嘗動也"之說。
⑨ 張湛《注》："夫物之所以斷絕者，必有不均之處。處處皆均，則不可斷。故髮細而得秤重物者，勢至均故也。"楊伯峻《集釋》："《墨子·經下》云：'均之絕不，説在所均。'"按，楊氏所引《墨子·經下》有説，見《經説下》："均，髮均縣。輕重而髮絕，不均也。均，其絕也莫絕。"孫詒讓《墨子閒詁》引孫星衍曰："《列子·湯問篇》云：'均髮均縣，輕重而髮絕，髮不均也。均也，其絕也莫絕。'張湛《注》：'髮甚微脆，而至不絕者，至均故也。今所以絕者，猶輕重相傾，有不均處也。若其均也，寧有絕理？言不絕也。'"
⑩ 《公孫龍子》有《白馬論》。
⑪ 即《莊子·天下》所述辯者"孤駒未嘗有母"之説。
⑫ 張湛《注》："常有盡物之心，物既不盡，而心更滯有也。"

影不移者,説在改也①。髮引千鈞,勢至等也。白馬非馬,形名離也。孤犢未嘗有母。〔有母〕②,非孤犢也。"樂正子輿曰:"子以公孫龍之鳴皆條也③。設令發於餘竅④,子亦將承之。"公子牟默然良久告退曰:"請待餘日,更謁子論。"

① 張湛《注》:"影改而更生,非向之影。《墨子》曰:'景不移,説在改爲也。'"張氏所引《墨子》文,見《經下》。《經説下》釋曰:"景,光至景亡。若在,盡古息。"
② 俞樾《諸子平議》卷十六:"'有母'下當更疊'有母'二字。本云'孤犢未嘗有母。有母,非孤犢也。'《莊子·天下》引李云:'駒生有母,言孤則無母。孤稱立,則母名去也。'此可證'有母非孤犢'之義。因古書遇重字多省不書,但於字下作二畫識之,故傳寫脱去耳。"
③ 張湛《注》:"言龍之言無異於鳴,而皆謂有條貫也。"按,《説文》:"鳴,鳥聲也。"段玉裁《注》:"引伸之凡出聲皆曰鳴。"又進一步引申爲人之言説,《莊子·德充符》載莊周批評惠施:"天選子之形,子以堅白鳴!"成玄英《疏》:"鳴,言説也。"
④ 殷敬順《釋文》訓"餘竅"爲穢穴。張湛《注》:"既疾龍之辯,又忿牟之辭,故遂吐鄙慢之言也。"

拾壹·惠施卷

1.1 《莊子·逍遙遊》

惠子謂莊子曰:"魏王貽我大瓠之種,我樹之成,而實五石。以盛水漿,其堅不能自舉也;剖之以爲瓢,則瓠落無所容①。非不呺然大也②,吾爲其無用而掊之。"莊子曰:"夫子固拙於用大矣。宋人有善爲不龜手之藥者,世世以洴澼絖爲事。客聞之,請買其方以百金。聚族而謀曰:'我世世爲洴澼絖,不過數金;今一朝而鬻技百金,請與之。'客得之,以說吳王。越有難,吳王使之將,冬與越人水戰,大敗越人,裂地而封之。能不龜手,一也。或以封,或不免於洴澼絖,則所用之異也。今子有五石之瓠,何不慮以爲大樽而浮乎江湖,而憂其瓠落無所容,則夫子猶有蓬之心也夫③!"

1.2 《莊子·逍遙遊》

惠子謂莊子曰:"吾有大樹,人謂之樗,其大本擁腫而不中繩墨;其小枝卷曲而不中規矩,立之塗,匠者不顧。今子之言,大而無用,衆所同去也。"莊子曰:"子獨不見狸狌乎?卑身而伏,以候敖者。東西跳梁,不辟高下,中於機辟,死於網罟。今夫斄牛,其大若垂天之雲。此能爲大矣④,而不能執鼠。今子有大樹,患其無用,何不樹之於无何有之鄉,廣莫之野⑤,彷徨乎無爲其側,逍遙乎寢臥其下,不夭斤斧,物無害者,无所可用,安所困苦哉!"

---

① 成玄英《疏》:"瓠落,平淺也。"《釋文》:"简文云:瓠落,猶廓落也。"
② 《釋文》:"呺,本亦作号。李云:号然,虚大貌。"
③ 錢穆《莊子纂箋》:"此與《孟子》茅塞義略同。"
④ 王叔岷《莊子校詮》:"'能爲'猶'可謂'。"
⑤ 《釋文》引簡文云:"莫,大也。"莫之訓大,與"漠"通。

1.3 《莊子·齊物論》

夫隨其成心而師之,誰獨且無師乎？奚必知代,而心自取者有之,愚者與有焉。未成乎心而有是非,是"今日適越而昔至"也①。是以無有爲有。無有爲有,雖有神禹且不能知,吾獨且奈何哉！

1.4 《莊子·齊物論》

古之人,其知有所至矣。惡乎至？有以爲未始有物者,至矣、盡矣,不可以加矣；其次以爲有物矣,而未始有封也②；其次以爲有封焉,而未始有是非也。是非之彰也,道之所以虧也。道之所以虧,愛之所以成。果且有成與虧乎哉？果且無成與虧乎哉？有成與虧,故昭氏之鼓琴也；無成與虧,故昭氏之不鼓琴也。昭文之鼓琴也,師曠之枝策也③,惠子之據梧也④,三子之知幾乎！皆其盛者也,故載之末年⑤。唯其好之也,以異於彼。其好之也,欲以明之彼。非所明而明之,故以堅白之昧終⑥。而其子又以文綸終⑦,終身無成。若是而可謂成乎？雖我無成,亦可謂成矣。若是而不可謂成乎？物與我無成也。是故滑疑(稽)之耀,聖人之所圖〈啚(鄙)〉也⑧。爲是不用而寓諸庸,此之謂以明。

1.5 《莊子·德充符》

惠子謂莊子曰："人故(固)无情乎⑨？"莊子曰："然。"惠子曰："人而无

---

① "今日適越而昔至"乃惠子之説,見《莊子·天下》(本卷1.14)。
② 王先謙《莊子集解》："封,界域也。"
③ 《釋文》："枝策,司馬云：'枝,柱也。策,杖也。'崔云：'舉杖以擊節。'"
④ 成《疏》："檢典籍,無惠子善琴之文。而言據梧者,只是以梧几而據之談説,猶隱几者也。"
⑤ 《釋文》："崔云：'書之於今也。'"王叔岷《校詮》："之猶於也,'載之末年'猶云'記於晚世'耳。"
⑥ 《莊子·德充符》謂惠施"天選子之形,子以堅白鳴"(見本卷1.5)。
⑦ 郭象《注》："昭文之子又乃終文之緒,亦卒不成。"
⑧ 馬其昶《莊子故》引吴汝綸曰："'滑疑'即'滑稽'也。"王叔岷《校詮》從之,並謂："《史記·樗里子列傳》正義云：'滑讀爲汨,水流自出。稽,計也。言其智計宣吐,如泉流出無盡。'滑稽,蓋多智貌。圖當作啚,古鄙字(李勉有此説)。此謂炫耀多智,乃聖人之所鄙也。"
⑨ 成《疏》："前文云：'有人之形,無人之情。'惠施引此語來質疑莊子所言人者,必固無情慮乎？"王叔岷《校詮》："故與固同,成《疏》是。"

情,何以謂之人?"莊子曰:"道與之貌,天與之形,惡得不謂之人?"惠子曰:"既謂之人,惡得无情?"莊子曰:"是非吾所謂〔无〕情也①。吾所謂无情者,言人之不以好惡内傷其身,常因自然而不益生也。"惠子曰:"不益生,何以有其身?"莊子曰:"道與之貌,天與之形,無以好惡内傷其身。今子外乎子之神,勞乎子之精,倚樹而吟,據槁梧而瞑②。天選(僎)子之形③,子以堅白鳴!"

1.6 《莊子·秋水》

惠子相梁④,莊子往見之。或謂惠子曰:"莊子來,欲代子相。"於是惠子恐,搜於國中三日三夜。莊子往見之,曰:"南方有鳥,其名爲鵷鶵,子知之乎?夫鵷鶵,發於南海而飛於北海,非梧桐不止,非練實不食⑤,非醴泉不飲。於是鴟得腐鼠,鵷鶵過之,仰而視之曰:'嚇!'今子欲以子之梁國而嚇我邪?"

1.7 《莊子·秋水》

莊子與惠子游於濠梁之上。莊子曰:"鯈魚出游從容,是魚之樂也。"惠子曰:"子非魚,安知魚之樂?"莊子曰:"子非我,安知我不知魚之樂?"惠子曰:"我非子,固不知子矣;子固非魚也,子之不知魚之樂,全矣。"莊子曰:"請循其本。子曰'汝安知魚樂'云者,既已知吾知之而問我,我知之濠上也。"

1.8 《莊子·至樂》

莊子妻死,惠子弔之,莊子則方箕踞鼓盆而歌。惠子曰:"與人居,長子老身⑥,死不哭亦足矣,又鼓盆而歌,不亦甚乎!"莊子曰:"不然。是其始死也,我獨何能无槩(嘅)然⑦!察其始,而本無生;非徒無生也,

---

① 王叔岷《校詮》:"是猶此也,'情'上蓋脫'无'字。"
② 王叔岷《校詮》:"《藝文類聚》八八、《御覽》九五六、《事類》二五《木部》二《注》引此,'梧'上皆無'槁'字,《齊物論》篇'惠子之據梧也',郭《注》:'或據梧而瞑。'即本此文,亦無'槁'字。"
③ 王叔岷《校詮》:"選借爲僎,《説文》:'僎,具也。'"
④ 成《疏》:"姓惠,名施,宋人,爲梁惠王之相。"
⑤ 成《疏》:"練實,竹實也。"《太平御覽》卷916引此文注同,下並有"取其緊白"句。
⑥ 成《疏》:"長養子孫,妻老死亡。"
⑦ 王叔岷《校詮》引褚伯秀云:"槩字説之不通,當是'嘅然',嘆也。"

而本無形;非徒無形也,而本無氣。雜乎芒芴之間,變而有氣,氣變而有形,形變而有生,今又變而之死,是相與爲春秋冬夏四時行也。人且偃然寢於巨室,而我噭噭然隨而哭之,自以爲不通乎命,故止也。"

1.9 《莊子·徐无鬼》(參看宋鈃卷2.2)

莊子曰:"射者非前期而中,謂之善射,天下皆羿也,可乎?"惠子曰:"可。"莊子曰:"天下非有公是也,而各是其所是,天下皆堯也,可乎?"惠子曰:"可。"莊子曰:"然則儒、墨、楊、秉(鈃〈鈃〉)四,與夫子爲五,果孰是邪?或者若魯遽者邪?其弟子曰:'我得夫子之道矣,吾能冬爨鼎而夏造冰矣。'魯遽曰:'是直以陽召陽,以陰召陰,非吾所謂道也。吾示子乎吾道。'於是爲之調瑟,廢一於堂,廢一於室,鼓宮宮動,鼓角角動,音律同矣。夫或改調一弦,於五音無當也,鼓之,二十五弦皆動,未始異於聲,而音之君已〔形也〕。且若是者邪?"惠子曰:"今夫儒、墨、楊、秉(鈃),且方與我以辯,相拂以辭,相鎮以聲,而未始吾非也,則奚若矣?"莊子曰:"齊人蹢(謫)子於宋者,其命閽也不以完,其求鈃鍾也以束縛,其求唐(蕩)子也而未始出域(閾),有遺類矣夫!楚人寄而蹢(謫)閽者,夜半於無人之時而與舟人鬭,未始離(麗)於岑而足以造於怨也。"

1.10 《莊子·徐无鬼》

莊子送葬,過惠子之墓,顧謂從者曰:"郢人堊漫其鼻端若蠅翼,使匠石斲之。匠石運斤成風,聽而斲之,盡堊而鼻不傷,郢人立不失容。宋元君聞之,召匠石曰:'嘗試爲寡人爲之。'匠石曰:'臣則嘗能斲之。雖然,臣之質死久矣!'自夫子之死也,吾無以爲質矣!吾无與言之矣!"

1.11 《莊子·則陽》

魏瑩與田侯牟約,田侯牟背之①。魏瑩怒,將使人刺之。犀首聞而恥之②,曰:"君爲萬乘之君也,而以匹夫從讎!衍請受甲二十萬,爲君

---

① 《釋文》:"魏瑩……司馬云:'魏惠王也。'……'田侯,齊威王也,名牟,桓公子。'"按《史記》威王名因,不名牟。郭慶藩《莊子集釋》引俞樾云:"《史記》威王名因齊。田齊諸君無名牟者,惟桓公名午,與牟字相似,牟或午之訛。然齊桓公與梁惠王又不相值也。"

② 《釋文》:"犀首,魏官名也。司馬云:若今虎牙將軍,公孫衍爲此官。"

攻之。虜其人民,係其牛馬,使其君內熱發於背。然後拔其國。忌也出走①,然後抶其背②,折其脊。"季子聞而恥之曰③:"築十仞之城,城者既十〈七〉仞矣④,則又壞,此胥靡之所苦也⑤。今兵不起七年矣,此王之基也。衍亂人,不可聽也。"華子聞而醜之曰⑥:"善言伐齊者,亂人也;善言勿伐者,亦亂人也;謂伐之與不伐亂人也者,又亂人也。"王曰:"然則若何?"曰:"君求其道而已矣!"惠子聞之而見戴晉人⑦。戴晉人曰:"有所謂蝸者,君知之乎?"曰:"然。""有國於蝸之左角者曰觸氏,有國於蝸之右角者曰蠻氏,時相與爭地而戰,伏尸數萬,逐北旬有五日而後反。"君曰:"噫!其虛言與?"曰:"臣請爲君實之。君以意在四方上下有窮乎⑧?"君曰:"無窮。"曰:"知游心於無窮,而反在通達之國⑨,若存若亡乎?"君曰:"然。"曰:"通達之中有魏,於魏中有梁,於梁中有王。王與蠻氏有辯(辨)乎⑩?"君曰:"無辯(辨)。"客出而君惝然若有亡也。客出,惠子見。君曰:"客,大人也,聖人不足以當之。"惠子曰:"夫吹筦也,猶有嗃也;吹劍首者,吷而已矣。堯、舜,人之所譽也;道堯、舜於戴晉人之前,譬猶一吷也⑪。"

1.12 《莊子·外物》

惠子謂莊子曰:"子言无用。"莊子曰:"知無用而始可與言用矣。夫

---

① 成《疏》:"姓田,名忌,齊將也。"
② 抶,《釋文》引《三蒼》云:"擊也。"
③ 王叔岷《校詮》引于鬯云:"季子,即季梁也。"于氏舉《戰國策·魏策》魏王欲攻邯鄲,季梁止之爲證,其説是。
④ 郭慶藩《集釋》引俞樾云:"下'十'字疑'七'字之誤。城者既七仞,則雖未十仞,而去十不遠矣,故壞之爲可惜。若既十仞,則直謂之已成可耳,不當言'既十仞'矣。下文曰'今兵不起七年矣,此王之基也。'明是以'七仞'喻'七年',其爲字誤無疑。"
⑤ 成《疏》:"胥靡,徒役人也。"
⑥ 王叔岷《校詮》引于鬯云:"華子,即子華子也。《讓王》篇云:'子華子見昭僖侯。'陸《釋》引司馬云:'子華子,魏人也。昭僖侯,韓侯。'韓昭僖侯正與魏惠王同時,則此華子即子華子明矣。"
⑦ 《釋文》:"戴晉人,梁國賢人,惠施薦之於魏王。"
⑧ 王先謙《集解》引蘇輿云:"在猶察也。"
⑨ 郭《注》:"人迹所及爲通達,謂今四海之内也。"
⑩ 王叔岷《校詮》:"辯與辨通,《小爾雅·廣言》:'辨,別也。'"
⑪ 成《疏》:"嗃,大聲;吷,小聲也。夫吹竹管,聲猶高大;吹劍環,聲則微小。唐堯,俗中所譽,若於晉人之前盛談斯道者,亦何異乎吹劍首聲,曾無足可聞也。"

地非不廣且大也,人之所用容足耳。然則廁(側)足而墊之致(至)黃泉①,人尚有用乎?"惠子曰:"無用。"莊子曰:"然則無用之爲用也亦明矣。"

1.13 《莊子·寓言》

莊子謂惠子曰:"孔子行年六十而六十化,始時所是,卒而非之,未知今之所謂是之非五十九非也。"惠子曰:"孔子勤志服知也。"莊子曰:"孔子謝之矣,而其(豈)未之嘗言②? 孔子云:'夫受才乎大本,復(腹)靈以生③,鳴而當律,言而當法。利義陳乎前,而好惡是非直服人之口而已矣。使人乃以心服而不敢蘁(忤)④,立定天下之定〈正〉⑤。'已乎已乎! 吾且不得及彼乎!"

1.14 《莊子·天下》

惠施多方,其書五車,其道舛駁,其言也不中。厤物之意⑥,曰:"至大無外,謂之大一;至小無內,謂之小一⑦。無厚不可積也,其大千

---

① 成《疏》:"墊,掘也。"《釋文》:"司馬、崔云:'下也。'"又謂:"廁音側。……致,至也。本亦作至。"鵬按,《說文》訓墊爲下,引申爲掘。"廁"讀爲"側"、"致"讀爲"至",並從《釋文》。
② 錢穆《纂箋》引馬其昶云:"其讀爲豈,言勤志服知之説,孔子已自謝之,夫豈未之嘗言? 故下引孔子語,以證其所見蓋近乎此矣。"
③ 錢穆《纂箋》引羅勉道云:"才,猶《孟子》'天之降才'。大本,謂太初。"王叔岷《校詮》引孫詒讓云:"復,疑與腹通,'腹靈'猶言含靈也。"
④ 《釋文》:"蘁音悟,又五各反,逆也。"蓋讀爲"忤"。
⑤ 此句疑本作"立天下之正",上"定"字疑爲後人之注(釋"立"),後闌入正文而衍。下"定"字疑爲"正"之誤。
⑥ 蔣錫昌《莊子哲學·天下校釋》:"《說文》:'厤,治也。'此言治萬物之意,即上文所謂'析萬物之理'。"鵬按,蔣説是。厤引申爲析、理。
⑦ 馮友蘭《中國哲學史新編》第十五章:"稷下黃老學派也有'其大無外,其小無內'(《管子·心術上》)的説法。惠施的第一事可能是從稷下黃老學派來的,但其意義不同。稷下黃老學派所説的'無外'、'無內'是形容'道'的,惠施並不講黃老學派的'道'。他所説的'無外'、'無內'可以説是'至大'、'至小'的定義。……'無外'就是説,不可能有什麼東西在其外。這個大就是無限大。……只有在其內,不可能有什麼東西,不可能再分割了,這才是至小。"鵬按,馮説是。稷下道家以"靈氣"、"精氣"指稱"道",《管子·內業》説:"靈氣在心,一來一逝,其細無內,其大無外。"莊子一派亦受此説影響,《莊子·則陽》:"斯而析之,精至於無倫,大至於不可圍。"《知北游》:"六合爲巨,未離其內;秋豪爲小,待之成體。"但莊子更欲超越大小之辨,故《秋水》載'河伯曰:'世之議者皆曰:至精無形,至大不可圍。是信情乎?'北海若曰:'夫自細視大者不盡,自大視細者不明。夫精,小之微也;垺,大之殷也。故異便。此勢之有也。夫精粗者,期於有形者也;無形者,數之所不能分也;(轉下頁)

里①。天與地卑(比),山與澤平②。日方中方睨,物方生方死③。大同而與小同異,此之謂小同異;萬物畢同畢異,此之謂大同異④。南方無窮而有窮⑤。今日適越而昔來⑥。連環可解也⑦。我知天下之中央,燕之

(接上頁)不可圍者,數之所不能窮也。可以言論者,物之粗也;可以意致者,物之精也;言之所不能論,意之所不能察致者,不期精粗焉。'"下文北海若更説:"以差觀之,因其所大而大之,則萬物莫不大;因其所小而小之,則萬物莫不小。知天地之爲稊米也,知豪末之爲丘山也,則差數覩矣。"

① 馮友蘭《中國哲學史》第一篇第九章:"《莊子·養生主》曰:'刀刃者無厚。'無厚者,薄之至也。薄之至極至於無厚,如幾何學所謂面也。無厚者不可有體積,然可有面積,故可'其大千里'也。"王叔岷《校詮》:"《韓非子·問辯》篇:'堅白、無厚之詞章,而憲令之法息。'《吕氏春秋·君守》篇亦斥'堅白之察,無厚之辯'。荀子累以鄧析、惠施並稱,《非十二子》篇非惠施、鄧析之怪說琦辭;《儒效》篇斥惠施、鄧析之辯説無益。今傳《鄧析子》有《無厚》篇,辭意純正,顯係後人僞託者也。"
② 王叔岷《校詮》引孫詒讓云:"卑與比通,《荀子·不苟》篇云:'山淵平,天地比。'楊《注》云:'比,謂齊等也。'亦引《莊子》此文,是其證也。《廣雅·釋詁》云:'比,近也。'……天與地相距本絶遠,而云相接近,猶山與澤本不平,而謂之平,皆名家合同異之論也。"
③ 《釋文》:"李云:睨,側視也。謂日方中而景已復昃,謂景方昃而光已復没,謂光方没而明已復升。凡中、昃之與升、没,若轉樞循環,自相爲前後,始終無別,則存亡死生與之何殊也!"
④ 王叔岷《校詮》引《荀子·修身》楊倞《注》:"所謂'大同而與小同異,此之謂小同異。'言同在天地之間,故謂之大同;物各有種類所同,故謂之小同。是大同與小同異也。'萬物畢同畢異,此之謂大同異。'言萬物總謂之物,莫不皆同,是萬物畢同;若分而别之,則人耳目口鼻百體,草木枝葉花實,無不皆異,是物畢異也。"王氏並引《德充符》"自其異者視之,肝膽楚、越也;自其同者視之,萬物皆一也。"爲説。馮友蘭《中國哲學史新編》引《吕氏春秋·有始》"天地萬物猶一人之身也,此之謂大同;衆耳目口鼻也,衆五穀寒暑也,此之謂衆異"。明之。
⑤ 高亨《莊子天下篇箋證》:"南方不可盡,是南方無窮,經驗中之無窮也。然南北相毗,自立際處分界,標立而南北定,標移而南北變。標移而南,則南方有變爲北方者矣;標再移而南,則南方再有變爲北方者矣。南方既可變爲北方,則必可盡變爲北方,是南方有窮,經驗外之有窮也。"
⑥ 蔣錫昌《天下校釋》:"《齊物論》作'今日適越而昔至'。此據上文'日方中方睨'之理推出。蓋真正之時間,永在移動,決不可分割爲'今日'之一段,使稍停留片刻。如吾人剛説'今日到越',則此所謂'今日'者,以早成過去而爲'昔來'矣。譚戒甫《莊子天下篇校釋》:"本句下《釋文》頗長,中有四語曰:'鑒以鑒影,而鑒亦有影。兩鑒相鑒,則重影無窮。'讀之與上下文不相承接,頗似别注竄入者。蓋此係言光學重複反射之理,疑惠子歷物原有論'鑒影'一條,及正文佚去,注遂參錯於此矣。"
⑦ 蔣錫昌《校釋》:"此條自上文'物方生方死'之理推出。有生之物,方生方死;無生之物,方成方毁,其理正同。連環成後,終有毁日。唯常人所見者,只見一旦之毁,不見逐漸之毁。吾人假定自連環初成之時,至一旦毁壞之時,總名此整個之過程爲'解'(解即毁也),是連環自既成之後,即無時不在'解'之過程中,故曰'可解'也。《齊物論》'其分也,成也;其成也,毁也。'蓋即本此。"

北、越之南是也①。氾愛萬物,天地一體也②。"惠施以此爲大,觀於天下而曉辯者③,天下之辯者相與樂之。

"卵有毛。雞三足。郢有天下。犬可以爲羊。馬有卵。丁子有尾。火不熱。山出口。輪不蹍地。目不見。指不至,至〈物〉不絶④。龜長於蛇。矩不方,規不可以爲圓。鑿不圍枘。飛鳥之景未嘗動也。鏃矢之疾而有不行不止之時。狗非犬。黃馬驪牛三。白狗黑。孤駒未嘗有母。一尺之捶,日取其半,萬世不竭。"⑤辯者以此與惠施相應,終身無窮。桓團、公孫龍辯者之徒,飾人之心,易人之意,能勝人之口,不能服人之心,辯者之囿也。

惠施日以其知與人之辯⑥,特與天下之辯者爲怪⑦,此其柢(氐)也⑧。然惠施之口談,自以爲最賢,曰:"天地其(豈)壯乎!"⑨施存雄而

---

① 一本無"下"字,當從之,今本疑涉下文"天下"而衍。成《疏》:"燕北越南,可爲天中者也。"可見成本無"下"字。《釋文》引司馬彪云:"燕之去越有數,而南北之遠無窮,由無窮觀有數,則燕、越之間未始有分也。天下無方,故所在爲中。循環無端,故所在爲始。"鵬按,司馬彪説乃從地理觀點立論,但若原作"天之中央",則可另作解釋。地圖例上北下南,但若爲星象圖則爲南上北下,此與觀天的角度有關(觀天與觀地南北互異猶如兩人面對面左右互異),所以地之中是"燕之南、越之北",天之中則爲"燕之北、越之南"。
② 馮友蘭《中國哲學史新編》第十五章:"照上面九個論點所證明的,一切事物都是在變動之中的、有聯繫的。一切差别都是相對的、有條件的,也都可以互相轉化的。照《吕氏春秋·有始》篇所説的'天地萬物,猶一人之身也,此之謂大同'。'一人之身'正是'天地一體'的意思。既然'天地一體',所以要'氾愛萬物'。這是十事的一個結論。"
③ 諸家多將"大觀"連讀,今從錢穆《纂箋》、王叔岷《校詮》分讀。錢氏引陸長庚云:"觀,示也。"
④ 馮友蘭《中國哲學史新編》第十五章:"《列子·仲尼》篇引公孫龍云:'有指不至,有物不絶。''至不絶'當爲'物不絶'。公孫龍一派以'指'、'物'對舉,如《公孫龍子·指物論》所説。"
⑤ 馮友蘭《中國哲學史新編》將此段所載辯者二十一事分爲兩組:"合同異"組是惠施一派之説,包括"卵有毛"、"郢有天下"、"犬可以爲羊"、"馬有卵"、"丁子有尾"、"山出口"、"龜長於蛇"、"白狗黑"、"一尺之捶,日取其半,萬世不竭"等九事。其他則屬"離堅白"組,是公孫龍一派之説。
⑥ 王叔岷《校詮》:"之猶爲也,'與人之辯'猶言'與人爲辯'也。"
⑦ 王叔岷《校詮》:"古鈔卷子本'特'作'將',將猶特也。"
⑧ 郭慶藩《集釋》引俞樾云:"柢與氐通。《史記·秦始皇紀》:'大氐盡畔秦吏。'《正義》曰:'氐猶略也。''此其柢也'猶云'此其略也',上文'卵有毛,雞三足'以下皆是。"
⑨ 成《疏》:"壯,大也。言天地與我並生,不足稱大。"王叔岷《校詮》申其義云:"其讀爲豈,'天地豈大乎'謂天地不足大也。惠施'自以爲最賢',故謂天地不足大也。"

無術①。南方有倚(奇)人焉②,曰黃繚③,問天地所以不墜不陷,風雨雷霆之故。惠施不辭而應,不慮而對,徧爲萬物説。説而不休,多而無已,猶以爲寡,益之以怪。以反人爲實④,而欲以勝人爲名,是以與衆不適也。弱於德,強於物,其塗隩矣⑤。由天地之道觀惠施之能,其猶一蚉一虻之勞者也,其於物也何庸!夫充一尚可,曰愈貴道,幾矣⑥!惠施不能以此自寧,散於萬物而不厭,卒以善辯爲名。惜乎!惠施之才,駘蕩而不得⑦,逐萬物而不反,是窮響以聲,形與影競走〔者〕也⑧。悲夫!

1.15　《莊子》佚文(見《藝文類聚》卷91、《太平御覽》卷918)⑨

莊子謂惠子曰:"羊溝之雞,三歲爲株,相者視之,則非良雞也。然而數以勝人者⑩,以狸膏塗其頭也。"⑪

1.16　《莊子》佚文(見《太平御覽》卷466)⑫

惠子始與莊子相見而問焉。莊子曰:"今日自以爲見鳳凰,而徒遭

---

① 《釋文》:"司馬云:意在勝人而無道理之術。"
② 郭慶藩《集釋》:"倚當爲奇。倚人,異人也。"
③ 錢穆《先秦諸子繫年·南方倚人黃繚考》:"徐廷槐曰:'《戰國策》載魏王使惠子於楚,楚中善辯者如黃繚董爭爲詰難。'鵬按,今本《戰國策》並無此章。是謂繚、施問答在惠子使楚時也。當時言南方率指荆楚。……黃亦楚姓。……徐氏説或可信。又《楚辭》有《天問》篇,相傳爲屈原作,亦未見其必然。豈亦如黃繚問施之類耶?屈原爲楚懷王左徒,當在惠子使楚稍後。然則《天問》一派之思想,固可與惠施、黃繚有淵源也。"
④ 成《疏》:"以反人情曰爲實道。"王叔岷《校詮》:"司馬談《論六家要指》謂名家'專決於名而失人情',前言法家彭蒙、田駢之道亦'常反人'。"
⑤ 王叔岷《校詮》引馬其昶云:"王閶運曰:'隩,曲也。'呂惠卿曰:'不能自勝,故弱於德;勝人,故強於物。其塗隩,謂非六通四闢之道也。'"
⑥ 王叔岷《校詮》:"曰猶若也。此謂惠施之能於道中充一數尚可。若更重道,則庶幾矣。"蓋言其不貴道德之本。
⑦ 《釋文》:"駘者,放也,放蕩不得也。"
⑧ 王叔岷《校詮》:"古鈔卷子本無'形'字,'也'上有'者'字。"
⑨ 參考王叔岷《校詮》附錄二《莊子佚文》(第114則)。
⑩ "數"一作"時"。
⑪ 王叔岷《校詮》:"諸書引司馬彪《注》:'羊溝,鬭雞之處。株,魁帥。雞畏彼故。'《史記·平準書》索隱引《傳》曰:'陽溝之雞,三歲爲株。'即本《莊子》,羊、陽古通。曹植《鬭雞詩》:'願蒙狸膏助,常得擅此場。'亦本《莊子》。"
⑫ 參考王叔岷《莊子佚文》(第133則)。

燕雀耳。"坐者俱笑。

2.1 《荀子·修身》

夫堅白同異、有厚無厚之察①,非不察也,然而君子不辯,止之也。

2.2 《荀子·不苟》

君子行不貴苟難,説不貴苟察,名不貴苟傳,唯其當之爲貴。故懷負石而赴河,是行之難爲者也,而申徒狄能之。然而君子不貴者,非禮義之中也。"山淵平,天地比"②、"齊、秦襲"③、"入乎耳,出乎口"、"鉤(姁)有須"④、"卵有毛",是説之難持者也,而惠施、鄧析能之⑤。然而君子不貴者,非禮義之中也。盜跖吟(黔)口⑥,名聲若日月,與舜、禹俱傳而不息。然而君子不貴者,非禮義之中也。故曰:君子行不貴苟難,説不貴苟察,名不貴苟傳,惟其當之爲貴。《詩》曰:"物其有矣,唯其時矣。"⑦此之謂也。

2.3 《荀子·非十二子》

不法先王,不是禮義,而好治怪説、玩琦辭,甚察而不惠(慧)⑧,辯

---

① 楊倞《注》:"此言公孫龍、惠施之曲説異理,不可爲法也。"
② 楊《注》:"比謂齊等也。《莊子》曰'天與地卑,山與澤平。'"
③ 楊《注》:"襲,合也。齊在東,秦在西,相去甚遠。若以天地之大包之,則曾無隔異,亦可合爲一國也。"
④ 俞樾《諸子平議》卷十二:"鉤疑姁之假字。《説文·女部》:'姁,嫗也。'嫗無須而謂之有須,故曰'説之難持者也'。"
⑤ 楊《注》:"鄧析,鄭大夫。劉向云:'鄧析好刑名,操兩可之説,設無窮之辭,數難子産爲政,子産執而戮之。'案《左氏傳》(定公九年)'鄭駟歂殺鄧析,而用其竹刑',而云子産戮之,恐誤也。"鵬按,《吕氏春秋·離謂》、《説苑·指武》皆謂子産殺鄧析。
⑥ 俞樾《諸子平議》卷十二:"吟蓋黔之假字。'黔口'即'黔喙'。《周易·説卦傳》:'爲黔喙之屬',《釋文》引鄭《注》曰:'謂虎豹之屬,貪冒之類。'然則'盜跖黔口'乃以虎豹擬之,《正論》所謂'禽獸行,虎狼貪'也。"
⑦ 見《詩·小雅·魚麗》。
⑧ 楊《注》訓惠爲順,王先謙《荀子集解》引王念孫謂"惠當爲急字之誤"。鵬按,"惠"疑讀爲"慧",訓爲智。《國語·晉語九》"巧文辯惠則賢",《淮南子·泰族》引"惠"作"慧",即二字通假之例。

而無用,多事而寡功,不可以爲治綱紀。然而其持之有故,其言之成理,足以欺惑愚衆,是惠施、鄧析也。

2.4 《荀子·儒效》(參看愼到卷4.3)

先王之道,仁之隆也,比中而行之。曷謂中?曰:禮義是也。道者,非天之道,非地之道,人之所以道也,君子之所道也。君子之所謂賢者,非能遍能人之所能之謂也;君子之所謂知者,非能遍知人之所知之謂也;君子之所謂辯者,非能遍辯人之所辯之謂也;君子之所謂察者,非能遍察人之所察之謂也,有所止矣。相高下,視墝肥,序五種,君子不如農人;通財貨,相美惡,辯貴賤,君子不如賈人;設規矩,陳繩墨,便備用,君子不如工人;不卹是非然不(否)之情,以相薦撙,以相恥怍,君子不若惠施、鄧析。若夫誦(決)德而定次,量能而授官,使賢不肖皆得其位,能不能皆得其官,萬物得其宜,事變得其應,愼、墨不得進其談,惠施、鄧析不敢竄其察,言必當理,事必當務,是然後君子之所長也。

2.5 《荀子·解蔽》(參看宋鈃卷3.4)

昔賓孟(氓)之蔽者,亂家是也。墨子蔽於用而不知文,宋子蔽於欲而不知得(德),愼子蔽於法而不知賢,申子蔽於埶而不知知(智),惠子蔽於辭而不知實,莊子蔽於天而不知人。故由用謂之道,盡利矣;由俗〈欲〉謂之道,盡嗛(慊)矣;由法謂之道,盡數矣;由埶謂之道,盡便矣;由辭謂之道,盡論矣;由天謂之道,盡因矣。此數具者,皆道之一隅也。夫道者體常而盡變,一隅不足以舉之。曲知之人,觀於道之一隅而未之能識也。故以爲足而飾之,內以自亂,外以惑人,上以蔽下,下以蔽上,此蔽塞之禍也。

2.6 《荀子·成相》(參看愼到卷4.6)

凡成相,辨法方,至治之極復後王,愼、墨、季、惠,百家之說誠不詳(祥)。

3.1 《韓非子·說林上》

田駟欺鄒君①,鄒君將使人殺之。田駟恐,告惠子。惠子見鄒君

---

① 田駟又見《戰國策·趙策四》,蓋齊人之游於列國者。

曰:"今有人見君,則眛(瞇)其一目①,奚如?"君曰:"我必殺之。"惠子曰:"瞽兩目眛(瞇),君奚爲不殺?"君曰:"不能勿眛(瞇)。"惠子曰:"田駟東慢(謾)齊侯②,南欺荆王,駟之於欺人,瞽也③,君奚怨焉?"鄒君乃不殺。

3.2 《韓非子·説林上》

陳軫貴於魏王④,惠子曰:"必善事左右。夫楊,横樹之即生,倒樹之即生,折而樹之又生。然使十人樹之,而一人拔之,則毋生楊。至以十人之衆,樹易生之物而不勝一人者,何也?樹之難而去之易也。子雖工自樹於王,而欲去子者衆,子必危矣。"

3.3 《韓非子·説林下》

伯樂教二人相踶馬⑤,相與之簡子廄觀馬。一人舉踶馬⑥,其一人從後而循(揗)之⑦,三撫其尻而馬不踶,此自以爲失相。其一人曰:"子非失相也。此其爲馬也,蹏肩而腫膝⑧。夫踶馬也者,舉後而任前,腫膝不可任也,故後不舉。子巧於相踶馬而拙於任〈在〉腫膝⑨。"夫事有所必歸,而以有所腫膝而不任,智者之所獨知也。惠子曰:"置猿於柙

---

① 王先慎《韓非子集解》:"眛,《御覽》三百六十六引作'瞇',下同。注云:'大叶切,閉目也。'蓋即《韓子》舊注。《玉篇》:'瞇,閉一目也。'"鵬按,眛、瞇音近可通。
② 王先慎《集解》引顧廣圻云:"慢讀爲謾。"
③ 王先慎《集解》:"瞽以閉目爲常,駟以欺人爲常,習以以性成,又何尤焉。"
④ 此事又見《戰國策·魏策二》(本卷4.9),惟"陳軫"作"田需",王先慎《韓非子集解》引顧廣圻云:"田、陳同字,'軫'當依《策》作'需'。"
⑤ 張覺《韓非子校疏》:"本篇的伯樂疑趙之伯樂王良。"並引《荀子·王霸》:"王良、造父者,善服取者也。"楊《注》:"王良,趙簡子之御,《韓子》曰'字伯樂'。"梁啓雄《韓子淺解》:"《莊子·馬蹄》'怒則分背相踶',李注:'踶,踢也。'踢即今踏字。踶馬,是以後足相踐踏或踢蹴的馬。"
⑥ 梁啓雄《淺解》:"舉爲'舉薦'、'推舉'之舉。"
⑦ 梁啓雄《淺解》讀循爲揗,訓爲撫摩。
⑧ 《説文》:"蹏,足踣也。"段玉裁《注》:"踣當爲'胅'字之誤也。《肉部》曰:'胅,骨差也。'蹏者,骨委屈失其常,故曰胅,亦曰差跌。"
⑨ 一本"任"下有"在腫膝而不任拙於"八字,王先慎《集解》引顧廣圻以爲衍文,又引俞樾云:"疑《韓子》原文本作'子巧於相踶馬,而拙於在腫膝'。在者,察也。"

中,則與豚同。"故勢不便,非所以逞能也。

3.4 《韓非子·説林下》

惠子曰:"羿執鞅〈决〉持扞①,操弓關機,越人爭爲持的;弱子扞〈扜〉弓②,慈母入室閉户。故曰:可必,則越人不疑羿;不可必,則慈母逃弱子。"

3.5 《韓非子·内儲説上》

觀聽不參則誠不聞,聽有門户則臣壅塞。其説在侏儒之夢見竈,哀公之稱"莫衆而迷"。故齊人見河伯,與惠子之言"亡其半"也。(經一)

張儀欲以秦、韓與魏之勢伐齊、荆,而惠施欲以齊、荆偃兵,二人爭之③。群臣左右皆爲張子言,而以攻齊、荆爲利,而莫爲惠子言。王果聽張子,而以惠子言爲不可。攻齊、荆事已定,惠子入見。王言曰:"先生毋言矣。攻齊、荆之事果利矣,一國盡以爲然。"惠子因説:"不可不察也。夫齊、荆之事也誠利,一國盡以爲利,是何智者之衆也?攻齊、荆之事誠不利,一國盡以爲利,何愚者之衆也?凡謀者,疑也。疑也者,誠疑,以爲可者半,以爲不可者半。今一國盡以爲可,是王亡半也。劫主者,固亡其半者也。"(説一)

3.6 《韓非子·外儲説左上》(參看宋鈃卷4.1)

人主之聽言也,不以功用爲的,則説者多棘刺、白馬之説;不以儀的爲關,則射者皆如羿也。人主於説也,皆如燕王學道也;而長説者,皆如鄭人爭年也。是以言有纖察微難而非務也,故李〈季〉、惠、宋、墨皆畫策〈莢〉也;論有迂深閎大〔而〕非用也,故畏(魏)、震(慎)、瞻、車〈陳〉狀皆

---

① 王先慎《集解》引王引之云:"'鞅'當爲'决','决'誤爲'泱',後人因改爲'鞅'耳。决,謂韘也,箸於右手大指,所以鉤弦也。扞,謂韝也,或謂之拾,或謂之遂,箸於左臂,所以扞弦也。"

② 王先慎《集解》引王引之云:"'扞弓'當作'扜弓'。'扜'字從'于',不從'干'。扜弓,引弓也。"

③ 此事又見《戰國策·魏策一》(本卷4.4)。

鬼魅也;言〈行〉而〈有〉拂難堅确〔而〕非功也,故務、卞、鮑、介、墨翟皆堅瓠也。且虞慶詘匠也而屋壞,范且窮工而弓折。是故求其誠者,非歸餉也不可。

3.7 《韓非子·外儲説左上》

墨子爲木鳶,三年而成,蜚一日而敗。弟子曰:"先生之巧,至能使木鳶飛。"墨子曰:"吾不如爲車輗者巧也,用咫尺之木,不費一朝之事,而引三十石之任,致遠力多,久於歲數。今我爲鳶,三年成,蜚一日而敗。"惠子聞之曰:"墨子大巧,巧爲輗,拙爲鳶。"

4.1 《戰國策·楚策三》

張儀逐惠施於魏①。惠子之楚,楚王受之②。馮郝謂楚王曰:"逐惠子者,張儀也。而王親與約,是欺儀也,臣爲王弗取也。惠子爲儀者來,而惡王之交於張儀,惠子必弗行也③。且宋王之賢惠子也④,天下莫不聞也。今〔施〕之不善張儀也⑤,天下莫不知也。今爲事之故,棄所貴於讎人,臣以爲大王輕矣。且爲事耶⑥?王不如舉惠子而納之於宋,而謂張儀曰:'請爲子勿納也。'儀必德王。而惠子窮人,而王奉之,又必德王。此不失爲儀之實⑦,而可以德惠子。"楚王曰:"善。"乃奉惠子而納之宋。

---

① 錢穆《先秦諸子繫年·惠施去魏考》定此事在魏惠成王後元十三年(公元前322年),范祥雍《戰國策箋證》則認爲惠施被逐在魏襄王二年(公元前317年)。繆文遠《戰國策新校注》:"魏在馬陵戰後,惠施主合魏於齊、楚以按兵,不成。繼之,公孫衍合五國相王,亦因受齊、楚打擊,未著成效。周顯王四十六年(前323年),張儀(時相秦)與齊、楚、魏大臣會於齧桑,爲魏調停。次年,魏惠王遂改任主張'以魏合於秦、韓而攻齊、楚'之張儀爲相,惠施乃去魏之楚。"蓋從錢説。
② 楚王,懷王槐。
③ 范祥雍《戰國策箋證》引吳師道云:"謂逐惠施者張儀也,而王與施結約,則是欺儀,臣所以爲王不取。惠施爲儀逐,來歸,而使王與儀交惡,施亦不必行此。"范氏謂:"吳《注》'不必'二字疑是倒誤。"
④ 繆文遠《校注》:"宋王偃,此在其十六年。"
⑤ "施"字據繆文遠《校注》補。
⑥ 范祥雍《箋證》:"且猶其,見《經詞衍釋》。"
⑦ 實者,誠也。

4.2 《戰國策·楚策三》

五國伐秦，魏欲和，使惠施之楚①。楚將入之秦而使行和。杜赫謂昭陽曰："凡爲伐秦者，楚也。今施以魏來，而公入之秦，是明楚之伐而信魏之和也。公不如無聽惠施，而陰使人以〔和〕請聽秦②。"昭子曰："善。"因謂惠施曰："凡爲攻秦者，魏也。今子從楚爲和，楚得其利，魏受其怨。子歸，吾將使人因魏而和。"惠子反，魏王不説。杜赫謂昭陽曰："魏爲子先戰，折兵之半，謁病不聽，請和不得，魏折而入齊、秦③，子何以救之？東有越累，北無晉〔援〕④，而交未定於齊、秦，是楚孤也，不如速和。"昭子曰："善。"因令人謁和於魏⑤。

4.3 《戰國策·趙策三》

齊破燕，趙欲存之⑥。樂毅謂趙王曰："今無約而攻齊，齊必讎趙。不如請以河東易燕地於齊。趙有河北，齊有河東，燕〈齊〉、趙必不爭矣⑦，是二國親也。以河東之地強齊，以燕以趙輔之⑧，天下憎之，必皆事王以伐齊，是因天下以破齊也。"王曰："善。"乃以河東易齊。楚、魏憎之，令淖滑、惠施之趙，請伐齊而存燕。

4.4 《戰國策·魏策一》

張儀欲以魏合於秦、韓而攻齊、楚⑨。惠施欲以魏合於齊、楚以案

---

① 諸祖耿《戰國策集注彙考》："顧觀光隸此於慎靚王三年（前318年）。"繆文遠《校注》："據《史記·六國年表》及《燕世家》，此年三晉與楚、燕合從攻秦。杜赫之言使楚於攻秦不利之際，擺脱孤立困境，是工於爲楚計者。"
② 鮑彪注："以和請於秦，而聽其命。"鵬按，據鮑注"以"下疑脱"和"字。
③ 繆文遠《校注》："折，轉也。"
④ 范祥雍《箋證》引横田惟孝云："晉即魏也，下疑脱'援'字。"
⑤ 繆文遠《校注》："告魏請與秦和也。"
⑥ 鮑彪注："之，噲之亂，燕（王噲）七年，此（趙武靈王）十二年（前314年）。"
⑦ 繆文遠《校注》引金正煒："'燕、趙必不爭'當爲'齊、趙必不爭'，故云'二國親'也。"
⑧ 繆文遠《校注》："下'以'字，猶與也。"
⑨ 諸祖耿《集注彙考》："顧觀光隸此於顯王四十七年（前322年）。"

(按)兵①。人多爲張子〔言〕於王所②。惠子謂王曰:"小事也,謂可者、謂不可者正半,況大事乎?以魏合於秦、韓而攻齊、楚,大事也,而王之群臣皆以爲可。不知是其可也,如是其明耶?而群臣之知術也,如是其同耶?是其可也,未如是其明也,而群臣之知術也,又非皆同也,是有其半塞也。所謂劫主者,失其半者也。"

4.5 《戰國策·魏策二》

魏惠王死③,葬有日矣。天大雨雪,至於牛目④,壞城郭,且爲棧道而葬⑤。群臣多諫太子者,曰:"雪甚如此而喪行,民必甚病之,官費又恐不給,請弛期更日⑥。"太子曰:"爲人子,而以民勞與官費用之故⑦,而不行先王之喪,不義也。子勿復言。"群臣皆不敢言,而以告犀首⑧。犀首曰:"吾未有以言之也,是其唯惠公乎⑨!請告惠公。"惠公曰:"諾。"駕而見太子曰:"葬有日矣。"太子曰:"然。"惠公曰:"昔王季歷葬於楚山之尾,欒水齧其墓⑩,見棺之前和(桓)⑪。文王曰:'嘻!先君必欲一見群臣百姓也夫,故使欒水見之。'於是出而爲之張於朝⑫,百姓皆見之,

---

① "案"通"按",止也。《韓非子·内儲説上》作"偃兵"(見本卷3.5)。
② 《韓非子·内儲説上》作"左右群臣皆爲張子言",疑此文"子"下脱"言"字。
③ 范祥雍《箋證》:"魏惠王死於周慎靚王二年(前319年),據《古本紀年》。"此章又見《吕氏春秋·開春》(本卷5.8),文字雷同。
④ 諸祖耿《集注彙考》:"董仲舒《雨雹對》:'雪及牛目。'黄式三《周紀編略》:'駕重車以牛,及目則甚深。'"
⑤ 范祥雍《箋證》:"棧道爲行柩車之道,非通險之閣道。《儀禮·既夕禮》:'賓莫幣於棧左服出。'鄭《注》:'棧,謂柩車也。'"
⑥ 諸祖耿《集注彙考》引金正煒云:"《廣雅·釋詁》:'弛,緩也。'"
⑦ 范祥雍《箋證》:"'用'字疑衍。'民勞'與'官費'爲對文,上文'官費'亦無'用'字。"
⑧ 犀首,指公孫衍。
⑨ 鮑注:"惠公,施也。"
⑩ 繆文遠《校注》:引姚宏云云:"欒,音鸞。《説文》云:'漏流也,一曰漬也。'墓爲漏流所漬,故曰'欒水齧其墓'。"鵬按《考工記·匠人》"善溝者水漱之",鄭玄注"漱猶齧也。"孫詒讓《周禮正義》:"齧,謂水衝堤土,猶齒之齧物也。"
⑪ 鮑注:"和,棺兩頭木。"諸祖耿《集注彙考》引阮元云:"前和即前桓,桓、和古同聲,其通借之迹多矣。"于省吾《雙劍誃諸子新證》:"棺題曰桓者,謂棺之前端特出者爲桓也。"
⑫ 《吕氏春秋·開春》此句無下"於"字,陳奇猷《吕氏春秋校釋》云:"'張朝'即'設朝',係古人恒言,謂布置朝見之所。……高注本《國策》衍'於'字。"

三日而後更葬。此文王之義也。今葬有日矣,而雪甚,及牛目,難以行。太子爲及日之故,得毋嫌於欲亟葬乎?願太子更日。先王必欲少留而扶社稷①,安黔首也,故使雪甚。因弛期而更爲日②,此文王之義也。若此而弗爲,意者羞法文王乎?"太子曰:"甚善。敬弛期,更擇日。"惠子非徒行其説也,又令魏太子未葬其先王而因又説文王之義。説文王之義以示天下,豈小功也哉!

4.6 《戰國策·魏策二》

魏王令惠施之楚,令犀首之齊,鈞二子者乘數,鈞將測交也③。楚王聞之④,施因令人先之楚,言曰:"魏王令犀首之齊,惠施之楚,鈞二子者,將測交也。"楚王聞之,因郊迎惠施。

4.7 《戰國策·魏策二》

齊、魏戰於馬陵,齊大勝魏,殺太子申,覆十萬之軍⑤。魏王召惠施而告之曰:"夫齊,寡人之讎也,怨之至死不忘。國雖小,吾常欲悉起兵而攻之,何如?"對曰:"不可。臣聞之,王者得度,而霸者知計。今王所以告臣者,疏於度而遠於計。王固先屬怨於趙,而後與齊戰。今戰不勝,國無守戰之備,王又欲悉起而攻齊,此非臣之所謂也。王若欲報齊乎,則不如因變服折節而朝齊,楚王必怒矣。王游人而合其鬭⑥,則楚必伐齊。以休楚而伐罷齊,則必爲楚禽矣。是王以楚毁齊也。"魏王曰:"善。"乃使人報於齊,願臣畜而朝。田嬰許諾。張丑曰:"不可。戰不勝魏,而得朝禮,與魏和而下楚,此可以大勝也⑦。今戰勝魏,覆十萬之軍,而禽太子申,臣萬乘之魏,而卑秦、楚,此其暴(表)於戾定矣⑧。且

---

① 《吕氏春秋·開春》"扶"作"撫"。
② "爲"者,行也,此指行葬。"爲日"即行葬之日。
③ 此句"鈞"字涉上而衍。
④ 諸祖耿《集注彙考》:"黄丕烈曰:鮑衍'楚王聞之'四字。吴氏《補》曰:四字恐因下文衍。"
⑤ 諸祖耿《集注彙考》:"顧觀光隸此於顯王三十六年(前333年)。"
⑥ 鮑注:"游,謂使人游二國之間也。"
⑦ 鮑注:"此設辭也。"范祥雍《箋證》引于鬯云:"戰不勝魏,謂兩無勝敗,非謂魏勝齊敗也。關《補》云:'齊、魏和平而得諸侯相朝之禮。'蓋是。"
⑧ "暴"通"表",訓爲彰露。"定矣"二字乃加强語氣,義猶"必矣"。

楚王之爲人也,好用兵而甚務名,終爲齊患者,必楚也。"田嬰不聽,遂内魏王,而與之並朝齊侯再三。趙氏醜之。楚王怒,自將而伐齊,趙應之,大敗齊於徐州。

4.8 《戰國策·魏策二》

惠施爲韓、魏交,令太子鳴爲質於齊①。王欲見之②,朱倉謂王曰:"何不稱病?臣請説嬰子曰:'魏王之年長矣,今有疾,公不如歸太子以德之。不然,公子高在楚,楚將内而立之,是齊抱空質而行不義也。'"

4.9 《戰國策·魏策二》

田需貴於魏王,惠子曰:"子必善左右。今夫楊,橫樹之則生,倒樹之則生,折而樹之也生。然使十人樹楊,一人拔之,則無生楊矣。故以十人之衆,樹易生之物,然而不勝一人者,何也?樹之難而去之易也。今子雖自樹於王,而欲去子者衆,則子必危矣。"

5.1 《呂氏春秋·聽言》

功先名,事先功,言先事。不知事惡能聽言?不知情惡能當言?其與人〈夫〉穀〈殼〉言〈音〉也,其有辯(辨)乎?其無辯(辨)乎③?造父始習於大(泰)豆,蠭門始習於甘蠅④,御大豆,射甘蠅,而不徙人〈之〉以爲性者也⑤。不徙之,所以致遠追急也,所以除害禁暴也⑥。凡人亦必有

---

① 鮑注:"《魏紀》唯申及赫名,餘不名。"
② 鮑注:"王,魏王。"
③ 許維遹《吕氏春秋集釋》引陶鴻慶云:"'人'爲'夫'之誤。'穀言'爲'殼音'之誤。元文本云:'其與夫殼音也,其有辯乎?其無辯乎?'辯讀爲辨,別也。言不能聽言,與不能當言,則人言之與殼音無以異也。《莊子·齊物論》篇云:'其以爲異於殼音,亦有辯乎?其無辯乎?'即《吕氏》所本。"
④ 許維遹《集釋》引畢沅:"梁仲子云:'《列子·湯問》篇造父之師曰泰豆氏。'此'大豆'當讀泰。案蠭門即逢蒙,《荀子·王霸》篇、《史記·龜策傳》皆同。"
⑤ 許維遹《集釋》引王念孫云:"'人'疑當作'之'。"
⑥ 高誘注:"專學大豆、甘蠅之法而不徙,故御、射得。御可以致遠追急,射而發中,可以除害禁暴也。"

所習其心,然後能聽説。不習其心,習之於學問。不學而能聽説者,古今無有也。解在乎白圭之非惠子也①,公孫龍之説燕昭王以偃兵及應空洛之遇也②,孔穿之議公孫龍,翟翦之難惠子之法③。此四士者之議,皆多故矣,不可不獨論。

5.2 《吕氏春秋·諭大》

季子曰④:"燕雀爭善處於一屋之下,子母相哺也,姁姁焉相樂也,自以爲安矣。竈突決,則火上焚棟,燕雀顔色不變,是何也?乃不知禍之將及己也。爲人臣〔能〕免於燕雀之智者寡矣⑤。夫爲人臣者,進其爵禄富貴,父子兄弟相與比周於一國,姁姁焉相樂也,以危其社稷,其爲竈突近也,而終不知也,其與燕雀之智不異矣。故曰:'天下大亂,無有安國;一國盡亂,無有安家;一家皆亂,無有安身。'此之謂也。故小之定也必恃大,大之安也必恃小。小大貴賤,交相爲恃,然後皆得其樂。"定賤小在於貴大⑥,解在乎薄疑説衛嗣君以王術,杜赫説周昭文君以安天下⑦,及匡章之難惠子以王齊王也⑧。

---

① 事見《不屈》(本卷 5.6)。許維遹《集釋》引梁玉繩云:"白圭有二:一在魏文侯時,圭是其名,周人,《史·貨殖傳》所謂觀時變治生,《鄒陽傳》所謂爲魏取中山者也。一與惠施並時,名丹,字圭(《戰國·魏策》作'珪')魏人,《孟子》所謂治水以鄰國爲壑,《韓子·喻老》所謂行堤塞穴者也。"
② 許維遹《集釋》引畢沅云:"説偃兵見《應言》篇。"並引梁仲子云:"空洛之遇,事見後《淫辭》篇,作'空雒',地名,豈非'空雒'之誤歟?"
③ 二事皆見《淫辭》(翟翦難惠子之法見本卷 5.3)。
④ 許維遹《集釋》引畢沅云:"後《務大》篇作'孔子曰'。梁仲子曰:'案《孔叢子·論勢》篇子順引"先人有言"云云,則作"孔子"爲是。'"鵬按,二者蓋傳聞異辭,不必據彼改此。據陳奇猷《吕氏春秋校釋》,本書《有度》爲季子學派之言,此處所論正與之合,可證季子即《有度》之季子。復按,季子即《莊子·則陽》"季真之莫爲"之季真。
⑤ 陳奇猷《校釋》引孫蜀丞云:"《御覽》九百二十二引'免'上有'能'字。後《務大》篇'免'上亦有'而'字。能、而古通。金本蓋誤脱'能'字耳。"
⑥ 陳奇猷《校釋》:"'賤'字當衍。……'定小'與'貴大'相對爲文。上文云'小之定也必恃大',故此云'定小在於貴大'。"
⑦ 二事皆見《務大》論。
⑧ 見《愛類》(本卷 5.9)。

5.3 《吕氏春秋·淫辭》

惠子爲魏惠王爲法①，爲法已成。以示諸民人，民人皆善之②。獻之惠王，惠王善之，以示翟翦。翟翦曰："善也。"惠王曰："可行邪？"翟翦曰："不可。"惠王曰："善而不可行，何故？"翟翦對曰："今舉大木者，前呼輿謣③，後亦應之，此其於舉大木者善矣，豈無鄭、衛之音哉？然不若此其宜也。夫國亦木之大者也。"

5.4 《呂氏春秋·不屈》

魏惠王謂惠子曰："上世之有國〔者〕④，必賢者也。今寡人實不若先生，願得傳國。"惠子辭。王又固請曰："寡人莫有之國於此者也⑤，而傳之賢者，民之貪争之心止矣。欲先生之以此聽寡人也。"惠子曰："若王之言，則施不可而聽矣。王固萬乘之主也，以國與人猶尚可〔止貪争之心〕⑥。今施，布衣也，可以有萬乘之國而辭之，此其止貪争之心愈甚也。"

惠王謂惠子曰："古之有國者，必賢者也。"夫受而賢者，舜也，是欲惠子之爲舜也；夫辭而賢者，許由也，是惠子欲爲許由也；傳而賢者堯也，是惠王欲爲堯也。堯、舜、許由之作，非獨傳舜而由辭也⑦，他行稱此⑧。今無其他，而欲爲堯、舜、許由，故惠王布冠而拘于鄄⑨，齊威王幾

---

① 事又見《淮南子·道應》(本卷 8.2)。
② 疑原文作"以示諸民，人皆善之"，今本重"民人"二字。
③ 高誘注："'輿謣'或作'邪謣'。前人倡，後人和，舉重勸力之歌聲也。"許維遹《集釋》："《文子·微明》篇'輿謣'作'邪許'，《淮南》同。他籍或作'邪所'。並聲近而義同。"
④ 許維遹《集釋》："'有國'下當有'者'字。下文'古之有國者，必賢者也'，辭例正同。"
⑤ 許維遹《集釋》引吴汝綸："'之國'，'之'猶是也。"
⑥ 許維遹《集釋》引陶鴻慶云："'猶尚可'下當有'止貪争之心'五字。"
⑦ 許維遹《集釋》："'舜'爲'受'字形誤，'由'字衍。而猶與也。"鵬按，"由"涉"許由"之"由"而衍。此句"舜"亦可能涉上文衍，疑原文作"非獨傳而辭也"。而者，與也，許説是。
⑧ 稱者，當也。
⑨ 高注："自拘于鄄，將服於齊也。"陳奇猷《校釋》："布冠爲喪國之服。"

(既)弗受①,惠子易衣變冠乘輿而走,幾不出乎魏境②。凡自行不可以幸,爲必誠③。

5.5 《吕氏春秋·不屈》

匡章謂惠子於魏王之前曰④:"螳蜋,農夫得而殺之,奚故?爲其害稼也。今公行,多者數百乘,步者數百人;少者數十乘,步者數十人。此無耕而食者,其害稼亦甚矣。"惠王曰:"惠子施也,難以辭與公相應。雖然,請言其志。惠子曰⑤:'今之城者,或者操大築〔築〕乎城上⑥,或負畚而赴乎城下,或操表掇(綴)以善睎望⑦。若施者,其操表掇(綴)者也。使工女化而爲絲,不能治絲;使大匠化而爲木,不能治木;使聖人化而爲農夫,不能治農夫。施而治農夫者也⑧。'公何事比施於螣蜋乎?"

---

① "幾"讀作"既",訓爲終。《吕是春秋·達鬱》"寡人與仲父爲樂將幾之",俞樾《諸子平議》:"幾與既通……既之言終也。"
② 高注:"言幾不免難於魏境内也。"鵬按,此"幾"與上文"幾"別爲二義。錢穆《先秦諸子繫年·惠施去魏攷》云:"惠子實見逐於張儀(見《楚策三》,本卷4.1)。鄾會在惠王後元十二年,時張儀已至魏,去魏、齊會平阿,今年會鄾,皆好會,無布冠而拘之事。惠子自見排於張儀,非逐於齊也。《吕氏》於惠施多誣辭,不足信。"
③ 陳奇猷《校釋》引范耕研云:"此言人之所行不可以幸獲,必以誠也。"陳氏以"幸"字絕,"爲必誠"爲句。此從之。
④ 高注:"匡章,孟子弟子也。"
⑤ 其下爲惠王述惠施之語。
⑥ 此句"者"疑涉上文而衍。許維遹《集釋》:"《吕覽纂》'或'下無'者'字。大築即大杵。《廣雅·釋器》:'築謂之杵。'……校者昧於大築爲直舂之器,遂删去下'築'字,或亦'築築'疊文易脱。"
⑦ 高注:"表掇,儀度。"高亨《吕氏春秋新箋》:"掇亦表也。表掇猶標臬也。掇字古有義。《禮記·樂記》:'行其綴兆。'鄭注:'綴,表也。'《玉篇》:'畷,表也。'掇、綴、畷皆通用字。古書恒以'表綴'聯言,《大戴禮·曾子制言中》篇'行爲表綴於天下'、《孔子三朝記》'所以表綴於國'、《晏子·外篇》'行表綴之數',皆其例。"王利器《吕氏春秋注疏》:"《詩·商頌·長發傳》:'綴,表。'《禮記·樂記》:'綴,兆舒疾。鄭注:'綴謂鄭舞者之位也。'是綴爲表行列之物,引申之則有表識之義。"陳奇猷《校釋》:"操儀度以善睎望(睎亦望也,見《説文》),以視所築之城是否合度也。惠施以操表掇者自擬,乃自以其爲治國者耳。"鵬按,依高、王二氏説,"掇"當讀爲"綴"。
⑧ 許維遹《集釋》引王念孫云:"而猶乃也。"

惠子之治魏爲本①，其治不治。當惠王之時，五十戰而二十敗，所殺者不可勝數，大將、愛子有禽者也②。大術之愚，爲天下笑，得擧其諱，乃請令周太史更著其名。圍邯鄲三年而弗能取，士民罷潞③，國家空虛，天下之兵四至。衆庶誹謗，諸侯不譽，謝於翟翦而更聽其謀④，社稷乃存。名寶散出，土地四削，魏國從此衰矣。仲父，大名也⑤；讓國，大實也。說以不聽、不信⑥。聽而若此⑦，不可謂工矣。不工而治，賊天下莫大焉，幸而獨聽於魏也。以賊天下爲實，以治之爲名，匡章之非，不亦可乎？

5.6 《呂氏春秋·不屈》

白圭新與惠子相見也，惠子說之以彊⑧，白圭無以應。惠子出，白圭告人曰："人有新取婦者，婦至，宜安矜，煙（晏）視媚（微）行⑨。豎子操蕉（燋）火而鉅⑩，新婦曰：'蕉（燋）火大鉅！'入於門，門中有歛（險）陷⑪，新婦曰：'塞之，將傷人之足！'此非不便之家氏也，然而有大甚者。

---

① 陳奇猷《校釋》因下文"大術之愚"，疑此句作"惠子之治魏，以大術爲本"，添"以大術"三字。鵬按，陳說非。本句"之"猶"以"也，"本"謂本務。"惠施之治魏爲本"即惠施以治魏爲其本務，乃扣上文"操表掇以善睎望"而言。
② 許維遹《集釋》："《孟子》：梁惠王曰：及寡人之身，東敗於齊，長子死焉。《史記·魏世家》惠王三十年，太子申與齊人戰，敗於馬陵。齊擄魏太子申，殺將軍龐涓。據此，大將即龐涓，愛子即太子申。"
③ 高注："潞，羸也。"字又通"露"。
④ 事見《淫辭》（本卷5.3）。
⑤ 陳奇猷《校釋》："《應言》云白圭'以惠子之言蝺然美無所可用，是魏王以言無所可用者爲仲父也'。是魏王曾仿管仲故事尊惠施爲仲父。"
⑥ 聽者，從也。以猶而也。"不聽"指前文"謝於翟翦而更聽其謀"。信者，言顧行，行顧言。上文謂惠子"以治魏爲本，其治不治"，下文又云"以賊天下爲實，以治之爲名"，此即"不信"也。
⑦ 聽者，治也，與上文"不聽"義別。
⑧ 陳奇猷《校釋》引范耕研云："彊者，彊人使聽己說，强聒不已也。"陳氏則謂："彊即利口辯辭。"
⑨ 許維遹《集釋》引凌曙、陳奇猷《校釋》引譚戒甫皆謂"煙"讀爲"燕"，訓爲小視、安視之貌。鵬按，"煙"讀爲"晏"，訓爲安和。"媚"，陳氏《校釋》引楊樹達謂"媚當讀微"，其說是。
⑩ 許維遹《集釋》引俞樾謂"蕉"當作"焦"，訓爲燃火，其本字作"燋"。此從之。
⑪ 陳奇猷《校釋》引朱駿聲云："'歛'乃'險'之假借。"

今惠子之遇我尚新,其說我有大甚者。"惠子聞之曰:"不然。《詩》曰:'愷悌君子,民之父母。'愷者,大也;悌者,長也。君子之德,長且大者,則爲民父母。父母之教子也,豈待久哉?何事比我於新婦乎?《詩》豈曰'愷悌新婦'哉!"誹汙因汙,誹辟因辟,是誹者與所非同也。白圭曰:"惠子之遇我尚新,其說我有大甚者。"惠子聞而誹之,因自以爲爲之父母,其非自甚於白圭,亦有大甚者。

5.7 《呂氏春秋·應言》

白圭謂魏王曰:"市丘之鼎以烹雞①,多洎之則淡而不可食②,少洎之則焦而不熟,然而視之蝺(姁)焉美無所可用③。惠子之言,有似於此。"惠子聞之曰:"不然。使三軍饑而居鼎旁,適爲之甑,則莫宜之此鼎矣。"白圭聞之曰:"無所可用者,意者徒加其甑邪?"白圭之論自悖,其少魏王大甚④。以惠子之言蝺(姁)焉美無所可用,是魏王以言無所可用者爲仲父也,是以言無所用者爲美也。

5.8 《呂氏春秋·開春》(參看本卷 4.5)

魏惠王死,葬有日矣。天大雨雪,至於牛目。群臣多諫於太子者曰:"雪甚如此而行葬,民必甚疾之,官費又恐不給,請弛期更日。"太子曰:"爲人子者,以民勞與官費用之故,而不行先王之葬,不義也。子勿復言。"群臣皆莫敢諫,而以告犀首。犀首曰:"吾未有以言之。是其唯惠公乎?請告惠公。"惠公曰:"諾。"駕而見太子曰:"葬有日矣。"太子曰:"然。"惠公曰:"昔王季歷葬於渦山之尾,欒水齧其墓,見棺之前和

---

① "市丘"見於《戰國策·韓策一》,乃韓邑。
② 陳奇猷《校釋》引楊樹達云:"《說文》:'洎,灌也。'《周禮·秋官·士師》云'及王盟洎鑊水',鄭注云:'洎謂增其沃汁。'《史記·封禪書》云'水而洎之',徐廣云:'灌水於釜曰洎。'然則此文'多洎'、'少洎'正謂灌水鼎中之多少。"
③ 高誘注:"蝺讀齲齒之齲。齲,鼎好貌。"許維遹《集釋》引孫詒讓云:"'蝺'當與'姁'同。《方言》云:'姁,貌治也,吳、越飾貌爲姁。'姁,《說文·立部》云:'竘,健也。'與高讀正同。《淮南子·人間訓》說高陽魁爲室云:'其始成,然善也。'許《注》云:'高壯貌。'此云'蝺然美'猶《淮南》'竘然善'矣。"
④ 少者,小也、薄也。前文以"市丘之鼎烹雞"喻惠施之治魏,雞爲禽獸之小者,故此云"少魏王大甚"。

(桓)。文王曰:'譆!先君必欲一見羣臣百姓也天〈夫〉①,故使濼水見之。'於是出而爲之張朝,百姓皆見之,三日而後更葬,此文王之義也。今葬有日矣,而雪甚,及牛目,難以行。太子爲及日之故,得無嫌於欲亟葬乎?願太子易日。先王必欲少留而撫社稷、安黔首也,故使雨雪甚。因弛期而更爲日,此文王之義也。若此而不爲,意者羞法文王也?"太子曰:"甚善。敬弛期,更擇葬日。"惠子不徒行説也,又令魏太子未葬其先君而因有説文王之義。説文王之義以示天下,豈小功也哉!

5.9 《吕氏春秋·愛類》

匡章曰:"公之學去尊②,今又王齊王③,何其到(倒)也④?"惠子曰:"今有人於此,欲必擊其愛子之頭,石可以代之。公取之代乎⑤,其不與?施取代之。子頭所重也,石所輕也。擊其所輕,以免其所重,豈不可哉!"匡章曰:"齊王之所以用兵而不休,攻擊人而不止者,其何故也?"惠子曰:"大者可以王,其次可以霸也。今可以王齊王而壽黔首之命,免民之死,是以石代愛子頭也,何爲不爲?民寒則欲火,暑則欲冰,燥則欲濕,濕則欲燥。寒暑燥濕相反,其於利民一也。利民豈一道哉?當其時而以矣!"

6.1 《韓詩外傳》卷三(參看本卷2.2)

君子行不貴苟難,説不貴苟察,名不貴苟傳,惟其當之爲貴。夫負石而赴河,此行之難爲者也,而申徒狄能之。君子不貴者,非禮義之中也。"山淵平,天地比"、"齊、秦襲"、"入乎耳、出乎口"、"鉤(姁)有鬚"、"卵有毛",此説之難持者也,而鄧析、惠施能之。君子不貴者,非禮義之

---

① 陳奇猷《校釋》引俞樾云:"'天'字誤。《國策》、《論衡》並作'夫',當從之。'夫'字屬上爲句。"
② 陳奇猷《校釋》引徐時棟之説,謂"去尊"當作"去争"。鵬按,此説無據。《江表傳》載孫權引此事(見本卷11.1),正作"去尊",可證此文不誤。
③ 陳奇猷《校釋》引蘇時學云:"魏惠成王後元年,齊、魏會於徐州,始相王也。時惠施相魏,則齊之王,必魏令惠施致之,故匡章以此語詰之,謂其言行顛倒也。"
④ 許維遹《集釋》引畢沅云:"古'倒'字皆作'到'。"
⑤ 今本此句上有"匡章曰"三字,蓋涉上文而衍,此據許維遹《集釋》引陶鴻慶説逕删,惟陶氏謂"曰"字當措於"施取代之"句上,此不從。又按,"之代",陶氏説當作"代之",其説是。

中也。盜跖吟(黔)口,名聲若日月,與舜、禹俱傳而不息。君子不貴者,非禮義之中也。故曰:君子行不貴苟難,說不貴苟察,名不貴苟傳,惟其當之爲貴。《詩》曰:"不競不絿,不剛不柔。"言當之爲貴也。

6.2 《韓詩外傳》卷四(參看宋鈃卷7.1)

夫當世之愚,飾邪說,文姦言,以亂天下,欺惑衆愚,使混然不知是非治亂之所存者,即是范雎、魏牟、田文、莊周、慎到、田駢、墨翟、宋鈃、鄧析、惠施之徒也。此十子者,皆順非而澤,聞見雜博,然而不師上古,不法先王,按往舊造說,務〈矜〉自爲工(功),道無所遇,二人相從。故曰:十子者之工說,說皆不足合大道,美風俗,治綱紀。然其持之各有故,言之皆有理,足以欺惑衆愚,交亂樸鄙,則是十子之罪也。

7.1 《說苑・善說》

客謂梁王曰:"惠子之言事也善譬,王使無譬,則不能言矣。"王曰:"諾。"明日見,謂惠子曰:"願先生言事則直言耳,無譬也。"惠子曰:"今有人於此而不知彈者,曰:'彈之狀若何?'應曰:'彈之狀如彈。'則諭乎?"王曰:"未諭也。""於是更應曰:'彈之狀如弓,而以竹爲弦。'則知乎?"王曰:"可知矣。"惠子曰:"夫說者,固以其所知諭其所不知,而使人知之。今王曰'無譬',則不可矣。"王曰:"善。"

7.2 《說苑・談叢》

鍾子期死,而伯牙絶絃破琴,知世莫可爲鼓也;惠施卒,而莊子深瞑不言,見世莫可與語也。

7.3 《說苑・雜言》

梁相死,惠子欲之梁。渡河而遽墮水中,船人救之。船人曰:"子欲何之而遽也?"曰:"梁無相,吾欲往相之。"船人曰:"子居船楫之間而困,無我則子死矣,子何能相梁乎?"惠子曰:"子居艘楫之間[①],則吾不如子。至於安國家、全社稷,子之比我,蒙蒙如未視之狗耳!"

---

① 向宗魯《說苑校證》引孫詒讓云:"案此'居'上不當有'子'字,蓋涉上文而衍。"

8.1 《淮南子·齊俗》

曾子曰:"擊舟水中,鳥聞之而高翔,魚聞之而淵藏。"故所趨各異,而皆得所便。故惠子從車百乘,以過孟諸,莊子見之,棄其餘魚。鵜胡飲水數斗而不足,鱣〈蟬〉鮪〈蚴〉入口若露而死〈飽〉①。智伯有三晉而欲不贍,林類、榮啓期,衣若縣衰而意不慊。由此觀之,則趣行各異,何以相非也?

8.2 《淮南子·道應》

惠子爲惠王爲國法,已成而示諸先生,先生皆善之。奏之惠王,惠王甚説之,以示翟煎②。〔翟煎〕曰③:"善!"惠王曰:"善,可行乎?"翟煎曰:"不可。"惠王曰:"善而不可行,何也?"翟煎對曰:"今夫舉大木者,前呼邪許,後亦應之,此舉重勸力之歌也。豈無鄭、衛激楚之音哉?然而不用者,不若此其宜也。"治國有禮(理)④,不在文辯,故老子曰:"法令滋彰,盜賊多有。"此之謂也。

8.3 《淮南子·脩務》

夫無規矩,雖奚仲不能以定方圓;無準繩,雖魯般不能以定曲直。是故鍾子期死而伯牙絶弦破琴,知世莫賞也;惠施死而莊子寢説言,見世莫可爲語者也。夫項託七歲爲孔子師,孔子有以聽其言也。以年之少爲閭丈人説,救敲不給,何道之能明也!

9.1 《漢書·古今人表》中下

惠施。

---

① 張雙棣《淮南子校釋》引孫詒讓云:"鱣鮪生於水,無入口若露而死之理,竊疑此'鱣鮪'當作'蟬蚴'。蟬、鱣古字通用。……《説文·虫部》:'蚴,蟬也。'或從舟,作'蚴',與'鮪'形近,因而至誤。'死'當爲'飽',亦形之誤(草書二字相似)。"

② 翟煎,《吕氏春秋·淫辭》作"翟翦"。

③ "翟煎"二字據《吕氏春秋·淫辭》補。

④ 張雙棣《校釋》引王念孫云:"'有禮'當作'在禮',字之誤也。在與不在,相對爲文。《群書治要》引此正作'在禮'。"又引劉文典謂:"《文子·微明》篇作'治國有禮',與《淮南》合,未可依後世類書引文改。"鵬按,"禮"與"理"古通。理者,道也。"治國有理"猶"治國有道"。

9.2 《漢書·藝文志·諸子略》名家

《惠子》一篇。班志自注:"名施,與莊子並時。"

10.1 《風俗通義·十反》

《易》記出處默語,《書》美"九德咸事",同歸殊塗,一致百慮,不期相反,各有云尚而已。……惠施從車以百乘,桑扈徒步而裸形①。

11.1 《江表傳》佚文(見《三國志·吳主傳》裴松之注)②

是歲魏文帝遣使求雀頭香、大貝、明珠、象牙、犀角、玳瑁、孔雀、翡翠、鬭鴨、長鳴雞。群臣奏曰:"荆、揚二州,貢有常典,魏所求珍玩之物非禮也,宜勿與。"權曰:"昔惠施尊齊爲王,客難之曰:'公之學去尊,今王齊,何其倒也?'惠子曰:'有人於此,欲擊其愛子之頭,而石可以代之,子頭所重而石所輕也,以輕代重,何爲不可乎?'方有事於西北,江表元元,恃主爲命,非我愛子邪?彼所求者,於我瓦石耳,孤何惜焉?彼在諒闇之中,而所求若此,寧可與言禮哉!"皆具以與之。

---

① 惠施從車百乘事見《淮南子·齊俗》(本卷 8.1),桑扈裸行見《楚辭·涉江》。
② 《江表傳》,西晉虞溥著,全書已佚,裴松之注《三國志》多引録之。

下編 相關文獻考證

壹·《禮記·檀弓》"出母"考

——并論"孔氏三世出妻"疑案

一、説"先君子"

《禮記·檀弓上》有一段子思與其門人論喪服的對話,涉及孔子及子思的家庭背景①:

> 子上之母死而不喪。門人問諸子思曰:"昔者子之先君子喪出母乎?"曰:"然。""子之不使白也喪之,何也?"子思曰:"昔者吾先君子無所失道,道隆則從而隆,道汙則從而汙,伋則安能?爲伋也妻者,是爲白也母;不爲伋也妻者,是不爲白也母。"故孔氏之不喪出母,自子思始也。

"子上"即子思之子,名白。子上之母死,但子思不讓其子服喪,門人有疑,舉子思之"先君子"是否爲"出母"服喪問之。

首先需要確定的是,此處所謂子思之"先君子"所指爲何?孔穎達《疏》云:"'子之先君子',謂孔子也。"②孫希旦以"先君子喪出母"事屬之伯魚③。王夫之則以門人所問"子之先君子"指子思之父孔鯉;以子思所説"吾先君子"指孔子④。鵬按,孔説是。子思所答"吾先君子"云

---

① 歷代學者討論此章者甚多,説法紛紜,本文僅擇取較具代表性的説法評述。諸家説請參考衞湜:《禮記集説》卷十五、黄以周《禮書通故·喪服通故一》。
② 鄭玄注、孔穎達疏:《禮記正義》(北京:北京大學出版社標點本,1999年12月),上册,第171頁。
③ 孫氏釋"出母"云:"伯魚之母出而在父室者也,子上之母出而已嫁者也。"見孫希旦:《禮記集解》(北京:中華書局,1989年2月),上册,第167頁。
④ 王氏釋"子之先君子喪出母"云:"伯魚喪出母,而夫子不禁。"但於子思所言"吾先君子無所失道"之"先君子",王氏又以爲"謂仲尼",是别爲二人。見王夫之:《禮記章句》,《船山全書》(長沙:嶽麓書社,1996年12月),册四,第135頁。

云,乃針對門人所問,不當別爲二人。兩"先君子"皆指孔子。"先君子"非父之專稱,亦可指祖輩。《荀子·非十二子》批評子思"甚僻違而無類,幽隱而無說,閉約而無解,案飾其辭而祇敬之,曰:'此真先君子之言也。'"此"先君子"亦子思稱孔子。下文"道隆則從而隆,道污則從而污"乃贊其祖"有隆有殺,進退如禮"(鄭玄語),此亦孔子爲"聖之時者"之一端。

二、"出母"諸家説述評

《檀弓》此章的釋讀關鍵在於"出母"一詞的理解①。鄭玄《注》:"《禮》爲出母期,父卒,爲父後者不服耳。"蓋引《儀禮·喪服》爲説②。《喪服》規定"出妻之子爲母"需服"疏衰裳齊、牡麻絰、冠布纓、削杖、布帶、疏屨"一年之喪(即所謂"期")。《喪服傳》闡釋云:

> 出妻之子爲母期,則爲外祖父母無服。《傳》曰:"絶族無施服,親者屬。"出妻之子爲父後者,則爲出母無服。《傳》曰:"與尊者爲一體,不敢服其私親也。"③

鄭玄訓"出妻"、"出母"之"出"爲"去"。賈公彥《疏》申之曰:"此謂母犯七出。去,謂去夫氏。或適他族,或之本家,子從,而爲之服者也。七出者:無子,一也;淫泆,二也;不事舅姑,三也;口舌,四也;盜竊,五也;妒忌,六也;惡疾,七也。"④若據賈《疏》,"出母"即指爲父所棄絶之母。後世經師多從此訓,但因解者對於"先君子"之理解不同,故有異説。孫希旦云:

> 蓋伯魚之母出而在父室者也,子上之母出而已嫁者也。《喪服》惟有母嫁而從者之服,而無母嫁不從者之服,則出母之嫁者,其無服可知矣。子思於門人之問,不欲斥言,而但爲遜辭以答之,忠

---

① 經師論喪服,或區分"出母"、"嫁母",如黄以周《禮書通故·喪服通故一》謂:"出母者,出而未嫁者也。出母而嫁,謂之嫁母,無服。"又云:"出母不自絶於父,嫁母則兩絶之。"但《儀禮》僅有"出母"一詞,當賅未嫁、已嫁而言,故本文不區别二者。
② 鄭玄注、孔穎達疏:《禮記正義》,上册,第171頁。
③ 鄭玄注、賈公彥疏:《儀禮注疏》(北京:北京大學出版社標點本,1999年12月),下册,第569—570頁。
④ 同前註,第570頁。

厚之道也。然其言"不爲伋也妻,則不爲白也母",則固有微示其意者。蓋妻出而未嫁,猶有可反之義;出而嫁,則彼此皆絶矣。①

其説陳義甚高,但有二誤:一是以"先君子"爲伯魚,此點前文已辨;二是以出母之再嫁與否作爲服喪的唯一標準。出妻之子是否爲其母服喪可區分爲三個層次:

1. 如果父在,不論出母返回本家或改嫁,皆無服。胡培翬《儀禮正義》引高愈説:"出妻之子爲母期,蓋指父没言之。父没,本應爲母齊衰三年;因其出也,故降爲期,不敢欺其死父也。若父在而出母没也,其惟心喪乎!"胡氏進一步推論:"父不爲出妻服,則子於父在,自不爲出母服明矣。況父在爲母期,以父服至期而除,子不敢過之,亦服期而止。豈出母父所不服,而子敢服之於父之側乎?然則爲母期者,以父在而屈;爲出母期者,必父没乃伸。"②

2. 父殁,母出而再嫁("出"當兼被出、自出而言,説詳下),若子從之,則服一年喪;若不從,亦無服,即前引賈《疏》所云:"子從,而爲之服者也。"孔穎達、胡培翬也指出:《喪服》有"父卒,繼母嫁,從,爲之服"之文,蓋舉繼母以賅親母③。

3. 父殁,出母返其本家而未嫁,其子當服一年喪。吴紱指出,《喪服》出妻之子爲母期乃指"出母之反在父室者也。義雖絶於夫,恩猶繫於子,故爲之期且杖。不杖,則疑於旁親也。若出而再適則無服,以并自絶於子也。"④惟子若爲嫡,以其繼父之宗統,故亦無服,即前引《喪服傳》所言:"出妻之子爲父後者,則爲出母無服。"《禮記·喪服小記》亦有此説,鄭玄《注》:"不敢以已私廢父所傳重之祭祀。"⑤

從以上三點可知,子爲出母服喪需在"父殁、出母未嫁、子非嫡子"之情況下才能成立。若子隨出母改嫁,自可爲其服喪,不在此限。以子

---

① 孫希旦:《禮記集解》,上册,第167頁。按,黄以周《禮書通故》説略同於孫氏,此不具引。
② 胡培翬:《儀禮正義》(清木犀香館刻本),卷二二,第6頁。按,前人對於《儀禮》"喪出母"主於父在或父殁有不同的意見,如敖繼公認爲喪出母,主於父在而言,父殁則無服;盛世佐、黄以周則以賅父存殁而言。惟諸家未能從制服原則及精神考察,未若高、胡二氏説精審。
③ 鄭玄注、孔穎達疏:《禮記正義》,上册,第233頁;胡培翬:《儀禮正義》,第9頁。
④ 引自胡培翬《儀禮正義》,卷二二,第6頁。
⑤ 鄭玄注、孔穎達疏:《禮記正義》,中册,第960頁。

上的情況而言,其父孔伋健在,不管出母是否曾改嫁,都不能爲母服喪,所以孫氏以出母之再嫁與否論斷此事並不合適。

江永《鄉黨圖考》卷二曾引甘紱説,謂《檀弓》"子之先君子喪出母"乃指孔子之喪施氏,其説云:

> （甘紱《四書類典賦》云）"《檀弓》載門人問子思曰:'子之先君子喪出母乎?'此殆指夫子之於施氏而言,非謂伯魚之於丌官也。初,叔梁公娶施氏,生九女無子,此正所謂無子當出者,《家語·後序》所謂'叔梁公始出妻'是也。"此説甚有理。施氏無子而出,乃求婚於顏氏,事當有之。其後施氏卒,夫子爲之服期,蓋少時事。門人之問云"子之先君子喪出母",是謂夫子自喪出母,非謂令伯魚爲出母服也。子思云"昔者吾先君子無所失道,道隆則從而隆",此語尤可見孔子雖有兄孟皮,妾母所生,則孔子實爲父後之子。在禮,爲父後者爲出母無服。聖人以義處禮,父既不在,施氏非有他故,不幸無子而出,實爲可傷,故寧從其隆而爲之服。設有他故被出,則當從其污,不爲之服矣。所謂"無所失道"者也。①

按,二氏緊扣《檀弓》原文立論,雖能自圓其説,但仍有兩個問題:一是甘紱所引"叔梁公始出妻"見於《家語》孔衍序,該序的真僞頗有爭論②,且先秦兩漢文獻未見叔梁紇出妻之説,恐不足據。二氏所述孔子身世見於《孔子家語·本姓》,該書後序的説法疑據此推衍,但《史記·孔子世家》僅説"紇與顏氏女野合而生孔子"、"丘生而叔梁紇死",未有叔梁紇娶施氏生九女、其妾生孟皮及求婚於顏氏之記載,頗令人懷疑此説乃爲掩飾孔子父母"野合"而造。退一步言,即使《家語》説爲事實,施氏生九女而無子,叔梁公也未必出之。《大戴禮記·本命》雖有"七去"之説(即前引《儀禮》賈疏所謂"母犯七出"),但亦有"三不去",即"有所取,無所歸,不去;與更三年喪,不去;前貧賤,後富貴,不去"③。叔梁紇是否

---

① 江永:《鄉黨圖考》,收入阮元編《清經解》(上海:上海書店,1988年10月),册二,第288頁。江氏説又見《禮記訓義擇言》卷二。
② 見趙燦良:《〈孔子家語〉研究》(吉林大學碩士學位論文,2007年4月),第20—25頁所引諸家説。
③ 王聘珍《解詁》:"無所歸,無宗者也。更,歷也。歷三年喪者,乃逮事舅姑者也。"

出施氏,實未可知。二是《儀禮·喪服》"出妻之子爲母期"當指已之生母①。若據甘、江二氏之説,施氏在孔子生前已出,於孔子既無養育之恩,又無相與同室之親,孔子背禮服之,恐無是理。

張爾岐不從鄭玄、賈公彦"出母"之訓,改釋"出"爲"生",遂謂"出母者,所生之母也。吕相絶秦曰'康公我之自出',則出之爲生明矣"。錢穆從其説,並斷定孔子、子上皆非正妻所生,故稱其所自出之庶母爲"出母"②。錢氏説:

> 今以孔氏年世推之③,則子上之生亦在子思五十以後,殆亦非適出。所謂"出母"者,乃其生母。……既爲妻媵,非正妻,故子思曰"不爲伋也妻"爾。"先君子"謂孔子,孔子母顔徵在,其嫁叔梁紇,亦在紇晚年,非正妻。正妻施氏無子,其妾生孟皮,顔氏生孔子。孔子既早孤,故生母死而喪之。至子上母卒,子思尚在,故不使其子喪出母也。……古人正妻卒,其子尚止服期,妾媵之卒,故不使爲後之子喪之也。④

按,錢説疑非。稱生母爲"出母",典籍未見。"出"在它文雖可訓爲"生",然《儀禮·喪服》"出妻之子"與"出母"對言,明"出母"之"出"當如鄭玄訓爲"去"。《檀弓》此章本論喪制,其所用術語不當有異。

三、"出母"覆議

竊以爲《檀弓》此章子思門人所問"子之先君子喪出母"乃指孔子而言,惟其服喪的對象當非施氏,而是其親母顔氏。所謂"出母"之"出"者,去也、外也、黜也。妻之去,除因故(即所謂"犯七出")被夫棄絶外,還應包括夫死而返回本家或改嫁。據《史記·孔子世家》"丘生而叔梁

---

① 黄以周《禮書通故》説:"曰'出妻之子',明非其所出之子不服。"
② 錢穆:《先秦諸子繫年》(臺北:東大圖書公司,1999年6月3版),第174—175頁、第456—457頁。張氏説見《蒿菴閒話》,引自錢著第175頁。
③ 錢氏推算孔裔生卒年世爲:公元前483年,子思生,伯魚卒(年50);前479年,孔子卒(年74);前429年,子上生(子思年55);前402年,子思卒(年82)。
④ 錢穆:《先秦諸子繫年》,第457頁。按,錢氏另有《讀江永〈鄉黨圖考〉》一文,附於所著《孔子傳》後。文中對於江永解《檀弓》此章(見前文所引)甚爲推服,謂其能"破後代之訛説,發古人之真相",然則錢氏晚年似已放棄此説。

紇死"(《孔子家語》則稱生三歲而父死),其母顏氏又非明媒正娶(即《世家》所謂"野合"),夫死、妻稚、子幼,以情理而論,顏氏可能返回父家依親而孔子從之,此即所謂"出"也。

《史記·孔子世家》云:"孔子生魯昌平鄉陬邑。……丘生叔梁紇死,葬於防山。防山在魯東,由是孔子疑其父墓處,母諱之也。"從太史公的敘述來看,孔子之所以"疑其父墓處"是因其父所葬地"防山在魯東"而起,並非孔子全然不知父墓所在。孔子所疑者,蓋因幼時所居地即在曲阜(此從《荀子·儒效》、《新序·雜事》謂仲尼"居於闕黨"及《史記》載孔子殯母於"五父之衢"推知①,但叔梁紇卻葬在較遠的防山(《史記正義》引《括地志》:"防山在兗州曲阜縣東二十五里。")②,遂疑其父葬於防山非實;而孔母所以諱之者,則因對於自陬邑遷徙到曲阜的緣由(己非明媒正娶③、夫卒後自出)有難言之隱④。孔子少時雖知其父葬於防山,但頗有疑惑,且不知其墓確切地點,所以至顏氏死,"郰人輓父之母誨孔子父墓",才將父母合葬於防⑤。

《檀弓》所謂孔子"喪出母"即指孔子喪其母顏氏。此説非愚所獨

---

① 《史記正義》引《括地志》:"兗州曲阜縣魯城西南三里有闕里,中有孔子宅,宅中有廟。""五父衢在兗州曲阜縣西南二里,魯城内衢道也。"《史記集解》亦引徐廣云:"魯縣有闕里,孔子所居也。又有五父之衢也。"關於"闕黨"之地望,參考黄立振:《闕里考略》,《孔子研究》2003年第1期,第114—116頁。
② 司馬遷:《史記》(北京:中華書局,1959年9月),册六,第1907頁。
③ 梁玉繩曾疑《史記》"母諱"説爲非,王叔岷云:"《檀弓》稱孔子'不知其墓',則史公謂'孔子疑其父墓處'非以意補矣。鄭注《檀弓》:'微在野合而生孔子,恥焉,不告。'梁氏以爲謬,岷以爲'恥焉,不告'蓋正符史公所謂'母諱之'之意。"王説見《史記斠證》(北京:中華書局,2007年7月),册三,第1727頁。
④ 據前引《世家》文,孔子的出生地是陬邑,其居住地則在曲阜。關於此點,參考李零先生:《去聖乃得真孔子:〈論語〉縱橫讀》(北京:三聯書店,2008年3月),第47—49頁。
⑤ 其事又見《禮記·檀弓》,前人對此有許多解釋,如錢穆説:"孔子父叔梁紇葬於防,其時孔子年幼,繼或攜之送葬,宜乎不知葬處。又古人不墓祭,歲時僅在家祭神主,不特赴墓地。又古人墳墓不封、不樹。不堆土、不種樹,無可辨認。孔氏乃士族,家微,更應如此。故孔子當僅知父墓在防,而不知其確切所在。及母卒,孔子欲依禮合葬其母……挽是喪車執紼者,蓋其人親預孔子父之喪事,故知其葬地,其母已告孔子。"按,錢氏據先秦喪祭習俗立論,似爲可從,但其對孔母所諱,並未提出合理解釋。錢説見《孔子傳》(北京:三聯書店,2005年2月2版),第6頁。關於此問題的討論,可參考宋敏《〈孔子世家〉疑案考辨》(曲阜師範大學碩士論文,2008年4月),第1—11頁。

見,清人謝濟世已發之於前。謝氏云:

> 子上不喪出母,庶子爲父後也。門人"先君子喪出母"之問,謂孔子於顏夫人也。以自出爲被出,以先君子爲伯魚,此讀《檀弓》者之鹵莽。①

子上之不喪出母,以其父尚存,故不得有服,這點前文已辨。至於子思所説孔子"無所失道,道隆則從而隆,道污則從而污"還需稍作解釋。如依筆者之説,顏氏出而孔子從,則於其母應當有服,故孔子遵禮爲母服喪。又據《儀禮》服制,父卒本應爲母齊衰三年,但因母出,故只能服一年喪,其禮較前者爲殺,此即《檀弓》所謂"隆"、"污"②。

子思使其子不喪出母,本合禮制,門人卻舉其先祖之事質疑,子思面對此一情況,但爲謙詞以對(所謂"伋則安能"),乃見其忠厚處。記《檀弓》此章者蓋已不體孔子、子思取舍去就之義,遂謂"孔氏之不喪出母,自子思始",《淮南子·説山》更刺"孔氏不喪出母,此禮之失也",皆有厚誣古人之嫌。

四、"孔氏三世出妻"辨

"孔氏三世出妻"説見於《孔子家語·後序》:"自叔梁紇始出妻,及伯魚亦出妻,至子思又出妻,故稱孔氏三世出妻。"③孔穎達等釋《檀弓》"伯魚之母死"章,又謂"伯魚母出"(詳下),則孔子亦曾出妻,今人據此或譏孔氏爲"休妻世家"。但細按諸説,實多似是而非之論。以下分別辨析之。

前文所論《檀弓》"子上之母死而不喪"章涉及此一疑案的兩位主角:叔梁紇及子思。叔梁公死而其妻自歸本家,謂其"出妻",似乎言過其實;子思出妻,其因不明,但也不必深責。東周時,貴族、士人出妻並不罕見,據《春秋》、《左傳》所載,魯國之女嫁爲諸侯夫人者有九,而被出者有三(文15年齊人來歸子叔姬、宣16年郯伯姬來歸、成5年杞叔姬

---

① 説見錢穆《先秦諸子繫年》(第175頁)所引《謝梅莊先生遺集·纂言外篇》。
② 孫希旦《禮記集解》:"道之隆、污,謂禮之隆殺。"其説是。
③ 王肅注:《孔子家語》(香港:迪志文化出版公司,2001年7月),卷十,第24頁。

來歸)①。儒家宗師,除子思外,據《荀子·解蔽》、《韓詩外傳》、《列女傳》等文獻,孟子亦有出妻之舉而爲其母所止②。錢玄説:當時"從諸侯下至卿大夫士,離棄妻子都有禮可循(按,引《禮記·雜記下》"諸侯出夫人"章爲説)。男女雙方都引咎自責,很有禮貌,真可以稱之爲'文明離婚'"③。

"孔子出妻"説見於《禮記》孔穎達《疏》。《檀弓上》另章載:

> 伯魚之母死,期而猶哭。夫子聞之,曰:"誰與哭者?"門人曰:"鯉也。"夫子曰:"嘻!其甚也!"伯魚聞之,遂除之。

孔《疏》謂:"時伯魚母出,父在,爲出母亦應十三月祥,十五月禫。言期而猶哭,則是祥後禫前。祥外無哭,於時伯魚在外哭,故夫子怪之,恨其甚也。"④顧炎武一針見血地説:"此自父在爲母之制當然,《疏》以爲出母者非。"⑤據《儀禮·喪服》,父卒爲母服齊衰三年,若父在則降爲期,此即前引胡培翬所説"父在爲母期,以父服至期而除,子不敢過之,亦服期而止。"孔鯉因父在,爲母服喪當至期而止,但伯魚期而猶哭,故孔子以爲過禮而責之。由此而言,該章與喪出母無關,不能據之推論孔子曾出妻。江永《鄉黨圖考》亦以此觀點辨孔子無出妻事⑥,此不具引。

前人論孔鯉出妻,乃據《禮記·檀弓》以下二章:

---

① 錢玄:《三禮通論》,南京師範大學出版社,1996年10月,第595頁。
② 《荀子·解蔽》:"孟子惡敗而出妻,可謂能自彊矣;有子惡臥而焠掌,可謂能自忍矣,未及好[思]也。"(末句從楊倞《注》校正)《韓詩外傳》卷九:"孟子妻獨居,踞。孟子入户視之,白其母曰:'婦無禮,請去之。'母曰:'何也?'曰:'踞。'其母曰:'何知之?'孟子曰:'我親見之。'母曰:'乃汝無禮也,非婦無禮。《禮》不云乎:將入門,問孰存;將上堂,聲必揚;將入户,視必下。不掩人不備也。今汝往燕私之處,入户不有聲,令人踞而視之,是汝之無禮也,非婦無禮也。'於是孟子自責,不敢去婦。《詩》曰:'采葑采菲,無以下體。'"《列女傳·母儀傳》亦載此事。
③ 錢玄:《三禮通論》,第594—595頁。
④ 鄭玄注、孔穎達疏:《禮記正義》,上册,第195頁。
⑤ 見顧炎武《日知録》卷5"三年之喪"條。顧氏並説:"爲父斬衰三年,爲母齊衰三年,此從子制之也。父在爲母齊衰杖期,此從夫制之也。家無二尊,而子不得自專,所謂夫爲妻綱,父爲子綱。審此可以破學者之疑,而息紛紜之説矣。"參看黃汝成:《日知録集釋》(上海:上海古籍出版社,1985年6月),第432—433頁。
⑥ 江永:《鄉黨圖考》,《清經解》,册二,第288頁。

子思之母死於衛,柳若謂子思曰:"子,聖人之後也。四方於子乎觀禮,子蓋慎諸!"子思曰:"吾何慎哉? 吾聞之:有其禮,無其財,君子弗行也;有其禮,有其財,無其時,君子弗行也。吾何慎哉?"

　　子思之母死於衛,赴於子思,子思哭於廟。門人至,曰:"庶氏之母死,何爲哭於孔氏之廟乎?"子思曰:"吾過矣!吾過矣!"遂哭於他室。

鄭玄注前章云:"伯魚卒,其妻嫁於衛。柳若,衛人也。見子思欲爲嫁母服,恐其失禮,戒之。"又釋後章云:"嫁母也,姓庶氏。""嫁母與廟絶族。"① 後人對鄭説的異議集中在後章"庶氏之女"的解讀②。王安石、孫希旦謂"庶氏"乃子思之母所改適者,非其本姓③。俞正燮、劉師培則據《晉書·禮志》太康元年尚書八座議喪服、《急就篇》卷一"庶霸遂"顔師古注引此文,"庶氏之母"作"庶氏之女",謂今本"母"爲"女"字之誤,"庶氏"乃子思母所自出,非再嫁於庶氏④。至錢穆則欲全盤否定鄭氏之説,謂"庶氏之母者,謂子思非嫡出,故子思生母乃庶氏之母耳。"他的推論是:

　　子思之所憾,在於無財無時,不得盡其禮,未見欲爲嫁母服恐失禮之意也。……子思之母既再嫁,則葬祭之禮別有主事者,柳若何以有"四方觀禮,子其慎諸"之戒? 子思何以有無財無時,不得備禮之歎? 此又不可通之説也。竊謂子思有兄,而子思亦非嫡。子思生母,殆非伯魚之正妻。《禮·喪服》:"庶子爲父後者,爲其母緦。"《傳》曰:"何以緦也? 曰:與尊者一體,不敢服其私親也。然則何以服緦也? 有死於宫中者,則爲之三月不舉祭,因是以服緦也。"又曰:"士爲庶母緦。"庶妾不得與嫡妻比尊,即不得入於大宗

---

① 鄭玄注、孔穎達疏:《禮記正義》,上册,第 232 頁、第 315—316 頁。
② 亦有從其他角度解讀二章者,如黃以周認爲"子思之母死於衛"之"母"字當作"妻",乃涉下"庶氏之母"而誤。按,黃説無據。《檀弓》兩云"子思之母死於衛",前章並無"庶氏之母"文,且母、妻二字,形、音俱異,無由致訛。黃説見《禮書通故》(北京:中華書局,2007 年 4 月),册一,第 314 頁。
③ 王説見衛湜《禮記集説》卷二三引王氏《禮記發明》;孫説見《禮記集解》,上册,第 296 頁。
④ 俞説見《癸巳類稿》卷三,劉説見《左盦集》卷一。

之廟,故曰"庶氏之母死,何爲哭於孔氏之廟也?"……子思本居衛,故其母在衛。其母之死,子思適返魯,聞其赴,哭之。又至衛營喪葬,故柳若謂四方於子觀禮也。①

按,《檀弓》此章"庶氏"與"孔氏"對舉,應指其母之姓氏。且"庶氏之母"是否可指庶子之母,不無可疑。錢氏指子思有兄,乃據《檀弓》另章爲説,彼文云:

> 曾子曰:"小功不爲位也者,是委巷之禮也。子思之哭嫂也爲位,婦人倡踊。申祥之哭言思也亦然。"

孔《疏》指"此子思哭嫂,是孔子之孫,以兄先死,故有嫂也"。但孫希旦疑"孔子弟子原憲、燕伋皆字子思,此所稱子思,或爲異人,未可知也"。俞樾也説:"此節乃曾子之言,下文申詳、言思皆斥其名,而於子思獨稱其字者,曾子與原憲並事夫子,行輩相同,故字之也。若子思是伯魚之子,下文曾子謂子思曰:'伋!吾執親之喪也,水漿不入於口者七日。'未聞稱其字也。"②按,《孔叢子》謂孔氏"家之族胤,一世相承,以至九世"。《世本》也説:"孔子後數世皆一子。"又據《史記·孔子世家》孔丘以下數世皆一子單傳,則"子思"未必有兄,《檀弓》此處所謂"子思哭嫂"或另有其人。

誠如俞正燮、劉師培所指出的,《檀弓》"庶氏之母"當從古本作"庶氏之女"(母、女二字形近而誤),此蓋子思之父伯魚卒後,其母歸回本家,故有此稱。孔子、子思父卒時皆幼,二母之"出"乃返本家依親,別無他故。子思之母蓋爲衛女,故《檀弓》二章皆謂其"死於衛",而據《孟子·離婁下》"子思居於衛"章、《孔叢子·居衛》,子思少壯時居衛③,則子思幼時可能即從母至衛。《説苑·立節》且云:"子思居於衛,縕袍無表,二旬而九食,田子方聞之,使人遺狐白之裘。"故《檀弓》記子思有"有其禮,無其財"之嘆。而其所謂"無其時"之"時",疑即子思所謂"喪三日

---

① 錢穆:《先秦諸子繫年》,第 174—175 頁。
② 鄭玄注、孔穎達疏:《禮記正義》,上册,第 199 頁;孫希旦:《禮記集解》,上册,第 167 頁;俞樾:《群經平議》,卷十九。
③ 參考阮廷焯:《先秦諸子考佚》(臺北:鼎文書局,1980 年 3 月),第 3 頁。

而殯,凡附於身者,必誠必信,勿之有悔焉耳矣;三月而葬,凡附於棺者,必誠必信,勿之有悔焉耳矣"①(見《檀弓上》)。

五、結語

綜上所論,《禮記·檀弓上》所謂"出母"指的是被出(爲父所棄)或自出(父死而去)之母。"子上之母死而不喪"章子思門人所問"子之先君子喪出母"所指乃孔子喪其母顔氏,此事與子思使其子不喪出母,皆是儒家討論喪服的案例。本文從服制的角度,析論二子對於喪出母的取捨,並無違禮之處。由此章之講明,又辨《家語》後序"孔氏三世出妻"説之虚妄。惟子思確曾出妻,孔子及子思之母又可能因夫亡而返歸本家,諸事亦不需"爲尊者諱"而斷然否認。

---

① 鄭玄注:"附於身,謂衣衾。附於棺,謂明器之屬。"

貳·宋銒年世約數考

關於宋銒的行事,可考者唯《孟子·告子下》所載秦、楚將構兵,孟子遇之於石丘一條。關於此事,張宗泰《孟子諸國年號表說》有較詳細的考證:

> 當孟子時,齊、秦所共爭者惟魏。若楚雖近秦,時方强盛,秦尚未敢與爭。惟梁襄王元年癸卯,有楚與五國共擊秦不勝之事,而獨與秦戰,則在懷王十七年。先是十六年秦欲伐齊,而楚與齊從親,惠王患之,乃使張儀南見楚王,王爲儀絕齊,而不得秦所許,故分秦商於之地,懷王大怒,發兵西攻秦,秦亦發兵擊之。十七年春,與秦戰丹陽,大敗,擄大將軍屈匄等,遂取漢中。王復怒,悉國兵襲秦,戰於藍田,又大敗。韓、魏聞之,襲楚至鄧,楚乃引兵歸。此事恰當孟子時,孟子是年因燕人畔去齊,疑孟子或有事於宋,而自宋至薛,因與宋牼遇於石丘。①

依張氏所考,《告子下》所述宋子游說秦、楚弭兵事,可定於楚懷王 17 年(公元前 312 年)前後。

孟子之生卒年異說頗多,約成於宋末元初的《孟氏家譜》斷孟子生於周定王三十七年,卒於赧王二十六年。但前人已指出,此書所記孟子生年頗有問題,因周時有二定王,其一爲春秋時的周定王瑜,公元前 606 年至前 586 年在位;其二爲戰國時的周定王介,公元前 468 年至前 411 年在位。孟子生年不可能早至春秋時,所以前者可排除,而定王介在位僅 28 年,《孟氏家譜》卻記"周定王三十七年",明顯有誤。元人程復心作《孟子年譜》據前述《家譜》所記孟子卒年逆推,定孟子生年爲周烈王四年(公元前 372 年),卒於周赧王二十六(公元前 289 年)。其後,

---

① 張氏說引自焦循:《孟子正義》(北京:中華書局,1987 年 10 月),下冊,第 824 頁。

曹之升、狄子奇、朱駿聲、萬斯同等皆從之，並對程氏說有所補充①。顧實據此謂：

> 楚懷王十七年，當周赧王之三年，時孟子年適六十歲也。假定宋銒長於孟子十年左右，故孟子以先生稱之，則宋銒年七十歲矣。故兹擬宋銒年世，自周安王二十年至周赧王十年，略當西紀元前三八二至三零五年間。②

錢穆懷疑世傳《孟氏家譜》的來歷，對其所定孟子卒年亦一併疑之。據其所考，孟子生年"最早當安王之十三年（公元前 389 年），最晚當在安王二十年（前 382 年）"，該書所附諸子年表將孟子生卒年繫於公元前 390 年至前 305 年③。錢穆據其所定孟子生卒年及上述孟、宋遇於石丘事以定宋銒之年世。他說：

> 其時孟子年已踰七十，而慳欲歷說秦、楚，意氣猶健，年未能長於孟子。"先生"自是稷下學士先輩之通稱。孟子亦深敬其人，故遂自稱名爲謙耳。又荀卿《正論》篇屢及子宋子曰："今子宋子乃不然，獨詘容爲己，慮一朝而改之，說必不行矣。二三子之善於子宋子者，殆不若止之，將恐礙傷其身也。"又曰："今子宋子嚴然而好說，聚人徒，立師學，成文典，然而說不免於以治爲至亂，豈不過甚矣哉？"凡此云云，足徵荀卿著書，宋銒猶在，同居稷下，故其辭氣如是。余考荀卿年十五始游學來齊，至宣王末年，荀卿年近四十歲，成書著書當始其時。宋銒之没，或值湣王之世，要與尹文相次。又考《鹽鐵論·論儒》篇歷述湣王末世，稷下諸儒散亡，有慎到、接子、田駢、孫卿而無宋子、尹文，疑兩人或先卒。今姑定宋子遇孟軻，年近五十，則其生當周顯王十年前，或視莊周稍晚。若壽及七十，則與莊卒年亦相先後。莊、宋同時，故莊周著書亦時時稱述及之也。④

---

① 參考葉志衡：《戰國學術文化編年》（杭州：浙江大學出版社，2007 年 6 月），第 101—103 頁。
② 顧實：《莊子天下篇講疏》（臺北：商務印書館，1980 年 12 月 2 版），第 128 頁。
③ 錢穆：《孟子生年攷》，《先秦諸子繫年》（臺北：東大圖書公司，1999 年 6 月 3 版），第 188 頁、第 617 頁。
④ 錢穆：《先秦諸子繫年》，第 376—377 頁。

依錢氏所定宋子生卒年爲公元前 360 年至前 290 年,上述顧實所擬宋子年世則爲公元前 382 年至前 305 年,二家所擬宋子生年相差二十餘年。若據顧説,宋子爲孟、莊前輩;或依錢説,宋子則在孟子之後,而與莊子同時。事涉宋子在戰國學術史上之定位問題,需要進一步辨析。

前人已注意到《孟子·告子下》宋、孟遇於石丘章,孟子五稱宋鈃爲"先生",又自稱己名,意極謙恭,如趙岐《注》云:"學士年長者,故謂之先生。"又説:"孟子敬宋牼,自稱其名曰軻。"焦循申其説云:

《禮記·曲禮》云"從於先生",注云:"先生,老人教學者。"《國策·衛策》云"乃見梧下先生",注云:"先生,長者有德者稱。"《齊策》云"孟嘗君讌坐謂三先生",注云:"先生,長老先己以生者也。"牼蓋年長於孟子,故孟子以先生稱之而自稱名。①

孟子稱宋爲"先生",當取此一通誼。《孟子》中用"先生"一詞,除見於《告子》此章外,又見於《離婁上》"樂正子從於子敖之齊"章及《離婁下》"曾子居武城"章,分别爲孟子弟子樂正子及曾子門人對其師之尊稱。孟軻稱宋鈃爲"先生",又自稱"軻",當視其爲年長有德者,宋鈃之行年自在孟子之前。以此點來看,則顧實所説較爲合理,即楚襄十七年(公元前 312 年)秦楚構兵時,孟子年六十,宋子則在七十歲上下,宋子之生年可依其説擬爲公元前 382 年左右。至於其卒年,顧實定在公元前 305 年,乃據一般情理推測。錢穆則據《鹽鐵論·論儒》所述滑王末世稷下諸儒散亡未數宋、尹,斷言其時二子已亡,並指出《荀子·正論》屢稱"今子宋子"之言行,所以推測荀子著書之時,宋鈃應該仍在世。若依錢穆所定荀子年世(公元前 340 年至前 245 年②),則公元前 300 年時荀卿已屆不惑之年,已有所著述。或許荀子始著書時,正當宋子晚年,仍親眼見其學派之盛,故在著述中屢屢針對其説提出尖鋭批評。考慮到上述情形,顧實所定宋子卒年爲公元前 305 年,仍在合理範圍,錢穆將宋子卒年定爲公元前 290 年似乎過

---

① 焦循:《孟子正義》,下册,第 824 頁。
② 錢穆:《先秦諸子繫年》,第 619 頁。

晚。大體而論，宋子之生年在莊子之前（依錢穆所定年世爲公元前365年至前290年[①]），並略早於孟子，其活動時代與莊子、荀子相接。荀子壯年始著書時，宋子猶在世。

[①] 錢穆：《先秦諸子繫年》，第269—270頁、第618頁。

叁·《文子》依託尹文考

一、《文子》公案述略

　　劉歆《七略》著録《文子》九篇，班固《漢書·藝文志》因之，入於諸子略道家類，班氏自注云："老子弟子，與孔子并時，而稱周平王問，似依託者也。"前人或據此認爲今本《文子》十二篇爲僞書，如宋人黃震、清人陶方琦、近人梁啓超、章太炎、張心澂、顧實等皆持此説，並認爲今本泰半襲自《淮南子》①。相信今本《文子》不僞者雖有王應麟、馬驌、孫星衍等數家，惟後説在疑古辨僞的風氣下，不爲學者所重②。

　　1973年河北定縣八角廊出土漢代竹簡《文子》(存簡277枚，2790字)，部分内容與今本《文子·道德》相應(計87枚簡，一千餘字)，另有少量與今本的《道原》、《精誠》、《微明》、《自然》等篇類似的文字，餘者爲不見於今本之佚文③。據整理者説："從幾個與今本相同的章節證明，凡簡本中的'文子'，今本都改成了'老子'，并從答問的先生變成了提問的學生。'平王'被取消，新添了一個'老子'。……證明《文子》本非僞本，今本《文子》實經後人竄亂。"④竹書本一出，學者對今本《文子》重新探討，又傾向此書爲先秦古籍，如熊鐵基、李定生、王利器等即主此説，惟反對者亦所在多有，如陳廣忠與何志華便分別從名物制度及文本分

---

① 參考李定生：《論文子》，《文子校釋》(上海：上海古籍出版社，2004年3月)，第1—3頁；張豐乾：《出土文獻與文子公案》(北京：社會科學文獻出版社，2007年11月)，第7—9頁。
② 參考張豐乾：《出土文獻與文子公案》，第9—10頁；李學勤：《試論八角廊簡〈文子〉》，《文物》1996年第1期，第37頁。
③ 河北省文物研究所定州漢簡整理小組：《定州西漢中山懷王墓竹簡〈文子〉釋文》、《定州西漢中山懷王墓竹簡〈文子〉校勘記》、《定州西漢中山懷王墓竹簡〈文子〉的整理與意義》，《文物》1995年第12期。
④ 河北省文物研究所定縣漢墓竹簡整理小組：《河北定縣40號漢墓出土竹簡簡介》，《文物》1981年第8期，第11—19頁。

析入手,論證傳世本《文子》襲取《淮南》。關於各家意見,張豐乾已有詳盡的評述①,在此無需贅言。誠如李學勤先生所指出的,竹簡本部分內容雖與今本有對應關係,但傳世本的改動、增益也是很明顯的,"至於今傳本與《淮南子》的關係,不是簡單的問題"②。竹書本、今本《文子》及《淮南子》的關係,需要透過詳細的文本及思想內含的分析才能梳理清楚③,容另文討論。本文想針對《文子》公案的另一焦點,即該書所託文子及平王的身份,提供一點不同的思路。

關於《文子》所見"文子"及"平王"的身份,學者之意見可歸納爲五說,茲略爲評述如下:

1. 以"文子"爲文種或其師計然④,班固所說"周平王"或爲"楚平王"之誤⑤,此爲傳統的看法。今人白奚仍主"文子"即老子弟子"計然"說⑥,但錢穆有《計然乃范蠡著書篇名非人名辨》一文,力辨"計然"非人名⑦,李定生、葛剛巖也指出,計然之說乃後人據《史記·貨殖列傳》等他書所逐步推衍出來的⑧,宋人杜道堅《通玄真經纘義序》所述文子不但有姓有名,且詳其字號、里籍,顯爲妄說(詳下文)。吳光則仍持"文子"即文種說⑨,但據趙逵夫考證:"楚平王卒之年(公元前 516 年),文種年歲不會超過二十二歲,這同書中平王恭敬請問的身份不符。"⑩

---

① 張豐乾:《出土文獻與文子公案》,第 13—17 頁。
② 李學勤:《試論八角廊簡〈文子〉》,《文物》1996 年第 1 期,第 39 頁。
③ 相關研究可參考李縉雲:《〈文子·道德篇〉傳世本與八角廊竹簡校勘記》、陳麗桂《試就今本〈文子〉與〈淮南子〉的不重襲內容推測古本〈文子〉的幾個思想論題》,二文俱載《道家文化研究》第十八輯;丁原植:《淮南子與文子考辨》(臺北:萬卷樓圖書公司,1999 年 9 月);何志華:《〈文子〉著作年代新證》(香港:香港中文大學,2004 年);趙雅麗:《〈文子〉思想及竹簡〈文子〉復原研究》(北京:北京燕山出版社,2005 年 11 月);葛剛巖:《〈文子〉成書及其思想》(成都:巴蜀書社,2005 年 12 月)。
④ 主張文子即文種者,如江瑔;主計然說者如李暹、李善、孫星衍、杜道堅。
⑤ 見馬端臨《文獻通考·經籍考》引《周氏涉筆》。
⑥ 白奚:《先秦黃老之學源流述要》,《中州學刊》2003 年第 1 期,第 134—141 頁。
⑦ 錢穆:《先秦諸子繫年》(臺北:東大出版社,1999 年 6 月 3 版),第 103—107 頁。
⑧ 李定生:《論文子》,《文子校釋》,第 14—15 頁;葛剛巖:《〈文子〉成書及其思想》,第 2—8 頁。
⑨ 吳光:《〈文子〉新考》,《河北師院學報》1984 年第 2 期。
⑩ 見趙逵夫序葛剛巖《〈文子〉成書及其思想》,第 6 頁。並參考葛氏對於江瑔"文種說"的評論,見前揭書,第 8—11 頁。

2. 以文子爲"辛文子","平王"爲周平王,魏啓鵬、王博主之。此説的主要根據是裴駰《史記集解》引《范子》:"計然者,葵丘濮上人,姓辛氏,字文子,其先晉國亡公子也。"魏啓鵬先生據此推論:文子是晉之公孫,爲周平王時大夫辛有之後,其次子遷晉,爲晉之董史①。王博則仍持平王爲周平王,而辛文子乃周臣説②。按,計然爲人名之説肇於《漢書·古今人表》,前文提及錢穆已辨其非,裴駰所引《范子》疑出於後人依託,其所言計然即辛文子之説既不可信,則依此推論"文子"即辛文子也不免蹈空。

3. 以"文子"爲子夏、墨子弟子,"平王"爲齊平公(公元前480年至前456年在位),李定生主之。此説主要據《史記索隱》引《別錄》佚文:"《墨子》書有文子,文子即子夏之弟子,問於墨子。"爲論③,但趙逵夫已指出:《別錄》中"文子"乃"禽子"字而誤,禽子即墨子弟子禽滑釐,據《史記·儒林列傳》禽子與田子方、吳起等受業於子夏④。按,趙説是。此條材料既有誤,則其説自無成立之可能。此外,竹簡本《文子》中兩見文子稱平王爲"天王",若"平王"即齊平公,亦無當於"天王"(例指周天子)之稱號⑤。

4. 以"文子"爲孟嘗君田文,"平王"爲虛指,張豐乾主之。此説主要依據《韓詩外傳》卷四:"夫當世之愚,飾邪説,文姦言,以亂天下,欺惑衆愚,使混然不知是非治亂之所存者,即是范雎、魏牟、田文、莊周、慎到、田駢、墨翟、宋鈃、鄧析、惠施之徒説。"田文與莊、慎等重要思想家並舉,而田文又有"文子"之稱,故以《文子》所稱即田文。張氏並認爲,"平王"之稱可能是"泛指'處淫暴之世,而欲化久亂之民'的君王"⑥。鵬按,前引《韓詩外傳》文字本於《荀子·非十二子》,二者相較,《韓詩外傳》有范雎、田文、莊周,此《非十二子》所無;《非十二子》有它囂、陳仲、史鰌、子思、孟軻,此《韓詩外傳》所無。頗疑《韓詩外傳》的"田文"乃"田

---

① 魏啓鵬:《〈文子〉學術探微》,《道家文化研究》第十八輯,第156—157頁。
② 王博:《關於〈文子〉的幾個問題》,《哲學與文化》第23卷第8期。
③ 李定生:《論文子》,《文子校釋》,第16—18頁。
④ 見趙逵夫序葛剛巖《〈文子〉成書及其思想》,第8頁。
⑤ 參考葛剛巖:《〈文子〉成書及其思想》,第12—16頁。
⑥ 張豐乾:《出土文獻與文子公案》,第214—221頁。

(陳)仲"之誤,且其説無思、孟,顯爲漢人尊儒者所改①,似不能作爲田文在戰國時與莊、慎諸子並稱之證據。

5. 以"文子"即關尹,譚寶剛主之。譚氏比較《文子》及關尹遺説,認爲二者思想相近,對於"關尹"何以稱爲"文子",他只説:"文子是就姓氏言,關尹是就職官言,二者可相容。"②且迴避所謂"平王"的身份問題,論證顯得較爲單薄。

二、"文子"假説成立的前提

筆者認爲,任何"文子"之假説要成立,至少需滿足以下四個條件:

1. 其人有"文子"之稱。
2. 其人在老子之後,當爲戰國時期著名的思想家。
3. 從《漢志》之著録及班志自注,並配合《文子》的思想内涵來看,其人必定服膺老子學説,並與道家有學術上的淵源。
4. "平王"與文子對話,需解釋其稱之由。

以此衡諸前節所述五説,皆有若干不足之處。今重新考慮此一問題,個人認爲"尹文子"當即《文子》所託之"文子",以下嘗試論之。

三、尹文有"文子"之稱

錢穆、郭沫若已注意到文獻中尹文子有"文子"之稱。郭説較簡,他説:"準匡章稱章子,陳仲子稱仲子,尹文稱文子之例,則宋鈃自可稱爲鈃子。"郭氏自注云:"《韓非·内儲説上》載文子與齊王論賞罰之道爲'國之利器不可以示人',自即尹文子無疑。"③日本學者宫内鹿川在其《韓非子講義》中也認爲《内儲説上》此章之"文子"即尹文子④。錢穆

---

① 王應麟、盧文弨以《非十二子》批評子思、孟軻條爲韓非、李斯所附益,屈守元《韓詩外傳箋疏》及鄭良樹《〈荀子·非十二子〉"子思、孟軻"條非附益辨》(收入《諸子著作年代考》)已辨其非。
② 譚寶剛:《論文子即是關尹》,《老子及其遺著研究》(成都:巴蜀書社,2009 年 11 月),第 394—409 頁(附録一)。
③ 郭沫若:《宋鈃尹文遺著考》,《郭沫若全集·歷史編》卷一(北京:人民出版社,1982 年 9 月),第 550 頁。
④ 説見羅焌:《韓子校注》,收入《經子叢考》(上海:華東師範大學出版社,2009 年 9 月),第 124 頁。按,羅氏本人則認爲此"文子"乃孟嘗君田文。

《老子雜辨・老子弟子文子》所説較詳，兹引述於下：

《韓非・内儲説上》："齊王問於文子曰：'治國何如？'曰：'夫賞罰，利器也。君固握之，不可以示人。臣猶鹿獸也，惟薦草而就。'"此文子蓋即尹文子。猶陳仲子亦單稱仲子也。《漢志》道家有《文子》九篇，班注云："老子弟子，與孔子並時，而稱周平王問，似依託者也。"……老子之誤，由莊子之寓言；文子之誤，則由尹文之變稱。……班氏注《宋子》云："其言黄老意。"宋銒、尹文並稱，漢人以宋銒爲黄老，故僞尹文書者，亦引老子爲言，而以尹文爲其弟子。班氏本其書爲説，故云既爲老子弟子，則與孔子同時，而稱周平王，乃依託，非别有據，而真謂是老子弟子也。至名家别有《尹文子》一篇，則如道家既有《涓子》，復有《關尹子》（鵬按，錢氏主張環淵即關尹，故有是説），漢代僞書詭説已不少，不得以漢時有二書，即證先代有兩人也。①

錢氏之説基於今本《文子》、《尹文子》俱爲僞書的前提，由於他認定《老子》在莊周之學興盛後乃始有之，故説"老子之誤，由莊子之寓言"。這些説法在近世出土八角廊《文子》、郭店《老子》後，都值得商榷。《尹文子》一書，前人多認定爲僞書，但胡家聰、劉建國、李學勤等三位先生已指出：今本《尹文子》雖經後人潤飾，但其思想内涵與文獻所述尹文學説相合，當爲可信的先秦古書②。即使錢氏在論證上有如上之問題，但他提出"文子"即"尹文之變稱"説，對於解決文子身份的疑案，還是很具啓發性。

在討論《文子》所託"文子"的身世時，部分學者也注意到前引《韓非子・内儲説上》的這條材料，如李定生先生引用該篇經文"賞譽薄而謾者下不用，賞譽厚而信者下輕死。其説在文子稱'若獸鹿'"，遂主張韓非曾讀過《文子》，但經文所指乃前引説文"齊王問於文子"云云，非指

---

① 錢穆：《先秦諸子繫年》，第219—220頁。
② 胡家聰：《稷下争鳴與黄老新學》（北京：中國社會科學出版社，1998年9月），第260—263頁；劉建國：《〈尹文子〉僞書辨正》，《先秦僞書辨正》（西安：陝西人民出版社，2004年7月），第303—308頁；李學勤：《〈管子・心術〉等篇的再考察》，《古文獻叢論》（上海：上海遠東出版社，1996年11月），第190—191頁。

《文子》書，其說明顯有誤，這點葛剛巖先生已提出適切的批評①。張豐乾先生亦曾引據錢氏之說，但他認爲："《漢書·藝文志》名家類著録《尹文子》一篇，注曰：'説齊宣王，先公孫龍。'尹文子顯然也不是老子弟子，更不是《文子》一書的作者。"②鵬按，班固《藝文志》於諸子不專一家者，有互著之例，如儒家有《李克》七篇，但法家類又著録《李子》三十二篇，兵家更有《李子》十篇，即其顯例③。故不得以《尹文子》已入名家，便謂道家不得有尹文書。退一步言，即使尹文非《文子》作者，也無妨其後學依託尹文立說。且班固所言文子乃"老子弟子"，似不可過於拘泥，很可能班氏所見《文子》已有依託文子問道於老子的章節（如今本《文子·道德》載平王對文子說："吾聞子得道於老聃"），故作此推論④。

從思想內涵看，錢穆以《韓非·內儲說上》的"文子"即尹文，應該可以信從，王曉波先生就指出："稷下多黃老道家，老子曰：'國之利器不可以示人。'何謂'國之利器'，不外是以權勢可資操作的賞罰，《呂氏春秋》所載亦涉及尹文言賞罰，故尹文以賞罰爲'國之利器'，言'利器也，君固握之，不可以示人'。"⑤

四、尹文爲戰國時期服膺老子道論的思想家

《莊子·天下》將宋鈃、尹文並舉，視爲戰國時期重要的學者。尹文之書在《漢志》雖入名家，但其說實以道家老學爲根柢。前人評尹文學

---

① 李定生：《論文子》，《文子校釋》，第6頁；葛剛巖《〈文子〉成書及其思想》，第27—37頁。
② 張豐乾：《出土文獻與文子公案》，第210頁。
③ 班固於儒家《李克》下注云："子夏弟子，爲魏文侯相。"在法家《李子》又注曰："名悝，相魏文侯，富國強兵。"兵權謀《李子》無注，錢穆及顧實都已指出李克、李悝爲一人。其他互著之例如儒家有《景子》、《公孫尼子》、《孟子》，而雜家有《公孫尼》，兵家有《景子》、《孟子》；道家有《孫子》，兵家亦有齊、吳二孫子；儒家有《王孫子》，法家有《商君》，兵家亦有《王孫》及《公孫鞅》；縱橫家及兵家同有《龐煖》；雜家有《五子胥》、《由余》、《尉繚》、《吳子》，兵家亦有《繇敘》、《伍子胥》、《尉繚》、《吳起》。參考錢穆：《魏文侯禮賢致》，《先秦諸子繫年》，第132—133頁；顧實：《漢書藝文志講疏》（上海：上海古籍出版社，2009年12月），第2頁、第133頁。
④ 張豐乾亦持此說，參看《出土文獻與文子公案》，第209—210頁。
⑤ 王曉波：《道與法：法家思想和黃老哲學解析》（臺北：臺灣大學出版中心，2007年5月），第316頁。

説,謂其"自道以至名,自名以至法"①,其學兼容並蓄,蓋與其居稷下講學,與彭蒙、田駢、慎到等人交往有關,亦受宋鈃"援儒、墨入道"之學風沾溉②。

尹文一派將《老子》道論奉爲正統,如《尹文子》開篇便説"大道無形,稱器有名",標舉"大道"爲宗,故下文説"〔以〕大道治者,則名、法、儒、墨自廢"③。並在篇中屢次引《老子》爲説,如上卷引今本《老子》第62章"道者,萬物之奧,善人之寶,不善人之所寶(保)"。並申述云:"是道治者,謂之善人;藉名、法、儒、墨者,謂之不善人。善人之與不善人,名分日離,不待審察而得也。"下卷引《老子》第57章"以政(正)治國,以奇用兵,以無事取天下"。並説:"政(正)者,名、法是也。以名、法治國,萬物所不能亂;奇者,權、術是也④。以權、術用兵,萬物所不能敵。凡能用名、法、權、術而矯抑殘暴之情,則已無事焉。已無事,則得天下矣。"又闡釋《老子》第74章"民不畏死,奈(《尹》書引作"如")何以死懼之"云:"凡民之不畏死,由刑罰過。刑罰過,則民不賴其生。生無所賴,視君之威末如也。刑罰中,則民畏死。畏死,由生之可樂也。知生之可樂,故可以死懼之。此人君之所宜執,臣下之所宜慎。"從此三例看,尹文引用《老子》並非泛引,而是有意識地闡述、改造《老子》的學説。韓非作《解老》、《喻老》,藉《老子》發揮法治思想,可能即受尹文之影響⑤。

五、《文子》"平王"泛指"德能平治天下"之王

竹簡本、傳世本《文子》所述"平王"皆不著國別,但以竹書兩稱"天王"之例來看,此一"平王"應是周天子。東周時期,吳王夫差雖有"天

---

① 《四庫全書總目提要》謂尹文之學"出入於黄老申韓之間。周氏《涉筆》謂其'自道以至名,自名以至法'。蓋得其真"。
② 參考拙著:《宋鈃學派遺著考論》(臺北:萬卷樓圖書公司,2009年5月),第410頁。
③ 首句"以"字依王啓湘説補,見《尹文子校詮》,《周秦名家三子校詮》(臺北:世界書局,1978年3月再版),第22頁。
④ 按,《尹文子》上卷論治國之方,別權、術爲二,並言"術不足以治則用權"、"權用反術",此處論權、術仍當依前文稍別。
⑤ 王曉波已指出,尹文將《老子》的"以正治國,以奇用兵"詮釋爲名、法、權、術,顯然是韓非的先進。説見《自道以至名,自名以至法——尹文子的哲學與思想研究》,《臺大哲學評論》第30期,第19—20頁。

王"之稱,但僅見於《國語・吳語》、《越語》,疑爲僭越之特例,並非當時諸侯國君的通稱①。今本《尹文子》有後人依託仲長統之序②,該文説:"尹文子者,蓋出於周之尹氏。"《隋書・經籍志》也説:"尹文,周之處士,游齊稷下。"尹文雖在齊稷下講學,但其爲周人,自有可能對周王論道。

關於尹文的年世,錢穆説:"《吕覽・正名》篇載尹文與齊湣王論士,則尹文乃宣王時稷下舊人,至湣王時尚在。"並定尹文生卒年爲公元前350年至前285年③。依錢氏所定年世約數,與尹文相及的周王僅有慎靚王及赧王,與《文子》所述不合。按,《文子》既依託尹文,則其所稱"平王"亦可能如張豐乾説爲虚指。《詩・召南・何彼穠矣》:"平王之孫,齊侯之子。"毛《傳》訓平爲正,以"平王"即周文王,鄭《箋》解釋説:"正王者,德能正天下之王。"孔《疏》:"文者,謚之正名也,稱之則隨德不一,故以德能正天下則稱平王。"④依文王稱"平王"之例,則《文子》所託"平王"蓋泛指其德能齊治天下如周文王者。

六、從《文子》的思想内涵論該書所託爲尹文

李定生在校釋今本《文子》時,注意到《文子》的思想内涵與彭蒙、田駢、慎到及戰國晚期稷下道家作品如《管子・心術》、《内業》關係密切⑤。宋鈃、尹文一派本主"心術"之説(詳下),二人同游稷下,自有可能與彭蒙、田駢、慎到論學,並互相影響。這點在《尹文子》中也有一些例證,如《尹文子》下卷"田子讀書"章記彭蒙、田駢、宋鈃相與論學即其例。除此章外,《尹》書中引田駢説有二,其中引田子"人皆自爲"一段,並自稱"稷下先生曰:善哉田子之言"。亦有一處引彭蒙説,即"雄兔在野,衆人逐之"之論(《吕氏春秋・慎勢》有類似説法,但爲慎到之言),可

---

① 參考葛剛巖:《〈文子〉成書及其思想》,第12—23頁。
② 關於此序出於後人依託,參考梁啟超:《漢書藝文志諸子略考釋》。
③ 錢穆:《尹文考》,《先秦諸子繫年》,第379頁、第619頁。按,《四庫全書總目提要》子部雜家類著録《尹文子》一卷,並云:"顏師古注《漢書》,爲齊宣王時人。考劉向《説苑》載文與宣王問答,顏盖據此。然《吕氏春秋》又載其與湣王問答事,殆宣王時人,至湣王時猶在歟。"錢氏説蓋本此。
④ 毛亨傳、鄭玄箋、孔穎達疏:《毛詩正義》(北京:北京大學出版社點校本,1999年12月),上册,第104頁。
⑤ 李定生:《論文子》,《文子校釋》,第20—37頁。

見尹文與《莊子・天下》所述彭蒙、田駢、慎到一派頗有關係。《尹文子》言"分定"、"因",亦受此派影響。具體而論,《文子》與尹文學說相合者有以下八點:

1.《尹文子》開篇說"大道無形,稱器有名",乃檃括《老子》"大象無形,道隱無名"而今本《文子》首篇《道原》開頭便引《老子》"有物混成,先天地生,惟象無形,窈窈冥冥,寂寥淡漠,不聞其聲,吾強爲之名,字之曰道"。二者關係密切。且二書皆屢引《老子》,奉其學爲道論正宗。

2.《莊子・天下》謂宋鈃、尹文"語心之容(庸),命之曰心之行","容"讀爲"庸",同"用",所謂"心之行"即"心術"①。今本《文子》亦有"心術"之論,如《微明》:"發一號,散無竟,總一管,謂之心。見本而知末,執一而應萬,謂之術。"《守易》:"古之爲道者,理情性,治心術,養以和,持以適。"《符言》:"原天命,治心術,理好憎,適情性,即治道通矣。"

3.《天下》又稱宋、尹"不累於俗,不飾於物""接萬物以別宥(囿)爲始",顧實解釋說:"別囿者,謂人心有所拘囿,當辨而去之也。"②《尹文子》云:"接萬物使分,別海内使不雜。""累於俗,飾於物,不可與爲治矣。"此其偏重名理之別囿說③。今本《文子》亦有類似言論,如《精誠》:"神越者言華,德蕩者行僞,至精芒乎中,而言行觀乎外,此不免以身役物也。"又論"聖人之游"需"不拘於世,不繫於俗"。《符言》:"飾其外,傷其内。扶其情者害其神,見其文者蔽其真。"

4. 宋、尹倡"禁攻寢兵,救世之戰"非主張兵可盡偃,實即所謂"義兵"說。《尹文子》云:"禁暴息兵,救世之鬥。"《文子・道德》謂"以道王者德也,以兵王者亦德也"。並以"誅暴救弱"爲王者之義兵。《上義》:"古之用兵者,非利土地而貪寶賂也,將以存亡平亂爲民除害也。"

5.《尹文子》論聖人之治有廣任賢能之說,如"所貴聖人之治,不貴其獨治,貴其能與衆共治……今世之人,行欲獨賢,事欲獨能,辯欲出

---

① 拙著:《宋鈃學派遺著考論》,第17頁。
② 顧實:《莊子天下篇講疏》(臺北:臺灣商務印書館,1980年12月2版),第44頁。
③ 按,宋鈃學說中"白心"、"別囿"乃一組相關的概念,其別囿之目的不外是使心恢復本然之狀態。但尹文受彭蒙、慎到等人"定分"說之影響,劃分"名"與"分"之界限,欲以此達到"貪鄙不爭"之目的,此乃其分別畛域之"別囿"說,固可以"不欲令相犯錯"(郭象語)解之,也即此處所謂"接萬物使分,別海内使不雜"。

群,勇欲絕衆。……凡此四者,亂之所由生"。《文子·自然》也說:"聖人舉事,未嘗不因其資而用之也……聖人兼而用之,故'人無棄人,物無棄材'。"《上仁》:"人君者,不任能而好自爲,則智日困而自負責,數窮於下,則不能申理;行墮於位,則不能持制。智不足以爲治,威不足以行刑,則無以與天下交矣。"

6.《尹文子》有"歸一"之説和"因應"之論,前者如"萬事皆歸於一,百度皆準於法。歸一者簡之至,準法者易之極"。後者如"因圓之自轉,使不得止;因方之自止,使不得轉,何苦物之失分。……因彼所用,與不可用,而自得其用,奚患物之亂乎"。《文子》亦重"執一"及"因",如《道德》:"執一無爲,因天地之變化。""損而執一,無處可利,無見可欲。"《自然》:"因即大,作即小。古之漬水者,因水之流也;生稼者,因地之宜也;征伐者,因民之欲也。能因則無敵於天下矣。物必有自然而後人事有治也,故先王之制法,因民之性而爲之節文。"其重"因",與慎到學説相通,而"因民之性而爲之節文"一語,亦見於《管子·心術上》《禮記·坊記》、郭店楚墓竹書《語叢一》(惟三者所論皆針對"禮"),所以此説也可能受儒家思想之影響①。

7.《尹文子》《文子》皆發揮《老子》"以政(正)治國,以奇用兵"之説。前節論證尹文學宗《老子》時,已引用《尹文子》"正者,名、法是也。以名、法治國,萬物所不能亂;奇者,權、術是也。以權、術用兵,萬物所不能敵。凡能用名、法、權、術而矯抑殘暴之情,則已無事焉。已無事,則得天下矣"。《文子·上禮》同樣引用上述《老子》之語,並詮釋説:"先爲不可勝之政,而後求勝於敵。以未治而攻人之亂,是猶以火應火,以水應水也。同莫足以相治,故以異爲奇。奇静爲躁,奇治爲亂,奇飢爲飽,奇逸爲勞,奇正之相應,若水火金木之相伐也,何往而不勝。"二者所

---

① 邢文先生注意到竹書本《文子》與馬王堆帛書本《五行》皆有"聖智"之論,他推測二者有共同的來源。鵬按,馬王堆及郭店《五行》出土後,學者多認爲此篇文獻乃子思一派著作,《文子》的聖智説即受此派之影響。《尹文子》受儒家影響處在其正名論,上卷論正名引孔子"必也正名"之語,又倡"禮樂獨行,則私欲寢廢",下卷開篇更説"仁、義、禮、樂、名、法、刑、賞,凡此八者,五帝三王治世之術也"。將儒家思想與形名法術融合爲一。邢氏説見《八角廊〈文子〉與帛書〈五行〉》,《道家文化研究》第十八輯,第241—249頁。

論雖各有偏重,但所用術語及概念如出一家①。值得注意的是,後人從舊注所輯《尹文子》佚文"千人曰俊,萬人曰傑(一作英)"②,正見於《文子·上禮》,作"智過萬人者謂之英,千人者謂之俊,百人者謂之傑",這應當不是偶然的巧合。

8. 尹文雖倡君王形名法術,但亦關心民間疾苦,如《尹文子》云:"今萬民之望人君,亦如貧賤之望富貴。其所望者,蓋欲料長幼、平賦斂、時其飢寒、省其疾痛、賞罰不濫、使役以時,如此而已,則於人君弗損也。然而弗酬,弗與同勞逸故也。……人君不可不酬萬民。不酬萬民,則萬民之所不願戴;所不願戴,則君位替矣,危莫甚焉,禍莫大焉。"可見《莊子·天下》稱宋、尹二子爲"救世之士"並非虛言。今本《文子·微明》有聖主養民當如慈父愛子之論,又説:"民之所以生活者,衣與食也,事周於衣食則有功,事無功德不長。"《上仁》謂古之明君"其慘怛於民也,國有飢者,食不重位,民有寒者,冬不披裘,與民同苦樂,即天下無哀民。"

七、説尹文子即後世道教所託之"通玄真人"

文子在唐代道教興盛的風氣下,被皇室封爲"通玄真人",與莊、列、庚桑子並列,其書則改稱《通玄真經》③。尹文子在六朝時,也歷經仙化之過程,其遭遇正與文子在唐代道教地位的隆盛相接續。《列子·周穆王》載"老成子學幻於尹文先生,三年不告。老成子請其過而求退",尹文遂告之曰:"昔老聃之徂西也,顧而告予曰:'有生之氣,有形之狀,盡幻也。……知幻化之不異生死也,始可與學幻矣。'吾與汝亦幻也,奚須

---

① 趙雅麗已經注意到《文子》論政論兵的特點即在"以正治國,以奇用兵",他對這兩種互補的思想特徵作了較詳盡的考察。參考氏著《〈文子〉思想及竹簡〈文子〉復原研究》,第379—404頁。
② 見錢熙祚所輯《尹文子佚文》,此則輯自《史記·屈原傳》索隱、《詩·汾沮洳》孔疏。
③ 參考唐默希子《通玄真經序》、王利器《文子疏義序》,俱載王氏《疏義》。王育成《明代彩繪全真宗祖圖研究》並指出:文子在被全真教奉爲祖師,備受道徒推崇。陝西著名道觀樓觀台建有四子堂,堂內供奉的即是文子、亢倉子、莊子、列子四人,合稱四子。山西浮山縣老君洞明代石刻《老君八十一化圖》中第四十九化"胤四真",即老子與四大弟子合刻畫像。萬曆皇太后功德書《保善卷》有道教全真宗祖圖,也將上述四子繪入該派的祖師系統中。

學哉?"老成子歸後即以尹文之言深思三月,"遂能存亡自在,憣校四時。冬起雷,夏造冰。飛者走,走者飛。"按,《漢書·藝文志》道家著録《老成子》十八篇。《周穆王》此章疑出於漢世道徒①,老成子既學幻術於尹文,可見其人已被道徒神化。

南朝梁僧祐所編《弘明集》卷一有《正誣論》,篇中說:"有異人者,誣佛曰:尹文子有神通者。……又令得道弟子變化云云。"作者闢之曰:"誣者既云無佛,復云文子有神通,復云有得道弟子,能變化恢廓,盡神妙之理,此真有胸無心之語也。夫尹文子,即老子弟子也;老子,即佛弟子也。……佛故文子之祖宗,衆聖之元始也。安有弟子神化而師不能乎?"下文又辨"尹文子欺之天有三十二重云云",此不具引②。按,此篇作者不詳,可能出於東晉佛徒之手③,故斥當時託言尹文的神通説爲異端,從中可看出尹文在道教地位之高,已成爲敵對陣營的箭靶。在該篇中稱尹文爲"文子",並説"尹文子,即老子弟子也"。《周穆王》、《正誣論》這兩篇文獻都表明六朝時尹文已躋身爲老君門生,此正與班固謂文子爲"老子弟子"之身份相符,且《正誣論》明稱尹文爲"文子",亦可作爲上節尹文有"文子"之稱的佐證。得此二例,也不難推知唐代所敕封的"通玄真人"文子,正是尹文子。

---

① 前人如馬敘倫、顧實、陳文波、楊伯峻都認爲此篇第一章所言周穆王事乃取自汲冢竹書《穆天子傳》,因此斷此篇爲魏晉人作。今按《周穆王》"老成子學幻"章與周穆王事無關,當另有來源,惟此章中所論幻術,乃後世道教神通之説,其撰作時代可能在漢世。關於此章之年代,參見本書上編尹文卷8.2注釋,並參考楊伯峻《列子集釋·前言》及附錄三《辨僞文字輯略》。

② 參考牧田諦亮:《弘明集研究》卷上(京都:京都大學人文科學研究所,1974年3月),第28—31頁。

③ 劉立夫指出:"西晉時,佛、道二教開始争端,道士王浮因之作《老子化胡經》,謂佛教爲老子所立,揚道而抑佛,開始了道佛之間的夷夏之争。《弘明集》卷一無名氏的《正誣論》似作於東晉,内容屬於佛道之争。到劉宋末年,顧歡作《夷夏論》……掀起了夷夏之辨的高潮。"見氏著:《弘道與明教——〈弘明集〉研究》(北京:中國社會科學出版社,2004年5月),第18頁。關於《化胡經》及其引起的道佛"夷夏之争",可參考前揭劉著,第148—203頁;李小榮:《〈弘明集〉〈廣弘明集〉述論稿》(成都:巴蜀書社,2005年10月),第94—381頁;劉鈍:《從"老子化胡"到"西學中源":"夷夏之辨"背景下外來文化在中國的奇特經歷》,《法國漢學》第六輯。

八、餘論

本文從稱謂、時代、思想内涵及學術淵源等方面,論證今本《文子》所託即尹文。對於宋人杜道堅言"文子"姓氏、里籍之誤,亦可略爲考證。《史記·貨殖列傳》云:"昔者越王句踐困於會稽之上,乃用范蠡《計然》。"又説:"范蠡既雪會稽之恥,乃喟然而歎曰:'《計然》之策七,越用其五而得意。既已施于國,吾欲用之家。'"篇中兩言"計然",錢穆據蔡謨之説,論證其爲范蠡著書之篇名①,其説可信。班固《漢書·古今人表》以"計然"爲人名,列爲第四等,此爲通人之蔽,不能據此反證《史記》之"計然"爲人名,且爲范蠡之師。

《漢書》既誤以計然爲人名,南朝宋裴駰注解《史記·貨殖列傳》時便引徐廣説:"計然者,范蠡之師,名研。"又據當時流傳之《范子》云:"計然者,葵丘濮上人,姓辛氏,字文子,其先晉國亡公子也。"②自此注解《文子》者綰合文子與計然,遂能明其姓氏、里籍,北魏李暹作《文子注》即據此而説文子"姓辛,葵丘濮上人,號曰計然。范蠡師事之,本受業於老子"。下至宋代,杜道堅《通玄真經纘義序》更增益爲"文子,晉之公孫。姓辛氏,名鈃,字計然,文子其號。家睢之葵丘,屬宋地,一稱宋鈃。師老子學,早聞大道,著書十有二篇,曰《文子》。"③其謂"文子"爲宋人,又名"宋鈃",蓋因宋鈃、尹文並稱,誤合二子爲一人。而文子稱爲"辛文子",疑即"尹文子"之音變。

---

① 錢穆:《先秦諸子繫年》,第103—107頁。
② 見《史記》(北京:中華書局,1959年9月),册十,第3256—3257頁。
③ 李定生:《論文子》,《文子校釋》,第14—15頁;葛剛巖:《〈文子〉成書及其思想》,第2—8頁。

肆 · 銀雀山漢簡《奇正》與《尹文子》、《文子》關係析論

一、前言

銀雀山漢墓竹書《奇正》計十八枚簡，四百九十餘字①，與兩種《孫子兵法》《六韜》《尉繚子》等同出一墓。1975年整理小組出版普及本《孫臏兵法》，將《奇正》等十五篇佚書歸入此書下編②，但李零先生指出：下編的佚書，既無有關孫臏之人、事，亦無"孫子曰"，未必即孫臏書，且兩種《孫子》，本爲一家之學，沒有可靠的綫索，我們很難區分③。竹書的整理者或許考慮到此點，所以在出版精裝本時，將《奇正》等佚書編入第二輯《佚書叢殘》的"論政論兵之類"④。

整理者在註解《奇正》時，引用《孫子·勢》《淮南子·兵略》及《六韜》《管子》的相關篇章，對於閱讀竹書，掌握其内涵頗有助益。李零先生在討論《孫子·勢》的"奇正"術語時，特別引用此篇竹書，並作了深入淺出的詮釋，尤其他據法國學者魏立德的意見，以筮占及陣法的概念來解釋兵法的"奇"或"餘奇"⑤，對於我們理解"奇、正"這組概念，有很大的啓發。本文擬在整理者及李先生的研究基礎上，探究竹書《奇正》與其他傳世文獻的關係，希望能對竹書的時代及性質有更進一步的認識。

---

① 《奇正》末簡所計字數爲"四百八十七"，整理者該篇注釋指出："本篇補足缺文後約爲四百九十二字，較此處所記多五字。"
② 銀雀山漢墓竹簡整理小組：《孫臏兵法》（北京：文物出版社，1975年2月）。
③ 李零：《簡帛古書與學術源流（修訂本）》（北京：三聯書店，2008年1月二版），第392頁。
④ 銀雀山漢墓竹簡整理小組：《銀雀山漢墓竹簡〔貳〕》（北京：文物出版社，2010年1月），第27—29頁(竹簡圖版)、第154—155頁(釋文)。
⑤ 李零：《兵以詐立——我讀〈孫子〉》（北京：中華書局，2006年8月），第178—184頁。

二、文本分析：《奇正》與《文子·上禮》、《淮南子·兵略》

在傳世文獻中，能與竹書《奇正》對讀的材料主要有四種：即《孫子·勢》、《淮南子·兵略》、《尹文子》、《文子·上禮》，前兩種爲兵學作品，後兩種則與道家有關（詳下）。整理者及李零先生對於《奇正》與《孫子》、《淮南·兵略》的關係已詳細舉證，可以大致確定這篇竹書所談到的"奇正"概念源於孫子，且爲《淮南·兵略》所本。但竹書與《尹文子》、《文子》的關係，卻有待疏理，而這也可能是進一步瞭解此篇文獻的關鍵。茲將簡文與《尹文子》、《文子》的相關內容迻錄於下：

《老子》曰："以政（正）治國，以奇用兵，以無事取天下。"政（正）者，名、法是也，以名、法治國，萬物所不能亂；奇者，權、術是也，以權、術用兵，萬物所不能敵。凡能用名、法、權、術而矯抑殘暴之情，則己無事焉。己無事，則得天下矣。故失治則任法，失法則任兵，以求無事，不以取彊。取彊則柔者反能服之。（《尹文子》卷下）

《老子》曰："以政（正）治國，以奇用兵。"先爲不可勝之政（正），而後求勝於敵。以未治而攻人之亂，是猶以火應火，以水應水也。同莫足以相治，故以異爲奇。奇靜爲躁，奇治爲亂，奇飢爲飽，奇逸爲勞，奇正之相應，若水火金木之相伐也，何往而不勝。故德均則衆者勝寡，力敵則智者制愚，智同則有數者禽無數。（《文子·上禮》）

善戰者，見敵之所長，則知其所短；見敵之所不足，則知其所有餘。見勝如見日月。其錯勝也，如以水勝火。形以應形，正也；無形而制形，奇也。奇正無窮，分也。分之以奇數，制之以五行，斲（鬭）之以〔形名〕①。分定則有形矣，形定則有名〔矣，形名合〕②則用矣。同不足以相勝也，故以異爲奇。是以靜爲動奇，佚爲勞奇，

---

① 簡文"斲"，從整理者讀爲"鬭"。"形名"二字從李零先生所作釋文補。李先生指出："廣義的形名，是用信號或符號控制萬物的生克變化。金鼓旌旗是控制形勢的符號，分數是形名的基礎，形名是分數的應用。"《孫子·勢》論陣形"紛紛紜紜，鬭亂而不可亂；渾渾沌沌，形圓而不可敗"。"鬭"之用法與簡文"鬭之以形名"相類。參考《兵以詐立——我讀〈孫子〉》，第176頁、第192—193頁、第219頁。
② 所缺"矣"字依整理者説補。此處所論疑形、名相應之意，故擬補"形名合"三字。下文"同不足以相勝"，乃承此而言。"形名合"爲正，異之則爲奇。

飽爲飢奇,治爲亂奇,衆爲寡奇。發而爲正,其未發者奇也。奇發而不報,則勝矣。有餘奇者,過勝者也。(銀雀山漢簡《奇正》簡1182—1187)

《尹文子》與《文子》論奇正,同引今本《老子》第57章,且皆以"政"爲"正"(即孔子所說:"政者,正也。""必也正名乎。"),可見二者有相同的學術淵源。惟尹文一派所論偏重名、法,故強調"正"的一面;《文子·上禮》此章論兵,故極言"以異爲奇"。若從《文子》的其他篇章來看,其論政論兵,亦無不以"以正治國,以奇用兵"爲最高指導綱領①。

銀雀山竹書的整理者在注釋《奇正》時指出,簡文自"同不足以相勝"以下與《淮南子·兵略》相近②,其文作:

蓋聞善用兵者,必先脩諸己,而後求諸人。先爲不可勝,而後求勝。脩己於人,求勝於敵。己未能治也,而攻人之亂,是猶以火救火,以水應水也,何所能制。今使陶人化而爲埴,則不能成盆盎;工女化而爲絲,則不能織文錦。同莫足以相治也,故以異爲奇。兩爵(雀)相與鬭,未有死者也,鸇鷹至,則爲之解,以其異類也。故靜爲躁奇,治爲亂奇,飽爲飢奇,佚爲勞奇。奇正之相應,若水火金木之代爲雌雄也。善用兵者,持五殺以應,故能全其勝;拙者處五死以貪,故動而爲人禽。

簡文與《文子》、《淮南子》相涉,使文本先後序列的判斷顯得較爲困難③,但仔細分析這三段文字,還是可以看出彼此的關聯及差異,以下

---

① 參考趙雅麗:《〈文子〉思想及竹簡〈文子〉復原研究》(北京:燕山出版社,2005年11月),第379—404頁。
② 銀雀山漢墓竹簡整理小組:《銀雀山漢墓竹簡〔貳〕》,第156頁,註釋23。
③ 今本《文子》前人目之爲僞書,並認爲其書抄襲、割裂《淮南》,但上世紀七零年代河北定縣八角廊出土漢代竹簡《文子》,部分內容與今本《文子·道德》相應,另有少量文字與今本的《道原》、《精誠》、《微明》、《自然》等篇類似。竹書本一出,學者又傾向此書爲先秦古籍。但此一問題並沒有那麼單純,竹簡本雖有部分內容雖與今本對應,但今本有不少改動、增益的痕跡,且還有一些未見於今本的佚文,至於今本與《淮南子》的關係,更是錯綜複雜。前賢在這方面作了不少整理、探析的工作,但還是無法確定今本《文子》與《淮南》的先後。關於二本《文子》及《淮南》的文本研究,可參考李縉雲:《〈文子·道德篇〉傳世本與八角廊竹簡校勘記》、陳麗桂《試就今本〈文子〉與〈淮南子〉的不重襲內容推測古本〈文子〉(轉下頁)

條述之：

1.《淮南·兵略》及《文子》開頭都有"先爲不可勝，而後求勝"之論。《文子》從《老子》"以正治國，以奇用兵"引申出"先爲不可勝之正，而後求勝於敵"，脈絡清楚；《兵略》則從"修己而後求人"出發，其謂"先爲不可勝，而後求勝"尚仍可解，但下云"修己於人，求勝於敵"，則句意不通①。其下云"己未能治也，而攻人之亂"，較《文子》所說"以未治而攻人之亂"語較悠長，又於"以水應水"下添"何所能制"句，疑出於後人潤飾。竹書《奇正》所論與二文不同，其料敵"長短"、"不足有餘"之說，乃承前文"有所有餘，有所不足，形勢是也"，自有其理路。

2.《淮南》在"以水應水，何所能制"與"同莫足以相治"中間插入陶人、工女之譬，《文子》及《奇正》皆無。從修辭效果來看，《淮南》的這段文字並沒有加深我們對前後文義的理解，似乎只是造作麗詞。《文子》由"以水應水"逕接"同莫足以相治"、《奇正》由"形名合則用"轉爲"同不足以相勝"，皆十分允當。

3.《文子》及《奇正》在"以異爲奇"句下即舉"靜躁、治亂"等互爲奇正爲說，但《淮南》卻在中間插入"兩雀相鬭"之比喻，疑亦後人增飾之辭。

4. 三個文本在"以異爲奇"後所舉相對概念略有差異：《文子》敘述的順序是"靜躁、治亂、飢飽、逸勞"；《奇正》爲"靜動、佚勞、飽飢、衆寡"；《淮南》爲"靜躁、治亂、飽飢、佚勞"。三者相較，《淮南》與《文子》用語及順序相同，二者用"靜躁"，道家色彩較濃；《奇正》則用"靜動"，並增"衆寡"，涵蓋面更廣。在句式上，《文子》作"奇A爲B"，《奇正》、《淮南》則同作"A爲B奇"。

5.《文子》、《淮南》對於"奇"、"正"僅強調二者對立相應，竹書《奇正》更進一步界定"奇、正"，簡文有兩處說明，即"形以應形，正也；無形

（接上頁）的幾個思想論題》，二文俱載《道家文化研究》第十八輯；丁原植：《淮南子與文子考辨》（臺北：萬卷樓圖書公司，1999年9月）；何志華：《〈文子〉著作年代新證》（香港中文大學，2004年）；趙雅麗：《〈文子〉思想及竹簡〈文子〉復原研究》；葛剛巖：《〈文子〉成書及其思想》（成都：巴蜀書社，2005年12月）。

① 按，張雙棣《淮南子校釋》已注意到此句於義不通，遂校改爲"脩治於己"，惜無版本根據，亦未明言致誤之由。

而制形,奇也"。"發而爲正,其未發者奇也。"由此來看,《奇正》有較強的理論性。

6.《文子·上禮》説:"奇正之相應,若水火金木之相伐也,何往而不勝",《淮南》則作"奇正之相應,若水火金木之代爲雌雄也",於五行上又添陰陽概念。《奇正》亦有五行相勝的説法,如"其錯勝也,如以水勝火","制之以五行",前文也説"有勝有不勝,五行是也"。

7.《文子》此章最後説:"德均則衆者勝寡,力敵則智者制愚,智同則有數者禽無數。"《淮南》則從五行説敷衍爲"善用兵者,持五殺以應,故能全其勝;拙者處五死以貪,故動而爲人禽"。並變稱"五行"爲"五殺"。與《文子》相關的三句移至上文論廟筭之前,作"德均則衆者勝寡,力敵則智者勝愚,勢侔則有數者禽無數"。

8. 竹書《奇正》此段末句"有餘奇者,過勝者也",是理解"奇"的關鍵。整理者對"餘奇"、"過勝"二詞雖云未詳,但指出《風后握奇經》"八陣,四爲正,四爲奇,餘奇爲握奇"、《鶡冠子·兵政》"在勢,故用兵有過勝"與之有關①,已掌握解釋之方向。李零先生引用魏立德云:"'奇',就是'餘奇','餘奇'和《易經》擺草棍的演算方法有關……'大衍之數五十',要拿出一根放到一邊……它是製造一切變化的關鍵。所有的偶數加上這個'奇',都會變成奇數;所有奇數減去這個'奇',都會變成偶數。"他總結説:"餘奇是一切數字的中心,就像太一居於宇宙的中心,皇帝居於天下的中心;也是一切數字的歸宿……他既是開端,也是結尾;既是中心,也是全體。"②對於《握奇經》所説八陣"餘奇爲握奇",《唐太宗李衛公問對》卷上載李靖之語:"餘奇爲握機。奇,餘零也。""陣數有九,中心零者,大將握之,四面八方,皆取準焉。"李零先生解釋説:"零"即"奇";"餘零"即"餘奇"。八陣以中陣爲控制變化的樞紐,中陣就是餘奇③。簡文所謂"過勝者也","過"訓爲取。《吕氏春秋·論威》:"義也者,萬事之紀也,君臣上下親疏之所由起也,治亂安危過勝之所在也。過勝之,勿求於他,必反於己。"上"過勝"二字疑涉後文衍,高誘注:"過,

---

① 銀雀山漢墓竹簡整理小組:《銀雀山漢墓竹簡〔貳〕》,第156頁,註釋24。
② 李零:《兵以詐立——我讀〈孫子〉》,第183—184頁。
③ 同前註,第183、188、190頁。

猶取也。"①如上所論,竹書"餘奇"與數有關,《文子‧上禮》及《淮南子‧兵略》"智同(後者作"勢侔")者則有數者禽無數"之"數"疑指計數、籌數,二者相關。

從上面的文本分析可知,竹書《奇正》與《文子‧上禮》所論各擅勝場,《文子》此章乃道家論兵之説,《奇正》則近於兵權謀家言,有較强的理論化傾向。《淮南子》本爲雜纂之書,與前二者相較,《兵略》明顯有後人改造、增飾的痕跡,其説疑本於《文子‧上禮》。

三、思想内涵分析:《奇正》與《尹文子》

前文之討論並未涉及《尹文子》與竹書《奇正》的關係,二者雖無直接的字句對應,但其内涵及所用術語實有相通處:

1.《奇正》開篇講日月②、四時、五行、形勢等"天地之理",其下便説:"故有形之徒,莫不可名;有名之徒,莫不可勝",後文更提到"形定則有名"。整理者在解釋前面那段話時,引用《管子‧心術上》的經文"物固有形,形固有名,名當謂之聖人"爲説③。《心術上》及《尹文子》都是稷下道家的著作④,後者論形名如"名也者,正形者也。形正由名,則名不可差。故仲尼曰:'必也正名乎。'""形以定名,名以定事,事以檢名。""形名者,不可不正也。"《奇正》以"形以應形"爲正;《心術上》及《尹文》以"形名相應"爲正。《奇正》由形名説引出"奇正",故云"同不足以相勝也,故以異爲奇";《心術上》及《尹文》的形名説則爲政治服務,即所謂"正名"⑤。

---

① 前人不信高誘説,或謂高注"取"乃"敗"字之誤,或據他本改"取"爲"服",或逕訓"過"爲勝,但都不若高氏原説允當。《説文》:"過,度也。"度有圖度、謀用之意,"過"有取義或由此引申。諸家説見陳奇猷:《吕氏春秋新校釋》(上海:上海古籍出版社,2002年4月),上册,第437頁,註釋3。
② 簡文説:"至則反,盈則敗,□□是也",所缺二字整理者認爲可能是"日月"或"陰陽"。鵬按,從文義上看,補爲"日月"較爲合適。
③ 銀雀山漢墓竹簡整理小組:《銀雀山漢墓竹簡〔貳〕》,第155頁,註釋7。
④ 按,後者《漢書‧藝文志》歸入名家,但其立説基礎爲《老子》道論,故可視爲廣義的道家。關於《管子‧心術上》及尹文學説的屬性,參考拙著《宋鈃學派遺著考論》(臺北:萬卷樓圖書公司,2009年5月),第241—252頁、第410—419頁。
⑤ 《心術上》解釋"物固有形,形固有名,名當謂之聖人"三句云:"此言不得過實,實不得延(衍)名。……督言正名,故曰'聖人'。"

2.《尹文子》及《奇正》均有"分定"之說,二者的共同來源爲彭蒙、田駢一派。《奇正》説"奇正無窮,分也。分之以奇數,制之以五行,所〔屬〕之以〔形名〕。分定則有形矣,形定則有名〔矣,形名合〕則用矣"。《尹文子》尤其強調"分定"的概念,如云"名定,則物不競;分明,則私不行"。並引彭蒙之語:"雉兔在野,衆人逐之,分未定也;雞豕滿市,莫有志者,分定故也。"

3.《尹文子》及《奇正》皆論及"賞、罰"二柄,但都注意到二者的消極面或侷限性,如《尹文子》説:"刑者,所以威不服,亦所以生陵暴;賞者,所以勸忠能,亦所以生鄙爭。"《奇正》則認爲要使法令貫徹,重點在於"用民得其性",故説:"賞未行,罰未用,而民聽令者,其令,民之所能行也;賞高罰下,而民不聽其令者,其令,民之所不能行也。"

4. 前文已經提及,尹文一派論"奇正",偏重名、法,故強調"正"的一面;《文子·上禮》論兵,則強調"奇"的一面。竹書《奇正》的性質近於後者,故強調"有餘奇者,過勝者也"。但這不妨視爲同一套理論的不同面向,可以互補,也即《老子》所説"以正治國,以奇用兵"。《尹文子》論政雖尚形名之正,但也認識到"凡天下萬里(理),皆有是非,吾所不敢誣。……然是雖常是,有時而不用;非雖常非,有時而必行。故用是而失,有矣;行非而得,有矣"。其下即舉宋襄公在泓之戰中堅持"不鼓不成列"之軍禮而敗亡爲例,最後總結説:"故人君處權乘勢,處所是之地,則人所不得非也。居則物尊之,動則物從之,言則物誠之,行則物則之,所以居物上,御群下也。"所謂"處權乘勢",可視爲治國之術的"奇"。與此相對,《奇正》雖重視"奇",但也深知"先正後奇"的重要,竹書末段便説:"使民唯不利①,進死而不旋踵,孟賁之所難也,而責之民,是使水逆流也。……故行水得其理,漂石折舟;用民得其性,則令行如流",所謂"得其理"、"得其性",可理解爲兵法之"正"也。

通過上文的分析,可以得知《奇正》雖爲論兵之作品,但其所用概念及思想内涵與稷下道家的尹文學説相通,二者或有相近的學術淵源。

---

① 整理者讀"唯"爲"雖"。按,"唯"如字讀,在句中作爲虛詞,"使民唯不利"即"使民不利"。

四、竹書《奇正》著作時代及學派歸屬蠡測

《文子·上禮》與《奇正》有部分内容直接對應,而《尹文子》與竹書亦有内在的關聯。事實上,《文子》與《尹文子》很可能就是一家之學。筆者嘗論證《文子》中所託之"文子"即"尹文子",理由主要有三:一是尹文有"文子"之稱,見於《韓非子·内儲説上》、《弘明集·正誣論》;二是班固説"文子"爲"老子弟子",而《列子·周穆王》、《正誣論》皆有尹文學於老子的記載,後世道教稱文子爲"通玄真人",所指亦爲尹文;三是《文子》奉《老》學爲正宗,其思想受彭蒙、田駢、慎到、宋鈃等稷下學者影響較深,而《尹文子》亦與此一特徵相合①。

《漢書·藝文志·兵書略》權謀類小序云:"權謀者,以正守國,以奇用兵,先計後戰,兼形勢,包陰陽,用技巧者也。"竹書《奇正》若爲兵家所作,以《漢志》的劃分當入兵權謀,而且可能就是整理者原本認定的《齊孫子》佚篇。李零先生曾指出:

> 孫臏是戰國中期齊威王時的人。戰國中期,齊威王時,齊國國力最勝,學術最發達。齊威王下令整理齊國的軍法,把司馬穰苴的兵法放在後面,號稱《司馬兵法》或《司馬法》。我懷疑,《太公兵法》、《管子》中的兵法,還有《孫子兵法》和《司馬法》都是此一時期整理出來的東西。②

謹按,齊威、宣王時稷下學宫興盛,彭蒙、田駢、慎到以及尹文等都曾在稷下講學③,《奇正》若爲孫臏後學所作,自易與上述諸子的學説產生交流。不過,由於竹書開篇從"天地之理"(也就是"天地之道"④)講起,由此導出形勢、形名等概念,並進一步論用兵之奇正,其論述方式與兵書有些差異,所以筆者還是傾向此篇爲稷下道家的著作。《漢志》在道家類著録《孫子》一種,計十六篇,書已亡佚,班志自注云:"六國時。"前人

---

① 參考本書下編《〈文子〉依託尹文考》。
② 李零:《兵以詐立——我讀〈孫子〉》,第8頁。
③ 見《史記·田敬仲完世家》、《孟子荀卿列傳》、《鹽鐵論·論儒》等。
④ 按,彭蒙、田駢等人已注意到"理"之概念可作爲貫串人道與天道的連結,戰國晚期的道家學者甚至以"理"代"道",《奇正》稱"天地之理"正有此種傾向。

或以此書與兵權謀之二《孫子》無關①,但李澤厚已指出,《老子》的哲學有受兵學思潮影響的痕跡,何柄棣先生甚至主張《老子》的辯證思維即源於兵家《孫子》②。道家的《老》學與兵家的《孫》學可能就是經由稷下學者的整理、詮釋與傳授而逐漸融通,並加入儒、法、名家的思想精華,而形成黄老道家"以正治國,以奇用兵"的格局。《漢志》著録的道家《孫子》及銀雀山竹書《奇正》疑皆爲此一學術背景下的産物。

---

① 如顧實《漢書藝文志講疏》云:"班注云六國時,則非兵權謀之吴、齊二孫子也。"
② 李澤厚:《孫老韓合説》,《新版中國古代思想史論》(天津:天津社會科學院出版社,2008年5月),第66—72頁;何炳棣:《有關〈孫子〉〈老子〉的三篇考證》(臺北:"中研院"近代史研究所,2002年8月)。

伍・戰國楚竹書《慎子曰恭儉》重編新釋

一、竹書的編連問題

上海博物館所藏竹書《慎子曰恭儉》存簡六枚(篇題在簡 3 背),完簡僅一枚(簡 1),全長 32 厘米,其餘五支皆爲上半段的殘簡,所存部分長短不一①。本篇竹簡因爲殘斷較甚,所以刊布以來,學者針對編連問題提出不少意見,據李鋭先生所述,目前已有十種不同的竹簡編連方案②。陳劍先生是最早提出簡序調整的學者,其説兼顧竹書的文理脉絡,較值得重視。他説:

> 從内容看,簡1、3和簡5當爲一組。簡1以"慎子曰:恭儉以立身"開頭,接下來都是"某某以某某"的句式;簡3開頭是"勿(物)以坏(培)身","勿(物)"字上面當還缺一個動詞,其句式與簡1相同;簡3後文接着説"中處而不頗,任德以竢,故曰青(静?)",與上面討論的簡5"不羸(贏)其志,古(故)曰强"句式相同。簡1整理者説是全篇唯一的完簡,但從圖版看其下端是呈殘缺狀的。進一步推測,如果在簡1末補上一字,簡1甚至有可能當直接與簡3連讀。這樣考慮還有一個好處,連讀後簡3背面的篇題變成位於第2簡簡背,更靠近全篇之首。③

黄人二先生在其基礎補充説:"簡一云'慎子曰恭儉',簡三背有篇題,云

---

① 馬承源主編:《上海博物館藏戰國楚竹書(六)》(上海:上海古籍出版社,2007 年 7 月),第 275—282 頁。
② 李鋭:《上博簡〈慎子曰恭儉〉疏解》,《出土文獻與傳世典籍的詮釋:紀念譚樸森先生逝世兩周年國際學術研討會論文集》(上海:上海古籍出版社,2010 年 10 月)。
③ 陳劍:《讀〈上博(六)〉短札五則》,《戰國竹書論集》(上海:上海古籍出版社,2013 年 12 月),第 224 頁。

'《慎子曰恭儉》',知簡一必需排在最前方,爲以古書篇名之取開頭文字命題者。……簡三背有篇題,故簡三應接續在簡一之後,簡三、簡五有'故曰'者,爲先秦法家或他家解《老子》之體裁習語,故簡五排在簡三之後。"①鵬按,二氏説可從,惟簡3"故曰青(靖)"、簡5"故曰强"非釋《老子》之語,乃是針對簡1的關鍵詞"靖"、"强"進一步作解釋。

《慎子曰恭儉》爲有韻之文,透過用韻情況可以協助判斷簡序編連是否合理(參看下節重編釋文)。簡1的"翕"(侯部)與;簡1的"志"(之部)、"道"(幽部)與簡3的"竢"(之部)、簡5的"志"(之部)、"蒲"(魚部)、"鉏"(魚部)、"畝"(之部)爲一組韻字②;簡1"勢"(月部)、簡3"頗"(歌部)可押韻,且在戰國齊、楚二地文獻中歌部字常與之、魚二部合韻或通假③。簡3的"身"(真部)、"靖"(耕部)、簡5的"强"(陽部)爲一組陽聲韻字④。由押韻情況來看,簡1、3、5可能爲先後接續的三枚簡。

關於簡2、簡4與簡6,陳劍先生懷疑"這三簡的内容跟前三簡不能緊密聯繫上,其字體風格(尤其是第6簡)與1、3、5簡也頗有不同,它們甚至都有根本就不屬于此篇的可能。"⑤鵬按,兩組簡的書體風格不同,可能經二位書手所抄,但並不能證明簡2、4、6不屬於本篇。上博五的《競建内之》和《鮑叔牙與隰朋之諫》原整理者因字體有異,故分爲兩篇⑥,但後

---

① 黃人二:《上博六〈慎子曰恭儉〉試釋》,《戰國楚簡研究》(上海:上海古籍出版社,2012年11月),第121頁。
② 李存智:《合韻與音韻層次》(收入《漢藏語研究:龔煌城先生七秩壽慶論文集》,第669—670頁)指出,之、魚合韻、通假出現在古中原東部、楚地(郭店、包山楚簡有之,魚通假用例),也見於四川和江淮汝潁之間的詩文用韻。
③ 參考于省吾:《鄂君啓節考釋》,《考古》1963年第8期,第443頁;周鳳五:《讀郭店竹簡〈成之聞之〉札記》,《古文字與古文獻》試刊號,第50頁,注釋30;李存智:《合韻與音韻層次》,《漢藏語研究:龔煌城先生七秩壽慶論文集》,第668、677頁。
④ 章太炎《成均圖》有青(耕)真旁轉之例。真部的韻尾是[-n],耕、陽則爲[-ŋ],邢公畹《漢臺語裡的ŋ-n交替現象》(載《紀念王力先生九十週年誕辰文集》)及沈培《上博簡〈緇衣〉篇"关(從心)"字解》(載《華學》第六輯)都注意到-ŋ、-n相混是不同時期、不同方言都有的現象。齊、楚方言中耕部與真、文、元相通之例,參考汪啓明《先秦兩漢齊語研究》(第129—135頁)、董同龢《與高本漢先生商榷"自由押韻"説兼論上古楚方音特色》(載《中研院歷史語言所集刊》第7本第4分册)及沈培前揭文所舉例證。
⑤ 陳劍:《讀〈上博(六)〉短札五則》。
⑥ 馬承源主編:《上海博物館藏戰國楚竹書(五)》(上海:上海古籍出版社,2005年12月),第165—191頁。

來陳劍從竹簡形制及文例將兩者合而爲一,並重新編連①,得到多數學者的認同。該篇竹簡前後經兩位書手所抄的情況正與《慎子曰恭儉》類似。

黃人二先生所提出的編連順序是"簡1、簡3、簡5、簡6、簡4、簡2",將簡2置於最後,他的考慮是:"簡二的文字,明顯與簡一類似,有總結簡一大義的性質,故列諸最末。"②依其説,簡1開篇的"恭儉以立身"數句與簡2的"恭以爲體(履),□莫卞爲"云云,一頭一尾,前後呼應,其説可從。簡5下殘,所缺約二字,黃氏擬補"形色"二字,求與簡6連讀爲"必於〔形色〕踐今(身)",並認爲"踐身"即《孟子·盡心上》所説的"踐形"。對於簡6與簡4相接,黃氏沒有説明。簡4下殘,缺文約六字,他認爲"簡文此處似乎應該有一個總結,故擬補'故曰'二字"③。下即接簡2。鵬按,黃氏將簡5、簡6、簡4相連,文義不甚通順,頗疑簡6、簡4的位置當互調。簡5"首戴茅蒲,摻銚執鉏,巡畎服畝"所述乃君子在野之情景,簡4"襄(當)得用於世"以下講的則是在位時之舉措,故二簡當相連。簡6"是以君子"云云可下起簡2的結語,所以又接在簡4之後。

從用韻現象看,簡4的"世"(月部)、"施"(歌部)、"義"(歌部)爲一組韻字,前面已提到歌部字在齊、楚方言中可與之、魚二部的字押韻,而簡5的"志"、"畝"爲之部,"蒲"、"鉏"爲魚部,正好可與前揭簡4諸字相諧。簡6的"怙"字爲魚部字,可與前述諸字諧韻,其下"至"(質部)、"道"(幽部)、"疑"(之部)及簡2的"履"(脂部)、"志"(之部)可視爲另一組韻字④。此外,簡2的"卞"(元部)、"言"(元部)爲一組陽聲韻字。

綜上所説,全篇簡序可重編爲"簡1、簡3、簡5、簡4、簡6、簡2"。

---

① 陳劍:《談談〈上博(五)〉的竹簡分篇、拼合及編聯問題》,武漢大學簡帛網,2006年2月19日。
② 黃人二:《上博六〈慎子曰恭儉〉試釋》,《戰國楚簡研究》,第121頁。
③ 同前註,第130頁。
④ 之、脂合韻在傳世文獻中多見於齊、魯地區,戰國楚地出土文獻亦常見通假現象。之、質相通見於《鄂君啓節》、郭店楚竹書《太一生水》、《五行》等。參考李存智:《合韻與音韻層次》,第666頁;陳立:《段玉裁"之、脂、支"分立說的商榷——試以出土的戰國時期材料爲例》,"第一屆應用出土資料國際學術研討會"論文(苗栗:育達技術學院,2003年4月);周鳳五:《讀郭店竹簡〈成之聞之〉札記》,《古文字與古文獻》試刊號,第46頁;何琳儀:《幽脂通轉舉例》,《古漢語研究》第一輯(北京:中華書局,1996年11月)。

二、《愼子曰恭儉》重編釋文[1]

愼子曰：恭儉以立身，堅強以立志，忠(衷)陜(質)以反俞(裕)，逆(去)友(囿)以載道，精(靖)瀘以巽(順)勢，〔齊【簡1】勿(物)以坏(坿)身。中處而不頗，任德以竢，故曰青(靖)；斷室□□□□□□□□【簡3】祿，不累其志，故曰強。首戴茅芙(蒲)，簪(糝)筊(銚)執櫨(鉏)，送(巡)畎備(服)畝，必於□□。【簡5】裹(當)得用於世，均分而廣施，恃(恃)德而方(傍)義，民之□□□□□【簡4】踐今，爲民之古(怙)，仁之至。是以君子向方知道，不可以矣(疑)，臨〔事而斷〕【簡6】干(焉)。恭以爲體(履)，□莫卞干(焉)；信以爲言，〔□〕莫卞干(焉)；強以庚(賡)志，〔□莫卞干(焉)〕。【簡2】

三、校釋

1. **恭儉以立身**：整理者指出："愼子一般被視爲法家，本篇名'愼子曰恭儉'，但内容幾不見於現存各種版本的《愼子》，而似與儒家有關。故簡文中的'愼子'與文獻中的'愼子'是否爲同一人，尚有待研究。"[2] 鵬按，戰國時期法家學者往往自儒家化出，如韓非學於荀子而集法家之大成即一顯例。愼到重德、禮，《愼子·威德》云："聖人有德，而不憂人之危。""明君動事分職必由惠，定罪分財必由法，行德制中必由禮。"可見其學說本有與儒家相似的一面。簡文有"任德"(簡3)、"恃德"(簡4)之說，開篇又強調修身以恭儉爲本，凡此皆與愼到重德、禮之說相合。

2. **堅強以立志**：下文簡3"不累其志，故曰強"、簡2"強以庚(賡)志"皆呼應此句，疑針對上位者爲政行法而言，《管子·侈靡》："君親自好事，強以立斷，仁以好任〈仕〉。"[3] 尹知章注："強立其志，以斷是非。"

---

[1] 釋文採寬式，常見通假字已破讀，待釋及擬補字詞請見下節說明。釋文中凡涉及文字校讀處，將改釋之字括注於原字下，通假字以( )表示，缺文以□表示(一格代表一字)，擬補之缺文則加〔〕標志。

[2] 馬承源主編：《上海博物館藏戰國楚竹書(六)》，第275頁。

[3] 戴望《管子校正》引王引之云："任當作仕，字之誤也。仕與士同，此承上'士可戚'而言，且'仕'與'事'爲韻。"

《荀子·儒效》:"行法至(志)堅①,不以私欲亂所聞,如是則可謂勁士矣。"

3. 忠(衷)陟(質)以反俞(盦):簡文"忠",諸家皆從整理者說如字讀,惟李學勤先生改讀爲"衷",訓爲中心②。鵬按,簡文"忠"指内在而言,當從李先生讀爲"衷"。"忠"字雖可訓爲中心,但簡文此處宜破讀,因慎子有反忠之主張,如《慎子·知忠》:"忠未足以救亂世,而適足以重非。""忠盈天下,害及其國。"簡文"陟"字上下從二"止",中從"田",整理者釋爲"步",讀爲"樸"。鵬按,此字又見於包山簡(見第 167、194 簡),作爲人名。出土文獻中又有二種異體:一見於中山王壺銘,但其上更從"厂";一見於包山簡(第 151 簡,亦作爲人名)及上博五《鬼神之明·融師有成氏》(第 5 簡),中間所從"田"作"日"。此字當分析爲"從步,日聲",乃"陟"之異體,前者爲形聲字,後者爲會意字。日,日母質部;陟,端母職部。音近可通。"日"或作"田",乃因形近而訛。至於中山王壺銘此字從"厂"乃代換義符"阜"。簡文"陟"當讀爲"質",訓爲誠、實③。簡文"俞",整理者隸定爲"㐭",李學勤先生從之,並讀爲"淳",訓爲淳樸敦厚④。何有祖先生則指出,簡文從亼從舟,當即"俞"字,並訓"俞"爲安定,舉《呂氏春秋·知分》:"古聖人不以感私傷神,俞然而以待耳。"高誘注:"俞,安。"爲説⑤。黄人二先生從何説釋爲"俞",並讀爲《老子》"質真若渝"之"渝",並引蔣錫昌說將"渝"視爲"輸"之假借,訓爲愚笨⑥。鵬按,當從何有祖說隸定爲"俞"。簡文"俞"及今本《老子》第 41 章"質真若渝"之"渝"(或作"輸"),可從高亨說讀爲"盦",訓爲虚。《說

---

① 王先謙《荀子集解》引劉台拱曰:"《韓詩外傳》引此作'行法志堅',據楊《注》'行有法度',明行法'與'志堅'對舉,不當作'至'。"王氏又云:"《荀》書'至'、'志'通借,《正論篇》'其至意至闇也',楊《注》:'至當爲志',是其證。"
② 李學勤:《談楚簡〈慎子〉》,《中國文化》第 25、26 期合刊,第 44 頁。
③ 陳偉先生曾將此字釋爲"寔",讀爲"質",訓爲誠、實;胡瓊則據徐中舒、何琳儀之説,釋此字爲"陟",並從陳偉先生讀爲"質",訓爲性。説見陳偉:《〈慎子曰恭儉〉初讀》,《新出楚簡研讀》,武漢大學出版社,2010 年 3 月;胡瓊:《釋〈慎子曰恭儉〉中的"陟"》,武漢大學簡帛網,2007 年 8 月 8 日。
④ 李學勤:《談楚簡〈慎子〉》,《中國文化》第 25、26 期合刊,第 43 頁。
⑤ 何有祖:《〈慎子曰恭儉〉劄記》,武漢大學簡帛網,2007 年 7 月 5 日。
⑥ 黄人二:《上博六〈慎子曰恭儉〉試釋》,《戰國楚簡研究》,第 123 頁。

文》:"窬,空中也。"《淮南子·氾論》:"乃爲窬木方版以爲舟航。"高誘注:"窬,空也。"①

4. 逆(去)友(囿)以載道:李學勤先生將"逆友"讀爲"卻宥"或"去宥"②,此從之。"逆",疑母鐸部;"卻",溪母鐸部;"去",溪母魚部。魚、鐸二部陰入對轉,溪、疑旁紐,音近可通。"友"、"囿"則皆匣母之部。"載道"之"道"即《管子·內業》"凡道無所,善心焉處"之"道",疑指精氣③。《內業》說精氣"藏於胸中,謂之聖人"。以心爲涵攝精氣之型範,故云"凡心之刑(型),自充自盈"。"夫道者,所以充形(型)也。"④簡文"去囿以載道",用《管子·心術上》經文的話說,也就是"虛其欲,神將入舍;掃除不絜,神乃留處"。"絜其宮,開其門,去私言,神明若存"。

5. 精(靖)濾以巽(順)勢:簡文"精"及下文簡3"故曰青"之"青"疑皆讀爲"靖",訓爲定、安。《廣雅·釋詁一》:"靖,安也。"《說文》:"靖,立竫也。"段玉裁《注》:"謂立容安竫也。安而後能慮,故《釋詁》、《毛傳》皆曰:'靖,謀也。'"簡文"巽",整理者訓爲持,此則讀爲"順"。"勢"字簡文原從女、埶聲,整理者釋爲"藝",此從劉洪濤先生說改讀⑤。尚法任勢爲慎到學說的核心,他主張"法雖不善,猶愈於無法。法,所以一人心也"(《慎子·威德》)。"有道之國,法立而私義不行,君立則賢者不尊。民一於君,事斷於法,是國之大道也。"(《北堂書鈔》卷43所引《慎子》佚文)⑥荀子批評他"蔽於法而不知賢"(《解蔽》)。慎到論勢見於《韓非子·難勢》,他說:"堯爲匹夫,不能治三人;而桀爲天子,能亂天下,吾以此知勢位之足恃,而賢智之不足慕也。"故只要定法而順勢,便可國治而政清。

---

① 高亨:《老子正詁》(北京:古籍出版社,1956年10月),第95頁。
② 李學勤:《談楚簡〈慎子〉》,《中國文化》第25、26期合刊,第43頁。
③ 馬非白:《〈管子·內業〉篇集注》(《管子學刊》1990年第1期)指出,《內業》"精"字凡十二見,"氣"字凡十八見,"精"、"氣"皆指精氣言,異名同實。該篇多數"道"字亦爲精氣之異稱,如"凡道無所,善心焉處。""凡道,無根無莖,無葉無榮,萬物以生,萬物以成,命之曰道。"
④ 《內業》此處的"刑"、"形"皆讀爲"型",參考拙著:《宋鈃學派遺著考論》(臺北:萬卷樓圖書公司,2009年5月),第271頁。
⑤ 劉洪濤:《上博竹書〈慎子曰恭儉〉校讀》,武漢大學簡帛網,2007年7月6日。
⑥ 參考阮廷焯:《慎子考佚》,《先秦諸子考佚》(臺北:鼎文書局,1980年3月),第186頁。

6.〔齊〕勿(物)以坏(坿)身：簡1末擬補"齊"字。《莊子·天下》謂彭蒙、田駢、慎到"齊萬物以爲首(道)"①，王叔岷先生解釋云："以道觀之，萬物皆一。天地有能有不能，萬物有可有不可，皆包於道，所謂'道則無遺'，此並與莊子之齊物之義相符。"②簡文"坏"當從整理者説訓爲益，但其字乃"坿"之假借。《説文》："坿，益也。"段玉裁《注》："今多用'附'訓益。附乃附婁，讀步口切，非益義也。今'附'行而'坿'廢矣。"坏、坿在傳世文獻中有通假之例，如《禮記·月令》"坏牆垣"，《吕氏春秋·孟秋》作"坿牆垣"，高誘注："坿猶培也。"簡文"坿身"即益身、養身之意。《慎子·威德》强調人君需"助衆"、"助博"，如云："身不肖而令行者，得助於衆也。""夫三王五伯之德，參於天地，通於鬼神，周於生物，其得助博也。"既要博要衆，就要"於物無擇"③，而要作到這點就需要"決(缺)然無主④，趣物而不兩⑤(見《莊子·天下》)，此即慎到等人的"齊物"觀。

7.……禄，不累其志：簡文"禄"，整理者原釋"厚"，此從何有祖先生改釋⑥。簡文"累"，整理者釋爲"縲"，此從陳偉先生説釋⑦。簡文上殘，所缺約九字。

8.故曰強：簡文"強"，整理者釋爲"居"。此字又見簡2"強以庚志"，整理者僅依形隸寫而無説，陳偉先生將此二字皆釋爲"強"⑧，兹從

────────

① 首讀爲道，從奚侗、顧實説。見顧實：《莊子天下篇講疏》(臺北：台灣商務印書館，1980年12月二版)，第55頁。
② 王叔岷：《法家三派重勢之慎到》，《先秦道法思想講稿》(臺北："中研院"文哲所，2002年5月)，第181頁。
③ 《慎子·民雜》："民雜處而各有所能，所能者不同，此民之情也。大君者，大上也，兼畜下者也。下之所能不同，而皆上之用也。是以大君因民之能爲資，盡苞而畜之，無去取焉。是故不設一方以求於人，故所求者無不足也。大君不擇其下，故足也。不擇其下則易爲下矣，易爲下則下莫不容，莫不容故多下，多下之謂大上。"即此意。
④ 顧實《莊子天下篇講疏》云："決、缺同聲通用字，《逍遥游》篇曰'吾自視缺然'，蓋空虚之義也。"鵬按，顧説言。"缺"亦作"闋"，《莊子·人間世》："瞻彼闋者，虚室生白。"《釋文》引司馬云："闋，空也。"
⑤ 馬敍倫《莊子天下篇述義》："'不兩'，謂與物爲一。'趣物而不兩'，謂隨物而往，不持己意。"
⑥ 何有祖：《〈慎子曰恭儉〉劄記》。
⑦ 陳偉：《〈慎子曰恭儉〉校讀》，武漢大學簡帛網，2007年7月19日。
⑧ 同前註。

之。此字與簡1"堅強以立志"的"強"相較,右旁所從的"口"形在二横筆之下,二者實爲一字異體。

9. 首戴茅芙（蒲）：簡文"戴",整理者釋爲"之首"合文,此依劉建民先生說改釋①。"茅芙",何有祖先生讀爲"茅蒲",並引《國語·齊語》："脱衣就功,首戴茅蒲,身衣襏襫,霑體塗足,暴其髮膚,盡其四支之敏,以從事于田野。"爲說②,此從之。

10. 簪（摻）筱（銚）執櫨（鉏）："鉏"從劉建民先生說釋。簡文"筱",劉氏讀爲"蓧",引《説文》："蓧,艸田器。《論語》曰：'以杖荷蓧。'爲證③。鵬按,劉說是。"蓧"之古文作"銚"④（即今"鍬"字）,即其本字。"銚"即起土、除草農具,《莊子·外物》："春雨時至,草木怒生,銚鎒於是乎始修。"《鹽鐵論·申韓》："非患銚鉏之不利,患其舍草而去苗也。"後者銚、鉏連言,可與簡文印證。簡文"簪"字原從"木"、"曰"、"卯",劉洪濤及陳偉釋爲"樸"。劉氏並指出：此字右旁與上博竹書《民之父母》11號簡"異"字作"▨"相近。陳偉先生則讀"樸"爲"撰",訓爲握持,並引《九歌·東君》"撰余轡兮高駝翔"爲說⑤。鵬按,"異"字無從"曰"者,疑此字右旁所從爲"晉"。楚簡中的"晉"字見於包山簡177,作"▨",原整理者釋爲"箳",並舉《召尊》爲說⑥,後湯餘惠、劉釗等人改釋爲"晉"⑦；又見於上博竹書《容成氏》簡38,字作"▨",整理者讀爲"琰"（岷山氏之二女名）⑧。李守奎先生指出："簡文中讀爲'琰',字形上部所從

---

① 見劉洪濤：《上博竹書〈慎子曰恭儉〉校讀》（武漢大學簡帛網,2007年7月6日）所引。關於"戴"字,沈培先生有較詳細的討論,見《試釋戰國時代從"之"從"首"之字》,武漢大學簡帛網,2007年7月17日。
② 何有祖：《〈慎子曰恭儉〉剳記》。
③ 見劉洪濤《上博竹書〈慎子曰恭儉〉校讀》一文所引。
④ 段玉裁《説文解字注》於"蓧"字下指出：《金部》有"銚"字,疑即此字之古文。
⑤ 劉洪濤：《上博竹書〈慎子曰恭儉〉校讀》；陳偉：《〈慎子曰恭儉〉校讀》。
⑥ 湖北省荆沙鐵路考古隊：《包山楚簡》（北京：文物出版社,1991年10月）,第52頁,考釋第325。
⑦ 湯餘惠：《包山簡讀後記》,《考古與文物》,1993年2月,第74頁；劉釗：《包山楚簡文字考釋》,《東方文化》36卷（1998年）,第64頁。
⑧ 馬承源主編：《上海博物館藏戰國楚竹書（二）》（上海：上海古籍出版社,2002年12月）,第280頁。

兩個偏旁與楚文字之'次'同形。"①馬王堆一號漢墓遣册簡222有"簪",所從"先"簡化爲"夂"②。可見此字上部所從往往與"次"、"夃"、"夂"等字混同。"次"字所從之"欠"與"卯"字所從之"卩",古文字皆象人跽坐之形,故有混用的可能③。簡文此字從"木","晉"聲,疑即"簪"字異體(義符"竹"代換爲"木")。簡文"簪"(精母侵部)讀爲"摻"(生母侵部),訓爲執持。簡文摻、執二字對文,《詩·鄭風·遵大路》"摻執子之袪"、"摻執子之袪",則摻、執二字連言。前舉上博簡《民之父母》"晉"字(整理者釋爲"巽")所在辭例爲"内恕晉悲",與《禮記·孔子閒居》、《孔子家語·論禮》"内恕孔悲"對應④。此句可作二讀,一讀爲"憯"(與"慘"通),訓爲痛;一則讀爲"甚"(禪母侵部),傳世文獻作"孔",乃近義換用。

11. 送(巡)畎備(服)畝:"服畝"一詞從陳劍及沈培釋。二氏並讀"送"爲"遵",引《晏子春秋·内篇·諫上》"君將戴笠衣褐,執銚耨以蹲行畎畝之中,孰暇患死"爲説⑤。鵬按,"遵"、"循"、"巡"音近義通,爲一組同源詞⑥。簡文"送"(心母東部)亦可讀爲"巡"(邪母文部),訓爲視行。"巡畎"即巡視田疇之意。

12. 襄(當)得用於世:簡文"襄"字作"[字形]",整理者隸定爲"襄",黄人二及李鋭從之,並分别讀爲"鄉"(訓爲設若)、"尚"(訓爲上)⑦。陳偉先生認爲此字乃"敬"之異構,讀爲"苟",訓作假設連詞⑧。鵬按,此字

---

① 見李守奎在《上海博物館藏戰國楚竹書(一——五)文字編》"晉"字條下的解説,並參看李氏所編《楚文字編》从"欠"之字例(第532—533頁)。
② 參考朱德熙、裘錫圭:《馬王堆一號漢墓遣册考釋補正》,《朱德熙文集》第五卷(北京:商務印書館,1999年9月),第131頁。
③ "晉"字所從之"先",馬敘倫、高鴻縉謂象人簪髮之形(二氏説見引自《古文字詁林》第七册,第748—749頁),小篆此字從"儿",而古文字中凡象人跽坐之形者,往往類化爲小篆"儿"。
④ 馬承源主編:《上海博物館藏戰國楚竹書(二)》,第171頁。
⑤ 陳劍《讀〈上博(六)〉短札五則》、沈培《〈上博(六)〉字詞淺釋(七則)》。二文均載武漢大學簡帛網,2007年7月20日。
⑥ 王力:《同源字典》(北京:商務印書館,1982年10月),第463頁。
⑦ 黄人二:《上博六〈慎子曰恭儉〉試釋》,《戰國楚簡研究》,第129頁;李鋭:《上博簡〈慎子曰恭儉〉疏解》。
⑧ 陳偉:《上博竹書〈慎子曰恭儉〉初讀》。

當從整理者隸作"襄"。《說文》小篆"襄"作"㐮",字從"衣",楚文字"襄"字下部或從"衣"省,如信陽簡 2.22"襄"字作"㐮",但亦有完全省去"衣"者,如鄂君啓節作"㐮"、上博《容成氏》簡 17 作"㐮",即與簡文類似。"襄"疑讀作"當"①,訓作假設連詞,意猶"若"。黃人二先生讀爲"鄉"(或作"向")雖於音理可通,但此類用法見於漢代之後的文獻②。李銳先生又指出,"鄉"字作爲假設連詞都附帶表示過去時間③,與此處文義不合。"當"字訓爲"若"者如《墨子·法儀》:"然則奚以爲治法而可?當皆法其父母,奚若?"《韓非子·人主》:"當使虎豹失其爪牙,則人必制之矣。"④文獻中此類用法又作"尚"、"黨"、"儻"⑤。

13. 峕(時)德而方(傍)義:整理者讀"峕"爲"時",訓爲"合乎時宜",並訓"方"作"爲"。陳偉先生讀爲"恃德而傍義",並引《史記·商君列傳》引《書》:"恃德者昌,恃力者亡。"《論衡·答佞》:"思慮遠者,必傍義依仁,亂于大賢。"爲證⑥。此從之。

14. 爲民之古(怙):簡文"古",整理者讀爲"故",頗疑當讀爲"怙",訓爲依恃。前文云君子得勢位需"恃德而傍義",以爲民之表,此則云君子"爲民之怙",即"爲民父母"之意。

15. 臨〔事而斷〕干(焉):簡 6 下殘,據文意及韻腳擬補"事而斷"三字,並與簡 2 首字"干(焉)"連讀。"斷"(元部)可與簡 2 的"遍"(真部)、"言"(元部)諧韻。《禮記·樂記》:"臨事而屢斷,勇也。"簡文上云"向方知道,不可以疑",下接"臨事而斷",義正相承。簡 2 有三"干"字,皆從劉洪濤及李學勤説改讀爲"焉"⑦。

16. 恭以爲體(履):簡文"體"諸家多從整理者説隸定爲"豊",讀

---

① 上古音"襄"爲心母陽部,"當"爲端母陽部,音近可通。
② 參考謝紀鋒編:《虛詞詁林》(哈爾濱:黑龍江人民出版社,1993 年 1 月),第 64 頁"鄉"字條、第 223 頁"向"字條。
③ 李銳:《上博簡〈慎子曰恭儉〉疏解》。
④ 謝紀鋒編:《虛詞詁林》,第 200 頁引楊樹達《詞詮》。
⑤ 同前註,第 200、337、451 頁。
⑥ 陳偉:《上博竹書〈慎子曰恭儉〉初讀》。
⑦ 劉洪濤:《上博竹書〈慎子曰恭儉〉校讀》;李學勤:《談楚簡〈慎子〉》,《中國文化》第 25、26 期合刊,第 43 頁。

爲"禮",李鋭先生則讀爲"履",並與下字連讀①。劉洪濤先生則指出,當釋爲"體",訓爲法②。鵬按,簡文左從"肉",當從劉説視爲"體"之異體。"體"可如李鋭説讀爲"履"③,訓爲行,但應在此斷讀。"恭以爲履"與下文"信以爲言"對文。

17. □莫卞干(焉):簡2"體"下之字,整理者隸定爲"僉"(下從曰),讀爲"儉",劉洪濤先生則釋爲"道"④。鵬按,審視圖版,此字殘缺較甚,釋爲"儉"或"道"都有可疑處,故暫時以□表示⑤。簡文"卞"(下從又),整理者讀爲"偏",亦可能讀爲"遍"、"辨"、"變",但因前後有缺字,其義不易確定,故存疑待考。"信以爲言"下,從文例上看,疑脱一字,當屬下讀。"强以庚(賡)志"⑥後亦可依文例擬補"□莫卞干(焉)",補字後其下僅容四至五字,疑無缺文,簡文至此完結。

---

① 李鋭:《〈愼子曰恭儉〉學派屬性初探》,《新出簡帛的學術探索》(北京:北京師範大學出版社,2010年4月),第210頁。
② 劉洪濤:《上博竹書〈愼子曰恭儉〉校讀》。
③ 《荀子·修身》:"篤志而體,君子也。"王念孫《讀書雜志》:"體讀爲履。"《周禮·天官冢宰》"體國經野",俞樾《群經平議》:"體當讀爲履。"皆體、履相通之證。
④ 劉洪濤:《上博竹書〈愼子曰恭儉〉校讀》。
⑤ 鵬按,設若此字如整理者説爲"僉"字,似可考慮讀爲"嚴"。嚴、僉二字上古音皆在談部,且從二字得聲者往往相通,如《墨子·尚賢中》"傅説被褐帶索,庸築乎傅巖",孫詒讓《閒詁》指出:"《史記·殷本紀》'傅巖'作'傅險',音近字通。"又如《詩·小雅·采薇》"玁狁之故",《釋文》:"(玁)本或作獫。""嚴"訓爲尊、威,指國君之威勢(下文"信以爲言"及"强以賡志"後所缺之字疑爲意義相近之字)。"僉"若讀爲"嚴",下文"卞"則可讀爲"變"。簡文"恭以爲體,嚴莫變焉;信以爲言,□(威?)莫變焉;强以賡志,□(勢?)莫變焉"是説:以恭、信、强等作爲言行的法則,國君的威勢便莫可移易。
⑥ 簡文"庚",整理者訓爲"續"但未破讀,其説可從,但"庚"當讀爲"賡"。

陸·慎子三論

一、慎到的年世及"三慎子"問題辨析

關於慎到的年世及身份,頗有異説。傳世文獻中所見戰國時期"慎子"似有三人:一是稷下先生慎到①;二是《戰國策·楚策二》所記楚襄王爲太子質於齊時的傅②;三是《孟子·告子下》所記"魯欲使慎子爲將軍"之慎子,自稱"滑釐"③。此外,慎到與申不害孰先孰後,論者各執一端,亦難以遽定。關於後者,錢穆説:

> 《漢志》法家者流有《慎子》四十二篇,《注》:"名到,先申、韓,申、韓稱之。"夫到與孟子同時(按,錢氏肯定《孟子·告子下》所記慎滑釐即慎到),而按《鹽鐵論》,慎子以湣王末年亡去,則慎子輩行猶較孟子稍後,豈得先申子?《荀子·非十二子》以慎到、田駢齊稱。《莊子·天下》篇稱彭蒙、田駢、慎到。田駢學於彭蒙而與慎到同時,是慎到後於彭蒙也,近人胡適(《中國哲學史大綱》卷上)謂慎到稍在前,彭蒙次之,田駢最後,亦非矣。④

---

① 《史記·孟子荀卿列傳》:"慎到,趙人。田駢、接子,齊人。環淵,楚人。皆學黄老道德之術,因發明序其指意。故慎到著十二論,環淵著上下篇,而田駢、接子皆有所論焉。"
② 《戰國策·楚策二》:"楚襄王爲太子之時,質于齊。懷王薨,太子辭于齊王而歸。齊王隘之〔曰〕:'予我東地五百里,乃歸子。子不予我,不得歸。'太子曰:'臣有傅,請追〈退〉而問傅。'傅慎子曰:'獻之。地所以爲身也。愛地不送死父,不義,臣故曰獻之便。'太子入,致命齊王曰:'敬獻地五百里。'齊王歸楚太子。"引文"齊王隘之"下補"曰"字從鍾鳳年之説;"追而問傅"之"追"爲"退"之訛則從鮑彪《注》。參考范祥雍:《戰國策箋證》(上海:上海古籍出版社,2006年12月),上册,第835頁。
③ 《孟子·告子下》:"魯欲使慎子爲將軍。孟子曰:'不教民而用之,謂之殃民。殃民者,不容于堯舜之世。一戰勝齊,遂有南陽,然且不可。'慎子勃然不悦曰:'此則滑釐所不識也。'"
④ 錢穆:《慎到考》,《先秦諸子繫年》(臺北:東大圖書公司,1999年6月3版),第426頁。

但顧實、王叔岷仍據《漢志》班志自注、《呂覽》高誘注，定慎到在申子之前(按，申子年世據錢穆所定爲公元前400年至前337年)①。按，錢穆以《孟子》所述慎滑氂即慎到之説雖有待商榷，但他指出《鹽鐵論·論儒》所記齊湣王時稷下先生散去一事，可據此確定慎到年世當在申不害之後。若依顧實等人之説，則慎到生於公元前400年之前，且至湣王(公元前300年至前284年在位)末年猶存，則其年齡已逾百一十歲，較無此可能。對於班固、高誘所謂慎子爲申、韓所稱之説，裘錫圭先生有一合理的推測。他説：

> 申不害的年輩高於慎到，但是《漢書·藝文志》卻説《申子》稱引過慎子。也許《申子》編定於申不害門徒之手，所以能稱引慎到。申、慎兩派可能是相互影響的。②

按，此種情形猶如宋鈃與莊周一派學説較近，且互相影響，故宋子後學編《去尤》時乃援引《莊子》爲説③。

關於前述戰國時期三"慎子"的身份問題，可以分爲兩個層次：一

---

① 顧實：《莊子天下篇講疏》(臺北：臺灣商務印書館，1980年12月2版)，第131—132頁；王叔岷：《法家三派中勢之慎到》，《先秦道法思想講稿》(臺北："中研院"文哲所，2002年5月)，第175頁。
② 裘錫圭：《馬王堆〈老子〉甲乙本卷前後佚書與"道法家"——兼論〈心術上〉〈白心〉爲慎到田駢學派作品》，《文史叢稿》，上海遠東出版社，1996年10月，第70頁。裘先生在前揭文中指出，慎子與申不害的思想有許多相似之處，如慎子喜歡講"因"、重"勢"，《申子·大體》説："凡因之道，身與公無事，無事而天下自極也。"《荀子·解蔽》則稱"申子蔽於勢而不知知"。而馬王堆帛書《老子》卷前後佚書中亦出現與二子學説相關的詞句。
③ 《呂氏春秋·去尤》爲宋鈃後學所編，"魯有惡者"章引《莊子·達生》"以瓦投(投)者翔(祥)，以鉤〈玉〉投(投)者戰，以黄金投(投)者殆。其祥(投)〈投〉一也，而有所殆者，必外有所重者也；外有所重者，蓋内掘(拙)也。"爲説(引文依《去尤》，並經筆者校改)。按，宋、莊二子皆爲宋人，年世又相及。筆者定爲宋鈃一派作品的《白心》與《莊子》有不少對應或相關之文句，如《白心》云："孰能忘己乎，效夫天地之紀"與《莊子·天地篇》："有治在人，忘乎物，忘乎天，其名爲忘己。忘己之人，是之謂入於天"意旨相通；又如《莊子·秋水篇》："差其時，逆其俗者，謂之篡夫；當其時，順其俗者，謂之義之徒"即《白心》"能若夫風與波乎？唯其所欲適。故子而代其父曰義也，臣而代其君曰篡也，篡何能歌？武王是也"之意。《白心》："爲善乎，毋提(媞)提(媞)；爲不善乎，將陷於刑。善不善，取信而止矣。若左若右，正中而已矣"疑即《莊子·養生主》："爲善無近名，爲惡無近刑。緣督以爲經，可以保身，可以全生，可以養親，可以盡年"所本。以上所論見拙著：《宋鈃學派遺著考論》，第193—198頁，第326—329頁。

是《孟子》所記魯國欲封爲將軍之愼子是否爲稷下先生愼到;二是《楚策》所云襄王傅愼子是否爲愼到。

錢穆曾主張《孟子·告子下》之愼滑釐即愼到。他據焦循之説認爲愼子名滑釐,字到,名、字相應("釐"與"來"通)①,且認爲"孟子以齊威王晚年(三十六年)曾返魯,後於宣王八年去齊至宋,其後或仍返老於魯。愼子亦居稷下,至湣王末而去。疑其居魯,或當以威王晚節爲近是。姑以是時愼子年三十計,則湣王之末,愼子年垂七十矣。魯欲使愼子爲將軍,乃一時擬議之辭,其事成否不可知,至一戰勝齊,孟子特假爲之説耳,非必魯將愼子,必以伐齊取南陽爲幟志也"②。楊伯峻及李學勤先生認爲此愼子非愼到。楊伯峻説:"其學(按,指愼到)近於黄老而主張法治。《荀子》説他'有見於後,無見於先',《莊子》説他'棄知去己',如此之人,何能作將軍? 焦説不足信。有人又疑心愼滑釐即禽滑釐。按禽滑釐的年代當在紀元前 470—400 年間,這時孟子尚未出生,所以也不可信。"③李學勤先生也説:"這位名滑釐的愼子顯然是武人,同法家學者愼到全不相侔,焦説並不足信。"④按,錢穆之推算與孟、愼二子所處的年代及地域相合,且其名、字又並非全無關聯,頗疑此愼子可能即愼到。先秦士人多文武兼修,若孔門之漆雕開,《韓非子·顯學》稱他"不色撓,不目逃,行曲則違於臧獲,行直則怒於諸侯"其言行雖近後世之俠,但非魯莽之武夫,仍致力於講學著述,故〈顯學〉記孔子死後"儒分爲八"有"漆雕氏之儒",《漢書·藝文志》儒家類亦著録《漆雕子》十三篇。又如子貢以其利口巧辯游説諸侯,《史記·仲尼弟子列傳》稱"子貢一出,存魯、亂齊、破吳,彊晉而霸越。子貢一使,使勢相破,十年之中,五國各有變"。《淮南子·人間》更記載"魯君召子貢,授之將軍之印",但爲子貢回絶。即以愼到本人的學術背景來説,亦有可能爲嫻習兵法、縱橫之術的士人。蒙文通就曾提出"兵、農、縱橫應屬法家"的觀點。他説:

---

① 焦循説見《孟子正義》(北京:中華書局,1987 年 10 月),下册,第 851—852 頁。
② 錢穆:《愼到考》,《先秦諸子繫年》,第 425—426 頁。
③ 楊伯峻:《孟子譯注》(北京:中華書局,1960 年 1 月),下册,第 291 頁。
④ 李學勤:《談楚簡〈愼子〉》,《中國文化》第 25、26 期合刊(2007 年 10 月),第 44 頁。

兵、農、縱橫三者只是法家施政的工具。法家講求富、強,屬耕、戰,耕是爲了富,戰是爲了強,縱橫也就是法家的外交術。(其下舉商鞅等人爲例)……賈誼在《過秦論》:"商君内立法度(法家)、務耕織(農家)、修守戰之備(兵家),外連衡而鬥諸侯(縱橫家)。"顯然是把四家合在一身。法家本有它完整的理論,其餘三家只是技術問題,是不能與儒、墨、道、法相提並論。①

按,蒙氏所説法家與兵、農、縱橫相通,雖以三晉法家爲主,但齊創設稷下學宮之背景本與列國變法潮流有關,齊宣王上承威王變法而強盛之勢,廣攬人才,更是爲了實現帝王統一之大業②。慎到如果只是一個倡法理而不論國事的理論家,可能很難在稷下立足。《史記·孟子荀卿列傳》謂"慎到,趙人,學黄老道德之術"。慎子來自三晉,其思想當有法家富國強兵之學的一面,其後學黄老之術,融合道③、法而成一家之學。在現存極爲有限的《慎子》佚文中雖然未見慎到一派厲耕或縱橫之説,但有論兵如"藏甲之國必有兵道④。市人可驅而戰;安國之兵,不由忿起",又如其"有勇不以怒,反與怯均也"之語⑤,亦頗有勇武之精神。

再論《戰國策》所記楚襄王之傅慎子是否爲慎到之問題。錢穆認爲:"懷王入秦爲周赧王十六年,其時齊湣王之二年也。豈慎子遂以其時爲楚襄傅乎?校其年代,尚無不合,惟慎氏書顯係鈔撮僞造,不足據。《史記正義》云:'慎子,戰國時處士。'亦不以爲楚王傅。"⑥按,慎懋賞本《慎子·内篇》"慎子仕楚爲太子傅"一章未見於守山閣本,譚普森輯本

---

① 蒙文通:《周秦學術流派試探》,《先秦諸子與理學》(桂林:廣西師範大學出版社,2006年5月),第180—181頁。
② 關於稷下學宮由創立至興盛之背景及其政治功能,參考白奚:《稷下學研究——中國古代的思想自由與百家爭鳴》(北京:三聯書店,1998年9月),第41—47頁、第57—61頁。
③ 按,此處所謂的"道"指的是已融合《老子》學説及儒、名二家思想的黄老道家(如尹文之流)。王叔岷謂:"慎到之學,法家而雜糅道、名、儒三家。"其説是。見王叔岷:《法家三派重勢之慎到》,《先秦道法思想講稿》,第191頁。
④ "道"字,守山閣本作"遁"。
⑤ 譚普森:《慎子佚文》(倫敦:牛津大學出版社,1979年),第290頁、第294頁(第104、105、112條)。
⑥ 錢穆:《慎到考》,《先秦諸子繫年》,第427頁。

也未收,蓋以爲抄襲《楚策》而不錄①。今討論此一問題,只能以《戰國策》爲據。陳偉先生從《史記·田完世家》所記齊宣王時慎到在稷下講學及《鹽鐵論·論儒》湣王末年稷下先生散亡仍見慎到,推論:"齊宣王在位之年,是公元前 319 年至前 301 年;齊湣王在位,是公元前 300 年至前 284 年。由此推斷,公元前 310 年或更早到公元前 300 年或更晚,慎到在齊講學。《史記·楚世家》記此事在楚懷王三十年(公元前 299 年)。慎子擔任頃襄王傅,自必在此之前。因而,這個慎子不大可能是慎到。"②李學勤先生則認爲:"《戰國策·楚策二》云:'楚襄王爲太子時,質於齊。懷王薨,太子辭於齊王而歸,齊王隘之……'楚懷王死於秦,事在公元前 299 年,即齊湣王二年,正是慎到活動的年代,所以《周季編略》即逕以此'慎子'是慎到。慎到齊宣王時已在稷下,楚襄王爲太子而質於齊,聘他爲傅,一段時間到楚國,後來再回到齊,是完全可能的。楚簡中《慎子曰恭儉》一篇的發現,更增加了這種可能性。"③按,以當時齊、楚之關係來論,慎到的確有可能任懷王太子(即襄王)之傅。從公元前 317 年楚懷王派屈原東使於齊後,齊、楚聯繫日漸密切。公元前 312 年楚伐秦,大敗,魏乘機襲楚,屈原更使齊求援。公元前 300 年楚懷王又命屈原使於齊。這一段期間楚國内部雖有親齊與親秦派的路綫鬥爭,且懷王也兩度背齊而欲與秦合,但基本上齊、楚二國交流頻繁④。慎到爲當時稷下之顯士,襄王爲太子時質於齊而任其爲傅,藉此加强齊、楚之關係及彼此之瞭解,確有此可能性。不過,陳偉先生之懷疑也並非全無道理。《楚策》該章後記述襄王歸國後慎子隨之入楚,且爲之謀畫,欲止齊索其東地(前文襄王應齊王割東地之要求而得以歸),慎到

---

① 據譚樸森及王叔岷總結前人對於《慎子》版本之研究指出:《慎子》原書佚於宋前。四部叢刊所收江陰繆氏蕅香簃藏寫本,乃從明萬曆慎懋賞刻本抄録。此本抄襲、割裂古書,其中雜有南宋末王柏《天地萬物造化論》,當爲明人依託之作。王叔岷且説:"竊疑即慎懋賞所僞託,借以光大其先人慎到耳。"在諸輯本中以守山閣叢書本採録較完備,也較可信。譚説見《慎子佚文》第一章;王説見《法家三派重勢之慎到》,《先秦道法思想講稿》,第 174—175 頁。
② 陳偉:《〈慎子曰恭儉〉初讀》,《新出楚簡研讀》(武漢大學出版社,2010 年 3 月)。
③ 李學勤:《談楚簡〈慎子〉》,《中國文化》第 25、26 期合刊(2007 年 10 月),第 44 頁。
④ 參考楊寬《戰國史》(臺北:臺灣商務印書館,1997 年 10 月)附録三《戰國大事年表》、游國恩《楚辭概論》(臺北:里仁書局,1981 年 10 月)第三篇第一章所附《屈原年表》。

若爲稷下先生而有如此之行爲,豈得容於"驕暴"而"矜功不休"的湣王①?《戰國策》本非歷史實錄,書中存有一些虛構的篇章,劉向謂其性質爲"戰國時游士輔所用之國,爲之策謀"之説,實與兵書之權謀、諸子之縱橫家相通②。即以本文所討論的《楚策》此章而論,就極有可能爲游士依託之説。范祥雍説:"此策當與《史記》不合。而同《策》四'長沙之難章'謂齊、韓、魏三國攻楚東國,楚用昭蓋計,令屈署爲和於齊以動秦,秦果許出兵助楚,亦與此策有異。蓋傳聞異辭,加以策士誇飾,遂致失實。"③繆文遠更指出:

> 此章言齊求楚東地,楚使景鯉之秦求救,秦出兵五十萬救楚。按,楚懷王爲秦誘而拘繫,秦、楚仇隙甚深,楚豈因齊索東地而即求救於秦?秦志在亂楚,亦未必救之。即救之,亦未必發傾國之師。秦發五十萬之軍,韓、魏何以毫無戒心而許之假道?驗之形勢,均不可能,此《策》亦依托之作。④

按,既定此章所記非史實,則對慎子是否爲楚襄王傅一事可以不必深入追究。不過,此章所言之"慎子"所託仍爲慎到,造爲此説者蓋以慎到爲稷下名士,故附會楚襄王質於齊時,聘其爲傅,且爲之謀畫。觀此策中子良、昭常、景鯉止齊索地之計本不相容,但慎子主張"皆用之"而得以解患,頗與慎到"因則大,化則細""于物無擇"⑤之説相合⑥。

綜上所論,慎到之年世晚於申不害,其生卒年約數可依錢穆説定爲公元前 350 年至前 275 年,與田駢、尹文爲同輩,而爲彭蒙、宋鈃之後

---

① 按,《史記·樂毅列傳》稱"諸侯害齊湣王之驕暴,皆爭合從與燕伐齊"。《鹽鐵論·論儒》則謂湣王"矜功不休,百姓不堪"。
② 參考陳國慶:《漢書藝文志注釋彙編》(第 68 頁)所引劉向《戰國策書錄》、章學誠《校讎通義·内篇二》。
③ 范祥雍:《戰國策箋證》,上册,第 840 頁。
④ 繆文遠:《戰國策新校注》(成都:巴蜀書社,1998 年 9 月第三版),第 458 頁。
⑤ 前者見譚樸森:《慎子佚文》,第 246 頁(第 28 條);後者見《莊子·天下》評述彭蒙、田駢、慎到一段。
⑥ 按,李鋭也指出:"根據這個慎子的言行來看,頗重因循之術。"因而他認爲《楚策》之慎子應即稷下先生慎到。説見《〈慎子曰恭儉〉學派屬性初探》,《新出簡帛的學術探索》,第 218 頁。

學。愼到壯年時魯國曾欲以之爲將軍,但如錢穆所説,此事"乃一時擬議之辭,其事成否不可知"。而《戰國策》愼子爲楚襄王傅一事雖爲縱横處士之假託,但所依托之愼子爲稷下先生愼到。

從《孟子·告子下》記"魯欲使愼子爲將軍"一事,又可推測愼到雖爲趙人,但與魯必有淵源。頗疑"愼氏"源於魯,《荀子·儒行》、《新序·雜事》、《孔子家語·相魯》記孔子爲魯司寇時,愼潰氏奢侈驕逸,越境而徙。愼潰氏離魯後可能往北遷至趙,愼氏疑其後人。愼潰氏原爲魯之大族,在戰國中期仍有一定的影響力,是以有魯授將軍予愼子之事。而愼子素習儒書(詳下節),或亦受魯學之沾溉。

二、論愼到之思想淵源

前人多據《莊子·天下》將彭蒙、田駢、愼到視爲一派,而不論其差别,但愼到之學與彭、田二子有同有異,且有較大之發展,實不可一概而論。《漢書·藝文志》將田駢、愼到的著作分别歸入道、法二家,説明二子學術趨向當有不同。白奚先生曾仔細分析《天下》及文獻中田駢、愼到之説的異同,他指出:

> 二人同宗道家,同持因任自然、棄私去己的道家基本立場。但田駢是一個比較純粹的道家學者,其學術重在對道家基本理論的闡發,並提出了"齊萬物"的方法發展了道家思想;而愼到卻更熱衷於具體的治國之術,提出了較爲系統的法家思想,並運用道家哲學論證了法家政治,在道法結合方面對黄老之學做出了重要貢獻。①

按,其説是。不過,白奚堅持"齊萬物"之思想爲愼到所無,筆者看法稍異。田駢貴齊,蓋以大道齊萬物;愼到進一步以法理齊萬物,故《莊子·天下》稱他"泠汰於物,以爲道理"、"動静不離於理"。《愼子·威德》也説:"法雖不善,猶愈於無法,所以一人心也。夫投鉤以分財,投策以分馬,非鉤策爲均也,使得美者不知所以德,使得惡者不知所以怨,此所以塞怨望也。故蓍龜所以立公識也,權衡所以立公正也,書契所以立公信

---

① 白奚:《稷下學研究——中國古代的思想自由與百家争鳴》,第 148 頁。

也,度量所以立公審也,法制禮籍所以立公義也,凡立公所以棄私也。"①田駢、慎到齊萬物之目的皆在去私任公,但手段不同。慎到所論較能與現實聯繫,而無蹈空之蔽。在《尹文子》"田子讀書"章中,彭蒙有法理之論,其説云:"聖人者,自己出也;聖法者,自理出也。理出于己,己非理也;己能出理,理非己也。"並因而倡"聖法之治",可見在慎到之前,彭蒙、田駢等人已注意到"理"之概念可作爲貫串人道與天道的連結。

慎子的思想蓋以道家彭蒙、田駢一派貴齊尚公、因任自然之説爲質地,融入法家之説而成其重勢之法術理論。慎到之學頗受三晉法家之浸染,裘錫圭先生曾指出,慎子與申不害的思想有許多相似之處,如慎子喜歡講"因"、重"勢",《申子·大體》説:"凡因之道,身與公無事,無事而天下自極也。"《荀子·解蔽》則稱"申子蔽於勢而不知知。"而馬王堆帛書《老子》卷前後佚書中亦出現與二子學説相關的詞句②。慎到的法家思想蓋出於申子,而爲後來齊地的黄老道家所承繼。

慎到學説亦雜有儒家思想。王叔岷先生指出,慎到素習儒書,故《意林》卷二引慎子曰:"《詩》,往志也。《書》,往詰也。《春秋》,往事也。"他因研習儒家經典而重德、禮,故《慎子·威德》云:"聖人有德,而不憂人之危。""明君動事分職必由惠,定罪分財必由法,行德制中必由禮。"又有爲國輕君之説,如"立國君以爲國也,非立國以爲君也"③。此外,還曾引用孔子之語以爲重言,如"孔子曰:丘少而好學,晚而聞道,此以博矣"。"孔子云:有虞氏不賞不罰,夏后氏賞而不罰,殷人罰而不賞,周人賞且罰。罰,禁也;賞,使也。"④王叔岷先生稱其學"化道入法,兼涉及儒家、名家之説"⑤可謂得其實也。

---

① 引文據臺灣中華書局影印守山閣本(1981年10月版),第3—4頁。
② 裘錫圭:《馬王堆〈老子〉甲乙本卷前後佚書與"道法家"——兼論〈心術上〉〈白心〉爲慎到田駢學派作品》,《文史叢稿》,第69—71頁。
③ 王叔岷:《法家三派重勢之慎到》,《先秦道法思想講稿》,第186—188頁。所引《慎子》佚文見譚普森輯本,第228頁、第241頁、第244頁、第286頁(第1、22、25、96條)。
④ 譚普森:《慎子佚文》,第296頁、第297頁(第115、116條)。
⑤ 王叔岷:《慎子佚篇義證》,《先秦道法思想講稿》,第320頁。

三、楚竹書《慎子曰恭儉》"去囿"試論

上海博物館藏楚竹書《慎子曰恭儉》一篇中出現慎子論"去囿"之説,見於第一簡。原文説:

> 慎子曰:恭儉以立身,堅强以立志。忠(衷)陟(質)以反俞(愈),逆(去)友(囿)以載道,精(靖)法以巽(順)勢。①

李學勤先生將"逆友"讀爲"卻宥"或"去宥"②,其説可從。但其釋"忠陟"爲"衷白",謂與"白心"同,疑非③。"卻宥"即"去囿"、"別囿"。李學勤並指出,過去劉節、郭沫若主張《心術》《白心》爲宋鈃、尹文遺著,蒙文通、裘錫圭則提出二篇爲田駢、慎到一派所作,"如今我們看到簡文也有'卻宥',知道這一觀念在稷下若干派别間或許是共通的"④。鵬按,其説近是。宋鈃之年輩高於慎到,而《莊子·天下》明言宋鈃一派"接萬物以别囿爲始",可見"别囿"之説創自宋鈃,故其後學又作《去尤》、《去宥》以闡述此説。慎到"去囿"一詞疑取自宋鈃。簡文"衷質"即"誠於中"之意⑤。"反窬"之"窬"即空虛之意,"反窬"即"反虛"。慎子所言"去囿",可逕以"棄知去己"釋之;"載道"之"道"即《管子·内業》"凡道無所,善心焉處"之"道",疑指精氣⑥。《內業》説精氣"藏於胸中,謂之聖人"。以心爲涵攝精氣之型範,故云"凡心之型,自充自盈"。"夫道

---

① 釋文參考本書下編《戰國楚竹書〈慎子曰恭儉〉重編新釋》。
② "逆",疑母鐸部;"卻",溪母鐸部;"去",溪母魚部(魚鐸陰入對轉,溪疑旁紐)。"友"、"囿"皆匣母之部。
③ 李學勤釋"忠"爲"衷"可從,但其釋爲"步"(從整理者説),讀爲"白"之字,簡文原從二"止"、從"田",當爲"陟"之異體。釋"陟"則無緣讀爲"白"。關於此字的討論參考本書下編《戰國楚竹書〈慎子曰恭儉〉重編新釋》注釋3。
④ 李學勤:《談楚簡〈慎子〉》,《中國文化》第25、26期合刊,第43—44頁。
⑤ 《説文》:"質,以物相贅。"段《注》:"引伸其義爲樸也、地也,如有質有文。"質訓爲誠。《左傳》襄公9年"要盟無質",孔《疏》引服虔:"質,誠也。"《楚語下》:"容貌之崇,忠信之質,禋絜之服,而敬恭明神者,以爲之祝。"韋注:"質,誠也。"
⑥ 馬非白:《〈管子·内業〉篇集注》(《管子學刊》1990年第1期)指出,《内業》"精"字凡十二見,"氣"字凡十八見,"精"、"氣"皆指精氣言,異名同實。該篇多數"道"字亦爲精氣之異稱,如"凡道無所,善心焉處。""凡道,無根無莖,無葉無榮,萬物以生,萬物以成,命之曰道。"

者,所以充型也。"簡文"去囿以載道",用《心術上》經文的話說,也就是"虛其欲,神將入舍;掃除不絜,神乃留處"。"絜其宮,開其門,去私言,神明若存。"若以上所釋不誤,則慎到"卻囿"之說實承宋鈃而來,且與《心術》、《內業》等篇有一定的關聯。

不過,仔細考察上下文,又可知此篇竹書論旨與道家宋鈃一派迥異。在"中質以反裔,去囿以載道"二句之後,慎子即說"靖法以順勢",法家重勢一派的面目畢現。前言"立身"、"立志"、"反正"、"載道",原來只是爲君王定法順勢的主張鋪路,慎到的學說結穴在此,其思想之精義亦盡於此句。簡要地說,宋、慎二子之異乃在尚心術與重法術之別,此觀《慎子·君人》:"君捨法而以心裁輕重,則是同功殊賞,同罪殊罰也,怨之所由生也。"《君臣》:"爲人君者不多聽,據法倚數,以觀得失。"[1]即可知。其後《韓非子·用人》也說:"釋法術而任心治,堯不能正一國。"此乃法家之一貫主張。

---

[1] 譚普森:《慎子佚文》,第268頁、第270頁(第62、66條)。

柒·今本《於陵子》校讀

一、舊題劉向《於陵子敘録》

護左都水使者光禄大夫臣向言：臣所校中書《於陵子》十五篇，以校，除雜亂三篇，著定十二篇，殺青，書可繕寫。臣按，於陵子，齊之廉士，名子終，世稱陳仲子是也。仲子，齊之世家，兄戴爲齊王卿士，蓋禄萬鍾，仲子以爲不義而弗與共也。齊王將使爲大夫，不受，遂去齊，居楚之於陵。身織履，妻辟纑，以爲衣食。楚王聞其賢，欲相之，不許，遂與其妻逃去。爲人灌園，著書十二篇，卒於楚。臣觀周室衰微，諸侯競爲富彊，貪攘相率，莒尚之風，以故冉有爲宰，季氏富於周公。至於戰國，士適騰智，竊貲自雄，沈厥原始而廉風遂渺，是以顏觸、魯連之徒亂流而出，黽勉行事，輒已長傑當時。況仲子遁上遁民，舍車而徒，礪志潔身，亡有疑貳者哉。即其違遠中庸，取譏通人，至讀其《先人》、《夢葵》諸篇，可謂亡歝幽昧，足有嚴慕者。《詩》云："相在爾室，上不愧于屋漏。"仲子有焉！晚近王公不閑，軌度貪侈，轉相法則，用澆元元，傾世遐顧，寧有其人爲之綱紀，故臣願陛下少加覽觀，風諭臣工，庶幾有益道教。臣向謹第録。昧死上。

二、《於陵子》①

（一）《畏人》

於陵子畏人②。東田大夫曰："仲尼亦有言：'羽毛弗可與同群。'③

---

① 所録《於陵子》以明《秘册彙函》本參照清崇文書局《百子全書》本及近人尹桐陽《於陵子注》（下簡稱"尹注"）加以校讀。
② 尹注："畏人者，謂避人而杜門不出。"
③ 尹注："《論語》曰：'鳥獸不可與同群。'羽毛謂鳥獸也。"

今子畏我冠帶,將疇與倫①,請殷其故②。"於陵子永息撝沫,辟牖而言曰:"嘻乎！夫噬螫蟄于賓俎,血肉胎(殆)于宴笑③,凌柣而吳越趾趾者④,曉且夜也。彼沈世者,昧欲返之,顧復戚之,可無畏耶？今大夫請其故,畏莫畏乎大夫矣。"大夫曰:"奚畏？"於陵子曰:"予觀大夫:心,山川乎,戰予躋涉也；貌,桎梏乎,械予肢體也；視,鷹鸇乎,不知其欲也；言,風雲乎,不知其變也。夫如是,奚不畏也？"大夫曰:"亡行故(固)醜〈媿〉于德⑤,然未嘗毀則(側)公朝⑥,縣罪郊境。薰(熏)以形焉⑦,則軒虞而下將滅景與⑧？非,則人將畏子矣。"於陵子曰:"柅(泥)哉言大夫也⑨！夫聖人弗以形形,以形而形者,至今四海矣。以是不形予于景光,不貌予于淵監者,畏我也。然猶未爾。謂神君混樸⑩,而辱予智；謂自然靡飭,而放予禮；謂情素澄塞⑪,亡使美利刺吾目、毀譽刃吾舌。由今且弗謂我存,懼未足不我畏也,乃大夫徒知我之畏人,而未知我之畏我久矣！"

(二)《貧居》

於陵子貧居而人莫能任焉。淳于子問曰:"民之生(性)也⑫,樂貧賤乎？樂富貴乎？樂貧賤也,則尹、説不必貴,然、贛不必富⑬。樂富貴也,則匹夫非寧位,蓬疏非寧居,子獨能久乎？"於陵子曰:"最昔之民⑭,

---

① 尹注:"疇,誰也。倫,類也。"
② 尹注:"殷,叩也、問也。"鵬按,《説文》:"殷,擊聲也。"段《注》:"此字本義未見。"
③ 尹注:"血肉,斥人身言。胎同殆,危也、壞也。"
④ 此句疑當作"凌柣而越趾者",今本"吳"字涉"越"字而聯想致誤,又衍一"趾"字。柣,門限也。
⑤ 尹注:"亡行者,猶云無德,大夫自謙之稱。"又謂:"故,固也。醜,媿也。"鵬按,故讀爲固,尹説是。"醜"從酉聲,"媿"從鬼聲,二字蓋因形近混訛而非聲音通假。
⑥ "則"疑讀爲"側",訓爲傾側。
⑦ 尹注:"薰同熏,灼也、畏也。《方言》十三:'灼,驚也?'"
⑧ 尹注:"軒虞,謂軒轅與虞舜也。……景,今字作影。與,今字作歟。"
⑨ 尹注:"滯陷不通曰泥。柅與泥同。"
⑩ 尹注:"神君,謂心也。"
⑪ 尹注:"情素,猶言情實。……塞,安也。"
⑫ 生讀爲性,謂天性。
⑬ 尹注:"伊尹、傅説。""然,計然。……贛,子貢也。"
⑭ 最,極也、先也。

相與鈞(均)天地之有①,夷生人之等,休休與與②,亡校滿損③。由夫伐氣者已崇,沈欲者已聚,而貧賤形焉。今也衡予氣,便便不知勢位之榮也④;廉予欲,恬恬不知金玉之利也。忘得失之憂,保性命之樂,亦惡能舍此適彼哉?"淳于子曰:"子不觀一介之人,遇淖履則踐,遇社主則拜,鈞一木也,而人之恭侮若此,何哉?今天下恭富貴而侮貧賤者人人〈衆〉⑤,子盍從所擇去矣。"於陵子曰:"嘻!夫淖履則踐,侮淖履也;社主則拜,恭社木也。木亦何榮辱與?"淳于子暗而出⑥。

(三)《辭祿》

齊王將使於陵子爲大夫,於陵子辭曰:"君不聞艸之昌羊乎⑦?夫昌羊麗神确礫,沐生水泉,翩翩自造于幽巖之下。嚮使置之以墳壤,糞之以穢涪,晞之以日光,則旦夕槁矣,何者?非其好也。今臣之首逢胡而宜臣弊帤⑧,不壯大夫冠也⑨;臣之足辟跳而宜臣蘇屬⑩,不稱大夫履

---

① 尹注:"鈞,均也。"此逕讀爲均。
② 尹注:"休休,寬容貌。《書·秦誓》:'其心休休焉。'《子華子·北宮子仕》:'其神明休休,常與道謀。'《説文》:'㥙,趨步㥙㥙也。從心,與聲。'疾而舒之貌。與即㥙也。"鵬按,與與猶"㥙㥙"、"徐徐"。《論語·鄉黨》:"君在,踧踖如也,與與如也。"程樹德《集釋》引《論語後錄》云:"班固《漢書·敘傳》曰'常倩㥙㥙',蘇林曰:'㥙㥙,行步安舒也。'㥙㥙應即此'與與'字。《説文解字》又有'𧗩'字,云:'安行。'據此,則㥙、𧗩並訓行步,而《漢書》有'㥙㥙'字,'與與'當爲'㥙㥙'之省文。"《集韻》:"㥙,行步安舒。蓋由恭敬而得安舒也。"趨、徐二字,《説文》同訓"安行",古音又相近,當爲一組同源詞。
③ 校同較,訓爲比較、較量。
④ 尹注:"衡,平也。便便,平平也。《書·堯典》'平章百姓',《史記》作'便章'。《詩·采菽》'平平左右',韓詩作'便便'。"鵬按,"便便"訓爲閑雅貌。《論語·鄉黨》:"其在宗廟、朝廷便便,言唯謹爾。"舊讀"便便言"爲句,俞樾《群經平議》指出:"此當以'便便'爲句。《詩·采菽篇》'平平左右',《釋文》引韓詩作'便便,閑雅之貌'。是便便以貌言,正與上文'恂恂如也',王注曰'恂恂,溫恭之貌'其義一律,但省'如也'兩字耳。"《新語·道基》:"鄉黨以仁恂恂,朝廷以義便便。"可爲俞説旁證。
⑤ "人人"疑"衆"之壞字。
⑥ 尹注:"暗同瘖,默不言也。"
⑦ 尹注:"昌羊,昌陽也,菖蒲別名。《廣雅·釋草》:'昌陽,菖蒲也。'"
⑧ 尹注:"逢同蓬,蒿也。胡,艸也,《説文》作'茴',取以喻髮之散亂。弊,一本作幣。"
⑨ "壯"與下文"稱"對文。尹注:"壯,當也。""稱,勝也。"
⑩ 尹注:"辟,躃也,足不正也。蘇,麤也。屬,草履也。"鵬按《廣雅·釋草》:"蘇,草也。"《方言》卷三:"蘇、芥,草也。江淮南楚之間曰蘇。"

也;臣之體倚偶(傴)而宜臣綌褐①、臣之口恬澹而宜臣糟糠,不任大夫服與食也。凡今之貴爲大夫者,皆非臣之所宜,則奚貴乎大夫矣?且臣之知識不出于一室之内,猷爲不越于一身之外。亡功而禄,是羊豕也。臣寧匹夫而藜藿,不忍羊豕而粱肉矣!"遂去齊之楚,居于於陵。

(四)《遺蓋》

於陵子休于青丘之門②,去而遺其蓋,識者獲而馳反之於陵子。於陵子曰:"我固亡蓋,子胡誣我蓋也?"識者曰:"何言乎誣先生蓋也!適先生遺之青丘之門,方天雨,不忍先生亡蓋,因馳而反焉。何言乎誣先生蓋也!"於陵子笑曰:"子隘矣!夫帝唐一旦謝九五,而天下不有也。吾既遺之矣,惡得有之以重于天下哉?"行遂不顧。天大雨,識者曰:"雨既降矣,吾將與先生胥而庇之。"於陵子曰:"齊君與吾同姓,不以賤而庇其貴;齊卿與吾伯仲,不以貧而庇其富。今一雨之患不加於貧賤,而半蓋之庇卒重於富貴。非吾不庇于人之意也,請子庇子之蓋,我庇我之意而已。"

(五)《人問》

齊、楚有重丘之役③,人問于於陵子曰:"齊,子產也;楚,子居也。得失子具焉。今二國搆兵,子將奚直?"於陵子曰:"古者公侯擅征伐,天子得按其罪而輕重之。然殷湯殲葛、桀,未放也;西伯戡黎、紂,未亡也。彼所謂聖人者,且首干而靡悔焉,矧蔑天子未有如今者乎。昔者泰山與江漢爭王,兩京不下④。泰山矢(誓)曰⑤:'弗讓(攘)吾飄塵以實彼溝澮⑥,且不爲齊王。'江漢亦矢(誓)曰:'弗汜吾餘瀝以蕩彼培塿,且不爲楚雄。'于是有中州之蝸,將起而責其是非。欲東之泰山,會程三千餘歲;欲南之江漢,亦會程三千餘歲。因自量其齒,不過旦暮之間,于是悲憤莫勝,而枯于蓬蒿之上,爲螻蟻所笑。今天子拱手且不能按其輕重,

---

① 尹注:"倚,偏也。偶,齲也,骨肉不平之狀。"鵬按,偶疑讀爲傴,訓爲背曲不伸之貌。
② 尹注:"此青丘蓋即營丘,齊都所在之地。營、青聲轉通用。"
③ 尹注:"《史記·六國表》:'楚懷王二十八年,秦、韓、魏、齊敗我將軍唐眛於重丘。'時齊湣王二十三年也。重丘即中陽山。"
④ 尹注:"兩京,謂兩大也。"
⑤ 矢讀爲誓。
⑥ 尹注:"讓同攘,推也。"

而一匹之夫,非有萬乘之號、誅賞之權,輒欲起而議之,則何以異于中州之蝸,爲螻蟻所笑也。"

(六)《先人》

國中大旱,於陵子晨汲于東郭外十里而盡其泉,後者繹踵靡得,咸藐藐內噍其後人也①。於陵子摽踊而悲,曰:"天爲之,我爲之耶?我爲之,人爲之耶?且吾未嘗先天下事而貪、而爭也,則玆胡先乎人而貪乎飲乎、爭乎汲乎?豈貪奸乎我②?我沈乎爭乎?非然者,孰使我爭、孰使我先、孰使我貪,喪吾貞廉?人爲之耶?我爲之也。我爲之耶?天爲之也。"于是聚諸汲,鈞(均)其有。震(振)其甑③,裂其綆,匍匐而還,閉門而哭泣,三日絶食,以懲其先人也。

(七)《辨窮》

於陵子居于於陵,茅芒亡任雨雪,墉堵莫禦衆暴,信宿兼飧,寒暑并服,然未嘗輟琴歌之聲。接予〈子〉使楚④,過而聞之,曰:"秩秩乎故人之聲也。"遂休轅而晉于蓬門之下,莫信(伸)其冠履焉⑤,乃勞之曰:"子窮矣乎?"於陵子仰天大笑曰:"子窮矣!"接予〈子〉曰:"謬談乎子之我窮也!夫人貴爲公卿,與君臣襄理千乘,舌爲政令,指爲石(碩)畫⑥,小大凜畏。繡衣肉食,美妻妾,盛輿馬,親戚飽其餘糈,里閈灼其煨燼。勳名德譽,班于鄰國,匹夫至此,庶幾乎達矣!若子者,志降于時,言斥于衆,身去父母之邦,神死槁莽之下。凍餒之色,徵于四體,委命溝壑,展足可待。此亦篤生人之辱,極吾道之凶矣。然不自窮而窮我,亡亦謬乎?"於陵子曰:"夫良金百鍊而不失其采,美玉百涅而不渝其潔者,此固不能以窮窮也。曩吾與子寧玆否(丕)道⑦,辟時末流,相與窒其耳目,忘其口體,藏其心志,三十年而窮。亡(忘)乎⑧?我至今也。今子一旦自守之真失,而

---

① 尹注:"藐藐,《廣雅》作'眊眊',思也。"
② "我"字當在句首,作"我豈貪奸乎"。
③ 此下爲陳仲"均其有"之後事。震通振,擊也、破也。
④ "予"爲"子"字之誤。《莊子・則陽》:"季真之莫爲,接子之或使。"成玄英疏:"季真、接子,并齊之賢人,俱游稷下。"
⑤ 信讀爲伸。
⑥ 尹注:"石,大也,《爾雅》作'碩',《漢書・匈奴傳》'石畫之臣甚衆'。"依其説,石讀爲碩。
⑦ 寧,安也。否疑讀爲丕。丕道,謂大道。
⑧ 尹注:"亡,忘也。"此句乃陳仲問接子是否已忘昔時相與守道之事。

窮驅之勢利之壇①,聲貌水食之囿矣②。既鬼(愧)乃真③,徒尸乃躬,赫赫子外,歉歉子中,是亡能乎窮,而受窮所窮矣。受窮所窮,而子窮矣!"

(八)《大盜》④

有淵人亡珠于市,於陵子過之而疑焉,遂聽直于市長。於陵子澤(釋)色亡與辯也⑤,市長投座起曰⑥:"此於陵先生也,天下所共與廉者,今子獨穢及焉,吾怵汝尸巷術矣⑦。"於陵子漂涕交臆,怒不荷言⑧。市長曰:"夫貌不舉于知心,神不抑于昧已〈己〉⑨,固真人不爲世憾(感)也⑩。今亡行亡敢謂知先生而廉先生⑪,彼淵人不足謂昧先生而盜先生,然欣感価施⑫,庸有以耶?"於陵子蹙然曰:"夫木不戎(聳)于斧斤而戎(聳)乎桁械者,爲身害小而爲名害大也⑬。今珠〔亡〕⑭,吾没齒悼盜,孰與廉吾百世盜耶?蓋没齒易盡,百世亡忘。亡忘,誠所悲也。"市長曰:"夫行由表立,名捷(揭)景赴⑮,廉奚盜也⑯?"於陵子曰:"子不聞赫胥之上,大道百行,匹夫共而不有;庖羲之下,元風夏德⑰,至人有而不矜。迫夫五帝鑿民心,〔民〕心自私⑱,于是道德行于五品相委⑲,盜知術

---

① 上"之"字猶"於"。"壇"爲"疆"字異體。
② 尹注:"水,謂酒也。"
③ 鬼讀爲愧。
④ 尹注:"《荀子·不苟》'故曰:盜名不如盜貨。田仲、史鰌不如盜也'。其語出此。"
⑤ 尹注:"澤同釋,怡也、悦也。"
⑥ 尹注:"投座猶云離座。"
⑦ 一本"術"作"衖",尹注:"衖同閧,里門也。"
⑧ 尹注:"怒,戛也。"
⑨ "已"疑爲"己"之誤。
⑩ 尹注:"憾同感,動也。"《説文》:"感,動人心也。"
⑪ 尹注:"亡行猶云無德,大夫自謙之稱。"
⑫ 尹注:"価,背也、反也。施,行也。"
⑬ 尹注:"斧斤僅爲木之身害,以爲桁械則名惡,而爲木之名害。戎同聳,懼也。……桁,《説文》作橫,《通俗文》:'穿木加足曰械,大械曰桁。'"
⑭ "珠"下疑脱"亡"字。
⑮ 捷讀爲揭,高舉也。
⑯ 此句疑當作"奚廉盜也",奚、廉二字誤倒。
⑰ 尹注:"元,善也。夏,大也。"
⑱ 疑"民心"下各皆有一重文符,今本"民"下脱去,遂不可通。
⑲ 尹注:"五品,父、母、兄、弟、子也。《書》:'五品不遜。'委,猶棄也。"

于蒙樸未開。公輸巧而衆人愚,離朱明而天下瞽矣。且其不近盜之日月,而久盜之天地①;久不已也,則聲盜之雷霆②;聲不已也,則鬼(畏)盜之神明③。茲其情貌,非古今所謂大盜耶④? 今天下不幸而旅去其廉⑤,獨使大盜歸我,哀微肩矣⑥。"須臾有拾遺者聞之,以其珠歸市長,市長曰:"於陵先生方悲盜廉也,請子無盜義,我其敢盜能聽也哉!"

(九)《夢葵》

於陵子過句氏之圃而美其蔬,則夜夢拔葵而亨諸。明日,於陵子遺之句氏屨。句氏曰:"小人貨用者,不敢先僣偶涅子⑦,涅子由今度來之不亡往也。"於陵子聲之故。句氏曰:"夫夢,神駮(交)也,是以善敗顛焉⑧。今予樊亡皋乎防,寧忍以屨〈葵〉毒予也取⑨;子指亡皋乎攘,獨奈以屨毒而予也⑩。"於陵子曰:"俾神而駮(交)也,亡必商與相周與齒已耳⑪。否者,神非意乘乎? 意非我乘乎? 子固亡取安(焉),免我須臾蹟也⑫。"句氏

---

① 此句疑"而盜天地之久"之倒裝。尹注:"位爲天子而傳子孫。"
② 此句疑"則盜雷霆之聲"之倒裝。尹注:"號令而嬗作威福。"
③ "鬼"當讀爲"畏",此句疑"則盜鬼神之畏"之倒裝。
④ 此段可參照《莊子·胠篋》:"世俗之所謂知者,有不爲大盜積者乎? 所謂聖者,有不爲大盜守者乎? 何以知其然邪? 昔者齊國鄰邑相望,雞狗之音相聞,罔罟之所布,耒耨之所刺,方二千餘里。闔四竟之內,所以立宗廟社稷,治邑屋州閭鄉曲者,曷嘗不法聖人哉! 然而田成子一旦殺齊君而盜其國。所盜者豈獨其國邪? 並與其聖知之法而盜之。故田成子有乎盜賊之名,而身處堯舜之安,小國不敢非,大國不敢誅,十二世有齊國。則是不乃竊齊國,並與其聖知之法以守其盜賊之身乎?"
⑤ 旅,衆也。去,藏也。
⑥ 尹注:"言哀已不能勝之。肩,勝也、任也。"
⑦ 尹注:"涅,辱也、擾也,猶今俗云煩勞。"
⑧ 尹注:"駮,雜也。顛,倒也。"鵬按,"駮"字疑本作"交",後人以"駮"釋之,而"駮"、"駮"二字古書往往相通,遂誤作"駮"。張湛注《列子·周穆王》篇題云:"神之所交謂之夢,形之所接謂之覺。"此云"神交",又云"善敗顛焉",則"交"當訓爲易,即交相互錯之意。
⑨ 本當作"寧忍以葵獨取也"。依句意,"屨"當作"葵",蓋涉下文"獨奈以屨毒而予也"而誤。"予"字亦涉此句而衍,"取"則當在"也"字上。尹注:"毒,厚也。"
⑩ "而"字疑衍。
⑪ 疑當作"必亡商與周相齒已耳",衍一"與"字。相者,占也。齒,年也。尹注以"商高宗夢得傅說而相之、周武王夢帝錫與九齡"釋之。
⑫ "亡"字疑涉上文而衍。蹟,踐也、踊也。"子固取焉,免我須臾蹟"乃陳仲勸句氏取其屨,以免其須臾蹟樊踐圃而盜葵。

曰:"子不眹眹爲躔①,欲我昭昭爲躔耶?"遂不取,棄之通莊。人聞二子之風,三年不取而萎焉。

(十)《巷之人》

於陵子薪于野,遇巷之人耦負于途,罷思息焉②。巷之人曰:"矔而墳然者,小人居也,請得假力乎否?"於陵子曰:"諾。"及門弛荷,將趾幾焉,覗縣踊而止③。問曰:"奚縣此辠人之具也?"巷之人曰:"使楚固靡廢法乎,小人業(葉)爲之④,靡廢步也。"於陵子曰:"胡以爾也?毋寧屨而業乎⑤?"巷之人曰:"夫屨指稠而報淺⑥,亡若踊擅而報足。我䫂口者。"於陵子曰:"殆夫子之業也,將亡賊咎繇之意而亡楚國耶?夫楚歷先神而拊(撫)有江漢,非得於全民首踵而爲之奔走哉⑦?今考而業也,則是上尸虐主⑧,下藏戮民,虐主戮民,湯武所爲基也,鬻熊將不食乎!且而奪鬻熊之食以䫂其口,盡楚國之足以實子室,蓋所夷豫矣⑨,幾何而不怒予無皋,使子業弗售一人利也。嗟乎!予又安能干楚國之憲,以副子之欲哉?"遂舍薪而趨曰:"巷之人將刵我矣。"

(十一)《未信》

於陵子之妻,齊大夫之子也,去華靡而降處饑寒,白首未厭,而心由(猶)未信于於陵子⑩。他日,於陵子不食且三易旦⑪,積雪距門,突微生烟,楚王使使持黃金百鎰,聘於陵子爲相,於陵子辭而謝其使者,因入占其妻,曰:"楚王且相我,今日匹夫,明日結駟連騎,食方丈于前,可乎?"妻曰:"前夫子不爲齊大夫,後夫子不爲楚相,此固妄厚信以生平也。事

---

① "眹"一本作"朕"。尹注:"眹眹,猶云夢夢,不明之貌。"
② 尹注:"罷,疲也。"
③ 尹注:"幾,門限也。《詩·谷風》:'薄送我畿。'踊,刖足者屨名。《左》昭三年傳:'屨賤踊貴。'"
④ 業疑讀爲葉,世也。
⑤ 業,事也。
⑥ 尹注:"指稠,手工多也。報淺,謂值少也。"
⑦ 尹注:"先神,先君也,已死故稱曰神。拊,撫也。《漢書·西域傳》:'子拊離代立。'注:'拊讀與撫同。'首踵猶云先後。"
⑧ 尹注:"尸,申也,謂彰顯之。"鵬按,尸者,陳也。
⑨ 尹注:"夷豫,悦樂也。"
⑩ 尹注:"由,猶也。"
⑪ 《孟子·滕文公下》載匡章謂陳仲"居於陵,三日不食,耳無聞,目無見也"。

毋亦有非然者耶？妾謂夫子織縷(屨)以爲食①，非與物亡治也；左琴右書，非與事亡接也。飲水笑歌，樂亦在其中矣，何辱于楚相哉？且結駟連騎，所安不過容膝；食方丈于前，所甘不過一肉。今以一膝之安、一肉之味，懷楚國之憂，可乎？竊恐亂世多害，不保夫子朝夕也。"於陵子笑曰："子誠我妻也，業已卻之矣。"遂信其妻，相與逃去，辟楚之重命。

(十二)《灌園》

於陵子既辭楚相，爲人灌園。有楚大夫過而識於陵于衆人曰："先生不爲千乘僕心②，乃爲十畝陳力，毋亦辭信(伸)而就屈焉③。"於陵子曰："子徒知信(伸)我之爲信(伸)，而不知信(伸)天之爲信(伸)耶！夫伊尹之于大甲、周公之于成王，咸身都師保之隆，家侔王室之富，名位亢盛矣④，然不免復辟之禍、居東之放⑤，則安在其信(伸)也？以是知貴我者之賤，而卑寧不去也；知敬我者之辱，而禮寧不享也；知戚我者之疏，而獨寧不群也；知譽我者之損，而晦寧不彰也。明不燭其闇闇，而信(伸)于蒙冥；知不理其棼棼，而信(伸)于寂寞；道不因其升沈，而信(伸)于亡往(妄)⑥。食力灌園之餘，寓神沖虛之表，一裘禦冬，一筀驅夏⑦，休息同乎禽鹿，内徵吾天，息息然爲伊尹、周公降氣也者，而子顧屈我，亦不怪乎？"

① 尹注："縷同屨。"鵬按，《孟子·滕文公下》載匡章謂陳仲"彼身織屨，妻辟纑，以易之也"。《列女傳·賢明》亦載此文，亦作"織屨"。
② 僕，役也。
③ 尹注："信，伸也。"
④ "亢"一本誤爲"冗"。
⑤ 尹注："(復辟之禍)即《竹書》所謂大甲潛出，自桐殺伊尹者。周公居東，事見《尚書》。"
⑥ 尹注："亡往，亡妄也。"往讀爲妄。
⑦ 尹注："筀，扇也。《方言》五：'扇自關而東謂之筀。'"

捌·《於陵子》成書時代平議

傳世本《於陵子》共十二篇,由短章故事組成,前人多以此書爲明人姚士粦所僞,如王士禎、姚際恒皆持此説①。今人張秀蘭《於陵子辨僞》更從文辭、思想等方面證明此書非陳仲所作②。林慶彰先生《豐坊與姚士粦》又從"舊志不著録"、"後人不徵引"、"記事訛誤"、"襲用後世名詞"、"抄襲他書"等五點,詳細舉證③,是書之非先秦故籍,殆可定讞。惟尹桐陽、劉建國仍信是書爲真④,所以對於此問題需稍加辨説。

諸子之書不皆手著,多爲後人所編定,且文辭、篇章時有增益删削⑤,與其斤斤於古書之"真僞"問題⑥,不如具論其編纂時代⑦。今本《於陵子》前有元人鄧文原及明人姚士粦、沈士龍、胡震亨題辭,其中姚氏引馮夢禎説,謂是書乃"後人推子終意爲之,第造意遣詞,非唐宋間人所解。"胡震亨也説:"於陵既以仲子所居見重,後世慕之,于是梁有庾於

---

① 參考張心澂《僞書通考·子部·雜家》所引二氏説。
② 見鄧瑞全、王冠英主編:《中國僞書綜考·子部·雜家類》所引張氏説。
③ 林慶彰:《豐坊與姚士粦》(臺北:東吳大學中國文學研究所碩士論文,1977年5月),第三章第五節。
④ 見尹桐陽《於陵子注·自敍》、劉建國《先秦僞書辨正·〈於陵子〉僞書辨正》。
⑤ 參考余嘉錫《古書通例·辨附益》。
⑥ 李零先生指出:"'真僞'的概念是對'著作權'而言。'著作權'的概念一亂,'真僞'的概念也勢必大亂。比如,'題名作者'早而内容晚叫不叫'僞',書的一部分早一部分晚,叫不叫'僞',删削叫不叫'僞',附益叫不叫'僞',改編叫不叫'僞',依托叫不叫'僞',恐怕都得重新考慮。辨僞學家講'真僞',著眼點主要是'年代矛盾'。這樣的矛盾本來可以通過年代本身去解決,而不一定非得歸入'真僞'的範疇。"説見《簡帛古書與學術源流》第六講《簡帛古書的體例與分類》。
⑦ 鄭良樹及李零先生近年皆倡議以古書年代學取代辨僞學(前者可涵蓋後者)。鄭説見《論古籍辨僞的名稱及其意義》,收入《諸子著作年代考》;李説見《讀〈孫子〉札記》,收入《〈孫子〉古本研究》。

陵,唐有楊於陵之稱,而茲復有於陵子書,雖其言未必皆出仲子,要亦慕仲子者之言也。"可見傳刻者並不以是書爲陳仲手著。尤其沈士龍、胡震亨二序考察書中所用辭語及所涉史事(詳下),所論不爲無見,對於研究《於陵子》的成書時代頗有助益。後人徒以《於陵子》初見於姚、胡二氏所編之《秘册彙函》,遽斷是書乃二氏所偽①,似乎太過。

沈士龍、胡震亨所校《於陵子》收有劉向《於陵子敘錄》一文,劉建國堅信此序爲劉向遺文,乃推論傳世本《於陵子》乃先秦之真書。惟今傳劉向《敘錄》最可疑之處,在於《於陵子》未見《七略》及《漢書·藝文志》。姚振宗謂:"《子華子》、《於陵子》、《七略》並無其書,何有於敘?"林慶彰先生也説:"今《別錄》、《七略》雖亡,《漢志》具在。苟劉向曾校《於陵子》,則《漢志》不容不錄。"②由此可知劉向、歆及班固時均未見《於陵子》,其成書時代不能早於東漢。

晉皇甫謐《高士傳》於各傳之後,皆詳述傳主著書篇章,惟陳仲傳後不云其有何著作,故石韞玉云:"皇甫謐撰《高士傳》,凡莊子、列子、老萊子皆詳其著書之數,而陳仲子無之,則晉時未嘗有此書。"又謂:"其説大約摭拾漆園之旨,晉人尚清言,搢紳先生喜談黄老,玄文秘籍紛然雜出,茲篇之作,其在斯時乎?"③蓋以《於陵子》乃晉人所作。前引胡震亨序從篇中文辭尚駢偶的現象,懷疑此書乃六朝人所作,他説:"篇内文詞如'麗神确礫,沐生水泉'、'茅芒亡任雨雪,墉堵莫禦焱暴'、'積雪距門,突微生烟'、'千乘僕心'、'一筐驅夏'之類,皆晉、宋間麗語,豈即楊、庾之流藉重而爲之者乎?"鵬按,二氏從不同角度得出相近的結論。若從《高士傳》的記載來看(見本書上編陳仲卷14.1),該書所述僅及《孟子·滕文公下》、《列女傳·賢明》所載陳仲之身世及匍匐食李、辭楚相二事(見陳仲卷1.1、7.1),未見今本《於陵子》所記與東田大夫、淳于子、接子等人對話之情節,更未及辭齊大夫、遺蓋、夢葵等事,由此可推測皇甫謐編《高士傳》時,《於陵子》尚未成書,否則自當援引入傳。

---

① 見王士禎《居易錄》卷六、《四庫全書總目提要》卷一二四。
② 見姚振宗《七略別錄佚文敘》、林慶彰《豐坊與姚士粦》(第三章第五節)。
③ 石韞玉:《獨學廬全稿》卷三。

又沈士龍序提及《灌園》載伊尹不免復辟之禍,事見於《竹書紀年》,尹桐陽指出即所謂"大甲潛出,自桐殺伊尹"者①。考汲冢竹書出於晉武帝時,而《紀年》乃戰國時代魏國史書,所述古史多與《尚書》、《史記》不同。《於陵子》所引若爲《竹書紀年》,則其年代亦不能早於晉。

此外,《於陵子》書中往往可見六朝用語,林慶彰先生就曾指出:《於陵子·人間》"中州"一詞指河南之地,其稱始於東晉,如桓温《平洛表薦謝高》有"今中州既平,宜時綏定"。前燕亦於河南置中州郡。《灌園》云:"寓神沖虚之表。""沖虚"一語乃魏晉玄學風氣下的產物,亦盛行於六朝②。又《畏人》"軒虞"(軒轅和虞舜合稱)一詞未見於先秦兩漢文獻,而見於晉人陸雲《答兄平原》:"昔在上代,軒虞篤生。"

從本書陳仲卷所輯録的戰國時期有關資料來看,其"上不臣於王,下不治其家"的隱士言行並不得到時人的認同,故孟子雖以陳仲爲齊士巨擘,仍譏"蚓而後充其操"(陳仲卷1.1);荀卿則視其廉行爲"姦人將以盗名於晻世者"(2.1);韓非也藉寓言批評其行乃"堅瓠之類",無益於國(3.1)。趙惠后甚至當着齊王的使者面前問:"於陵子仲尚存乎?何爲至今不殺乎?"(4.1)

陳仲這種"不事王侯,高尚其事"的作風在劉向所序的《説苑》、《列女傳》中始得到士大夫的讚賞(5.1、7.1)。下至東漢,隱逸風氣盛行,帝王招求遺逸,博舉幽微,而開崇尚名節之士風③。魏晉之後,由於社會的紛擾及老莊思想的影響,高士、逸民的節操得到士人的推崇,南朝宋范曄《後漢書》爲逸民作傳,皇甫謐、嵇康、孫綽、虞槃佐、宗測、周弘讓等人紛紛爲歷代高士作傳、作注,通過對於隱逸之士的頌揚來表達個人的生活志趣和嚮往④。《於陵子》之編纂疑爲此一時代風氣之産物。

綜上所論,傳世本《於陵子》既非先秦古籍,亦非明人所偽,當是南北朝文士雜綴陳仲言行而成,不妨將之視爲年代較晚之傳記資料,可據此研究陳仲故事的演進,作爲古代傳説"層累造成"的一個案例。

---

① 尹桐陽:《於陵子注》(臺北:廣文書局,1977年7月),第8頁。
② 林慶彰:《豐坊與姚士粦》,第172—173頁。
③ 參考王仁祥:《先秦兩漢的隱逸》(台灣大學出版委員會,1995年5月),第189—204頁。
④ 參考劉曉東整理:《高士傳》(瀋陽:遼寧教育出版社,1998年12月),"本書説明"。

附録一

《莊子・天下》校讀

（一）序論

天下之治方術者多矣①，皆以其有爲不可加矣②。古之所謂道術者，果惡乎在？曰："無乎不在。"曰："神何由降？明何由出？""聖有所生，王有所成，皆原於一。"③

不離于宗④，謂之天人。不離於精，謂之神人。不離於真，謂之至人。以天爲宗，以德爲本，以道爲門，兆於變化⑤，謂之聖人。以仁爲恩，以義爲理，以禮爲行，以樂爲和，薰然慈仁，謂之君子。以法爲分，以

---

① 成玄英《疏》："方，道也。"鵬按，"方術"即下文"道術"。"道"之本義爲行路，引申爲方法、途徑；"方"在先秦文獻中常見行船、渡船一類意義，如《詩・周南・漢廣》"江之永矣，不可方思"《邶風・谷風》"方之舟之"，也可引申爲方法、途徑（常訓爲道、法、則、術）。
② 宣穎《南華經解》至"有"字絶句。王叔岷《莊子校詮》："其猶所也，有猶爲也。……'所爲'，即謂所學也。"按，後説是。
③ 成《疏》："原，本也。一，道。"高亨《莊子天下篇箋證》："一者，道之别名也。《老子》三十九章曰：'昔之得一者，天得一以清，地得一以寧，神得一以靈，谷得一以盈，萬物得一以生，侯王得一以爲天下貞。'"按，《韓非子・揚權》："道不同於萬物，德不同於陰陽，衡不同於輕重，繩不同於出入，和不同於燥濕，君不同於群臣。凡此六者，道之出也。道無雙，故曰一。"
④ 單晏一《莊子天下篇薈釋》："《廣雅・釋詁三》：'宗，本也。'……不離於本，即不離於道。"
⑤ 顧實《莊子天下篇講疏》："朱駿聲曰：'《廣雅・釋詁》：兆，避也。'……謂超離乎窮通死生之變化也。"王叔岷《校詮》："兆引伸有明意，《説文》：'兆，灼龜坼也。'段《注》：'《春官・占人》"卜人占坼"，《注》："坼，兆釁也。坼有微、明，坼明則逢吉。"'可證。"鵬按，"兆"之本義爲卜龜坼兆，引申爲"見（現）"，《國語・晉語》"其魄兆於民"《吳語》"天占既兆，人事又見"，韋昭《注》皆謂："兆，見也。"又引申爲"預見"，《玉篇》："兆，事先見也。"

名爲表,以参爲驗①,以稽爲決,其數一二三四是也②,百官以此相齒③。以事爲常④,以衣食爲主,蕃息畜藏,〔以〕老弱孤寡爲意,皆有以養⑤,民之理也。

古之人其備乎！配神明,醇(準)天地⑥,育萬物,和天下,澤及百姓,明于本數,係於末度⑦,六通四辟(闢)⑧,小大精粗,其運無乎不在⑨。其明而在數度者⑩,舊法、世傳之史⑪,尚多有之。其在於《詩》、《書》、

---

① "参",一本誤作"操"。高亨《箋證》: "綜合比觀謂之参。驗,證也。《韓非子·顯學篇》: '無参驗而必之者,愚也。'"
② 學者多據成《疏》謂"一二三四"指前文之"法"、"名"、"参"、"稽"。林希逸《莊子鬳齋口義》謂此句"言纖悉歷歷明備也",馬敘倫《莊子天下篇義證》更指出: "其"猶"若"也,"若數一二三四",言其易明也。鵬按,林、馬二氏説可從。
③ 單晏一《菁釋》將"百官"改爲"百家"。按,"百官"正對下文"民"而言,不必改字爲説。
④ 王先謙《莊子集解》: "事,謂日用。高亨《箋證》: "事,職業也。農恒爲農,工恒爲工,商恒爲商,古之制也。"鵬按,此從高説訓"事"爲職。
⑤ 高亨《箋證》: "'老'上當有'以'字,轉寫脱去,上文可證。"下句"以"字,王叔岷《校銓》: "以猶所也。"
⑥ 馬其昶《莊子故》讀"醇"爲"湻",訓爲稠。章太炎《莊子解故》: "醇借爲準,《周禮·質人》'壹其淳利',《釋文》: '淳,音準。'是其例。《易》曰'《易》與天地準。'"按,章説可從。
⑦ 郭象《注》: "本數明,故末度不離。""本數"指神明、道德,"末度"指仁義禮樂、名法參驗之術,《淮南子·本經》: "逮及衰世,人寡財寡……仁者,所以救争也;義者,所以救失也;禮者,所以救淫也;樂者,所以救憂也。……知神明,然後知道德之不足爲也;知道德,然後知仁義之不足行也;知仁義,然後知禮樂之不足修也。今背本而求其末,釋其要而索之於詳,未可與言至也。"説本《老子》: "失道而後德,失德而後仁,失仁而後義,失義而後禮。"
⑧ 《釋文》: "辟本又作闢。"《説文》: "闢,開也。"高亨《箋證》: "《莊子·天道篇》: '明于天,通于聖,六通四辟于帝王之德者,其自爲也,昧然無不靜者也。'……'六通四辟'言其多所開達也。六與四表其多數而已。"
⑨ 高亨《箋證》: "運指道之運行。"
⑩ "在"訓爲"存"。"數度"指前文"明于本數,係於末度"之"本數"、"末度"。
⑪ 《國語·楚語上》載申叔時提及的教育貴族的教材有九種: "教之春秋,而爲之聳善而抑惡焉,以戒勸其心;教之世,而爲之昭明德而廢幽昏焉,以休懼其動;教之詩,而爲之導廣顯德,以耀明其志;教之禮,使知上下之則;教之樂,以疏其穢而鎮其浮;教之令,使訪物官;教之語,使明其德,而知先王之務用明德於民也;教之故志,使知廢興者而戒懼焉;教之訓典,使知族類,行比義焉。"其中"令",韋昭《解》指"先王之官法、時令",即《天下》所謂"舊法";"春秋""世""語""故志""訓典"則屬於"世傳之史";"詩""禮""樂",屬於儒家所稱"六藝",《天下》有"書",《楚語》雖無,但韋昭説"訓典"爲"五帝之書"、"故志"爲"所記前世成敗之書",二者即屬"書"類文獻。

《禮》、《樂》者,鄒、魯之士①、搢紳先生多能明之②(《詩》以道志,《書》以道事,《禮》以道行,《樂》以道和,《易》以道陰陽,《春秋》以道名分)③。其數散於天下而設於中國者,百家之學時或稱而道之。

天下大亂,賢聖不明,道德不一,天下多得一察(際)焉以自好④。譬如耳、目、鼻、口,皆有所明,不能相通。猶百家衆技也,皆有所長,時有所用。雖然,不該(晐)不遍⑤,一曲之士也。判天地之美,析萬物之理,察(殺)古人之全⑥,寡能備於天地之美,稱神明之容⑦。是故內聖外王之道,闇而不明,鬱而不發,天下之人各爲其所欲焉以自爲方⑧。悲夫,百家往而不反,必不合矣!後世之學者,不幸不見天地之純,古人之大體,道術將爲天下裂。

(二)墨翟、禽滑釐(參看本書禽滑釐卷2.1)

不侈於後世,不靡於萬物,不暉(渾)於數度,以繩墨自矯,而備世之急。古之道術有在於是者,墨翟、禽滑釐聞其風而悦之。爲之大過,已之大順(甚)。作爲非樂,命之曰節用,生不歌,死無服。墨子泛愛兼利而非鬥,其道不怒,又好學而博;不異,不與先王同,毀古之禮樂。黃帝有《咸池》,堯有《大章》,舜有《大韶》,禹有《大夏》,湯有《大濩》,文王有辟雍之樂,武王、周公作《武》。古之喪禮,貴賤有儀,上下有等。天子棺槨七重,

---

① 錢穆《莊子纂箋》:"鄒,孟子生邑。孟、莊同時,未見相稱,此篇以鄒、魯言儒業,可見其晚出。"鵬按,依錢説,《天下》蓋作於孟學盛行之後。
② 成《疏》:"搢,笏也,亦插也。紳,大帶也。先生,儒士也。"王叔岷《校詮》指出:"《古鈔卷子本》、《一切經音義》八一引'搢'並作'縉'。"高亨《箋證》:"搢借爲縉,《説文》:'縉,帛赤色也。''紳,大帶也。鄒魯多儒生,搢紳則儒服也。儒者,其人則前文所謂'君子',其業則此文所謂'《詩》《書》《禮》《樂》'。未專列爲一家。"
③ 馬敍倫《義證》:"'詩以道志'以下六句,疑古注文,傳寫誤爲正文。"按,《莊子·天運》"孔子謂老聃曰:丘治《詩》《書》《禮》《樂》《易》《春秋》六經。"是六經之稱已見《莊子》,但《天下》前文僅舉"《詩》《書》《禮》《樂》"四者,此卻兼言《易》《春秋》",且插入此段,文氣隔斷,當如馬説爲後人注語闌入。
④ 俞樾《諸子平議》:"'察'當讀爲'際',一際猶一邊也。……得其一際,即得其一邊,正不知全體之謂。"
⑤ 馬敍倫《義證》:"'該'借爲'晐',《説文》:'晐,兼晐也。'"
⑥ 高亨《箋證》:"'察'借爲'殺',殺亦分裂之義。察、殺古通用,《禮記·鄉飲酒義》'愁以時察,守義者也',鄭注:'察或爲殺。'即其證。"
⑦ 高亨《箋證》引劉鳳苞《莊子雪心篇》"稱,配也。"
⑧ 王叔岷《校詮》謂"焉猶者也",王先謙《集解》訓"方"爲"道術",其説是。

諸侯五重,大夫三重,士再重。今墨子獨生不歌,死不服,桐棺三寸而無槨,以爲法式。以此教人,恐不愛人;以此自行,固不愛己。未敗墨子道。雖然,歌而非歌,哭而非哭,樂而非樂,是果類乎?其生也勤,其死也薄,其道大觳。使人憂,使人悲,其行難爲也,恐其不可以爲聖人之道。反天下之心,天下不堪,墨子雖獨能任,奈天下何!離於天下,其去王也遠矣!

墨子稱道曰:"昔禹之湮(堙)洪水,決江河而通四夷九州也,名山〈川〉三百,支川三千,小者無數。禹親自操橐耜,而九雜天下之川;腓無胈,脛無毛,沐甚(淫)雨,櫛疾風,置萬國。禹大聖也,而形勞天下也如此。"使後世之墨者,多以裘褐爲衣,以跂(屐)蹻(屩)爲服,日夜不休,以自苦爲極,曰:"不能如此,非禹之道也,不足謂墨。"相里勤之弟子、五(伍)侯之徒、南方之墨者苦獲、己(紀)齒、鄧陵子之屬,俱誦墨經,而倍譎不同,相謂別墨。以堅白同異之辯相訾,以觭(奇)偶不仵(伍)之辭相應。以巨子爲聖人,皆願爲之尸,冀得爲其後世,至今不決。墨翟、禽滑釐之意則是,其行則非也。將使後世之墨者,必自苦以腓無胈、脛無毛相進而已矣。亂之上也,治之下也(邪)?雖然,墨子真天下之好〔者〕也,將求之不〔可〕得也,雖枯槁不舍也,才士也夫!

(三)宋鈃、尹文(參看宋鈃卷 2.3)

不累於俗,不飾於物,不苟〈苛〉於人,不忮(伎)於衆。願天下之安寧,以活民命。人我之養,畢足而止,以此白心。古之道術有在於是者,宋鈃、尹文聞其風而悅之。作爲華山之冠以自表,接萬物以別宥(囿)爲始。語心之容(庸),命之曰心之行。以聏(胹)合驩,以調海内。請(情)欲置〈寡〉之以爲主。見侮不辱,救民之鬬;禁攻寢兵,救世之戰。以此周行天下,上説下教,雖天下不取,强聒〈聞〉而不舍者也,故曰:"上下見厭而强見也。"雖然,其爲人太多,其自爲太少;曰:"請(情)欲固置〈寡〉,五升之飯足矣!"先生恐不得飽,弟子雖飢,不忘天下,日夜不休。曰:"我必得活哉!"圖傲乎!救世之士哉!曰:"君子不爲苛察,不以身假物。"以爲無益於天下者,明之不如已也。以禁攻寢兵爲外,以情欲寡淺爲内,其小大精粗,其行適至是而止。

(四)彭蒙、田駢及慎到(參看彭蒙卷 1.1)

公而不黨,易(夷)而無私。決(缺)然無主,趣物而不兩。不顧於慮,不謀於知,於物無擇,與之俱往。古之道術有在於是者,彭蒙、田駢、慎到聞其風而說之。齊萬物以爲首(道),曰:"天能覆之而不能載之,地能載之而不能覆之,大道能包之而不能辯(辨)之。"知萬物皆有所可,有所不可,故曰:"選則不遍,教則不至,道則無遺者矣。"

是故慎到棄知去已,而緣不得已,泠汰於物,以爲道理,曰:"知不知,將薄知而後〈復〉鄰(磷)傷之者也。"謑(稽)髁(滑)無任,而笑天下之尚賢也;縱脫無行,而非天下之大聖〔也〕。椎拍輐(刓)斷,與物宛轉。舍是與非,苟可以免。不師知慮,不知前後,魏(巍)然而已矣。推而後行,曳而後往,若飄風之還,若羽之旋,若磨石之隧(遂),全而無非,動靜無過,未嘗有罪。是何故?夫無知之物,無建己之患,無用知之累,動靜不離於理,是以終身無譽。故曰:"至於若無知之物而已,無用賢聖,夫塊不失道。"豪桀相與笑之曰:"慎到之道,非生人之行而至死人之理,適得怪(塊)焉。"田駢亦然,學於彭蒙,得不教焉。彭蒙之師〈教〉曰:"古之道人,至於莫之是、莫之非而已矣。其風窢(䨘)然,惡可而言?"常反人,不聚(取)觀(懽),而不免於魭(刓)斷。其所謂道非道,而所言之韙不免於非。彭蒙、田駢、慎到不知道。雖然,概乎皆嘗有聞者也。

(五) 關尹、老聃(參看關尹卷1.2)

以本爲精,以物爲粗,以有積爲不足,澹(憺)然獨與神明居。古之道術有在於是者,關尹、老聃聞其風而悅之,建之以常無有,主之以太一,以濡(嬬)弱謙下爲表,以空虛不毀萬物爲實。關尹曰:"在己無居,形物自著。其動若水,其靜若鏡,其應若響。芴乎若亡,寂乎若清。同焉者和,得焉者失。未嘗先人,而常隨人。"老聃曰:"知其雄,守其雌,爲天下谿;知其白,守其辱,爲天下谷。"人皆取先,己獨取後,曰:"受天下之垢(詬)。"人皆取實,己獨取虛,無藏也故有餘,巋(巍)然而有餘。其行身也,徐而不費,無爲也而笑巧;人皆求福,己獨曲全,曰:"苟(句)免於咎。"以深爲根,以約爲紀,曰:"堅則毀矣,銳則挫矣。"常寬容於物,不削於人。可謂至極,關尹、老聃乎,古之博大真人哉!

(六) 莊周

寂漠無形①,變化無常,死與?生與?天地並與!神明往與!②芒

---

① 王叔岷《校詮》:"《釋文》本寂作芴……芴借爲吻,《説文》:'吻,尚冥也。'與寂義近。"
② 前二"與"字作爲疑問語氣詞,後二"與"字作爲感嘆語氣詞。

乎何之？忽乎何適？萬物畢羅，莫足以歸。古之道術有在於是者，莊周聞其風而悅之。以謬悠之説，荒唐之言①，無端崖之辭②，時恣縱而不儻③，不以觭(奇)見之也④。以天下爲沈濁，不可與莊語⑤。以卮言爲曼衍，以重言爲真，以寓言爲廣⑥。獨與天地精神往來，而不敖倪(睨)於萬物⑦。不譴是非⑧，以與世俗處。其書雖瓌瑋而連犿無傷也⑨，其辭雖參差而諔詭可觀⑩。彼其充實不可以已⑪，上與造物者游，而下與外死生、無終始者爲友。其於本也，弘大而辟，深閎而肆；其於宗也，可謂調適而上遂者矣⑫。雖然，其應于化而解於物也⑬，其理不竭，其來不蜕⑭，芒乎昧乎，未之盡者⑮。

（七）惠施及辯者（參看惠施卷1.14）

惠施多方，其書五車，其道舛駁，其言也不中。厤物之意，曰："至大無外，謂之大一；至小無内，謂之小一。無厚不可積也，其大千里。天與

---

① 成《疏》："謬，虚也。悠，遠也。荒唐，廣大也。"
② 成《疏》："無涯無緒之談。"
③ 成《疏》："恣縱，猶放任也。隨時放任而不偏儻。"
④ 王叔岷《校詮》引宣穎云："觭同奇。觭，一端也，不以一端自見也。"
⑤ 《釋文》："郭云：'莊，莊周也。'一云：'莊，端正也。'一本作壯，大也。"王叔岷《校詮》認爲"莊言"之"莊"當訓爲端正，以啓下文所託三言。其説是。
⑥ 《莊子·寓言》："寓言十九，重言十七，卮言日出，合以天倪。"王叔岷《校詮》引《説文》"卮，圜器也"，訓"卮言"爲"渾圓之言"。又云："曼衍，無邊際。……重言託古取信，故'爲真'；寓言十有其九，故'爲廣'。"
⑦ 王叔岷《校詮》："《文選》郭景純《江賦》注、舊抄本江文通《雜體詩注》引'敖睨'並作'傲睨'，蓋傲視貌。"
⑧ 成《疏》："譴，責也。"
⑨ "瓌瑋"，王叔岷《校詮》謂即"傀偉"，二字皆訓爲"大"，故有宏壯、奇特之義。"連犿"，舊釋爲宛轉貌、相從貌。單晏一《菁釋》引高亨謂二字"疊韻連語，猶連綿也"。按，"連犿"疑即後世所稱"聯翩"、"連翩"。
⑩ 王叔岷《校詮》："《德充符》篇'彼且蘄以諔詭幻怪之名聞'，《釋文》引李云：'諔詭，奇異也。'亦作'弔詭'，《齊物論》篇'其名爲弔詭'，章太炎云：'弔詭，即《天下》篇之諔詭。'"
⑪ 成《疏》："已，止也。"王叔岷《校詮》："彼其，複語，其亦彼也。"
⑫ 成《疏》："遂，達也。"高亨《箋證》訓"調"、"適"爲"和"。單晏一《菁釋》謂上句"宗"字與上文"不離於宗，謂之天人""以天爲宗"之"宗"同義。
⑬ 王叔岷《校詮》："解猶達也。……此謂上應於化，下達於物也，非僅調適上遂之意而已。"
⑭ 高亨《箋證》："《説文》：'蜕，蟬蛇所解皮也。'其來不蜕，猶言其來無迹耳。"
⑮ 成《疏》："芒昧，猶窈冥也。"高亨《箋證》："芒昧，言其難知；未盡，言其無窮。"

地卑(比),山與澤平。日方中方睨,物方生方死。大同而與小同異,此之謂小同異;萬物畢同畢異,此之謂大同異。南方無窮而有窮。今日適越而昔來。連環可解也。我知天之中央,燕之北、越之南是也。氾愛萬物,天地一體也。"惠施以此爲大,觀於天下而曉辯者,天下之辯者相與樂之。

"卵有毛。雞三足。郢有天下。犬可以爲羊。馬有卵。丁子有尾。火不熱。山出口。輪不蹍地。目不見。指不至,至〈物〉不絶。龜長於蛇。矩不方,規不可以爲圓。鑿不圍枘。飛鳥之景未嘗動也。鏃矢之疾而有不行不止之時。狗非犬。黃馬驪牛三。白狗黑。孤駒未嘗有母。一尺之捶,日取其半,萬世不竭。"辯者以此與惠施相應,終身無窮。桓團、公孫龍辯者之徒,飾人之心,易人之意,能勝人之口,不能服人之心,辯者之囿也。

惠施日以其知與人之辯,特與天下之辯者爲怪,此其柢(氐)也。然惠施之口談,自以爲最賢,曰:"天地其(豈)壯乎!"施存雄而無術。南方有倚(奇)人焉,曰黃繚,問天地所以不墜不陷,風雨雷霆之故,惠施不辭而應,不慮而對,徧爲萬物説。説而不休,多而無已,猶以爲寡,益之以怪。以反人爲實,而欲以勝人爲名,是以與衆不適也。弱於德,強於物,其塗(途)隩矣。由天地之道觀惠施之能,其猶一蚉一蝱之勞者也,其於物也何庸!夫充一尚可,曰愈貴道,幾矣!惠施不能以此自寧,散於萬物而不厭,卒以善辯爲名。惜乎!惠施之才,駘蕩而不得,逐萬物而不反,是窮響以聲,形與影競走〔者〕也,悲夫!

附錄二

《荀子·非十二子》評諸家一節校讀

　　假今之世①,飾邪説,文姦言,以梟(撓)亂天下②,喬(譑)宇(訏)嵬(委)瑣③,使天下混然不知是非治亂之所存者,有人矣。

　　縱情性,安恣睢,禽獸行,不足以合文通治。然而其持之有故,其言之成理,足以欺惑愚衆,是它囂、魏牟也。(參看本書魏牟卷2.1)

　　忍情性,綦(極)谿利(離)跂,苟以分異人爲高,不足以合大衆、明大分,然而其持之有故,其言之成理,足以欺惑愚衆:是陳仲、史鰌也。(參看陳仲卷2.2)

　　不知一天下,建國家之權稱,上功用,大儉約而僈差等,曾不足以容辨異、縣君臣,然而持之有故,其言之成理,足以欺惑愚衆,是墨翟、宋鈃也。(參看宋鈃卷3.1)

　　尚法而無法,下〈上(尚)〉脩(循)而好作,上則取聽於上〈下〉,下則取從於俗。終日言成文典,及紃(循)察之,則倜然無所歸宿,不可以經國定分。然而其持之有故,其言之成理,足以欺惑愚衆,是慎到、田駢也。(參看田駢卷2.1)

　　不法先王,不是禮義,而好治怪説、玩琦(奇)辭,甚察而不惠(慧),辯而無用,多事而寡功,不可以爲治綱紀。然而其持之有故,其言之成理,足以欺惑愚衆,是惠施、鄧析也。(參看惠施卷2.3)

　　略法先王而不知其統,猶然而材劇志大。聞見雜博,案往舊造説,謂之五行。甚僻違而無類,幽隱而無説,閉約而無解,案(焉)飾其辭而

---

① 裴學海《古書虚字集釋》:"假,猶當也。"並舉《非十二子》此句爲例。此從之。
② 梁啓雄《荀子簡釋》:"梟借爲撓。《説文》:'撓,擾也。'"
③ 楊倞《注》:"喬與譑同,詭詐也。"王先謙《荀子集解》引俞樾云:"宇當讀爲訏。"訏亦訓爲詭。嵬,從王先謙説讀爲"委",訓爲曲。瑣,細碎也。"委瑣"即委曲瑣細。

祇敬之,曰:"此真先君子之言也。"子思唱之,孟軻和之。世俗之溝(佝)猶瞀儒,嚾嚾然不知其所非也,遂受而傳之,以爲仲尼、子游〈弓〉爲茲厚於後世,是則子思、孟軻之罪也。(參看子思卷 3.1)

附録三

《論六家要旨》校讀①

太史公學天官於唐都②,受《易》於楊何③,習道論於黃子④。太史公仕於建元、元封之間,愍學者之不達其意而師悖⑤,乃論六家之要指曰:《易大傳》"天下一致而百慮,同歸而殊塗。"⑥夫陰陽、儒、墨、名、法、道德,此務爲治者也,直所從言之異路⑦,有省不省耳⑧。

嘗竊觀陰陽之術,大祥而衆忌諱⑨,使人拘而多所畏⑩;然其序四時之大順⑪,不可失也。

儒者博而寡要,勞而少功,是以其事難盡從;然其序君臣父子之禮,列夫婦長幼之別,不可易也。

---

① 收入《史記·太史公自序》,又見《漢書·司馬遷傳》。
② 此處"太史公"乃司馬遷稱其父談。《漢書·司馬遷傳》顔師古注(下省稱"《漢書》顔注"):"即《律曆志》所云方士唐都者。"
③ 《漢書》顔注:"何字叔元,菑川人,見《儒林傳》。"
④ 《史記集解》引徐廣曰:"《儒林傳》曰黃生,好黃老之術。"《漢書》顔注:"景帝時人也……與轅固争論於上前,謂湯武非受命,乃殺也。"
⑤ 《漢書》顔注:"悖,惑也。各習師書,惑於所見也。"
⑥ 引文見《繫辭》。《漢書·藝文志·諸子略》大序亦引此二句,並云:"今異家者各推所長,窮知究慮,以明其指,雖有蔽短,合其要歸,亦六經之支與流裔。"班固蓋歸嚮於六藝之學,與此文異。
⑦ 《漢書》顔注:"直猶但也。""異路"猶"異術"、"殊途"。
⑧ 《史記索隱》、《漢書》顔注皆訓"省"爲省察,楊樹達《漢書窺管》則引《爾雅·釋詁》訓爲"善"。王先謙《漢書補注》引郭嵩燾曰:"言六家同務爲治,而所施異宜,不相爲用,務此則忽彼,故曰'有省不省'。下言道家爲治,無所不宜,則亦無所不省也。"按,郭説是。
⑨ 《史記索隱》指出《漢書·司馬遷傳》作"大詳",並云:"言我觀陰陽之術大詳"。《史記正義》引顧野王云:"祥,善也,吉凶之先見也。"鵬按,依前説,"大詳"屬上讀,然文義不甚通洽,疑後説是。祥,禎祥也。大者,尚也。衆者,多也。
⑩ 《漢書·藝文志》陰陽家小序:"及拘者爲之,則牽於禁忌,泥於小數,舍人事而任鬼神。"
⑪ 《漢志》陰陽家小序:"敬順昊天,歷象日月星辰,敬授民時,此其所長也。"

墨者儉而難遵,是以其事不可徧循①;然其彊本節用,不可廢也。
法家嚴而少恩②;然其正君臣上下之分,不可改矣。
名家使人儉(檢)而善失真③;然其正名實,不可不察也。

道家使人精神專一,動合無形,贍足萬物。其爲術也,因陰陽之大順,采儒墨之善,撮名法之要④,與時遷移,應物變化,立俗施事,無所不宜,指約而易操⑤,事少而功多。

儒者則不然。以爲人主天下之儀表也,主倡而臣和,主先而臣隨。如此則主勞而臣逸。至於大道之要,去健羨⑥,絀(黜)聰明⑦,釋此而任術。夫神大用則竭,形大勞則敝⑧。形神騷動,欲與天地長久,非所聞也。

夫陰陽四時、八位、十二度、二十四節,各有教令,順之者昌,逆之者不死則亡⑨,未必然也,故曰"使人拘而多畏"。夫春生夏長,秋收冬藏,此天道之大經也,弗順則無以爲天下綱紀,故曰"四時之大順,不可失也"。

夫儒者以六藝爲法。六藝經傳以千萬數,累世不能通其學,當年不能究其禮⑩,故曰"博而寡要,勞而少功"。若夫列君臣父子之禮,序夫

---

① 《漢書》顔注:"徧循,言難盡用也。"《漢志》墨家小序:"及蔽者爲之,見儉之利,因以非禮,推兼愛之意,而不知別親疏。"
② 《漢志》法家小序:"及刻者爲之,則無教化,去仁愛,專任刑法而欲以致治,至於殘害至親,傷恩薄厚。"
③ 《殿本考證》引董份謂"儉"當作"檢",訓爲拘檢、檢束。按,《尹文子》云:"必有名以檢形,形以定名,名以定事,事以檢名。"
④ 《漢書》顔注:"撮,總取也。"《漢志》雜家小序謂"兼儒、墨,合名、法",王叔岷《史記斠證》:"此所述道家,兼陰陽、儒、墨、名、法之長,乃《吕氏春秋》、《淮南子》之類,雜家而主於道家者也,非所以上論老、莊也。"
⑤ 《漢書》顔注:"操,執持也。"
⑥ 《史記集解》引如淳曰:"'知雄守雌',是去健也。'不見可欲,使心不亂',是去羨也。"
⑦ 《漢書·司馬遷傳》作"黜聰明",語見《莊子·大宗師》。顔注:"黜,廢也。"
⑧ 《莊子·刻意》:"形勞而不休則弊,精用不已則勞,勞則竭。"
⑨ 《漢書·司馬遷傳》無"不死則"三字,但《史記·袁盎晁錯列傳》太史公引語曰"變古亂常,不死則亡",是不必據《漢書》校改。
⑩ 《漢書補注》引蘇輿釋"當年"爲"丁年"(孫詒讓同),認爲指"禮文繁縟,年雖丁壯,不能究盡"。《史記會注考證》釋爲"當生、當身",並引《墨子·非儒》"累壽不能盡其學,當年不能行其禮"爲説。鵬按,後説是。《漢志·六藝略》大序言儒者之治經"説五字之文,至於二三萬言。後進彌以馳逐,故幼童而守一藝,白首而後能言;安其所習,毁所不見,終以自蔽"。

婦長幼之別,雖百家弗能易也。

墨者亦尚堯舜道①,言其德行曰:"堂高三尺,土階三等,茅茨不翦,采(採)椽不刮②。食土簋,啜土刑(鉶)③,糲粱〈粢〉之食④,藜藿之羹。夏日葛衣,冬日鹿〈麤〉裘。"⑤其送死,桐棺三寸,舉音不盡其哀。教喪禮,必以此爲萬民之率。使天下法若此⑥,則尊卑無別也。夫世異時移,事業不必同,故曰"儉而難遵"。要曰彊本節用,則人給家足之道也。此墨子之所長,雖百家弗能廢也。

法家不別親疏,不殊貴賤,一斷於法,則親親、尊尊之恩〔義〕絶矣⑦。可以行一時之計,而不可長用也,故曰"嚴而少恩"。若尊主卑臣,明分職不得相踰越,雖百家弗能改也。

名家苛察繳繞⑧,使人不得反其意,專決於名而失人情⑨,故曰"使人儉(檢)而善失真"。若夫控名責實,參伍不失⑩,此不可不察也。

道家無爲,又曰無不爲,其實易行,其辭難知⑪。其術以虛無爲本,以因循爲用。無成執,無常形,故能究萬物之情。不爲物先,不爲物後,

---

① 《漢書・司馬遷傳》無"道"字,《御覽》卷二一引此文亦無此字,疑涉下"言"字而衍。
② 《漢書》顏注:"屋蓋曰茨。茅茨,以茅覆屋也。採,柞木也。"按,依顏説"採椽"即"以採爲椽"之意。
③ 王叔岷《斠證》指出,"刑"通"鉶",《周禮・秋官・掌客》鄭注:"鉶,羹器也。"
④ 《史記索隱》引服虔"糲,麤米也。《三倉》云:'梁,好粟。'"王念孫《讀書雜志》指出糲粗而梁精,不得連文,"梁"當作"粢",字之誤也。粢與食之粗者,往往與"糲"連文,見《韓非子・五蠹》、《淮南子・精神》等。
⑤ 施之勉引沈濤認爲"鹿"當作"麤",《吕氏春秋・貴生》"顏闔鹿布之衣"猶言"麤布之衣"(王叔岷《斠證》引)。按,以上所云與《韓非子・五蠹》描述"堯之王天下"略同。
⑥ 《莊子・天下》:"今墨翟獨生不歌,死不服,桐棺三寸而無槨,以爲法式。以此教人,恐不愛人;以此自行,固不愛己。"
⑦ 前文"別親疏"即"親親","殊貴賤"即"尊尊","親親"可以"恩(仁)"言,若舉"尊尊"當稱"義",疑此句脱"義"字。《禮記・喪服四制》、《大戴禮記・本命》,郭店竹書《六德》俱云:"門内之治恩掩義,門外之治義斷恩。"
⑧ 《史記集解》引如淳曰:"繳繞猶纏繞,不通大體也。"
⑨ 《莊子・天下》:"桓團、公孫龍辯者之徒,飾人之心,易人之意,能勝人之口,不能服人之心,辯者之囿也。"
⑩ 《漢書》顏注引晉灼:"引名責實,參錯交互,明知事情也。"王叔岷《史記斠證》引《説文》"伍,相參伍也",段玉裁《注》:"參,三也。伍,五也。凡言參伍者,皆謂錯綜以求之。"
⑪ 《史記正義》:"各守其分,故易行也。幽深微妙,故難知也。"

故能爲萬物主。有法無法,因時爲業;有度無度,因物與合①。故曰"聖人不朽〈巧〉"②,時變是守。虛者,道之常也;因者,君之綱"也③。群臣並至,使各自明也。其實中其聲者謂之端④,實不中其聲者謂之窾。窾言不聽,姦乃不生,賢不肖自分,白黑乃形。在所欲用耳,何事不成。乃合大道,混混冥冥。光燿天下,復反無名。凡人所生者神也,所託者形也。神大用則竭,形大勞則敝,形神離則死。死者不可復生,離者不可復反,故聖人重之。由是觀之,神者生之本也,形者生之具也。不先定其神〔形〕⑤,而曰"我有以治天下",何由哉?

---

① 《漢書·司馬遷傳》作"因物興舍",王叔岷《史記斠證》:"與亦爲也。《莊子·秋水》:'因其所大而大之,則萬物莫不大;因其所小而小之,則萬物莫不小。'所謂'因物爲合'也。《漢傳》'與合'作'興舍',蓋'與合'之形誤。"
② 《漢書·司馬遷傳》作"聖人不巧",顏注:"無機巧之心,但順時也。"王念孫《讀書雜志》指出,《韓非子·揚權》:"聖人之道,去智與巧。"若改爲"聖人不朽",則與"時變是守"(即"因循爲用")之義迥不相涉。
③ 《史記索隱》:"'故曰聖人不朽'至'因者君之綱',此出《鬼谷子》,遷引之以成其章,故稱'故曰'也。"
④ 《史記集解》引李奇:"聲別〈則〉名也。"《索隱》:"窾音款。《漢書》作'款'。款,空也。故申子云'款言無成'是也。聲者,名也。以言實不稱名,則謂之空,空有聲也。"王叔岷《斠證》謂"窾"即《莊子·養生主》"導大窾"之"窾"。
⑤ 梁玉繩《史記志疑》卷三五:"'神'下脫'形'字,《漢書》有。"王叔岷《斠證》:"此承上文神、形而言,梁説是。《淮南子·原道》篇:'聖人將養其神,平夷其形。'所謂'定其神形'也。"

參考文獻

一、傳世文獻類

(一) 經書及史籍

經　　書

毛亨傳、鄭玄箋、孔穎達疏：《毛詩正義》，北京：北京大學出版社，1999年版。
許維遹：《韓詩外傳集釋》，北京：中華書局，1980年版。
屈守元：《韓詩外傳箋疏》，成都：巴蜀書社，1996年版。
鄭玄注、賈公彥疏：《儀禮注疏》，北京：北京大學出版社，1999年版。
鄭玄注、孔穎達疏：《禮記正義》，北京：北京大學出版社，1999年版。
王夫之：《禮記章句》，《船山全書》，長沙：嶽麓書社，1996年版。
孫希旦：《禮記集解》，北京：中華書局，1989年版。
黃以周：《禮書通故》，北京：中華書局，2007年版。
王聘珍：《大戴禮記解詁》，北京：中華書局，1983年版。
阮元編：《清經解》，上海：上海書店，1988年版。

史　　籍

徐元誥：《國語集解》，北京：中華書局，2002年版。
繆文遠：《戰國策新校注》，成都：巴蜀書社，1998年版。
范祥雍：《戰國策箋證》，上海：上海古籍出版社，2006年版。
諸祖耿：《戰國策集注匯考》，南京：鳳凰出版社，2008年版。
司馬遷：《史記》，北京：中華書局，1959年版。
瀧川資言：《史記會注考證》，臺北：洪氏出版社，1986年版。
王叔岷：《史記斠證》，北京：中華書局，2007年版。

班固：《漢書》，北京：中華書局，1962 年版。
王先謙：《漢書補注》，北京：書目文獻出版社，1995 年版。
顧實：《漢書藝文志講疏》，上海：上海古籍出版社，2009 年版。
張舜徽：《漢書藝文志通釋》，武漢：華中師範大學出版社，2004年版。
陳國慶：《漢書藝文志注釋彙編》，北京：中華書局，1983 年版。
皇甫謐：《高士傳》，瀋陽：遼寧教育出版社，1998 年版。
王叔岷：《列仙傳校箋》，北京：中華書局，2007 年版。
馬驌：《繹史》，北京：中華書局，2002 年版。
黃式三：《周季編略》，南京：鳳凰出版社，2008 年版。

（二）諸子書
儒　　家
朱熹：《四書章句集注》，北京：中華書局，1983 年版。
汪晫編：《子思子全書》，上海：上海古籍出版社，1990 年版。
黃以周輯：《子思子》，臺北：廣文書局，1975 年版。
閻琴南：《孔叢子斠證》，臺北：臺灣文化學院文學研究所碩士論文，1975 年。
傅亞庶：《孔叢子校釋》，北京：中華書局，2011 年版。
焦循：《孟子正義》，北京：中華書局，1987 年版。
楊伯峻：《孟子譯注》，北京：中華書局，1960 年版。
王先謙：《荀子集解》，《諸子集成》第二冊，北京：中華書局，1954年版。
梁啓雄：《荀子簡釋》，臺北：木鐸出版社，1988 年版。
王天海：《荀子校釋》，上海：上海古籍出版社，2005 年版。
向宗魯：《説苑校證》，北京：中華書局，1987 年版。
王照圓：《列女傳補注》，上海：華東師範大學出版社，2012 年版。
徐湘霖：《中論校注》，成都：巴蜀書社，2000 年版。

墨　　家
孫詒讓：《墨子閒詁》，北京：中華書局，2001 年版。

吴毓江：《墨子校注》，重慶：西南師範大學出版社，1992 年版。
張純一：《墨子集解》，成都：成都古籍出版社，1988 年版。
王煥鑣：《墨子集詁》，上海：上海古籍出版社，2005 年版。
岑仲勉：《墨子城守各篇簡注》，北京：中華書局，1968 年版。

道　家

王弼：《老子注》，《諸子集成》第三册，北京：中華書局，1954 年版。
島邦男：《老子校正》，東京：汲古書院，1973 年版。
王先謙：《莊子集解》，《諸子集成》第三册，北京：中華書局，1954 年版。
郭慶藩：《莊子集釋》，《諸子集成》第三册，北京：中華書局，1954 年版。
錢穆：《莊子纂箋》，臺北：東大圖書公司，1993 年版。
王叔岷：《莊子校詮》，臺北："中研院"歷史語言研究所，1994 年版。
陳鼓應：《莊子今註今譯》，臺北：臺灣商務印書館，1998 年版。
方勇、陸永品：《莊子詮評》，成都：巴蜀書社，2007 年版。
聞一多：《莊子内篇校釋》，《聞一多全集》，武漢：湖北人民出版社，1993 年版。
譚戒甫：《莊子天下篇校釋》，臺北：新文豐出版公司，1979 年版。
顧實：《莊子天下篇講疏》，臺北：臺灣商務印書館，1980 年版。
梁啓超：《莊子天下篇釋義》，《梁啓超全集》第 8 册，北京：北京出版社，1999 年版。
馬叙倫：《莊子天下篇述義》，《無求備齋老列莊三子集成補編》第 56 册，臺北：成文出版社，1983 年版。
高亨：《莊子天下篇箋證》，《高亨著作集林》第九卷，北京：清華大學出版社，2004 年版。
錢基博：《讀莊子天下篇疏記》，臺北：臺灣商務印書館，2006 年版。
單晏一：《莊子天下篇薈釋》，臺北：空庭書苑，2007 年版。
王利器：《文子疏義》，北京：中華書局，2000 年版。

李定生：《文子校釋》，上海：上海古籍出版社，2004年版。
張湛：《列子注》，《諸子集成》第三册，北京：中華書局，1954年版。
楊伯峻：《列子集釋》，北京：中華書局，1979年版。
王明：《抱朴子内篇校釋》，北京：中華書局，1985年版。
楊明照：《抱朴子外篇校箋》，北京：中華書局，1991年版。
尹桐陽：《於陵子注》，臺北：廣文書局，1978年版。

法家與名家

舊題慎到：《慎子》，《四部叢刊》景江陰繆氏藝香簃寫本。
譚普森(P. M. Thompson)：《慎子佚文》，倫敦：牛津大學出版社，1979年版。
王先慎：《韓非子集解》，《諸子集成》第五册，北京：中華書局，1954年版。
梁啓雄：《韓子淺解》，北京：中華書局，1960年版。
陳奇猷：《韓非子集釋》，上海：上海人民出版社，1974年版。
陳奇猷：《韓非子新校注》，上海：上海古籍出版社，2000年版。
羅焌：《韓子校注》，《經子叢考》，上海：華東師範大學出版社，2009年版。
張覺：《韓非子校疏》，上海：上海古籍出版社，2010年版。
錢熙祚校：《尹文子》，《諸子集成》第六册，北京：中華書局，1954年版。
王愷鑾：《尹文子校正》，臺北：臺灣商務印書館，1965年版。
王啓湘：《周秦名家三子校詮》，臺北：世界書局，1977年版。
錢基博：《名家五種校讀記》，臺北：廣文書局，1970年版。

雜　　家

張純一：《晏子春秋校注》，《諸子集成》第四册，北京：中華書局，1954年版。
吳則虞：《晏子春秋集釋》，臺北：鼎文書局，1977年版。
趙蔚芝：《晏子春秋注解》，濟南：齊魯書社，2009年版。
張佩綸：《管子學》，臺北：臺灣商務印書館影印張氏手稿本，1971

年版。

安井衡:《管子纂詁》,臺北:河洛出版社,1976年版。

郭沫若:《管子集校》,《郭沫若全集·歷史編》第六卷,北京:人民出版社,1984年版。

黎翔鳳:《管子校注》,北京:中華書局,2004年版。

舊題尸佼:《尸子》(孫星衍輯本),《百子全書》,杭州:浙江古籍出版社,1998年版。

舊題尸佼:《尸子》(汪繼培輯本),上海:華東師範大學出版社,2009年版。

陳奇猷:《吕氏春秋新校釋》,上海:上海古籍出版社,2002年版。

王利器:《吕氏春秋注疏》,成都:巴蜀書社,2002年版。

許維遹:《吕氏春秋集釋》,北京:中華書局,2009年版。

何寧:《淮南子集釋》,北京:中華書局,1998年版。

張雙棣:《淮南子校釋》,北京:北京大學出版社,1997年版。

劉文典:《淮南鴻烈集解》,合肥:安徽大學出版社、昆明:雲南大學出版社,1998年版。

黄暉:《論衡校釋》,北京:中華書局,1990年版。

馬宗霍:《論衡校讀箋識》,北京:中華書局,2010年版。

王利器:《風俗通義校注》,北京:中華書局,1981年版。

(三) 類書、輯佚書及資料彙編

歐陽詢:《藝文類聚》,上海:上海古籍出版社,1999年版。

李昉:《太平御覽》,石家莊:河北教育出版社,1994年版。

姚振宗輯、鄧駿捷校補:《七略別録佚文·七略佚文》,上海:上海古籍出版社,2008年版。

嚴可均:《全上古三代秦漢三國六朝文》,北京:中華書局,1958年版。

馬國翰:《玉函山房輯佚書》,揚州:廣陵書社影印楚南湘遠堂刻本,2004年版。

阮廷焯:《先秦諸子考佚》,臺北:鼎文書局,1980年版。

李啟謙、王式倫編:《孔子弟子資料匯編》,濟南:山東友誼出版社,1991年版。

(四)其他(集部及清代及其前的字書、訓詁集纂、讀書筆記、書目提要等)

朱熹：《楚辭集注》，臺北：藝文印書館,1973年版。
范文瀾：《文心雕龍注》，北京：人民文學出版社,1958年版。
詹鍈：《文心雕龍義證》，上海：上海古籍出版社,1989年版。
蕭統編、李善等注：《文選》，臺北：五南圖書公司,1991年版。
戴震：《方言疏證》，《小學名著六種》，北京：中華書局,1998年版。
段玉裁：《説文解字注》，臺北：藝文印書館影印經韻樓藏版,1989年版。
朱駿聲：《説文通訓定聲》，北京：中華書局,1984年版。
王念孫：《廣雅疏證》，《小學名著六種》，北京：中華書局,1998年版。
黃焯：《經典釋文彙校》，北京：中華書局,2006年版。
顧炎武撰、黃汝成集釋：《日知錄集釋》，上海：上海古籍出版社,1985年版。
王念孫：《讀書雜志》，南京：江蘇古籍出版社,2000年版。
王引之：《經義述聞》，南京：江蘇古籍出版社,2000年版。
王引之：《經傳釋詞》，南京：江蘇古籍出版社,2000年版。
崔述：《考信錄》，臺北：世界書局,1989年版。
俞樾：《群經平議》，《俞樾劄記五種》，臺北：世界書局,1984年版。
俞樾：《諸子平議》，臺北：世界書局,1991年版。
孫詒讓：《札迻》，北京：中華書局,1989年版。
紀昀：《四庫全書總目提要》，石家莊：河北人民出版社,2000年版。
張舜徽：《四庫提要敘講疏》，臺北：臺灣學生書局,2002年版。
余嘉錫：《四庫提要辨證》，昆明：雲南人民出版社,2004年版。

二、出土文獻類

銀雀山漢墓竹簡整理小組：《孫臏兵法》，北京：文物出版社,1975年版。
張震澤：《孫臏兵法校理》，北京：中華書局,1984年版。

銀雀山漢墓竹簡整理小組：《銀雀山漢墓竹簡〔貳〕》，北京：文物出版社，2010年版。

河北省文物研究所定州漢簡整理小組：《定州西漢中山懷王墓竹簡〈文子〉釋文》、《定州西漢中山懷王墓竹簡〈文子〉校勘記》，《文物》1995年第12期。

湖北省荊沙鐵路考古隊：《包山楚簡》，北京：文物出版社，1991年版。

荊門市博物館：《郭店楚墓竹簡》，北京：文物出版社，1998年版。

李零：《郭店楚簡校讀記》（增訂本），北京：北京大學出版社，2002年版。

劉信芳：《荊門郭店竹簡老子解詁》，臺北：藝文印書館，1999年版。

馬承源編：《上海博物館藏戰國楚竹書（一）》，上海：上海古籍出版社，2001年版。

馬承源編：《上海博物館藏戰國楚竹書（二）》，上海：上海古籍出版社，2002年版。

馬承源編：《上海博物館藏戰國楚竹書（三）》，上海：上海古籍出版社，2003年版。

馬承源編：《上海博物館藏戰國楚竹書（四）》，上海：上海古籍出版社，2004年版。

馬承源編：《上海博物館藏戰國楚竹書（五）》，上海：上海古籍出版社，2005年版。

馬承源編：《上海博物館藏戰國楚竹書（六）》，上海：上海古籍出版社，2007年版。

馬承源編：《上海博物館藏戰國楚竹書（七）》，上海：上海古籍出版社，2008年版。

三、今人學術論著（依作者姓名的拼音順序編排）

B

白奚：《稷下學研究——中國古代的思想自由與百家爭鳴》，北京：

三聯書店,1998 年版。

白奚:《"宋尹學派"質疑》,《先秦哲學沈思錄》,北京:中國社會科學出版社,2007 年版。

白奚:《先秦黄老之學源流述要》,《中州學刊》2003 年第 1 期。

C

曹峰:《出土文獻可以改寫思想史嗎》,《文史哲》2007 年第 5 期。

曾書杰:《中國古籍輯佚學論稿》,長春:東北師範大學出版社,1998 年版。

陳鼓應:《管子四篇詮釋——稷下道家代表作》,臺北:三民書局,2003 年版。

陳劍:《談談〈上博(五)〉的竹簡分篇、拼合及編聯問題》,武漢大學簡帛網,2006 年 2 月 19 日。

陳劍:《讀〈上博(六)〉短札五則》,武漢大學簡帛網,2007 年 7 月 20 日。

陳偉:《〈慎子曰恭儉〉初讀》,《新出楚簡研讀》,武漢:武漢大學出版社,2010 年版。

陳直:《〈墨子·備城門〉等篇與居延漢簡》,《中國史研究》1980 年第 1 期。

崔大華:《莊學研究——中國哲學一個觀念淵源的歷史考察》,北京:人民出版社,1992 年版。

D

鄧國光:《先秦兩漢諸子"理"義研究》,《諸子學刊》第 1 輯,2007 年版。

F

范麗梅:《郭店儒家佚籍研究——以心性問題爲開展之主軸》,臺北:臺灣大學文學研究所碩士論文,2002 年 1 月。

馮友蘭:《中國哲學史》,北京:三聯書店,2009 年版。

馮友蘭:《中國哲學史新編》第二册,北京:人民出版社,1984

年版。

馮友蘭：《中國哲學簡史》，天津：天津社會科學院出版社，2007年版。

傅斯年：《戰國子家敘論》，《民族與古代中國史》附錄二，石家莊：河北教育出版社，2002年版。

傅榮賢：《〈漢書·藝文志〉研究源流考》，合肥：黃山書社，2007年版。

G

高亨：《諸子新箋》，《高亨著作集林》第六卷，北京：清華大學出版社，2004年版。

葛剛巖：《〈文子〉成書及其思想》，成都：巴蜀書社，2005年版。

葛兆光：《中國思想史第一卷·七世紀前中國的知識、思想與信仰世界》，上海：復旦大學出版社，1998年版。

谷中信一：《〈老子〉與〈管子〉》，《管子學刊》1994年第2期。

顧頡剛：《宋鈃書入小説家》，《史林雜識初編》，北京：中華書局，1963年版。

郭麗：《〈管子〉文獻學研究》，青島：中國海洋大學出版社，2007年版。

郭沂：《郭店竹簡與先秦學術思想》，上海：上海教育出版社，2001年版。

郭沫若：《宋鈃尹文遺著考》，《郭沫若全集·歷史編》第一卷，北京：人民出版社，1982年版。

郭沫若：《十批判書》，《郭沫若全集·歷史編》第二卷，北京：人民出版社，1982年版。

H

何炳棣：《有關〈孫子〉、〈老子〉的三篇考證》，臺北："中研院"近代史研究所，2002年版。

何炳棣：《從〈莊子·天下〉篇首解析先秦思想中的基本關懷》，《"中研院"歷史語言研究所集刊》第78本第1分，2007年3月。

何志華：《〈文子〉著作年代新證》，香港：香港中文大學出版社，
　　2004 年版。
胡家聰：《稷下爭鳴與黃老新學》，北京：中國社會科學出版社，
　　1998 年版。
胡家聰：《管子新探》，北京：中國社會科學出版社，2003 年版。
胡家聰：《道家尹文與儒家荀況思想有若干相通之處——兼論稷下
　　學術中心的思想交流》，《道家文化研究》第 14 輯，1998 年 7 月。
胡蘭江：《七十子考》，北京大學博士學位論文，2002 年。
胡瓊：《釋〈慎子曰恭儉〉中的"陟"》，武漢大學簡帛網，2007 年 8 月
　　8 日。
胡適：《中國哲學史》，北京：中華書局，1991 年版。
黃人二：《上博六〈慎子曰恭儉〉試釋》，《戰國楚簡研究》，上海：上
　　海古籍出版社，2012 年版。
黃雲眉：《古今僞書考補證》，濟南：山東人民出版社，1959 年版。

J

蔣錫昌：《莊子哲學》，《民國叢書》第四編，上海：上海書店影印商
　　務印書館，1935 年版。
金德建：《司馬遷所見書考》，上海：上海人民出版社，1963 年版。
金受申：《稷下派之研究》，臺北：臺灣商務印書館，1971 年版。

L

勞思光：《新編中國思想史》，臺北：三民書局，1993 年版。
李零：《兵以詐立——我讀〈孫子〉》，北京：中華書局，2006 年版。
李零：《簡帛古書與學術源流》，北京：三聯書店，2008 年版。
李零：《蘭臺萬卷：讀〈漢書·藝文志〉》，北京：三聯書店，2011
　　年版。
李零：《説"黃老"》，《李零自選集》，桂林：廣西師範大學出版社，
　　1998 年版。
李零：《道家與"帛書"》，《李零自選集》，桂林：廣西師範大學出版
　　社，1998 年版。

李零:《出土發現與古書年代的再認識》,《李零自選集》,桂林:廣西師範大學出版社,1998年版。

李零:《去聖乃得真孔子:〈論語〉縱橫讀》,北京:三聯書店,2008年版。

李零:《人往低處走:〈老子〉天下第一》,北京:三聯書店,2008年版。

李零:《兩種懷疑——從孔子之死想起的》,《何枝可依:待兔軒讀書記》,北京:三聯書店,2009年版。

李零:《先秦諸子的思想地圖——讀錢穆〈先秦諸子繫年〉》,《何枝可依:待兔軒讀書記》,北京:三聯書店,2009年版。

李鋭:《新出簡帛的學術探索》,北京:北京師範大學出版社,2010年版。

李學勤:《簡帛佚籍與學術史》,南昌:江西教育出版社,2001年版。

李學勤:《重寫學術史》,石家莊:河北教育出版社,2002年版。

李學勤:《〈管子·心術〉等篇的再考察》,《古文獻叢論》,上海:上海遠東出版社,1996年版。

李學勤:《從簡帛佚籍〈五行〉談到〈大學〉》,《孔子研究》1998年第3期。

李學勤:《談楚簡〈慎子〉》,《中國文化》第25、26期合刊,2007年10月。

李學勤:《孔孟之間與老莊之間》,《文物中的古文明》,北京:商務印書館,2008年版。

李若暉:《"儒墨"連及與墨家消亡的時間》,《思想與文獻》,上海:上海古籍出版社,2010年版。

李澤厚:《孫、老、韓合説》,《新版中國古代思想史論》,天津:天津社會科學院出版社,2008年版。

梁啓超:《荀子評諸子語匯釋》,《梁啓超全集》第8册,北京:北京出版社,1999年版。

梁啓超:《〈韓非子·顯學〉篇釋義》,《梁啓超全集》第8册,北京:北京出版社,1999年版。

梁啓超:《〈尸子·廣澤篇〉、〈吕氏春秋·不二篇〉合釋》,《梁啓超全集》第 8 冊,北京:北京出版社,1999 年版。

梁啓超:《〈史記〉中所述諸子及諸子書最録考釋》,《梁啓超全集》第 8 冊,北京:北京出版社,1999 年版。

林慶彰:《豐坊與姚士粦》,臺北:東吳大學中文所碩士學位論文,1977 年 5 月。

林志鵬:《宋鈃學派遺著考論》,臺北:萬卷樓圖書公司,2009 年版。

劉洪濤:《上博竹書〈愼子曰恭儉〉校讀》,武漢大學簡帛網,2007 年 7 月 6 日。

劉建國:《先秦僞書辨正》,西安:陝西人民出版社,2004 年版。

劉節:《管子中所見之宋鈃一派學説》,《劉節文集》,廣州:中山大學出版社,2004 年版。

劉立夫:《弘道與明教——〈弘明集〉研究》,北京:中國社會科學出版社,2004 年版。

劉信芳:《簡帛五行解詁》,臺北:藝文印書館,2000 年版。

龍宇純:《荀卿子記餘》,臺灣《文哲研究集刊》第 15 期,1999 年 9 月。

吕思勉:《非攻寢兵平議》,《吕思勉論學叢稿》,上海:上海古籍出版社,2006 年版。

羅根澤:《〈尹文子〉探源》,《古史辨》第 6 冊,臺北:藍燈文化公司,1987 年版。

羅浩(Harold D. Roth):《原道:〈内業〉與道家神秘主義基礎》,北京:學苑出版社,2009 年版。

羅新慧:《郭店楚簡與〈曾子〉》,《管子學刊》1999 年第 3 期。

M

馬非白:《〈管子·内業〉篇之精神學説及其他》,《管子學刊》1988 年第 4 期。

馬非白:《〈管子·内業〉篇集注》,《管子學刊》1990 年第 1 至 3 期連載。

蒙文通:《先秦諸子與理學》,桂林:廣西師範大學出版社,2006

年版。

蒙文通：《儒學五論》，桂林：廣西師範大學出版社，2007年版。

繆文遠：《戰國史繫年輯證》，成都：巴蜀書社，1997年版。

牧田諦亮：《弘明集研究》，京都：京都大學人文科學研究所，1974年3月。

P

潘建國：《〈漢書·藝文志〉小説家發微》，《中國古代小説書目研究》，上海：上海古籍出版社，2005年版。

龐樸：《帛書五行篇研究》，濟南：齊魯書社，1980年版。

Q

錢穆：《先秦諸子繫年》，臺北：東大圖書公司，1999年版。

錢穆：《孔子傳》，北京：三聯書店，2005年版。

秦彥士：《墨子考論》，成都：巴蜀書社，2002年版。

秦彥士：《古代防禦軍事與墨家和平主義——〈墨子·備城門〉綜合研究》，北京：人民出版社，2008年版。

裘錫圭：《馬王堆〈老子〉甲乙本卷前後佚書與"道法家"——兼論〈心術上〉、〈白心〉爲慎到田駢學派作品》，《文史叢稿》，上海：上海遠東出版社，1996年版。

裘錫圭：《稷下道家精氣説的研究》，《文史叢稿》，上海：上海遠東出版社，1996年版。

屈萬里：《先秦文史資料考辨》，臺北：聯經出版公司，1983年版。

R

任繼愈：《先秦哲學無六家——讀〈六家要旨〉》，《中國哲學史論》，上海：上海人民出版社，1981年版。

S

森秀樹：《道家和名家之間》，《道家文化研究》第15輯，1999年版。

宋敏：《〈孔子世家〉疑案考辨》，曲阜師範大學碩士學位論文，2008

年4月。

蘇德愷(Kidder Smith):《司馬談所創造的"六家"概念》,《中國文化》第7期,北京:三聯書店,1993年版。

孫福喜:《鶡冠子研究》,西安:陝西人民出版社,2002年版。

T

譚寶剛:《老子及其遺著研究——關於戰國楚簡〈老子〉〈太一生水〉〈恒先〉的考察》,成都:巴蜀書社,2009年版。

唐鉞:《尹文和〈尹文子〉》,《古史辨》第6冊,臺北:藍燈文化公司,1987年版。

W

汪啓明:《〈管子〉諸家韻讀獻疑》,《管子學刊》1994年第2期。

王冬珍:《名墨異同考辨》,臺北:嘉新水泥公司文化基金會,1972年11月。

王范之:《呂氏春秋研究》,呼和浩特:内蒙古大學出版社,1993年版。

王冠英:《中國僞書綜考》,合肥:黄山書社,1998年版。

王遽常:《諸子學派要詮》,北京:中華書局,1987年版。

王仁祥:《先秦兩漢的隱逸》,臺北:臺灣大學出版委員會,1995年版。

王叔岷:《先秦道法思想講稿》,臺北:"中研院"文哲所,2002年5月。

王叔岷:《論司馬遷述慎到、申不害及韓非之學》,《慕廬雜著》,臺北:華正書局,1988年版。

王叔岷:《呂氏春秋引用莊子舉正》,《道家文化研究》第10輯,1996年8月。

王叔岷:《〈申子·大體篇〉義證》,《慕廬雜稿》,臺北:大安出版社,2001年版。

王叔岷:《論戰國法家三派兼論三派與儒家之關係》,《慕廬雜稿》,臺北:大安出版社,2001年版。

王樹民:《黄老學派的起源和形成》,《曙庵文史雜著》,北京:中華書局,1997年版。

王曉波：《道與法：法家思想和黃老哲學解析》，臺北：臺灣大學出版中心,2007年版。

王曉波：《自道以至名,自名以至法——尹文子的哲學與思想研究》,《臺大哲學評論》第30期,2005年10月。

文青雲(Aat Vervoorn)：《巖穴之士：中國早期隱逸傳統》,濟南：山東畫報出版社,2009年版。

吳光：《〈文子〉新考》,《河北師院學報》1984年第2期。

武內義雄著、江俠庵編譯：《先秦經籍考》,上海：上海文藝出版社,1990年版。

Y

嚴耕望：《戰國學術地理與人才分布》,《嚴耕望史學論文選集》,臺北：聯經出版社,1991年版。

嚴靈峰：《莊子天下篇的作者問題》,《無求備齋老列莊三子集成補編》第56冊,臺北：成文出版社,1982年版。

楊寬：《戰國史》,臺北：臺灣商務印書館,1997年版。

楊寬：《戰國史料編年輯證》,臺北：臺灣商務印書館,2002年版。

楊寬：《名家考原》,《楊寬古史論文選集》,上海：上海人民出版社,2003年版。

楊寬：《諸子正名論》,《楊寬古史論文選集》,上海：上海人民出版社,2003年版。

楊儒賓：《儒家身體觀》,臺北："中研院"文哲所,2003年。

袁行霈：《〈漢書·藝文志〉小説家考辨》,《文史》第7輯,1979年版。

葉志衡：《戰國學術文化編年》,杭州：浙江大學出版社,2007年版。

余宗發：《先秦諸子學説在秦地之發展》,臺北：文津出版社,1998年版。

于省吾：《雙劍誃諸子新證》,上海：上海書店,1999年版。

Z

戰化軍：《田仲子及戰國農家考論》,《管子學刊》2008年第1期。

張豐乾：《出土文獻與文子公案》，北京：社會科學文獻出版社，2007年版。

張固也：《管子研究》，濟南：齊魯書社，2006年版。

張磊：《上海博物館竹書〈內禮〉與〈大戴禮記〉"曾子十篇"》，《管子學刊》2007年第1期。

張連偉：《〈管子〉哲學思想研究》，成都：巴蜀書社，2008年版。

張舜徽：《周秦道論發微》，武漢：華中師範大學出版社，2005年版。

張增田：《"道"何以"生法"——關於〈黃老帛書〉"道生法"命題的追問》，《管子學刊》2004年第2期。

趙燦良：《〈孔子家語〉研究》，吉林大學碩士學位論文，2007年4月。

趙逵夫：《屈原與他的時代》，北京：人民出版社，2002年版。

趙雅麗：《〈文子〉思想及竹簡〈文子〉復原研究》，北京：燕山出版社，2005年版。

鄭良樹：《諸子著作年代考》，北京：北京圖書館出版社，2001年版。

周鳳五：《郭店竹簡的形式特徵及其分類意義》，《郭店楚簡國際學術研討會論文集》，武漢：湖北人民出版社，2000年版。

周鳳五：《讀上博楚竹書〈從政（甲篇）〉札記》，《上博館藏戰國楚竹書研究（續編）》，上海：上海書店，2004年版。

周鳳五：《郭店竹簡文字補釋》，《古墓新知——紀念郭店楚簡出土十周年論文專輯》，香港：國際炎黃文化出版社，2003年版。

後　　記

　　歷史,尤其是學術史,是一個不斷淘汰、選擇的過程。
　　前人説"成王敗寇",被寫入史册的總是勝利者的觀點;同樣的,進入後人的思想世界,引發過迴響而有所傳承的學説,也是極爲少數的。李零先生曾經説:研究思想史就像是在沙河裏淘金,金子雖然是沙中的精華,但金子並不能代表沙子的總體。沙子才是總體。思想史不應該只是"金子史",而應該是"沙子史"或"沙裏淘金史"(《唯一的規則——〈孫子〉的鬥争哲學》"寫在前面的話")。本書所措意的即是後者,或者説是先秦學術史中的"潛流"。應該强調的是,"潛流"不是"末流",它只是隱而未現,等待後人細心發掘。
　　呈現在讀者面前的這部小書是在本人的博士後出站報告的基礎上修改而成的。李零先生對於書稿的方向及研究方法提供了寶貴的建議,這是首先需要感謝的。
　　2008 年到 2010 年間,我在北京大學隨着李零先生研習戰國楚簡、《漢書·藝文志》,並深入閱讀了先生關於《論語》《老子》《孫子》及學術源流的相關論著,這個過程對於筆者研究思路的型塑有較深的影響。更重要的是,李師開放的學術態度及恢弘的研究視野,引領我打破以文獻考訂爲本位、過度偏好新出土材料的框限。他曾告誡晚輩:"旁徵博引雖然重要,但删繁就簡、由博返約,也一樣重要。""資料長編式的考證當然是基礎,但也僅僅是基礎。"(見《蘭臺萬卷——讀〈漢書·藝文志〉》序言)先生的話淺白不過,但對我個人而言,二語當書座右,以爲箴銘。
　　我在北大的時間雖然不長,但結識了不少好友,如王睿、徐剛、韓巍、孟繁之、蘇曉威、馬碩、陳侃理、田天、李政富、曹菁菁等,他們不僅在生活上提供幫助,也時常交流學術觀點及研究資料,這是促成本書得以完成的動力之一。
　　再者要感謝家人對我的全力支持:家母林謝香珠、内人彭福妮及兩個孩子君實、黛雲給予我最大限度的自由，他們對於我這十多年來在武漢、北京及上海讀書、工作，長期未能善盡爲人子、爲人夫、爲人父的職責，始終帶着同情與包容，使我能堅持理想，繼續走在學術的道路上。

最後要感謝虞萬里先生在百忙之中爲本書題序，也謝謝陳穎昌兄惠賜墨寶，復旦大學出版社責任編輯胡春麗博士對於本書的出版付出了辛勤的勞動，在此一併致謝。

圖書在版編目(CIP)數據

戰國諸子評述輯證/林志鵬著. —上海：復旦大學出版社,2020.1
ISBN 978-7-309-14591-5

Ⅰ.①戰… Ⅱ.①林… Ⅲ.①先秦哲學-研究 Ⅳ.①B220.5

中國版本圖書館 CIP 數據核字(2019)第 181588 號

戰國諸子評述輯證
林志鵬　著
責任編輯/胡春麗

復旦大學出版社有限公司出版發行
上海市國權路 579 號　郵編：200433
網址：fupnet@fudanpress.com　http://www.fudanpress.com
門市零售：86-21-65642857　團體訂購：86-21-65118853
外埠郵購：86-21-65109143
上海盛通時代印刷有限公司

開本 890×1240　1/32　印張 9.875　字數 279 千
2020 年 1 月第 1 版第 1 次印刷

ISBN 978-7-309-14591-5/B・707
定價：72.00 圓

如有印裝質量問題，請向復旦大學出版社有限公司發行部調換。
版權所有　侵權必究